C. H. BECK
STUDIUM

Katrin Lindner

Einführung in die Germanistische Linguistik

C.H.Beck

Für Gisela Hoffmann, Waltraut Rasmussen und Lieselotte Götte

© Verlag C. H. Beck oHG, München 2014
Satz: Janß GmbH, Pfungstadt
Druck u. Bindung: Druckerei C.H.Beck, Nördlingen
Umschlaggestaltung: Bruno Schachtner, Dachau
Gedruckt auf säurefreiem, altersbeständigem Papier
(hergestellt aus chlorfrei gebleichtem Zellstoff)
Printed in Germany
ISBN 978 3406 668647

www.beck.de

Inhalt

Vorwort

Dieses Buch führt in die Germanistische Linguistik ein. Wie in derartigen Einführungen üblich, wird der Gegenstand, die deutsche Sprache, in verschiedene Teilbereiche gegliedert: in die Phonetik/Phonologie, die Morphologie, die Syntax, die Semantik und Pragmatik und in die Textlinguistik. Ein besonderes Anliegen meiner Darstellung ist es jedoch, dass die Teilbereiche nicht isoliert nebeneinander stehen, sondern als Netzwerk erkennbar werden. So lässt sich etwa die Bildung des Partizips Perfekt in der Flexionsmorphologie nicht ohne Wissen aus der Phonologie (Akzentsetzung) und der Syntax (Trennbarkeit von Verben) erfassen. Ein zweiter neuer Aspekt ist, dass in verschiedenen Kapiteln mit Hilfe typologischer Kriterien zumindest in Ansätzen gezeigt wird, wie sich das Deutsche in dem jeweiligen Teilbereich von anderen Sprachen unterscheidet.

Die vorliegende Einführung beruht weitgehend auf vielfach erprobten Lehr- und Unterrichtsmaterialen aus meiner langjährigen Lehrtätigkeit. Sie richtet sich an Studierende in den Lehramtsstudiengängen, im Bachelorstudiengang der Linguistik und der Sprachtherapie. Sie kann zur Vorbereitung eines weiterführenden Seminars dienen oder Quereinsteigern in die entsprechenden Masterstudiengänge helfen, sich das notwendige Grundwissen in der Linguistik anzueignen. Zu zentralen Begriffen und Fragestellungen gibt es Übungen, in denen das zuvor Erläuterte vertieft werden kann. Die Lösungen der Aufgaben finden Sie auf der Homepage des Verlags (http://www.chbeck.de/go/Lindner-Germanistische-Linguistik). Auch bei den Übungen unterscheidet sich das Buch von anderen Einführungen: Da ich in meinen Seminaren immer wieder feststellte, dass Studierende der Lehrämter und der Sprachtherapie oft zu wenig über das "Netzwerk Sprache" wissen, enthalten die Übungen zahlreiche Beispiele aus dem Schulalltag und der sprachtherapeutischen Praxis. Aufgrund der Übungen mit ihren Lösungen eignet sich das Buch auch gut zum Selbststudium.

Mein Dank gilt Studierenden, Kollegen, Freunden und Verwandten, die geduldig meine Fragen beantworteten, akribisch einzelne oder mehrere Kapitel lasen und durch kritische Kommentare zu einer Verbesserung des Textes beigetragen haben: Heike Behrens, Andreas Dufter und Dietmar Zaefferer; Patricia Heilig, Ute Hofmann, Ulrike und Heinz Kaufmann, Erika Kaltenbacher, Renate Pfafferott, Kathrin Pfeffer, Hannes Scheutz, Gerda-Maria Sigl und Jennipher Wagner. Angela Jung und Iva Welscher haben mit großer Sorgfalt wiederholt verschiedene Fassungen der Kapitel gelesen und kommentiert. Besonders danken möchte ich Patrizia Noel für die Diskussion früherer Fassungen von Kapitel 2 und 3, Ulrich Reubold für die intensive Auseinandersetzung mit der Phonetik sowie für die Abbildungen in Kapitel 2, Ute Kohlmann für die langen Diskussionen der Kapitel 5 und 6 und Ingrid Aichert für die Übungen mit Beispielen aus ihrer sprachtherapeutischen Praxis zur Aphasie in den Kapiteln 2 bis 5. Antonina Werthmann hat mit großem Einsatz den Text und die Beispiele formatiert und das Register erstellt. Für die Tilgung der letzten Inkonsistenzen sorgte Petra Rehder vom Verlag C.H.Beck. Ihr und Raimund Bezold danke ich für die Unterstützung des gesamten Projektes.

München im April 2014   Katrin Lindner

Abkürzungen der Sprachbezeichnungen

ahd.	althochdeutsch	ideur.	indoeuropäisch
am.engl.	amerikanisches Englisch	idg.	indogermanisch
as.	altsächsisch	jpn.	japanisch
chin.	chinesisch (hoch-	lat.	lateinisch
	chinesisch/Mandarin)	mhd.	mittelhochdeutsch
dt.	deutsch	ndl.	niederländisch
engl.	englisch	ne.	neuenglisch
frhnhd.	frühneuhochdeutsch	nhd.	neuhochdeutsch
frz.	französisch	niederdt.	niederdeutsch
germ.	germanisch	russ.	russisch
got.	gotisch	schweizerdt.	schweizerdeutsch
griech.	griechisch	span.	spanisch
hebr.	hebräisch	stdt.	standarddeutsch
hochdt.	hochdeutsch	türk.	türkisch

Allgemeine Abkürzungen

1/2/3	1./2./3. Person	IPA	Internationales phonetisches Alphabet
Adj	Adjektiv		
AdjP	Adjektivphrase	KLÖ	klammeröffnendes Element
Adv	Adverb		
ADV	Adverbiale	KLS	klammerschließendes Element
AdvP	Adverbialphrase		
AGR	*Agreement*	Konj./SBJV	Konjunktiv
AKK	Akkusativ	KV	Kopulaverb
AKKO	Akkusativobjekt	LOK	Lokativ
APPOS	Apposition	M	Maskulinum
Art	Artikel	MF	Mittelfeld
ATTR	Attribut	MP	Modalpartikel
BW	Bestimmungswort	MPF	Modalpartikelfunktion
C	Konsonant	MV	Modalverb
CP	Complementiererphrase	N	Nomen, Neutrum
DAT	Dativ	NF	Nachfeld
DATO	Dativobjekt	NOM	Nominativ
Det	Determinator	NP	Nominalphrase
DO	direktes Objekt	NUN	Nunation
DP	Determiniererphrase	Part./PTCP	Partizip
ERG	Ergativ	PartP	Partizipphrase
F	Femininum	PERF	Perfekt
FP	Fokuspartikel	PL	Plural
FPF	Fokuspartikelfunktion	PO	Präpositionalobjekt
FUT	Futurum	POSS	Possessivum
FV	Funktionsverb	PP	Präpositionalphrase
GEN	Genitiv	PRÄD	Prädikat
GENO	Genitivobjekt	PRÄDV	Prädikativum
Grdbd.	Grundbedeutung	Präs./PRS	Präsens
GW	Grundwort	Prät./PST	Präteritum
HV	Hilfsverb	S	Satz
Hz	Hertz	SATZADV	Satzadverbiale
IMPF	Imperfekt	SG	Singular
Ind./IND	Indikativ	sth.	stimmhaft
INF	Infinitiv	stl.	stimmlos
IO	indirektes Objekt	SUBJ	Subjekt
IP	Infinitivphrase	TOP	Topik
		V	Verb, Vokal

V1	Verberststellung	VP	Verbalphrase
V2	Verbzweitstellung	VV	Vollverb
VK	Verbalkomplex	WB	Wortbildung
VL/VLetzt	Verbletztstellung		

1 Grundlagen

Was ist der Gegenstand der Germanistischen Linguistik? Welche Fragen will diese Disziplin beantworten? Vielleicht hat sich der eine oder andere von Ihnen schon einmal eine der folgenden Fragen gestellt:

- Seit wann und warum verschwinden im Deutschen die Kasusendungen für den Genitiv und Dativ?
- Ist ein Satz wie *Die neue Versicherung braucht doch keiner, weil die ist einfach überflüssig.* heute grammatisch?
- Wie kommt es, dass wir oft Schwierigkeiten haben, ein Telefongespräch zu beenden?

Die erste Frage setzt voraus, dass das Deutsche den Kasus (Genitiv, Dativ, Akkusativ) mit Hilfe von Endungen an Nomen, Adjektiven und Artikeln (z. B. *des kleinen Kindes, dem kleinen Kind(e)*) kennzeichnet und dass diese Endungen auch verschwinden können. Sie erfordert deren Analyse in Texten ab dem frühest möglichen Zeitpunkt mit dem Ziel, die Art ihrer Veränderung festzustellen. Das Ergebnis sollte dann in einer entsprechenden Sprachwandeltheorie interpretiert werden, die die Aufgabe hat, derartige Veränderungen (d. h. wie und warum ändern sich Wortformen?) zu erklären.

Die zweite Frage setzt eine Definition, was ein 'grammatischer Satz' ist, sowie Annahmen (oder eine Theorie) über das Verhältnis von Grammatikalität und Sprachgebrauch voraus. Die Frage erfordert ferner eine Untersuchung des heutigen mündlichen und schriftlichen Gebrauchs von *weil*, denn dieses Wort wird häufig im Mündlichen anders als im Schriftlichen verwendet. Zusätzlich bietet es sich an, die Geschichte der Verwendung von *weil* zu untersuchen, da sich der Gebrauch geändert haben könnte und damit die Einstellung dazu, was als grammatisch eingestuft wird.

Die dritte Frage thematisiert die Organisation von Gesprächen, hier die Organisation des Sprecherwechsels bei der Beendigung eines Gesprächs. Die Antwort müsste in einer Theorie der Gesprächsorganisation, die Teil einer Interaktionstheorie ist, gefunden werden.

Diese hier nur skizzierten Antworten auf die drei Fragen verdeutlichen, dass der zu untersuchende Bereich vielschichtig ist. Daher ist es notwendig, den Gegenstand der Germanistischen Linguistik genauer zu bestimmen.

Linguistik oder Sprachwissenschaft allgemein beschäftigt sich mit den Eigenschaften von Sprachen, mit Gemeinsamkeiten und Variation. Jede Einzelsprache weist eine spezifische Kombination dieser Eigenschaften auf. Sprachvergleiche zeigen, wie unterschiedlich die Eigenschaften in den Sprachen der Welt realisiert werden können. Die Germanistische Linguistik beschäftigt sich mit den spezifischen Realisierungsformen dieser Eigenschaften im Deutschen. Sie sollen in den kommenden Kapiteln beschrieben werden.

1.1 Bestimmung und Abgrenzung der Germanistischen Linguistik: Ein Versuch

Einige grundlegende Eigenschaften von 'Sprache' lassen sich anhand der Beispiele (1) bis (5) feststellen. Lesen und interpretieren Sie bitte (1) zeilenweise.

(1)   **Die Freiheit** von Rolf Sellin

Die Freiheit ist
unser teuerstes Gut
Nicht jeder kann
sie sich leisten.

(Wiemer 1974: 224)

Offensichtlich werden in diesem Gedicht Wörter miteinander kombiniert.[1] Im zweiten Vers gibt es zwei Wörter, die nicht nur eine Bedeutung haben: *teuerstes* und *Gut*. Duden Deutsches Universalwörterbuch (2011: 766) verzeichnet im Lexikoneintrag zu *Gut*: "[...] 1. Besitz, der einen materiellen od. geistigen Wert darstellt [...]". Unter *teuer* findet sich im gleichen Wörterbuch die Angabe: "[...] 1. einen hohen Preis habend, viel Geld kostend [...]; 2. (geh[oben]). jmds. Wertschätzung besitzend; sehr geschätzt [...]" (Duden Deutsches Universalwörterbuch 2011: 1744). Im Zusammenhang mit dem Begriff 'Freiheit' kommt die abstraktere Bedeutung von *Gut* in Frage, die wiederum mit der zweiten Bedeutung von *teuer* verträglich ist: vgl. 'Die Freiheit ist der Wert, der von uns am höchsten geschätzt wird.' Durch die Aussage in Vers 3 und 4, insbesondere durch die Wörter *nicht leisten können*, deren Bedeutung ja häufig mit finanzieller Belastung assoziiert wird, scheint jedoch die angemessenere Bedeutung für *teuer* zu sein: 'einen hohen Preis habend'. Dabei bleibt offen, ob in diesem Fall wie auch im Fall von *nicht leisten können* der wörtliche oder der übertragene Sinn gemeint ist. Dieser hohe Preis kann – so die Aussage der beiden letzten Verse – nicht von jedem "bezahlt" werden.

Die Entscheidung für eine bestimmte Bedeutung von *teuer* und *Gut* hängt also zum einen von der Bedeutung des zuvor verwendeten Wortes *Freiheit* ab, zum anderen aber auch von der Verträglichkeit mit den folgenden Wörtern, wie *sich leisten können*. Anhand dieser kurzen Analyse des ersten Gedichts lässt sich feststellen, dass sich die deutsche Sprache **aus einer Kombination von Wörtern mit einer oder mehreren Bedeutungen** zusammensetzt. Die Interpretation der Bedeutungen wird durch die Interpretation der Wörter im **sprachlichen Kontext** beeinflusst. Eine zunächst gewählte Interpretation kann sich durch nachfolgende Informationen verändern. **→ Übung 1**

Im zweiten Gedicht wird auf andere Weise mit den Beziehungen zwischen Wörtern gespielt.

(2)   **Augenzeuge** von Brigitte Heidrich

> *Unglaublich wie*
> *hässlich ihr seid,*
> *wenn ich euch*
> *hasse.*

Im zweiten und vierten Vers kommen zwei Wörter vor, die ähnlich klingen: *hassen* und *häss-lich*. Während *hassen* über die Jahrhunderte hinweg eine bestimmte Art der negativen emotionalen Einstellung zu einer Person, einem Objekt oder einem Ereignis/Zustand wiedergibt, bezeichnet *hässlich* heutzutage, im Gegensatz zu *schön*, den Grad an (mangelnder) Schönheit. Herkunftswörterbücher, wie *Das Deutsche Wörterbuch* von Hermann Paul, zeigen jedoch auf, dass *hässlich* ursprünglich eine andere Bedeutung hatte:

(3)   "[...] – *häßlich*, mhd. *haʒ-, heʒlich* eigentl[ich] "Hass erregend". In der jetzigen Sprache besteht kaum noch ein Gefühl für die Grdbd. [Grundbedeutung] Schon seit Lu[ther] bezeichnet es als Gegensatz zu *schön* den unangenehmen Eindruck auf den Gesichtssinn, zuweilen auch auf andere Sinne. Von moralischen Verhältnissen gebraucht (*h*[*ässliche*] *Gesinnung, Reden, Sitten, s. h*[*ässlich*] *benehmen*) steht es der Grdbd. näher [...]." (Paul 1981: 293)[2]

Bei Goethe findet sich das Verb *häßlichen*:

(4)   "... den schönsten Boten, Unglücksbotschaft häßlicht ihn."
       (Goethe, Faust Zweiter Teil, 3. Akt 9437)

Häßlichen könnte hier die Bedeutung haben: 'x bewirkt, dass jemand hässlich erscheint' (Goethe Wörterbuch 2004: 727 f.); dabei könnte *häßlich* wiederum mit 'abstoßend', möglicherweise auch 'feindselig' (vgl. *häßlich aussehen*) bis hin zu 'hassenswert' umschrieben werden. Auch in (2) wird mit der früheren und der heutigen Bedeutung von *hässlich* gespielt. Das letzte Beispiel führt an das westliche Ufer des Starnberger Sees bei München. Dort befindet sich an dem Fußweg vom Paradies Richtung Tutzing das folgende Schild

(5) | AB HIER |
       | GRILLEN |

Auch dieses Schild hat zwei Lesarten: Zum einen könnte es heißen: 'Ab hier gibt es Grillen' – da die Gegend wie ein Biotop aussieht, ist diese Interpretation nicht unwahrscheinlich; zum anderen könnte es heißen: 'Ab hier können Sie grillen.' Die Lösung wird ein paar hundert Meter weiter angeboten. Dort gibt es das Schild: AB HIER NICHT GRILLEN (und nicht: AB HIER KEINE GRILLEN).
       Der Ausdruck auf diesem Schild bildet keinen vollständigen Satz, sondern eine Wortgruppe, hier eine Gruppe mit Infinitiv. Infinitive gibt es im Deutschen häufig in Verboten, z. B.: *Nicht hinauslehnen* in alten Zügen der Deutschen Bundesbahn oder: *Den Rasen nicht betreten* in Grünanlagen. Mit diesen Schildern werden die Leser aufgefordert, eine Handlung zu unterlassen. Daraus folgt, dass die Sprecher/Schreiber mit sprachlichen Ausdrücken **Handlungen vollziehen**: sie verbieten etwas, sie erlauben etwas, sie teilen etwas mit, stellen fest, behaupten, versprechen etc. Wenn Sprachnutzer Sprache verwenden, dann verwenden sie sie nicht nur dazu, mehr oder minder grammatische Ausdrücke, etwa Sätze, zu äußern, sondern vor allem, um etwas damit zu erreichen, z. B. eine Handlung zu verbieten. Das Beispiel (5) zeigt, dass Wörter oder Kombinationen von Wörtern je nach sprachlichem und situativem Kontext unterschiedlich von den Sprachnutzern interpretiert werden und dass mit ihnen sprachliche Handlungen vollzogen werden.
       In Bezug auf die deutsche Sprache lassen sich also folgende Beobachtungen festhalten:

– Sie besteht aus Wörtern – oder besser Wortformen mit ihren Bedeutungen.

- Die Wortbedeutungen verändern sich im Laufe der Zeit; Wörter sind mehrdeutig.
- Die Bedeutung eines Wortes, Satzes oder einer Äußerung entwickelt sich kontextabhängig.
- Wörter/Äußerungen werden für sprachliche Handlungen verwendet.

Das Verhältnis von Wortform und Bedeutung, von Wörtern zueinander sowie der Gebrauch von Ausdrücken durch den Sprachnutzer lassen sich noch genauer erfassen. Dazu verhilft ein Blick in eine andere Disziplin, die Semiotik oder die Lehre von den Zeichen.[3]

Übung 1 Zur Rolle des Kontextes für die Bedeutung von Ausdrücken: Der Ausdruck *Korplum* ist bislang nicht im Wortschatz des Deutschen vorhanden. Finden Sie anhand des jeweiligen sprachlichen Kontextes heraus, welche Bedeutung *Korplum* in den folgenden Sätzen hat:

(a) Ein Korplum wird als Stütze eingesetzt.
(b) Korplums werden verwendet, um offene Räume einzugrenzen.
(c) Ein Korplum kann lang oder kurz, dick oder dünn, kräftig oder zerbrechlich sein.
(d) Ein nasses Korplum brennt nicht.
(e) Man kann die Oberfläche des Korplums durch Sandpapier geschmeidiger machen.
(f) Ein Maler verwendet ein Korplum, um seine Farbe zu mischen.

(Aus einem Experiment von Werner & Kaplan 1963: 190 ff., Übersetzung KL)

1.1.1 Sprachliche Zeichen

Die Ereignisse in (6) bis (9) haben für den Sprecher und Adressaten oder den Sender und Empfänger eine Bedeutung. Sie lässt sich an den Folgen, etwa den Reaktionen des Adressaten oder Beobachters, ablesen; denn die Reaktionen lassen Rückschlüsse darauf zu, wie er oder sie ein Ereignis verstanden hat.

(6) Eine Person niest.
Daraufhin reicht eine weitere anwesende Person ihr ein Taschentuch.
(7) Es ziehen dunkle Wolken am Himmel auf.
Daraufhin packt eine Person, die ausgehen möchte, einen Regenschirm ein.
(8) Die Ampel an einer Straße steht auf Rot.
Daraufhin halten alle Autos vor dieser Ampel an.

(9)   Eine deutschsprachige Person ruft "Halt!"
Daraufhin halten alle Personen, die diesen Ausruf hören und verstehen, an.

Bei den Reaktionen auf die Ereignisse in (6) bis (9) gibt es eine Reihe von
systematischen Unterschieden. Bei (6) ist es möglich, dass jemand, der
niest, einen Schnupfen hat. Aber es könnte auch sein, dass er allergisch
ist oder auch nur Staubpartikel in die Nase bekommen hat. Das Niesen
ist also nur ein **Anzeichen** für Schnupfen (vgl. von Savigny 1974: 258 f.).
In (7) muss es nicht regnen, der Regenschirm wird eventuell gar nicht
benötigt – auch hier ist das natürliche Zeichen nur ein Anzeichen. Noch
ein zweiter Aspekt fällt auf: Gerade bei dem Reflex 'Niesen' wird deutlich, dass es sich nicht um eine absichtliche Handlung handelt. Den Zusammenhang zwischen dunklen Wolken und Regen kann man ebenfalls
nicht als gewollt ansehen. Ganz anders ist der Fall in (8) und (9). Hier
liegen nicht Anzeichen, sondern **Zeichen** vor. Es gibt eine Verabredung,
dass eine rote Ampel immer 'anhalten' bedeutet. Auch diejenigen, die
eine rote Ampel nicht beachten, kennen dieses Gebot. Gleiches gilt für die
Äußerung *Halt!* Die Verwendung einer roten Ampel oder des Ausrufs
Halt ist mit einer Absicht verbunden. Die Bedeutung der beiden Zeichen
ist festgelegt und im Unterschied zu den Anzeichen[4] nicht auf eine bloße
Korrelation beschränkt. So könnte sich z. B. jemand, der *Halt!* ruft, nicht
herausreden, dass er gar nicht gemeint habe, der Andere möge anhalten,
sondern dass er vielmehr habe ausdrücken wollen, er möge weiterfahren.

Die rote Ampel und der Ausruf *Halt!* in (8) und (9) gelten als **konventionelle Zeichen**. Mit welcher Bedeutung ein konventionelles Zeichen assoziiert ist, beruht also auf einer Konvention der Zeichennutzer. Daher
gibt es für das in (10) dargestellte Objekt unterschiedliche Bezeichnungen
in den Sprachen der Welt – von denen hier nur wenige genannt werden
können. Aber alle tragen die Bedeutung 'Baum'.[5]

(10)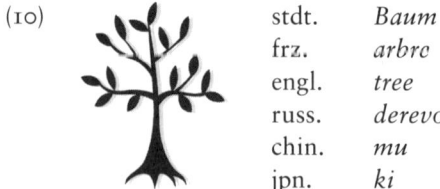

stdt.	*Baum*
frz.	*arbre*
engl.	*tree*
russ.	*derevo*
chin.	*mu*
jpn.	*ki*

Das sprachliche Zeichen hat nach de Saussure (1967: 77 f.)[6] zwei Seiten,
die Seite des Zeichenkörpers (frz. **signifiant**, dt. **Signifikant**) und die Seite
der Bedeutung (frz. **signifié**, dt. **Signifikat**). Man nennt es daher ein bila-

terales Zeichen. Die Relation zwischen den beiden Seiten ist assoziativ (de Saussure 1967: 76). De Saussure vertritt damit ein mentalistisches Modell; das heißt, dass es bei der Bedeutung um die (mentale) Vorstellung des Objekts und nicht um das Objekt in der Wirklichkeit geht. Die Relation zwischen dem Zeichenkörper (z. B. *Baum*) und seinem Inhalt (die Vorstellung von einem Baum etwa wie in der Zeichnung in (10)) wird von ihm als 'willkürlich' (frz. **arbitraire**) bezeichnet (de Saussure 1967: 79–82). Das sprachliche Zeichen ist ein willkürliches Zeichen (frz. **signe arbitraire**), da keine Ähnlichkeitsrelation zwischen seinem Zeichenkörper und seinem Inhalt besteht.

Gilt diese Annahme wirklich für alle sprachlichen Ausdrücke? Als Grenzfälle, bei denen ein Zusammenhang zwischen beiden Seiten des sprachlichen Zeichens gegeben sein könnte, werden Ausdrücke wie dt. *wauwau* für das Bellen des Hundes, engl. *bow wow*, russ. *gaw gaw*, chin. *wang wang* eingestuft. In der Zeichentheorie nennt man Zeichen, die auf Ähnlichkeit mit dem abzubildenden Objekt beruhen, Ikone.[7] Ein **Ikon** ist ein visuelles oder akustisches Zeichen, das die Eigenschaften des realen Objektes abbildet. Absolute Ikonizität liegt bei der Photographie vor. Die Situation oder die Person sah zu dem Zeitpunkt der Aufnahme genau so aus, wie das Foto sie wiedergibt (ob sie es gut findet oder nicht). Relative Ikonizität hingegen gibt es zum Beispiel bei visuellen Zeichen wie den Piktogrammen – etwa bei den Schildern für Abflug oder Ankunft auf Flughäfen, Verkehrszeichen für einen Radweg (eine Zeichnung eines Fahrrads) oder einen Fußgängerweg (derzeit die Zeichnung einer Frau mit einem kleinen Mädchen an der Hand).[8]

Als akustische Ikone werden lautmalerische (onomatopoetische[9]) Ausdrücke genannt. Ob die Relation bei diesen Zeichen mit relativer Ikonizität tatsächlich auf Ähnlichkeit beruht, lässt sich durch einen Vergleich der Bezeichnung für die Geräusche von Hähnen in verschiedenen Sprachen der Welt klären:

(11) **Lautmalerische Ausdrücke**[10]

stdt.	*kikkeri'ki*
schweizerdt.	*güggeri'gü*
ndl.	*kukkele'ku*
engl.	*cock-a-doodle-'doo*
frz.	*cocori'co*
span.	*kikkeri'ki*
griech.	*kukke'riku/kikke'riki*
russ.	*kukare'ku*
türk.	*üürü'ü*

jpn.   *kokkekok'ko*
chin.   *wo'wo(wo)*

Bei den Konsonanten hält sich die Variation in Grenzen: statt *k* wird ein *g* oder *w* verwendet, statt *r* ein *l*. Bei den Vokalen ist die Variation etwas größer. Bei den betonten Silben trägt tendenziell die letzte Silbe den Akzent. Ausnahmen bilden das Griechische und das Mandarin, in beiden wird die vorletzte Silbe betont. Allerdings gibt es im Mandarin eine zwei- und eine dreisilbige Variante,[11] so dass die Ausnahme nur die dreisilbige Variante betrifft. Wenn das Krähen der Hähne so unterschiedlich wiedergegeben wird, dann liegt die Vermutung nahe, dass die in (11) genannten Bezeichnungen sprachspezifisch sind. → **Übung 2** Wie steht es mit Schmerzschreien, die unwillkürlich geäußert werden?

(12)   **Schmerzschreie**

stdt.   *au(a)*
am. engl.   *ouch*
span.   *ai* (mit kurzem *a* und hohem langgezogenen *i*)
russ.   *aj*
türk.   *au*
chin.   *aa*
jpn.   *ita*

Da diese Schreie sich in ihrem Zeichenkörper offensichtlich unterscheiden, gehören sie zum Repertoire einer spezifischen Sprache. Auch für Reflexschreie werden also arbiträre bzw. konventionelle Zeichen verwendet. Festzuhalten ist, dass sprachliche Zeichen konventionell sind.

Ferner gilt für sie, dass sie linear, also in der Zeit verwendet werden (de Saussure 1967: 82). Wie komplex auch immer die Ausdrücke und ihre Bedeutungen sind – vgl. etwa (13) –, die Wörter müssen nacheinander, in der Zeit, geäußert werden.

(13)   *Die Anzeige über das rotgestreifte Auto mit der Reklame auf der Beifahrertür, das in der SZ zum Kauf angeboten wurde, entbehrt jeglicher Grundlage.*

Dass die lineare Verwendung von Zeichen auch zu Schwierigkeiten für den Sprachnutzer führen kann, zeigen z. B. Versprecher.

(14)   *Ich hab ihm mein Lad gekleigt* für *Ich hab ihm mein Leid geklagt.*
        (Leuninger 1993: 100)

Wie genau der Linearisierungsprozess abläuft, interessiert u. a. Psycho-
linguisten, die Sprachproduktions- und Sprachverstehensprozesse untersuchen (vgl. Abschnitt 1.5).
Der bilaterale Zeichenbegriff von de Saussure (1967) wird jedoch
nicht von allen Vertretern der Semiotik übernommen. Morris (1938)
schlägt einen triadischen Zeichenbegriff vor. Er bezieht den Zeichennutzer in sein Modell mit ein. Die semiotische Forschung gliedert sich bei
ihm in drei Dimensionen

1. Dimension: Kombination von Zeichen – Zeichen　　= Syntax
2. Dimension: Relation von Zeichen – Bezeichnetem　　= Semantik
3. Dimension: Relation zwischen Zeichen –
   Bezeichnetem – Zeichennutzer　　= Pragmatik

Bei diesen drei Dimensionen der Betrachtung sprachlicher Zeichen handelt es sich um Beschreibungsebenen der Linguistik. Die Syntax untersucht den Satzbau (vgl. Kapitel 4), die Semantik ist die Bedeutungslehre
(Lehre von der Beziehung zwischen Bezeichnendem/Signifikant und Be-
zeichnetem/Signifikat, vgl. Abschnitt 5.4), und bei der Pragmatik handelt
es sich um die Beschreibung des Gebrauchs von sprachlichen Ausdrücken
im situativen Kontext durch einen Sprachnutzer (vgl. (5) in 1.1.1 und
Abschnitt 5.5).[12] In der Linguistik treten zu diesen drei Beschreibungsebenen bzw. Teilbereichen noch die Phonologie (oder Lehre von der
Funktion der Laute), die Morphologie (Flexions- und Wortbildungs-
lehre), die Lexikologie und die Textlinguistik hinzu.

Im Anschluss an die Überlegungen aus der Zeichentheorie lässt sich
der Gegenstand 'Sprache' in einer ersten Formulierung – in Anlehnung
an de Saussure (1967: 17 f.) – folgendermaßen bestimmen.

(15)　　Sprache ist ein System von Zeichen.

Die Zeichen einer Sprache lassen sich gleichsetzen mit dem Wortschatz
dieser Sprache (vgl. Abschnitt 1.1.3). Dass es sich um ein System von Zeichen handelt, bedeutet, dass diese Zeichen systematisch aufeinander bezogen und keineswegs willkürlich miteinander verknüpft sind. Die Verbindungen bestehen in ihren assoziativen Beziehungen und in ihrer
linearen Anordnung; beide sind sprachspezifisch, also für jede Sprache
individuell geregelt. Erfasst werden sie u. a. in Grammatiken.

Im nächsten Abschnitt soll besprochen werden, was mit der Aussage,
ein Satz oder – allgemeiner – ein Ausdruck sei grammatisch, gemeint ist.

Übung 2 Stellen Sie lautmalerische Ausdrücke zusammen aus den Sprachen, die Sie
kennen:

(a) für die Bezeichnung von Tieren (*muh, miau miau* etc.),
(b) für die Sirenen von Krankenwagen,
(c) für Verben wie *knallen, zischen, tröpfeln*.

Auf der Website *www.bzzzpeek.com* finden Sie Anregungen; allerdings bestätigen
Muttersprachler nicht immer die dort genannte Aussprache. Daher ist es sinnvoll, dass
Sie dazu Ihre KommilitonInnen mit den entsprechenden Erstsprachen befragen.

1.1.2 Was heißt: "ein Ausdruck ist grammatisch"?[13]

Der Terminus Grammatik kommt aus dem Griechischen und bedeutete
ursprünglich in der Konstruktion *techné grammatiké* 'Sprachlehre',
'Kunst des Lesens und Schreibens' (zu *grammá* 'Buchstabe', *grammatiké*
'Schriftkenntnis'). Der Ausdruck wurde ins Lateinische übersetzt und
bezeichnete im Mittelalter die *ars grammatica*, die erste der sieben *artes
liberales*, der sieben freien Künste. Die Sprachlehre sollte dem Erwerb
oder verbesserten Gebrauch einer Sprache – des Griechischen, des Lateinischen, des Hebräischen, im Mittelalter als Vorbereitung auf die Bibel-
auslegung – dienen.

Beschreibungen einzelner Sprachsysteme oder von Ausschnitten aus
Sprachsystemen sind jedoch älter. Es gab sie bereits in der indischen und
griechischen Antike (z. B. Robins 1997). Verstärkt wurden die Bemühungen um die Erfassung von Sprachsystemen und ihren Veränderungen z. B.
durch Sprachvergleiche ab dem 18./19. Jahrhundert (siehe Abschnitt 3.1).
Da die Beschreibung eines Systems implizit oder explizit theoriegeleitet
ist, wird 'Grammatik' oft gleichgesetzt mit 'Sprachsystemtheorie': So gibt
es etwa traditionelle, strukturalistische oder generative Grammatiken
etc. (zu Beispielen siehe Abschnitt 1.1.3).

Der Schwerpunkt der Grammatikschreibung kann also entweder im
Bereich der Sprachlehre (präskriptive Grammatik) oder im Bereich der
Beschreibung von Sprachsystemen und deren Veränderungen (deskriptive
Grammatik) liegen.

Die **präskriptive Grammatik** setzt Normen des korrekten Sprach-
gebrauchs, vgl. umgangssprachlich: *Der Satz ist korrekt/richtig/falsch,
man sagt nicht x, sondern y, das heißt x, nicht y* etc. Beispiele dieses
Grammatiktyps sind etwa die lateinischen Grammatiken des Mittel-

alters, Schulgrammatiken im Fremdsprachenunterricht oder die Duden Grammatik (vgl. ihren Untertitel in der 8. Auflage von 2009: "Unentbehrlich für richtiges Deutsch"),
Die **deskriptive Grammatik** beschreibt die sprachlichen Strukturen, ohne sie zu werten. Sie gibt Auskunft darüber, welche Strukturen von den Sprachnutzern verwendet werden. Linguistische Studien stützen sich in der Regel auf deskriptive Grammatiken.
Seit Chomsky (1973a: 21–28) wird 'grammatisch' von 'akzeptabel' unterschieden. In leichter Abwandlung seiner Unterscheidung lässt sich der Terminus grammatisch im Kontrast zu dem Terminus akzeptabel in folgender Weise festlegen:
> **Grammatisch** sind diejenigen Ausdrücke einer Sprache, die für einen Muttersprachler als **wohlgeformt** gelten, d. h. den Regeln oder Regelmäßigkeiten der Grammatik seiner Sprache entsprechen.
> **Akzeptabel** sind diejenigen Ausdrücke einer Sprache, die in einer bestimmten Situation verwendet werden und in dieser Situation als verständlich gelten.

Zu beachten ist, dass die Gegensätze von grammatisch vs. ungrammatisch ebenso wie von akzeptabel vs. inakzeptabel jeweils Pole einer Skala sind; d. h. einige Ausdrücke können weniger (un)grammatisch oder weniger (in)akzeptabel etc. als andere sein. An den folgenden Beispielen lassen sich diese Unterscheidungen überprüfen.[14] ➔ **Übung 3**

(16)   *Mnigi rgrsti asbi kilskrt.*
(17)   *En malo kligen on went.*
(18)   *Der Enterich entschwimmt mit Getösung.*
(19)   *Du lernen Türkisch?*
(20)   *Gut singen hat er nicht gekonnt/können.*
       Hans wird nicht kommen gekonnt haben/nicht haben kommen können.[15]
(21)   Bundesverfassungsgesetz § 77: *"Das Bundesverfassungsgericht hat dem Bundestag, dem Bundesrat, der Bundesregierung, bei Meinungsverschiedenheit über die Gültigkeit von Bundesrecht auch den Landesregierungen und bei Meinungsverschiedenheiten über die Gültigkeit einer landesrechtlichen Norm dem Landtag und der Regierung eines Landes, in dem die Norm verkündet wird, Gelegenheit zur Äußerung binnen einer zu bestimmenden Frist zu geben."*
(22)   *Er traf den Mann mit dem Stock.*
(23)   *(Es folgt Wissen vor 8). Lecker unterstützt von* X *(Firmenname).*

(24) *Franz sucht ein Einhorn im Englischen Garten.*
(25) *Der Fels schwebte den Berg hinauf.*
(26) *Ich konnte damals erst übermorgen starten, denn der Abschied*
      von meinen Eltern dauerte einen Tag, der von meiner Braut eine
      Nacht (Karl Valentin).

Beim ersten Beispiel (16) fällt es schwer, Bezüge zu deutschen Wörtern
herzustellen. Überwiegend entsprechen die Lautfolgen, etwa anlautendes
mn und *rg* oder auslautendes *lskrt*, nicht der Silbenstruktur des Deutschen. In (17) gibt es Lautkombinationen, die Silben des Deutschen sein
könnten, und einige erinnern an deutsche Wörter. Diese Einheiten existieren jedoch nicht im Wortschatz des Deutschen. Daher ist die Folge
nicht wohlgeformt. (17) könnte allerdings aus einer Geheimsprache –
etwa von Kindern – kommen. Damit entstammt das Beispiel jedoch einer
anderen Sprache, in der der Ausdruck wohlgeformt sein könnte oder
nicht.

In (18) gibt es eine Reihe von Lautfolgen, die Bestandteile der deutschen Sprache aufweisen, deren Kombination aber nicht im Lexikon stehen. So sind dort zwar *entlaufen, entgehen, entfliehen, entschwinden*
verzeichnet, *entschwimmen* aber nicht. Es gibt *Getöse* aber nicht *Getösung.* Der Artikel *der* oder die Präposition *mit* gehören jedoch zum
Deutschen. Auch die Wortstellung entspricht derjenigen deutscher Aus-
sagesätze. Der Satz ist dennoch nicht grammatisch. Er könnte jedoch
akzeptabel sein, etwa wenn ihn Lerner des Deutschen äußern, die die
deutsche Wortbildung noch nicht beherrschen.

Bei (19), *Du lernen Türkisch?*, handelt es sich aufgrund des Fragezei-
chens um eine Frage. Der Sprecher beherrscht möglicherweise noch nicht
die Flexion der deutschen Verben oder gibt vor, sie nicht zu beherrschen.
Im ersten Fall ist (19) akzeptabel, im zweiten Fall unter eingeschränkten
Kontextbedingungen ebenfalls, wenn auch nicht in allen Situationen
sozial akzeptabel.

In (20) gibt es zwei Formen des Verbs *können.* Das Verb kann entweder als Infinitiv oder als Partizip II verwendet werden. → **Übung 4**
Wie auch immer die Entscheidung ausfällt, es gibt für beide Formen eine
Begründung. Der Infinitiv ist in der Verbindung mit Modalverben wie
können, sollen, dürfen die traditionelle Form im Perfekt (vgl. Ersatzinfinitiv in der Duden Grammatik 2009: § 662 f.). Diese Kombination aus
dem Hilfsverb *haben* und dem Infinitiv entspricht jedoch nicht den heute
geläufigeren Perfektformen mit Hilfsverb und Partizip Perfekt. Deshalb
gibt es eine Reihe von Sprechern, die diese Ausnahme zurücknehmen und

die Modalverben im Perfekt nach dem Muster der anderen Perfektformen bilden (wie z. B. *er hat gepfiffen, er hat geraucht*). Interessant ist, dass einige Sprecher beide Kombinationen – also sowohl den Infinitiv als auch das Partizip Perfekt – mit dem Hilfsverb verwenden können; d. h. für diese Sprecher sind keine der beiden Formen ungrammatisch, sondern beide grammatisch zu nennen (vgl. dazu Reis 1979).

In (21), einem Gesetzestext, sind die Sätze wohlgeformt, aber nicht akzeptabel. Denn sie übersteigen das Arbeitsgedächtnis des Lesers oder Hörers, insbesondere dann, wenn er nicht auf diese Textsorte spezialisiert ist. Somit gibt es auch Sätze, die grammatisch, aber inakzeptabel sind.

Die syntaktische Konstruktion in (22) ist mehrdeutig. Eine Umstellprobe verdeutlicht eine Lesart in (22) a., die Paraphrase der Wortgruppe *der Mann mit dem Stock* die zweite Lesart in (22) b.:

(22) a. *Mit dem Stock traf er den Mann.*
      b. *Er traf den Mann, der am Stock ging.*

Aufgrund der mehrdeutigen (oder ambigen) Satzstruktur in (22) spricht man hier von struktureller Mehrdeutigkeit oder **struktureller Ambiguität**. Diese Sätze verletzen keine Regeln des Deutschen, sie sind also wohlgeformt und sie sind akzeptabel.

Im folgenden Beispiel (23) vertragen sich *lecker* und *unterstützt* nicht. Etwas kann *großzügig, intensiv, minimal unterstützt* werden, aber nicht *lecker, saftig* oder *kernig*. (23) ist also nicht wohlgeformt, aber es ist als Werbeslogan akzeptabel. → **Übung 5**

Bei (24) besteht wohl kein Zweifel, dass es ein wohlgeformter und akzeptabler Satz ist. Suchen kann Franz ein Einhorn im Englischen Garten. Allerdings könnte es sein, dass er das Objekt nicht findet, weil es – etwa in unserer intersubjektiv geteilten Welt – nicht existiert. (25) hingegen, *Der Fels schwebte den Berg hinauf*, wird wahrscheinlich zu unterschiedlichen Urteilen führen. Ein häufig geäußerter Kommentar ist, dass der Satz zwar grammatisch, aber sinnlos sei, denn Felsen schweben nun einmal nicht und schon gar nicht hinauf, sondern stürzen aufgrund ihres Gewichtes hinab. Diese Auffassung von Felsen gilt für unsere Welt. Denkbar wären aber auch Welten, in denen es Felsen gibt, die hinauf oder quer durch den Raum fliegen; es gibt solche Situationen in *science fiction*-Filmen. Gleiches gilt für Welten, die der Poesie angehören. Sollten Aussagen über mögliche Welten nicht grammatisch sein?

Wie steht es um das Verhältnis von Grammatik und Bedeutung? Müssen grammatische Sätze sinnvolle Sätze sein, also z. B. wahre (oder falsche) Aussagen über Sachverhalte in unserer Welt? Können sie potentiell wahrheitsfähig, etwa in einer möglichen Welt wie (25), sein? Ist die Bedeutungslehre Teil einer Grammatik- (bzw. Sprachsystem-)theorie und damit eine Teildisziplin der Linguistik? In der Geschichte der Linguistik gibt es zu diesem Problemkreis zwei Positionen. Insbesondere Vertreter des amerikanischen Strukturalismus und der frühen generativen Grammatik betrachteten als Gegenstand der Grammatik (Sprachsystemtheorie) nur die Form sprachlicher Ausdrücke, die ohne Zuhilfenahme von 'Bedeutung' zu beschreiben sei (z. B. Bloomfield 1933: 162,167; Chomsky 1973c: 92–105).[16] Erfasst wurden insbesondere die Syntax, die Flexion (soweit sie für die Syntax relevant war, etwa die Kasus oder die Kongruenz von Subjekt und Verb) und die Wortbildung. Ein Grund, die Semantik auszuschließen, war die Annahme, dass man Bedeutung nicht präzise beschreiben könne (vgl. Helbig 1989: 75–79). In der Zwischenzeit hat sich diese Auffassung u. a. durch die Entwicklung formaler Semantiktheorien und von Ansätzen zur Pragmatik geändert. Damit ist heute die Semantik als Teildisziplin der Linguistik und daher als Teil der Grammatik (Sprachsystemtheorie) anerkannt (z. B. Vennemann & Jacobs 1982).

Ein Beispiel für die Relevanz semantischer Aspekte für die Grammatikalität von Sätzen ist (26). Wieder liegt das Problem in der Unverträglichkeit von Ausdrücken (vgl. (23)); nun aber geht es um die Unverträglichkeit von zwei Zeitpunkten, *damals* und *übermorgen*: *Damals* gibt einen Zeitpunkt in der Vergangenheit an, zu dem ein Ereignis oder eine Kette von Ereignissen stattgefunden hat; *übermorgen* lässt sich zeitlich nur in Bezug auf den Sprechzeitpunkt einordnen. Damit ergibt sich ein Widerspruch zwischen zwei zeitlichen Orientierungspunkten. Wohlgeformt müsste der Satz lauten

(26') *Ich konnte damals erst nach zwei Tagen abreisen* [...]

Akzeptabel ist das Beispiel in (26) für viele Leser vermutlich schon deshalb, weil es von Karl Valentin stammt.

Bislang wurde die lexikalische, morphologische, syntaktische und semantische Wohlgeformtheit angesprochen. Beispiele zur phonologischen Wohlgeformtheit werden in Abschnitt 2.2 genannt. Es fehlt noch die pragmatische Wohlgeformtheit.

Die Pragmatik befasst sich mit dem Gebrauch von sprachlichen Äußerungen, z. B. im Vollzug sprachlicher Handlungen (siehe Abschnitte 1.1.3, 5.5.1). Ein Beispiel für mangelhafte pragmatische Wohlgeformtheit findet sich in (27).

(27)   *Ich verspreche Dir, dass Max gestern das Geschirr abgewaschen*
       hat.

Mit der Äußerung in (27) kann der Sprecher kein Versprechen vollziehen, da er nur eine eigene zukünftige Handlung, aber nicht eine Handlung eines Anderen in der Vergangenheit versprechen kann. In (27) wird gegen Gebrauchsbedingungen von Äußerungen, mit der eine bestimmte Handlung vollzogen werden soll, verstoßen (zu Details siehe Abschnitt 5.5.1).
→ **Übung 6**
Auch im folgenden Beispiel, einem Verkaufsgespräch, verhält sich ein Sprecher, hier Karl Valentin, ungewöhnlich. → **Übung 7**

(28)   **Im Hutladen.** Ein Gespräch zwischen einer Verkäuferin (V) und
       Karl Valentin (KV)

       V: *Guten Tag, Sie wünschen?*
       KV: *Einen Hut.*
       V: *Was soll das für ein Hut sein?*
       KV: *Einer zum Aufsetzen.*
       V: *Ja, anziehen können Sie niemals einen Hut, den muss man*
            immer aufsetzen.
       KV: *Nein, immer nicht – in der Kirche zum Beispiel kann ich*
            den Hut nicht aufsetzen.
       V: *In der Kirche nicht – aber Sie gehen doch nicht immer in die*
            Kirche.
       KV: *Nein, nur da und hie.*
       V: *Sie meinen nur hie und da.*
       KV: *Ja, ich will einen Hut zum Auf- und Absetzen.*
            [...]
       V: *Nun müssen Sie sich aber bald entscheiden, was für einen*
            Hut Sie haben möchten.
       KV: *Einen neuen Hut!*
       V: *Ja wir haben nur neue.*
       KV: *Ich will ja einen neuen. [...]*

(Schulte 1978: 260 f.)

Während (27) keinen Sinn macht, dürfte (28) dennoch akzeptabel sein. Sowohl (27) als auch (28) – ebenso wie das Beispiel in Übung 6 – zeigen also, dass Sprachnutzer offensichtlich gegen Gebrauchsbedingungen oder Muster im Sprachgebrauch verstoßen können. Es ist demnach sinnvoll, von pragmatischer Wohlgeformtheit zu sprechen.

Zu Beginn dieses Abschnitts war 'wohlgeformt' mit 'grammatisch' gleichgesetzt worden. Damit stellt sich die Frage, ob die Pragmatik zur Grammatik gerechnet wird. Nicht alle Linguisten würden diese Frage bejahen; einige würden einen engeren Begriff von Grammatik präferieren, der die Pragmatik ausschließt. Wie auch immer man sich entscheidet, ob für den engeren Begriff oder den weiteren Begriff, es bleibt bestehen, dass auf allen genannten Strukturebenen oder in allen genannten Bereichen der Sprachbeschreibung von Wohlgeformtheit gesprochen werden kann.

Betrachtet man noch einmal die Wohlgeformtheit und Akzeptabilität der Ausdrücke in (16)–(28), so lässt sich feststellen, dass es Ausdrücke gibt, die sowohl wohlgeformt als auch akzeptabel sind, dass es wohlgeformte Ausdrücke gibt, die nicht akzeptabel sind (etwa (21)), akzeptable, die nicht wohlgeformt sind (z. B. (19), (23), (28)), und dass es sinnlose Ausdrücke gibt, die weder wohlgeformt noch akzeptabel sind (z. B. (16)-(18) und (27)).

Jede Grammatik, jede sprachliche Untersuchung baut auf einer Definition von 'Sprache' auf, in der ein bestimmter Aspekt von Sprache fokussiert wird. Der folgende Abschnitt stellt vier dieser Definitionen vor. Sie zeigen, wie unterschiedlich eine solche Fokussierung ausfallen kann und welche Folgen sie für die Bestimmung des Gegenstands der Linguistik hat. Zugleich werden mit diesen Definitionen einige Meilensteine in der Geschichte der Linguistik im 20. Jahrhundert illustriert.

Übung 3 Markieren Sie auf jeweils zwei Skalen – der einen für Grammatikalität oder Wohlgeformtheit und der anderen für Akzeptabilität – in welchem Grad die Beispiele (16) bis (28) für Sie grammatisch oder akzeptabel sind. Eine Lösung wird nicht vorgeschlagen, da sich herausstellen wird, dass die Urteile relativ individuell ausfallen.

Übung 4 Fragen Sie in Ihrem Bekanntenkreis nach, welche Form dort für wohlgeformt gehalten wird. Achten Sie auch darauf, ob der/die Angesprochene aus dem Süden oder aus dem Norden Deutschlands kommt.

Übung 5 Sammeln Sie weitere Werbeslogans und stellen Sie fest, ob und warum sie akzeptabel bzw. (nicht) wohlgeformt sind.

Übung 6 Analysieren Sie das folgende Beispiel in Bezug auf Akzeptabilität und Grammatikalität:

Gedenktafel auf einem Friedhof. (Namen und Daten verändert)

Unserem Gatten und Vater

Ewald Kunze (1915–1954)

Franz Meier (1918–1968)

und deren Ehefrau Eva (1925–1998).

Wo liegt hier das Problem? Welche Art von Wohlgeformtheit ist betroffen?

Übung 7 Was ist an dem sprachlichen Verhalten von Valentin ungewöhnlich? Wie laufen Verkaufsgespräche normalerweise ab?

1.1.3 Vier Definitionen von 'Sprache'

Eine Festlegung von 'Sprache', die für die Linguistik sehr folgenreich war, ist die Definition von Ferdinand de Saussure (1967), die bereits oben in (15) verkürzt genannt wurde. De Saussure (1967: 17 f.) unterscheidet drei Aspekte von Sprache: die menschliche Rede oder die Redefähigkeit (*langage*), das Sprachsystem oder die Sprache (*langue*) und das Sprechen (*parole*). Unter *langage* wird die kognitive, neurologische und physiologische Ausstattung des Menschen, Sprache zu lernen und zu verwenden, verstanden, unter *langue* das von der Sprachgemeinschaft geteilte, abstrakte Sprachsystem und unter *parole* das individuelle konkrete Sprechen. Die charakteristischen Merkmale der *langue* fasst de Saussure folgendermaßen zusammen:

"1. [...] Man kann sie [*langue* K.L.] lokalisieren in demjenigen Teil des Kreislaufs [an dem Sprecher und Hörer im kommunikativen Austausch beteiligt sind, K.L.], wo ein Lautbild sich einer Vorstellung assoziiert. Sie ist der soziale Teil der menschlichen Rede und ist unabhängig vom Einzelnen, welcher für sich allein sie weder schaffen noch umgestalten kann; sie besteht nur kraft einer Art Kontrakt zwischen den Gliedern der Sprachgemeinschaft. Andererseits muss das Individuum sie erst erlernen, um das Ineinandergreifen ihrer Regeln zu kennen; das Kind eignet sie sich nur allmählich an. Sie ist so sehr eine Sache für sich, daß ein Mensch, der die Sprechfähigkeit verloren hat, die Sprache noch besitzt, sofern er die Lautzeichen versteht, die er vernimmt.

2. Die Sprache, vom Sprechen unterschieden, ist ein Objekt, das man gesondert erforschen kann [...].

3. Während die menschliche Rede in sich verschiedenartig ist, ist die Sprache [...] ihrer Natur nach gleichartig; sie bildet ein System von Zeichen, in dem einzig die Verbindung von Sinn und Lautzeichen wesentlich ist [...]." (1967: 17 f.)

In 1. und in 3. findet sich der bilaterale Zeichenbegriff, von dem in Abschnitt 1.1.1 bereits die Rede war, als Verbindung von Signifikant (hier: "Lautbild") und Signifikat (hier: "Vorstellung"). Nach der Festlegung in 1. ist die Sprache allen Mitgliedern der Sprachgemeinschaft gemeinsam und besteht unabhängig von jedem einzelnen Sprachnutzer. Interessant ist, dass de Saussure nicht nur den Sprachlerner erwähnt, sondern auch den Sprachnutzer, der aufgrund etwa einer Hirnverletzung keine wohlgeformten Ausdrücke mehr produzieren kann.

Die Sprache ist für de Saussure ein vom Sprechen abzugrenzendes Untersuchungsobjekt[17]. Sie ist mental repräsentiert. Sie bildet die Voraussetzung für das Sprechen und wird andererseits durch das Gesprochene (oder durch das Geschriebene) erst zugänglich. Sie ist ein System von Zeichen mit verschiedensten Beziehungen – assoziativen Beziehungen zwischen Lautbild und Vorstellung, Anordnungsbeziehungen (in der Syntax und in der Wortbildung) und Analogien (etwa in der Wortbildung). Legt man de Saussures Festsetzung zugrunde, so beschäftigt sich die Linguistik mit dem Zeichen und seinen verschiedensten Beziehungen zu anderen Zeichen im System zu bestimmten Zeitpunkten. Bezogen auf die in 1.1.1 genannten Teilbereiche würde sich ein Linguist z. B. mit der Wortsemantik, mit der Morphologie (Flexion und Wortbildung) und mit der Syntax (der Anordnung von Wörtern im Satz) befassen.

Von einer anderen Definition geht Chomsky (1973c: 15) aus:

> "Von jetzt ab werde ich unter einer SPRACHE eine (endliche oder unendliche) Menge von Sätzen verstehen, jeder endlich in seiner Länge und konstruiert aus einer endlichen Menge von Elementen." (Großbuchstaben im Original, KL)

Chomskys Interesse gilt 1957 den Regeln, die der Kombination von Elementen zu Sätzen einer Sprache zugrunde liegen, also der Syntax. Die Bedeutung von Sätzen wird für ihn erst in seinen späteren Modellen ab 1965 relevant. Zu diesem Zeitpunkt bestimmt Chomsky auch den Gegenstand neu: Die Fähigkeit des Sprechers, anhand der im Kopf gespeicherten Regeln beliebig viele neue Sätze bilden zu können, macht seinen Begriff der **Kompetenz** aus. Die Erfassung dieser Kompetenz bildet nach Chomsky den Gegenstand einer linguistischen Theorie. Durch eine Reihe von Annahmen wird der Sprachkompetenz alle Variabilität genommen (siehe Abschnitt 1.3.3); sie wird idealisiert, um die zugrunde liegende Systematik besser beschreiben zu können:

> "Der Gegenstand einer linguistischen Theorie ist in erster Linie ein idealer Sprecher-Hörer, der in einer völlig homogenen Sprachgemeinschaft lebt, seine Sprache ausgezeichnet kennt und bei der Anwendung seiner Sprachkenntnis in der aktuellen Rede von solchen grammatisch irrelevanten Bedingungen wie
> – begrenztes Gedächtnis
> – Zerstreutheit und Verwirrung
> – Verschiebung der Aufmerksamkeit und im Interesse
> – Fehler (zufällige oder typische)
> nicht affiziert wird." (Chomsky 1973a: 13)

> "Die Grammatik einer Sprache versteht sich als die Beschreibung der immanenten Sprachkompetenz des idealen Sprecher-Hörers." (Chomsky 1973a: 15)

Chomsky interessieren die Regeln, die das intuitive Wissen der Sprachnutzer über ihre Sprache ausmachen, aber es interessiert ihn nicht, wie das nächste Zitat zeigt, wozu Sprache verwendet wird – die **Performanz** (Chomsky 1973a: 14):

> "Die menschliche Sprache kann zur Information oder Irreführung benutzt werden, sie kann benutzt werden, um die eigenen Gedanken zu erklären oder um die eigene Klugheit zur Schau zu stellen [...]. Wenn wir hoffen, die menschliche Sprache und die psychischen Fähigkeiten, auf denen sie beruht, zu verstehen, so müssen wir zuerst fragen, was sie ist, und nicht, wie oder zu welchen Zwecken sie gebraucht wird." (Chomsky 1973b: 116).

Die **Performanz** bezeichnet den individuellen Sprachgebrauch. Sie entspricht weitestgehend dem Begriff der *parole* bei de Saussure.

Nicht alle Sprachwissenschaftler und Sprachphilosophen stimmen Chomskys Festlegungen zu. Entgegen Chomskys Auffassung gehen einige davon aus, dass es die wichtigste Eigenschaft von Sprache ist, dass sie zu bestimmten Zwecken verwendet wird: **um Handlungen zu vollziehen.**

> "Die Grundeinheit der sprachlichen Kommunikation ist nicht, wie allgemein angenommen wurde, das Symbol, das Wort oder der Satz, oder auch das Symbol-, Wort-, Satzzeichen, sondern die Produktion oder Hervorbringung des Symbols oder Wortes oder Satzes im Vollzug des Sprechaktes." (Searle 1971: 30)

Es handelt sich also um eine **Sprachgebrauchstheorie.** Ein Beispiel dafür, dass mit sprachlichen Äußerungen Handlungen vollzogen werden, war (5). Auch der Vollzug sprachlicher Handlungen lässt sich mit Regeln fassen:

> "Die Hypothese dieses Buches ist also, daß eine Sprache sprechen eine regelgeleitete Form des Verhaltens darstellt [...]. Sprechen bedeutet, in Übereinstimmung mit Regeln Akte zu vollziehen." (Searle 1971: 38)

Searle rückt mit seinem Ansatzpunkt die Pragmatik in den Mittelpunkt des Forschungsinteresses. Auch eine pragmatische Betrachtung von Sprache setzt voraus, dass die geäußerten Ausdrücke regelkonform gebildet sind, um eine Handlung als die intendierte zu vollziehen. Eine Äußerung wie

(27)   *Ich verspreche dir, dass Max gestern das Geschirr abgewaschen hat.*

stimmt sicherlich nicht mit den Regeln überein, die für den Vollzug eines Versprechens gelten (siehe Abschnitt 5.5.1). Denn in einem Versprechen nennt der Sprecher keine fremde Handlung in der Vergangenheit, son-

dern eine eigene zukünftige Handlung. So wird in (27) auf Ereignisse mit
falschen Personen und Handlungen zu falschen Zeitpunkten Bezug genommen. In der Sprechakttheorie wird Wohlgeformtheit also nicht nur
im Sinne einer phonologischen, morphologischen, syntaktischen, semantischen Wohlgeformtheit, sondern auch pragmatische Wohlgeformtheit
gefordert.

Die genannten Definitionen von de Saussure, Chomsky und Searle
markieren klassische Positionen der Linguistik im Verlauf des 20. Jahrhunderts. Gemeinsam ist ihnen, dass sie von einem recht abstrakten Sprach-
begriff – als *langue*, als *competence* oder als Handlungskompetenz – ausgehen, der im krassen Gegensatz zum Sprechen – zur *parole* und zur
performance – steht. Variation spielt in diesen Ansätzen keine Rolle. Ein
neuer Ansatz, der hier als letztes Beispiel für verschiedene Auffassungen
von 'Sprache' angesprochen werden soll, nimmt gerade die Erfahrungen
des Sprachnutzers zum Ausgangspunkt seiner Überlegungen und bezieht
damit Variation prinzipiell ein. Ihn interessieren, wie sich in schrittweisen
Abstraktionsprozessen sprachliche Kategorien, Muster und Schemata aufgrund allgemeiner Verarbeitungsprozesse allmählich herausbilden und
verändern. Es ist der 'gebrauchsbasierte Ansatz' *(usage-based approach):*[18]

> "While all linguists are likely to agree that grammar is the cognitive organi-
> zation of language, a usage-based theorist would make the more specific pro-
> posal that grammar is the cognitive organization of one's experience with
> language. [...]. The proposal presented here is that the general cognitive capabi-
> lities of the human brain, which allow it to categorize and sort for identity,
> similarity, and difference, go to work on the language events a person encoun-
> ters, categorizing and entering in memory these experiences. The result is a
> cognitive representation that can be called a grammar. This grammar, while it
> may be abstract, since all cognitive categories are, is strongly tied to the experi-
> ence that a speaker has had with language." (Bybee 2006: 711)

Dieser Ansatz geht nicht nur von der Verwendung von Sprache in sprachlichen Handlungen aus, sondern setzt generell voraus, dass alle Ausdrücke
der verwendeten Sprache mit ihren phonologischen, morphologischen,
syntaktischen, semantischen und pragmatischen Eigenschaften durch
ihre Verarbeitung vom Sprachnutzer immer wieder (neu) gespeichert, zu
Schemata oder Mustern generalisiert und gegebenenfalls neu kategorisiert werden. Da das sprachliche Wissen der Sprachnutzer (organisiert in
der Grammatik) aufgrund ihrer jeweiligen Erfahrungen mit ihrer Sprache
unterschiedlich ist, wird in diesem Ansatz Variation im Sprachgebrauch
prinzipiell einbezogen. Alle Bereiche der Linguistik kommen hier ins
Blickfeld; bislang liegen die Forschungsschwerpunkte in der Morphologie und Syntax sowie in der Semantik.

An den genannten Festlegungen von 'Sprache' werden unterschied-liche Bereiche fokussiert. Mit der Festlegung des Begriffs 'Sprache' wird also zugleich entschieden, was im Rahmen der entsprechenden Theorie untersucht und erklärt werden soll. → Übung 8

Übung 8 Wann beginnt der Erstspracherwerb und wann endet er, wenn die Defini-tion von Sprache nach Chomsky (1973c), nach Searle (1971) oder im Einklang mit dem gebrauchsbasierten Ansatz zugrunde gelegt wird?

1.1.4 Ziele der Germanistischen Linguistik

Für de Saussure ist das Ziel der Linguistik, systematische Bezüge (der in 1.1.3. genannten Art) im Sprachsystem zu erfassen. Für Chomsky gilt es, die Kompetenz eines Sprechers, sein Wissen über seine Sprache, insbesondere über die Syntax seiner Sprache, zu beschreiben und zu erklären. Für Searle ist es das Ziel, die sprachliche Handlungskompetenz zu beschreiben und zu erklären, d. h. Regeln, die beim Vollzug von Sprechhandlungen befolgt werden müssen, zu bestimmen. Für die Vertreter des gebrauchsorientierten Ansatzes stehen die Prozesse, in denen Muster oder Schemata entstehen oder verändert werden, im Mittelpunkt. Ein germanistischer Linguist wird sich – in der Regel – bei seinen Untersuchungen für einen dieser oder anderer theoretischen Ansätze entscheiden und damit zugleich die entsprechenden Ziele übernehmen. In jedem Fall aber, unabhängig von dem von ihm gewählten Ansatz, wird er sich bemühen, das **Typische**, das Regelhafte, wiederkehrende Muster, Schemata oder Prozesse aus den vorliegenden Daten abzuleiten und nicht das Zufällige oder **Akzidentielle** zu untersuchen. → Übung 9

Übung 9 Sind Versprecher als akzidentiell einzuordnen?

1.2 Methoden und Daten der Germanistischen Linguistik

Bei der wissenschaftlichen Beschäftigung mit Sprache sind prinzipiell zwei Wege denkbar. Der eine erfasst zunächst alle Vorkommnisse des Untersuchungsgegenstandes und leitet dann aus diesen die wesentlichen,

die typischen Merkmale des Gegenstandes ab. Da aber nie alle Einzel-
fälle überprüft werden können, werden Annahmen oder Hypothesen
über diese Daten formuliert, die dann durch weitere Beobachtungen bestätigt oder falsifiziert werden. Dieses Vorgehen vom Einzelfall zum Allgemeinen wird als **induktiv** bezeichnet.

Dem gegenüber gilt als **deduktiv**
ein Verfahren, das vom Allgemeinen zum Besonderen geht, also mit Hilfe
logischer Überlegungen die allgemeinen Merkmale herleitet und sie als
Hypothese formuliert. Findet sich ein Fall, der nicht den allgemeinen
Merkmalen entspricht, so ist die Hypothese falsifiziert und ist entsprechend zu modifizieren. Während bei theoretischen Überlegungen – etwa
der Entwicklung einer Sprachtheorie – vorwiegend deduktiv verfahren
wird, werden empirische Untersuchungen meistens induktiv durchgeführt.

Das Vorgehen bei einer empirischen Untersuchung in der Germanistischen Linguistik gliedert sich typischerweise wie folgt:

1. Zuerst wird – meist aufgrund des Forschungsstandes – der Unter-
   suchungsgegenstand (im Rahmen einer zuvor gewählten Sprachtheorie) bestimmt und die Fragestellung oder die Hypothese, die zu
   überprüfen ist, festgelegt; mögliche Fragestellungen wurden zu
   Beginn des Kapitels auf S. 15 genannt, z. B. die Frage nach der Verbstellung bei *weil*.
2. Dann wird das Vorgehen, die Methode, gewählt. Hier müssen viele
   Fragen beantwortet werden, z. B.: Wie und wo kommt der Unter-
   suchungsgegenstand vor? **Vorkommnisse** (engl. *tokens*) sind **Reali-
   sationen** sprachlicher Einheiten, etwa von Lauten, Satzbaumustern,
   sprachlichen Handlungen. **➔ Übung 10** In einer Untersuchung können
   diese Vorkommnisse zu **Daten** werden (siehe unten). Wie werden diese
   Daten "gefunden"? Sie werden erhoben. Bei der Datenerhebung müssen viele Faktoren beachtet werden; etwa die Art der Erhebung: *Weil*-
   Konstruktionen – um im Beispiel zu bleiben – können verschrifteten
   Texten (welcher Art, welchen Alters etc.) entnommen oder in Gesprächssituationen beobachtet werden. Ein weiterer Faktor ist die
   Auswahl der Probanden mit ihren Eigenschaften Alter, Geschlecht,
   Ausbildung etc., ein dritter Faktor ist der Zeitpunkt und der Ort der
   Beobachtung, des Experiments etc. – Die Daten müssen vermutlich
   aufbereitet werden, ehe sie ausgewertet werden können; z. B. müssen
   Tonaufnahmen verschriftet werden (orthographisch oder in Laut-
   schrift, siehe Abschnitt 2.1.2). Gegebenfalls müssen sie kodiert werden
   (mit bestimmten, etwa grammatischen, Merkmalen versehen werden),
   um besser ausgewertet werden zu können.

3. Die Daten werden je nach Fragestellung ausgewertet, indem z. B. das Typische, das Regelhafte bzw. das zugrunde liegende Muster herausgearbeitet wird. Diese Auswertung wird meistens durch statistische Berechnungen unterstützt.

4. Die Ergebnisse werden kritisch in Relation zur Hypothese oder Fragestellung diskutiert und im Rahmen der zuvor gewählten Theorie interpretiert. Sie können die Theorie bestätigen (verifizieren) oder nicht bestätigen (falsifizieren). Letzteres kann zur Aufgabe der Theorie oder zu ihrer Modifizierung führen.

Übung 10 Untersuchen Sie die Position des Lautes *h* (nicht des Buchstabens!). An welcher Stelle im Wort wird er ausgesprochen? Was passiert in zusammengesetzten Wörtern wie *Strumpfhose, Haushalt* vs. *Haushälterin?*

1.2.1 Daten und Datenerhebung

Datum kommt aus dem Lateinischen und bedeutet 'gegeben'. Was sind Daten für die Germanistische Linguistik? Die Auswahl der Daten richtet sich natürlich nach den Fragestellungen und deren theoretischem Rahmen; so würde etwa eine syntaktische Untersuchung im Rahmen von Chomskys Ansatz aufgrund der Beschränkung auf syntaktisch wohlgeformte Ausdrücke die Beispiele (14), (19) und (23) aus Abschnitt 1.1.1 und 1.1.2

(14)   *Ich hab ihm mein Lad gekleigt*
(19)   *Du lernen Türkisch?*
(23)   *Lecker unterstützt von* X [Firmenname].

nicht als Datum akzeptieren, wohl aber jemand, der sich mit Versprechern (im Fall von (14)), dem Lernen von Zweitsprachen (wie bei (19)) oder mit Werbesprache (wie bei (23)) beschäftigt.

Daten werden durch Beobachtung – auch Eigenbeobachtung –, durch Fragebögen, Interviews, durch Experimente (etwa Satzergänzungen, Grammatikalitätsurteile, Assoziationen, Messung von Reaktionszeiten, Messung von Blickbewegung) oder durch Elizitierung[19] "gefunden" (z. B. Albert & Koster 2002). Großes Interesse besteht seit einiger Zeit an Korpora mit Spontansprachdaten (z. B. Behrens 2008) oder schriftsprachlichen Texten, die bereits erhoben, verschriftet, gegebenenfalls kodiert, in Datenbanken gespeichert und zu Forschungszwecken Interessierten zugänglich sind, etwa die Korpora des Instituts für Deutsche Sprache in Mannheim. Für den Spracherwerb ist z. b. die Datenbank CHILDES relevant, in der Korpora von Kindern mit unterschiedlichen Lernbedingungen und verschiedenen Muttersprachen erfasst sind.

Untersucht werden jedoch nicht nur Daten des Gegenwartsdeutschen, sondern auch Daten früherer Sprachstufen, etwa des Althochdeutschen oder des Mittelhochdeutschen, oder auch die Veränderung bestimmter Ausdrücke in der Zeit. Nach de Saussure (1967: 69) wird die Betrachtung eines Sprachsystems oder Teilsystems zu einem bestimmten Zeitpunkt oder in einem bestimmten Zeitraum **synchron** genannt (abgeleitet aus griech. *syn* 'zusammen' und griech. *chronos* 'Zeit'). Das Gegenstück bildet die Untersuchung eines Ausdrucks über die Zeit hinweg: **diachron** (mit griech. *dia* 'über' 'hinweg', hier: 'über die Zeit hinweg'). Eine synchrone Betrachtung liegt z. B. bei der Erfassung der Verbflexion im Mittelhochdeutschen oder der Anzahl der Konsonanten in Silbenanfängen im Neuhochdeutschen vor, eine diachrone Betrachtung könnte sich mit der Entwicklung der *weil*-Konstruktionen oder der Bedeutungsveränderungen des stddt. Wortes *Brombeere* vom Althochdeutschen (ahd. *brāmberi* 'die Beere des Dornstrauchs') zum Neuhochdeutschen beschäftigen.

Die Daten sind Realisierungen des Untersuchungsgegenstandes. Was ist nun die Beschreibungssprache? Für linguistische Untersuchungen ergibt sich hier ein methodisches Problem, denn die beschreibende Sprache ist zugleich die Sprache, die untersucht wird. Wie lassen sich die Ausdrücke, die untersucht werden, von der Sprache differenzieren, in der sie beschrieben werden?

1.2.2 Daten vs. Beschreibungssprache – Objekt- vs. Metasprache

Das folgende Schlussverfahren, das aus zwei Annahmen (Prämissen) und einem Schluss besteht, enthält Aussagen über die Welt und über Sprache.

(29) a. Prämisse 1:   Max ist der Vater von Inge
      b. Prämisse 2:   Max hat drei Buchstaben

      _____

      c. Schluss: Der Vater von Inge hat drei Buchstaben.
      (Hinst 1974: 13)

Der Schluss in (29) c. ergibt keinen Sinn. Der Grund liegt in der Unvereinbarkeit der beiden Prämissen: Die erste trifft eine Aussage über die Welt, über das verwandtschaftliche Verhältnis von zwei Personen, Max und Inge. In der ersten Prämisse werden die Namen **verwendet** (engl. *use*), um über die Beziehung einer Person zu einer anderen zu sprechen. Die zweite Prämisse hingegen enthält eine Aussage über die Sprache, über das Wort *Max*. Hier wird der Name **erwähnt** (engl. *mention*) oder zitiert[20]. Aussagen über Sprache sind **metasprachliche Aussagen** (griech. *meta* 'über').

In ihnen werden die erwähnten Ausdrücke als objektsprachlich markiert

"Man nennt die zu untersuchende Sprache die Objektsprache der Untersuchung, da sie das Objekt der Untersuchung ist. Die Sprache, in der die Untersuchung geführt wird, nennt man die Metasprache der betreffenden Untersuchung. In der Metasprache redet man also über Ausdrücke der Objektsprache." (Hinst 1974: 13).

Objektsprachliche Ausdrücke werden – nach einer Druckerkonvention – kursiv gesetzt; vgl. die Beispiele in (30).

(30) a. Berlin hat 3,49 Millionen Einwohner.
      b. *Berlin* ist zweisilbig.
      c. *Berlin* ist der Name von Berlin.

(30) a. enthält eine Aussage über die Welt, und zwar über die Zahl der Einwohner der Stadt Berlin. Der folgende Satz hingegen enthält eine Aussage über die Anzahl der Silben im Wort *Berlin*. Das Wort *Berlin* ist also Untersuchungsobjekt und muss daher kursiv gesetzt werden. In (30) c. wird der Name *Berlin* einem Objekt in der Welt zugeordnet. Das erste Vorkommnis des Namens wird als sprachwissenschaftliches Objekt gekennzeichnet. ➔ **Übung 11**
  Ein ähnliches Problem der Differenzierung zwischen Objekt- und Beschreibungssprache gibt es bei der Angabe von Bedeutungen. Da Bedeutungen oft mit Wörtern der zu untersuchenden Sprache wiedergegeben werden, müssen sie als Bedeutungen gekennzeichnet werden; vgl. das Beispiel zur Bedeutung von *Gut*.

(31) Die Bedeutung von *Gut* ist Besitz, der einen materiellen oder geistigen Wert darstellt.

Die Angabe der Bedeutung oder des Begriffs muss gekennzeichnet werden, um das Leseverständnis zu erleichtern; sie steht in einfachen Anführungszeichen. ➔ **Übung 12** So lautet (31) unmissverständlich:

(31') Die Bedeutung von *Gut* ist 'Besitz, der einen materiellen oder geistigen Wert darstellt'.

Übung 11 Welche der folgenden Aussagen stammen aus einer diachronen, welche aus einer synchronen Betrachtung, welche Aussagen sind normativ, welche deskriptiv, welche Aussagen enthalten objektsprachliche Ausdrücke?

(a) In Österreich sagt man Fisolen und nicht grüne Bohnen.
(b) Statt schnell kann man auch rasch sagen.
(c) Linguistik ist ein Lehnwort.
(d) Das auslautende -e beim Dativ verschwindet zunehmend in der gesprochenen Sprache, hält sich aber in bestimmten Bereichen der Schriftsprache.
(e) Der Punkt steht nach dem Aussagesatz. Er drückt eine längere Pause aus und deutet als Satzzeichen zugleich eine Senkung der Stimme an.
(f) Der Plural der Familiennamen wird meist mit -s gebildet.

Welche sprachlichen Kriterien setzen Sie an, um eine Aussage als normativ oder deskriptiv zu klassifizieren?

Übung 12 Korrigieren Sie die folgenden Lexikoneinträge (aus: Hermann Paul, *Deutsches Wörterbuch*, 8. Aufl., Tübingen 1981), indem Sie dem Leser das Verstehen der Texte durch die Kennzeichnung von objektsprachlichen Ausdrücken und ihrer Bedeutung erleichtern.
Achtung: Sollten Sie nicht wissen, ob Sie das folgende Wort unterstreichen/kursiv schreiben oder mit einfachen Anführungszeichen versehen sollen, ergänzen Sie den Satz, indem Sie vor den entsprechenden Ausdruck *das Wort/der Ausdruck* oder *im Sinne von/in der Bedeutung von* setzen.

Brauch

Ahd. brûh, mhd. brûch, früher auch das Brauchen, vgl. den natürlichen B. des Weibes Luther, Römer 1,27, noch Schiller zu welchem B., ebenso Goethe seine Worte und Werke merkt ich und den Brauch [...]; dafür jetzt nur Gebrauch. Die heutige, schon im 16. Jh. vorhandene Bedeutung ist wohl zunächst in Verbindungen wie im B. sein gebraucht werden, üblich sein entstanden. Auch hier wird jetzt nur noch im Gebrauch angewendet.

hellhörig

1860 [...] 1. gut hörend, jetzt nur noch übertragen Zusammenhänge ahnend (und darum einer Sache nachgehend) 2. schalldurchlässig (von Häusern).

Jacke

Um 1400 entlehnt aus frz. jaque, das über span. jaco auf arab. šakk Brünne zurückgeht. Norddt. U[mgangssprache] einem die Jacke vollhauen (ihn durchprügeln), das ist J. wie Hose (einerlei).

1.3 Ein kurzer Abriss der Geschichte der deutschen Sprache

Nach der kurzen Einführung in die Ziele und Methoden der Germanistischen Linguistik soll im Folgenden ein kurzer Überblick über die Geschichte der deutschen Sprache, ihre Dialekte und Soziolekte gegeben werden. Dabei wird deutlich, dass es sich beim Deutschen keineswegs um eine homogene Sprache handelt. Dimensionen, die diese Inhomogenität begründen, sind z. B. regionale und soziale Variation sowie die Differenzierung nach dem Alter. Die folgende Dialektkarte zeigt, welche Gruppen von Dialekten und welche Dialekte es im Deutschen gibt.

Abb. 1 Karte der deutschen Dialekte der Gegenwart

Auf dieser Karte ist eine sehr fett gedruckte Linie zu sehen, die bei Düsseldorf-Benrath den Rhein überquert und das gesamte deutsche Sprachgebiet bis Frankfurt/Oder durchzieht: die **Benrather Linie.** Sie grenzt das Hochdeutsche vom Niederdeutschen (dem Niederfränkischen, Friesischen, Westfälischen, Ostfälischen und Niedersächsischen), ferner vom Niederländischen und anderen germanischen Sprachen (z. B. dem Englischen) ab. Das Niederdeutsche wird nördlich, das Hochdeutsche südlich dieser Grenze gesprochen. Anhand von Wortgleichungen lässt sich zeigen, wo die **Grenze eines Sprachraums (Isoglosse)** verläuft. Beispiele für die Sprachgrenze zwischen Hoch- und Niederdeutsch – vgl. auch die Entsprechungen im Englischen – finden sich in (32).

(32)	Hochdt.		Niederdt.	Englisch
	machen	vs.	*maken*	*make*
	Pfund	vs.	*pund*	*pound*
	Salz	vs.	*solt*	*salt*
	Schiff	vs.	*ship*	*ship*
	Wasser	vs.	*water*	*water*

Der Trennungsgrund ist eine Veränderung im Konsonantismus, die traditionell als Zweite Lautverschiebung bezeichnet wird: die Konsonanten *p, t, k,* werden südlich der Benrather Linie in bestimmten Positionen[21] zu *pf, z* (gesprochen *ts* wie in *(Her)z*), *ch* (gesprochen wie in *(do)ch*), oder zu *f(f) s(s), h(h)* (vgl. *Schiff, Wasser*). **→ Übung 13**

Die Benrather Linie gilt als *machen-maken*-Linie.[22] Eine zweite Grenze ist die Speyrer-Karlsruher Linie: die *Apfel-Appel*-Linie. Sie trennt innerhalb des Hochdeutschen das Mitteldeutsche (Ripuarisch, Mosel- und Rheinfränkisch, Hessisch, Thüringisch und Obersächsisch) vom Oberdeutschen (Alemannisch, Schwäbisch, Süd- und Ostfränkisch, Bairisch mit Nord-. Mittel und Südbairisch).

Das Deutsche zeigt nicht nur regionale Variation, sondern änderte sich auch im Laufe der Jahrhunderte. Man teilt das Hochdeutsche ein in:

Althochdeutsch	(abgek. ahd.)	von ca. 600 oder 800	bis 1050
Mittelhochdeutsch	(abgek. mhd.)	von ca. 1050	bis 1350
Frühneuhochdeutsch	(abgek. frhnhd.)	von ca. 1350	bis 1650
Neuhochdeutsche	(abgek. nhd.)	von ca. 1650	–

Bei dieser Untergliederung wird deutlich, dass Sprachzustände – wie sie etwa de Saussure mit seinem Begriff 'Synchronie' annimmt (siehe Abschnitt 1.2.1) – mehrere Jahrhunderte dauern können.

Übung 13 Der folgende Text stammt von dem niederdeutschen Dichter Fritz Reuter. Er soll im mecklenburgisch-vorpommerischen Dialekt geschrieben haben (vgl. den Untertitel zu seinem Werk *Läuschen und Rimels*. *Plattdeutsche Gedichte heiteren Inhalts in mecklenburgisch-vorpommerischen Mundart*. Reuter 1902 Bd I S. 161). Für die Übung ist es nicht von Belang, wie authentisch der Dichter hier den Dialekt wiedergibt. Aber vielleicht regt der Text ja einige Leser an, sich mit dieser Frage zu befassen.

Übertragen Sie den Text wortwörtlich ins Hochdeutsche und zeigen Sie, wo es im Konsonantismus Unterschiede zwischen den niederdeutschen und hochdeutschen Wörtern gibt. Wenn möglich, geben Sie auch die englischen Entsprechungen an.

Text: *Ut de Franzosentid. Dat irste Kapitel* (aus: Reuter 1902 Bd. 3 S. 240 *Olle Kamellen* ('alte Kamillen' – 'unbrauchbares, langweiliges Zeug')).

[...] Na, während dess nu also de Uhrkenmaker sick de Stifeletten anknöpt, un de Borenmütz ('Bärenmütze') upsett't, satt Möller Voss mit den Franzosen tausam un let sick dat in den Herrn Amtshauptmann sinen Rotwin sur (sauer) warden, un de Franzos stödd (stieß) mit dem Möller an und säd: "A Wuh!" und de Möller namm denn sin Glas, drunk und säd "Na Nu!" und den stödd de Möller wedder mit den Franzosen an, und de Franzos bedanckt sick un säd "Servitör!" und de Möller drunk denn ok und säd "Sett en vör de Dör!" und so dredten sei französch mit enanner und drunken.

1.3.1 Was heißt eigentlich *deutsch*?

Die erste Erwähnung des lateinischen Vorläufers des Wortes *deutsch* ist auf das Jahr 786 datiert (König 2007: 59). Der päpstlich Nuntius Georg von Ostia berichtet dem Papst Hadrian über zwei Synoden in England, bei denen die Beschlüsse zum besseren Verständnis aller sowohl in der lateinischen Sprache (*lingua latine*), der Sprache der Kirche und der Gelehrten, als auch in der Sprache des Volkes (*lingua theodisce*) verlesen wurden. *Lingua theodisce* ist ein Ausdruck aus der Gelehrtensprache und bezeichnet die Sprache des Volkes. Zwei Jahre später wird der Bayernherzog Tassilo der Fahnenflucht angeklagt ("*quod theodisca lingua harisliz dicitur*" – 'was in der Sprache des Volkes *Fahnenflucht* genannt wird.'). Das mittellateinische *theodiscus* geht zurück auf ein germanisches Adjektiv, das für das Westfränkische erschlossen ($^{+}$*theodisk*[23]) und mit dem gotischen (got.) *þiuda*, ahd. *diot* 'Volk' verwandt ist. Das ursprüngliche ahd. Wort für 'Volkssprache' war *frenkisg* (vgl. dazu Otfrieds *Evangelienbuch* um 865). Als die Romanisch sprechenden Franken das Wort *frenkisg* bei ihrem Zug gen Westen für ihre Sprache beanspruchen (vgl. *Frankreich, France*), wird es durch *theodisc* (bzw. ahd. *diutisc*) ersetzt. *Diutisc* bezieht sich zunächst nur auf die Sprache (vgl. Notker um 1000), erst 1090 werden als *Diutsch* auch Land und Leute bezeichnet (vgl. Annolied: "*Diutschin sprechin, Diutschin liute in Diutischemi lande.*"). Im 9. Jahrhundert wird *theodisc* durch *teutonicus* verdrängt. → Übung 14

Übung 14   Stellen Sie – etwa mit Hilfe des Internets – eine Liste von Ausdrücken zusammen, mit denen in anderen Sprachen die deutsche Sprache bezeichnet wird, z. B. engl. *German*, frz. *allemand*, etc.

1.3.2 Tendenzen zur Vereinheitlichung

Verkehrssprachen

Aufgrund der Vielzahl der **Dialekte** entwickelte sich zur Verbesserung der Verständigung über die Landesgrenzen hinweg eine **Verkehrssprache**. Maßgeblich für diese Verkehrssprache waren – politisch und wirtschaftlich gesehen – der zum jeweiligen Zeitpunkt mächtigste Hof oder entsprechende Kanzleien in den deutschen Ländern. Im 9. Jahrhundert war die Verkehrssprache das Karolingische aufgrund des Hofs von Karl dem Großen, im 12. Jahrhundert das Alemannische durch Friedrich den Staufer, das Bairische im 14. bis 16. Jahrhundert durch die Habsburger. Im 16. bis 18. Jahrhundert wurde es das Meißnische (Obersächsische), die Sprache der aufgeklärten Bürger und Dichter in Leipzig und Weimar (vgl. König 2007).

Herausbildung des Deutschen als Nationalsprache

Zwei Fremdsprachen werden im deutschsprachigen Raum bis ins 18. Jahrhundert verwendet: das (Mittel-)Latein bis ins 15./16. Jahrhundert und das Französische im 16. bis 18. Jahrhundert. Latein ist im Mittelalter die Sprache der Jurisprudenz, der Urkunden und Verträge – noch der Westfälische Friede 1648 ist in dieser Sprache abgefasst –, der Theologie und der anderen Fakultäten an den im 14./15. Jahrhundert gegründeten Universitäten. Die Bedeutung des (Mittel-)Lateins lässt sich anhand der Anzahl der Bücher ablesen, die auf Latein oder auf Deutsch geschrieben wurden: Um 1570 sind noch 70 % der Bücher in lateinischer Sprache verfasst, 1680 50 %, 1740 sind es nur noch 28 %, 1770 14 % (von Polenz

1994:20). Paracelus gilt als der erste Dozent, der seine medizinischen Vorlesungen in Basel 1527 auf Deutsch gehalten hat, allerdings bleibt die Terminologie lateinisch (von Polenz 2000: 203, 214). Nicht nur Latein wird im deutschen Sprachraum gesprochen. Im 17. und 18. Jahrhundert ist es das Französische, das der Adel in Nachahmung des Hofes in Versailles bevorzugt und das ihn zugleich vom niederen Adel und dem Bürgertum abgrenzt. Zur Verwendung der deutschen Sprache tragen ab dem 15. Jahrhundert natürlich der Buchdruck, die Flugschriften während der Volksaufstände 1525 oder Anfang des 17. Jahrhunderts die Verbreitung von Zeitungen bei. Im 16. und 17. Jahrhundert entwickelt sich der private Briefwechsel (vgl. die Briefe in Nürnberger Handelshäusern).[24] Der Schwerpunkt der "Spracharbeit" im 16.–18. Jahrhundert, 'der Arbeit an der Sprache', die u. a. auch von den Sprachgesellschaften getragen wird, liegt jedoch auf der Entwicklung des Wortschatzes (vgl. z. B. die Arbeiten von Schottelius 1663, Stieler 1691[25]). Seit dem 14. Jahrhundert spricht man vom "gemeinen Teutsch", das im Gegensatz zu den Fremdsprachen oder als einfache allgemeinverständliche Sprache im Kontrast zum Kanzlei- und Humanistendeutsch bzw. als überregionale Sprache im Kontrast zu den Dialekten steht (von Polenz 1994: 145 f.). Im 18./19. Jahrhundert wird dieser Begriff durch 'Hochdeutsch' ersetzt und bezeichnet nun allerdings die "Gesellschaftssprache in den oberen Classen" (Nerius 1967: 64 f., zit. nach von Polenz 1994: 146). Aus der Bezeichnung für einen bestimmten Sprachraum ist damit eine Bezeichnung für die Sprache einer sozialen Schicht geworden. Diese Bedeutung hat *Hochdeutsch* auch heute noch für einige Sprecher des Deutschen, insbesondere für Dialektsprecher.

Eine erste **Normierung der Aussprache** geht auf W. Viëtors *Aussprache des Schriftdeutschen* von 1885 zurück. Motiviert durch einen beeinträchtigten Theatergenuss, wenn Dichtung in einer dialektalen – etwa der schwäbischen – Aussprache vorgetragen wird (obwohl etwa Goethe sein Frankfurterisch oder Schiller sein Schwäbisch nie leugnet), treffen sich 1898 eine Reihe von Theaterdirektoren und Hochschulgermanisten, um die Aussprache für die Bühne zu normieren. Die auf dieser Tagung festgelegten Aussprachenormen werden im gleichen Jahr als Th. Siebs' *Deutsche Bühnensprache* publiziert; ab der 16. Auflage ist das Buch als *Deutsche Hochsprache* bekannt. Diese Normierung legt unter anderem fest, dass der süddeutschen die norddeutsche Aussprache vorzuziehen sei, in der streng zwischen stimmhaften und stimmlosen Konsonanten wie *b* und *p* getrennt werde.[26] Ausnahmen bilden die Kombinationen von *s* und *t* bzw. *s* und *p* wie in *Strumpf* oder *springen*. Hier gilt die süddeutsche Aussprache.

Die Normen der *Deutschen Hochsprache* werden jedoch nur von wenigen befolgt. Beobachtet man Sprecher, die von sich behaupten, 'Hochsprache' zu sprechen, so wird schnell deutlich, dass das Hochdeutsche jeweils regional eingefärbt ist; so unterscheidet sich etwa die Aussprache von Münchnern deutlich von derjenigen der Hamburger, Berliner oder Frankfurter. Von e i n e r Aussprache der Hoch- oder Standardsprache wird man also kaum sprechen können, d. h. die Hoch- oder Standardsprache ist ein Konstrukt.

1.3.3 Subsysteme – Varietäten – Idiolekt

Neben den regionalen oder arealen Subsystemen des Deutschen, also den Dialekten, gibt es weitere Dimensionen, die zu Variation im Deutschen führen, etwa das Medium, der Grad an Normierung, die soziale Gruppe oder der Beruf.

Nach dem Medium unterscheidet sich die geschriebene von der gesprochenen Sprache, z. B. im Wortschatz, in der Syntax, allgemeiner: in der Textproduktion (vgl. Kapitel 4 und 6, s. dazu auch Klein 1985). Dabei wird häufig die geschriebene Sprache mit der stärker normierten Sprache, der Hoch- oder Standardsprache, gleichgesetzt und die gesprochene Sprache mit der Umgangssprache, der Alltagssprache der Sprachnutzer.[27] Die Umgangssprache kann Dialekt sein und/oder von anderen Gruppensprachen (oder **Soziolekten**) beeinflusst sein. → **Übung 15** Zu den Soziolekten zählt etwa die Jugendsprache, heute insbesondere die "Kanaak Spraak" oder das "Kiezdeutsch", das inzwischen nicht nur von Jugendlichen gesprochen wird, deren Eltern oder Großeltern aus der Türkei nach Deutschland kamen (vgl. Auer 2003), sondern auch von deutschen Jugendlichen (Wiese 2012). Zu den Soziolekten zählen ferner die Berufs- oder – allgemeiner – die Fachsprachen, etwa die Jägersprache (mit *Teller* für die Ohren des Schwarzwildes oder *Blume* für den Schwanz des Feldhasen). Nicht zuletzt gehören, in diachroner Sicht, auch Gaunersprachen zu den Sprachen sozialer Gruppen, etwa das Argot auf der Basis des Französischen und das Rotwelsch auf der Basis des Deutschen. Aus dem Rotwelsch stammen Wörter wie *Bock* 'Hunger', 'Gier' (vgl. den heutigen Ausdruck *keinen Bock auf etwas haben*), *Kies* und *Moos* (für 'Geld').[28]

Offensichtlich gibt es im Deutschen viel Variation entlang der erwähnten Dimensionen – Raum, Medium, soziale Gruppe, Alter, Beruf. Linguistische Studien zur Variation orientieren sich an diesen Kriterien, um Varietäten bzw. Varietätenräume einzugrenzen und um sie dann (nach den bekannten Beschreibungsbereichen phonologisch, morphologisch, lexikalisch, syntaktisch, semantisch, pragmatisch) zu untersuchen (vgl. Lenz & Mattheier 2005). Die Schnittstelle, in der sich diese Dimensionen treffen, ist das Individuum. Es hat ein bestimmtes Alter, wohnt in einer bestimmten Region, gehört zu einer bestimmten sozialen Gruppe, hat eine bestimmte Ausbildung, einen Beruf und agiert in verschiedenen kommunikativen Situationen. Damit ist die empirisch überprüfbare Einheit der Idiolekt des Individuums.

Dieser Abschnitt zeigt, dass das Deutsche viele Varietäten umfasst, also keineswegs ein homogenes System bildet: ein Faktum, das für alle Sprachen gilt. Im Folgenden soll kurz darauf eingegangen werden, wie sich das Deutsche – dabei ist dann in der Regel die Standardsprache gemeint – zu anderen (Standard-)Sprachen verhält: Es kann sich dabei um die Stellung des Deutschen innerhalb von Sprachfamilien handeln, um Phänomene, die durch Sprachkontakt zustande kommen oder um Phänomene, die einem Sprachtyp gemeinsam sind.

Übung 15 "Übersetzen" Sie den folgenden Satz in die Umgangssprache und in die Dialekte oder Soziolekte, die Sie kennen (Kontext: Benötigt wird Kleingeld für einen Garderobenschrank):
Haben Sie einen Euro?

1.4 Sprachvergleich: Sprachfamilie – Sprachkontakt – Sprachbund – Sprachtypologie

Um Muster einer Sprache mit Mustern anderer Sprachen zu vergleichen, gibt es verschiedene Möglichkeiten:

Sprachen können erstens auf ihre Zugehörigkeit zu einer bestimmten **Sprachfamilie** (aufgrund einer gemeinsamen Ursprache) untersucht werden. Diese Betrachtungsweise wird oft als genetisch oder genealogisch bezeichnet; die Vorgehensweise ist diachron. Als Sprachfamilien werden etwa die indoeuropäische, hamito-semitische (mit Arabisch und Hebräisch) oder die der Turksprachen (z. B. mit dem Kirgisischen oder dem Türkischen) unterschieden. Zu den indoeuropäischen Sprachen zählt das Indo-Iranische, das Armenische, das Baltische, Slawische, Griechische, Italische, Keltische, einige ausgestorbene Sprachen (Tocharisch, Anatolisch, Illyrisch) und das Germanische. Das Germanische wird wiederum differenziert in das Westgermanische – dazu gehören das Deutsche, Englische und Niederländische –, das Nordgermanische mit dem Isländischen, Norwegischen, Dänischen und Schwedischen und das Ostgermanische mit dem Gotischen (zu Details s. Krahe 1969). Verwandtschaftliche Beziehungen zeigen sich im Wortschatz durch gemeinsame Wortstämme (vgl. z. B. die Beziehungen von indoeuropäisch ^+bher- in Abschnitt 5.4.5).

Sprachen lassen sich zweitens aufgrund von Sprachkontaktsituationen vergleichen, also aufgrund gemeinsamer – meist grammatischer – Merkmale, die nicht aufgrund von Verwandtschaft, sondern durch engeren oder weitläufigeren räumlichen Kontakt entstehen. Ein bekanntes Beispiel ist der Balkansprachbund, zu dem sowohl indoeuropäische Sprachen wie das Albanische, das Griechische, das Bulgarische und das Rumänische als auch das nicht-indoeuropäische Türkische zählen; ein typisches Merkmal dieses **Sprachbund**es ist der Ersatz des Infinitivs durch einen Nebensatz mit finitem Verb (Comrie 1988: 448). Auch Europas Sprachen bilden einen Sprachbund (König & Haspelmath 1999, Haspelmath 2001). So finden sich etwa bestimmte und unbestimmte Artikel in den germanischen und romanischen Sprachen sowie im nicht-indoeuropäischen Ungarisch, einer finno-ugrischen Sprache, nicht aber in ost- und westslawischen Sprachen, die ja ebenfalls zur indoeuropäischen Sprachfamilie gerechnet werden, oder in anderen finno-ugrischen Sprachen wie dem Finnischen (Haspelmath 2001:1494). Derartige Gemeinsamkeiten entstehen durch Kommunikation, etwa durch Handelskontakte.

Die dritte Möglichkeit geht weder von der Verwandtschaft noch vom Kontakt aus, sondern fasst Sprachen nach vorhandenen grammatischen Mustern typologisch zusammen. Derartige Muster können z. B. rhythmische Muster in der Phonologie (siehe Abschnitt 2.2.3), Flexionsmuster in der Morphologie (Abschnitt 3.1) oder Wortstellungsmuster in der Syntax (Abschnitt 4.6.1) sein (vgl. etwa Comrie 2001, **→ Übung 16**). Mit **typologischen Überlegungen** sind Fragen nach **Universalien** in den Sprachen eng verbunden. Dabei kann es sich z. B. um absolute Universalien (die in jeder Sprache vorkommen), um implikative Universalien (wenn x, dann auch y) oder auch um Präferenzen statistischer Art handeln (vgl. Comrie 1981). Innerhalb eines Sprachtyps kann eine Sprache Muster aufweisen, die zum Kernbereich oder zum Randbereich dieses Typs gehören; d. h. wenn eine Sprache nicht durchgängig ein bestimmtes Muster aufweist, wird sie nicht sofort einem anderen Typ zugeordnet (Strömsdörfer & Vennemann 1995: 1031). Das wird besonders deutlich bei den morphologischen Eigenschaften des Deutschen in Abschnitt 3.1.5.

Übung 16 Wie unterscheiden sich das gegenwärtige Deutsche und Englische in Bezug auf die Verbstellung und die Ausprägung der Flexion beim Verb und beim Nomen? Welcher Zusammenhang besteht zwischen diesen beiden Kriterien?

1.5 Abgrenzung der Germanistischen Linguistik zu benachbarten Disziplinen

Ziel dieses Arbeitsbuches ist es, in die Germanistische Linguistik einzuführen. Dabei darf zum Schluss dieses ersten Kapitels eine Abgrenzung dieser Disziplin zu benachbarten Disziplinen nicht fehlen. Im letzten Abschnitt wurden Fragestellungen und Methoden genannt, die die Relation des Deutschen zu anderen Sprachen thematisieren. Diese Arten des Sprachvergleichs werden überwiegend in der **Allgemeinen Sprachwissenschaft** oder **Theoretischen Sprachwissenschaft/Linguistik** eingesetzt. Denn diese Disziplin verfolgt das Ziel, die Eigenschaften von Sprachen, letztlich die Eigenschaften von 'Sprache', theoretisch zu erfassen. Im Gegensatz dazu konzentriert sich etwa die **Germanistische Linguistik** auf die Untersuchung einer Einzelsprache, des Deutschen. Sowohl in der Theoretischen Linguistik als auch in der Germanistischen Linguistik werden die Bereiche: Phonologie, Morphologie, Syntax, Semantik, Pragmatik und Textlinguistik untersucht.

Theorien und Konzepte der Linguistik werden jedoch auch in anderen Disziplinen angewendet, etwa in der **Psycholinguistik, Neurolinguistik** und **Soziolinguistik**. Dabei sind die Grenzen zwischen der Linguistik und diesen Disziplinen fließend.

Die Psycholinguistik untersucht das Zusammenspiel von Sprache und Kognition (Denken, Wahrnehmen, Sprechen); von besonderer Bedeutung ist dabei die Verarbeitung von Sprache (Sprechen – Verstehen, Lesen – Schreiben) und ihr Erwerb, der Erstsprachen-, Zweitsprachenerwerb sowie der Wiedererwerb von Sprache (etwa in der Therapie sprachgestörter Patienten).[29] Die Disziplin benötigt dazu u. a. ein Konzept von 'Sprache', eine Sprachtheorie, etwa eine formale Theorie wie die von Chomsky oder auch die gebrauchsbasierte Theorie von Bybee und anderen (siehe Abschnitt 1.1.3). Beim folgenden Beispiel aus dem Bereich der Versprecher lassen sich Rückschlüsse auf den Produktionsprozess ziehen.

(33)   *Wir pfeifen nicht nach ihrer Tanze.*
       (Leuninger 1993: 102)

In (33) scheint der Sprachnutzer die Wortstämme *pfeif-* und *tanz-* zu vertauschen; sie sind an der falschen Stelle "gestrandet". Die Wortendungen *-en* und *-e* hingegen werden an den "richtigen" Positionen belassen.[30] Man kann sich daher fragen, in welchem Planungs- oder Produktionsstadium diese Kombinationen von Wortstämmen und -endungen anzu-

setzen sind und welche Prozesse diesem Stadium bereits vorausgegangen
sind. Neben der Analyse von Spontandaten sind wichtige Methoden der
Psycholinguistik z. B. *on-* und *off-line* Experimente, Messung von Reaktionszeiten.[31] Eng verbunden mit der Psycholinguistik ist die **Neurolinguistik.** Sie
befasst sich mit dem Zusammenhang von Sprachverarbeitung und
neuronalen Prozessen und Strukturen. Sie setzt also anatomische und
physiologische Aspekte des Gehirns in Bezug zur Produktion und zum
Verstehen von Sprache. Sie stützt sich auf Daten von gesunden Probanden oder von Patienten mit einer Hirnläsion (z. B. Aphasiker), die sie
durch experimentelle Manipulation oder mithilfe bildgebender Verfahren erhoben hat. Handelt es sich im engeren Sinne um Diagnostik und
Therapie von Patienten, so werden auch Bezeichnungen wie **Klinische
Linguistik, Patholinguistik, Sprachpathologie** oder auch **Sprachtherapie**
verwendet. Beispiele zu gestörter Sprachverwendung finden sich in den
Übungen der späteren Kapitel.

Die **Soziolinguistik** beschäftigt sich mit der Sprache von gesellschaftlichen Gruppen, also mit den Varietäten, Soziolekten (siehe Abschnitt
1.3.3) und gegebenenfalls Dialekten. Sie untersucht z. B. den Sprachgebrauch von mehrsprachigen Personen, etwa das *code switching* (den
Wechsel von einer in eine andere Sprache oder Varietät innerhalb einer
Äußerung, eines Satzes oder Wortes). Ein besonders interessantes Beispiel ist die Kiezsprache, die sowohl von mehrsprachig als auch einsprachig aufwachsenden Jugendlichen in Berlin-Kreuzberg, aber auch in anderen deutschen Städten entwickelt wird; die Entstehung solcher
Varietäten ist darüber hinaus auch in anderen europäischen Ländern zu
beobachten (Wiese 2012: 109 ff.). Dass und wie diese Varietät in der
deutschen Grammatik verankert ist und wie systematisch die Sprachnutzer die Möglichkeiten der deutschen Grammatik ausbauen, zeigt Wiese
(2012). Hier ist ein Beispiel:

(34)   Jugendlicher, zu seinem Freund, der gerade bei Rot über die Straße
        läuft:
        Machst du rote Ampel!
        (Wiese 2012:76)

Machen wird hier nicht in seiner wörtlichen Bedeutung verwendet
('etwas herstellen' wie in *er macht ihr einen Kuchen*); vielmehr ist seine
lexikalische Bedeutung verblasst, wie in *Er macht ihr Mut.* In dieser
Konstruktion liegt der "semantische Kern" auf dem Nomen *Mut.* Derartige Konstruktionen sind im Deutschen recht häufig: z. B. *Hilfe/Ver-*

zicht leisten, Abschied nehmen, etc. (vgl. dazu Funktionsverbgefüge in Abschnitt 4.2.1, S. 176). Die Soziolinguistik beschäftigt sich jedoch auch mit der Sprachverwendung in kleineren Gruppen bis hin zur Analyse von Gesprächen in *face-to face interaction* (siehe Abschnitt 5.5.3).

Die Linguistik kann auch **Hilfswissenschaft** für andere Disziplinen sein, etwa für die Geschichtswissenschaften. So werden für die Untersuchung älterer – etwa althochdeutscher – Urkunden Kenntnisse der entsprechenden Sprache benötigt. In der Philologie (griech. *philos* 'Freund', *logos* 'Wort') war die ursprüngliche Aufgabe, Texte kritisch zu edieren; auch diese Aufgabe setzt umfangreiches Wissen über die entsprechende Varietät voraus. Für die Literaturwissenschaft gilt Ähnliches. So wird etwa für die Interpretation der Literatur früherer Jahrhunderte gelegentlich ein etymologisches Wörterbuch (siehe oben (3)) oder eine historische Grammatik benötigt. Voraussetzung für Analysen von Reimen oder Metrik sind Kenntnisse über das phonologische System der Varietät des entsprechenden Dichters (vgl. Übung 34 in Abschnitt 2.2.2; ferner Abschnitt 2.2.3); Kenntnisse über die gesprochene Sprache oder die Gesprächsanalyse helfen bei der Analyse von Theaterstücken (siehe Abschnitt 4.7; Abschnitt 5.5.3).

Aber auch die Linguistik benötigt andere Wissenschaften als Hilfswissenschaften, etwa die **Phonetik**. Dazu mehr im nächsten Kapitel.

2 Phonetik – Phonologie – Orthographie

Natürliche Sprachen müssen zwei Anforderungen genügen: Die Laute müssen produzierbar und wahrnehmbar sein. Beide Faktoren wirken sich auf die Lautsysteme der Einzelsprachen aus. In diesem Kapitel beschäftigen wir uns zunächst mit der Phonetik, einer Hilfswissenschaft für die Linguistik, und dann mit der Phonologie und der Orthographie des Deutschen.

2.1 Phonetik

Die Phonetik (griech. *phonē* 'Stimme', 'Ton', 'Laut') beschreibt die lautliche Seite sprachlicher Äußerungen mit naturwissenschaftlichen Methoden. Dabei werden drei Aspekte untersucht: die Produktion der Laute, die physikalischen Eigenschaften des Schalls und die Wahrnehmung oder Perzeption der Laute. Dementsprechend unterscheidet man drei Teilbereiche der Phonetik: die **artikulatorische**, die **akustische** und die **auditive** Phonetik. Es liegt auf der Hand, dass Prozesse in einem der drei Teilbereiche Prozesse in den anderen beeinflussen; so wirkt sich z. B. die Artikulation von Lauten auf deren akustische Eigenschaften und diese wiederum auf die Wahrnehmung der Laute aus.

2.1.1 Artikulatorische Phonetik

Die Verwendung von Sprache unterscheidet den Menschen von anderen Primaten. Das Sprechen – die primäre Realisierungsart von Sprache – ist bemerkenswerterweise nur ein Nebenprodukt der Nahrungsaufnahme und des Atmens.

Bei der Ruheatmung atmet der Mensch etwa 12- bis 20-mal pro Minute, beim Zyklus von Ein- und Ausatmung durchschnittlich etwa alle 3½ Sekunden. Die Zeitspanne für die Einatmung beträgt dabei etwa 40 % der Zeit, die der Ausatmung etwa 60 %. Beim Sprechen verschiebt sich dieses Verhältnis; dann fallen ca. 10 % auf die Einatmung und ca. 90 % auf die Ausatmung (vgl. Pompino-Marschall 2009: 26).

Die Luft bzw. Luftsäule gelangt bei der **Ausatmung** zunächst aus der Lunge in den Kehlkopf. Der Kehlkopf ist ein Hohlraum, dessen Wände aus Knorpelstrukturen bestehen (einer von ihnen ist der Schildknorpel oder Adamsapfel). Der Kehlkopf befindet sich im Übergang von der Luftröhre zum Rachen. Seine Hauptfunktion ist die eines Ventils, das verhindern soll, dass bei der Nahrungsaufnahme Fremdkörper in die Luftröhre gelangen. Seine sekundäre Funktion ist die **Phonation**, hervorgerufen durch unterschiedliche Stellungen der Stimmlippen im Kehlkopf. Im Kehlkopf gibt es je zwei Stimmlippen oder Stimmbänder: die oberen falschen Stimmlippen und die unteren Stimmlippen. Nur letztere sind für die Lautbildung relevant; sie erzeugen den Stimmton. Zwischen diesen Stimmlippen befindet sich eine Ritze, die Glottis. Die Öffnung der Glottis entscheidet darüber, ob es sich um Atmung oder stimmlose Konsonanten (offen), den Laut *h* (weniger offen), stimmhafte Konsonanten und Vokale (stärker geschlossen), den Knacklaut (totaler Verschluss mit plötzlicher Öffnung, siehe Fußnote 2), das leise Flüstern oder lautes "Bühnenflüstern" (mit einem Verschluss an je unterschiedlichen Stellen) handelt (vgl. Schubiger 1977: 14 ff.). Mit dem Öffnungsgrad der Glottis wird also bereits festgelegt, ob ein stimmloser ein stimmhafter Konsonant oder ein Vokal gebildet werden soll.

Die Stimmtonerzeugung oder Phonation erfolgt durch die Schwingung der Stimmlippen. Dabei spielen die Länge der Stimmlippen (Mann: 17–24 mm, Frau 13–17 mm, Baby 5 mm) und die Stärke der Stimmlippen (beim Mann dicker als bei der Frau) eine Rolle. Beide Eigenschaften bedingen die Stimmlage. Die Rate der Stimmlippenschwingung pro Sekunde liegt bei Männern im Mittel bei 120 Hz, bei Frauen bei 230 Hz, bei Babys bei 400 Hz (Pompino-Marschall 2009: 35).

Neben der Atmung und der Phonation ist die **Artikulation** ein wesentlicher Bestandteil der Lautbildung. Auch sie ist nur ein Nebenprodukt der für das Kauen und Schlucken zuständigen Organe. In der Artikulation wird die Luftsäule nun im Rachen-, Mund- und Nasenraum durch die beweglichen Artikulatoren behindert bzw. modifiziert, so dass Klangvariationen entstehen. Der Rachen-, Mund- und Nasenraum – auch bekannt als Ansatzrohr – bildet also einen veränderbaren Resonanzraum. Einer der wichtigsten Artikulatoren ist die Zunge mit ihren verschiedenen Abschnitten: die Zungenspitze (Apix), der Zungenrand (Corona), der Zungenrücken (Dorsum) und die Zungenwurzel (Radix). → **Übung 17** Abbildung 2 zeigt diese Sprechwerkzeuge im Querschnitt (Sagittalschnitt).

Die Bereiche, an denen die Artikulatoren den Luftstrom am stärksten behindern, werden als Artikulationsorte bezeichnet. Es sind die Lippen

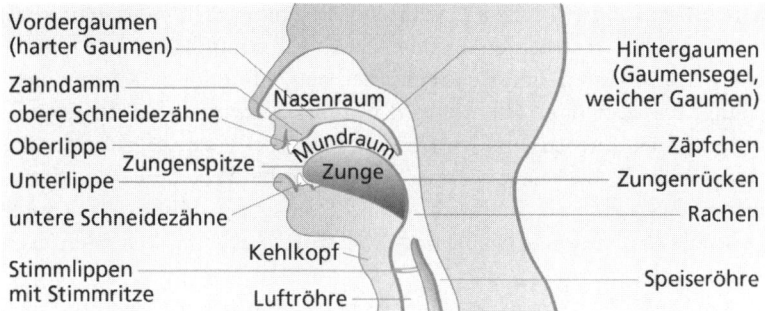

Abb. 2 Sprechwerkzeuge (Duden Grammatik 2009: 22)

(Labiae), die Zähne (Dentes), der Zahndamm (Alveolen), der harte Gaumen (Palatum), der weiche Gaumen (Velum), das Zäpfchen (Uvula), die Rachenhöhle (Pharynx) und der Kehlkopf (Larynx).

Sprachlaute werden in zwei Lautklassen eingeteilt: Konsonanten und Vokale. Sie unterscheiden sich aufgrund ihrer Bildung.

Konsonanten

Die **Konsonanten** werden im Deutschen mit Hilfe des Artikulationsortes, der Artikulationsart und der Stimmhaftigkeit bestimmt. Je nach Art der Behinderung des Luftstroms, der Artikulationsart, werden folgende Subklassen unterschieden (vgl. Tabelle 1):

– Plosive (bilden einen festen Verschluss mit plötzlicher Öffnung, sind daher auch als Verschlusslaute, Explosive bekannt),
– Frikative (bilden eine Verengung des Artikulationsraums, werden daher auch Reibe-/Engelaute genannt,
– Affrikaten (bilden eine Verbindung von Plosiv und Frikativ),
– Nasale (die Luft tritt aufgrund des gesenkten Velums durch die Nase aus),
– Laterale (die Luft entweicht nur seitlich an den Zungenrändern)
– Vibranten (gerollte *r*-Laute; im Deutschen gibt es dialektal bedingte Varianten. Im norddeutschen Raum wird das Zäpfchen-R und als Variante der Frikativ /ʁ/, im süddeutschen Raum tendenziell eher das Zungenspitzen-r verwendet.)
→ **Übung 18**

Diese konsonantischen Subklassen werden nach weiteren Kriterien zusammengefasst: Plosive und Frikative zu **Obstruenten** (lat. *obstruere* 'versperren, verschließen'), die Nasale, Laterale und Vibranten zu **Sono-**

ranten (lat. *sonare* 'klingen'). Während die Sonoranten stimmhaft sind, lassen sich die Obstruenten im Deutschen nach stimmhaften und stimmlosen Konsonanten unterscheiden. Bei den stimmlosen Konsonanten gelangt die Luft ohne Vibration, d. h. ohne Schwingungen der Stimmlippen, in den Rachen- und Mundraum. Dort entstehen aufgrund der Behinderungen je nach Laut spezifisch aperiodische Wellen. Bei den stimmhaften Konsonanten hingegen erreicht eine periodisch vibrierende Luftsäule den Resonanzraum und wird dort durch die Behinderungen modifiziert.

Um den Zugang zu den Lautsystemen einzelner Sprachen auch Sprachnutzern anderer Sprachen zu ermöglichen, gibt es seit 1888 die Notationskonventionen des **Internationalen phonetischen Alphabets** (International Phonetic Alphabet, abgekürzt IPA, der *International Phonetic Association*). Tabelle 1 enthält das Inventar des standarddeutschen Konsonantensystems. In der ersten Spalte werden die Artikulationsorte, in der ersten und zweiten Zeile die Artikulationsarten aufgeführt. → **Übung 19**

Tab. 1 Das standarddeutsche Konsonanteninventar[1]

	Obstruenten		Sonoranten		
	Plosiv stl./sth.	Frikativ stl./sth.	Nasal	Vibrant	Lateral
Bilabial	p/b		m		
Labiodental		f/v			
Alveolar	t/d	s/z	n	r	l
Alveopalatal		ʃ/ʒ			
Palatal		ç/j			
Velar	k/g	x	ŋ		
Uvular		χ/ʁ		R	
Glottal	ʔ[2]	h			

Die Notationen geben Idealisierungen der entsprechenden Laute wieder. Zu ihrer genaueren Beschreibung werden in der Phonetik Diakritika verwendet.[3] In der Phonologie werden überwiegend artikulatorische Merkmale wie alveolar, stimmlos oder Nasal angegeben, um die Laute in einem Sprachsystem zu spezifizieren (siehe Abschnitt 2.2).

Wie einflussreich Produktionsort und -art bei der Bildung von Konsonanten sind, wird bei Lautersetzungen etwa im Spracherwerb deutlich: So substituieren sprachunauffällige bairische Kleinkinder das vorne gerollte *r* durch ein *l*, weil ihnen noch die Kontrolle über die Bewegungen der Zungenspitze fehlt.[4] Norddeutsche sprachunauffällige Kinder hingegen ersetzen bis zum Alter von 2; 5 Jahren das /ʁ/ durch ein /h/ oder durch den Knacklaut /ʔ/ (Fox 2011: 74). → **Übung 20** Die mangelnde Differenzierung von stimmhaften und stimmlosen Konsonanten etwa im süddeutschen Raum (Abschnitt 1.3.2, ferner S. 64) zeigt sich nicht zuletzt in der Orthographie, wenn Fünftklässler z. B. *Klas* statt *Glas* schreiben (siehe **Übung 49**).

Vokale

Die **Vokale** des Standarddeutschen werden mit Hilfe anderer artikulatorischer Merkmale klassifiziert. Sie werden anhand folgender Merkmale beschrieben:

- Zungenhöhe[5] (vertikale Lage des höchsten Zungenpunktes nach dem Kriterium: hoch, obermittelhoch, untermittelhoch und tief),
- Zungenlage (horizontale Lage des höchsten Zungenpunktes nach dem Kriterium: vorne, zentral oder hinten),
- Lippenrundung (gerundet oder nicht gerundet) und
- Dauer (Vokallänge)/Gespanntheit oder Silbenschnitt.

Die Position der Vokale im Mundraum wird häufig in einem Trapez eingetragen, wie in Abbildung 3. Oben wird die (horizontale) Zungenlage angegeben; /i/ ist z. B. ein vorderer, /u/ ein hinterer Vokal. In der Vertikalen ist der jeweils höchste Punkt der vertikalen Zungelage eingetragen: So sind /i/ und /u/ jeweils hohe Vokale, bei denen der höchste Punkt der Zunge entweder vorne oder hinten liegt[6]; /a/ und /ɑ/ hingegen sind tiefe Vokale. Gerundet sind die Lippen etwa bei /u/ oder /o/, ungerundet bei /i/. Die Rundung differenziert z. B. /i/ und /y/, die alle anderen Merkmale miteinander teilen.

Dauer (Vokallänge), Gespanntheit und Silbenschnitt kennzeichnen Eigenschaften von Vokalen, die bei Wortpaaren wie *Beet* vs. *Bett*, *Koma* vs *Komma* etc. zu beobachten sind. Der Kontrast von /e/ und /ɛ/ oder von /o/ und /ɔ/ wird in der Forschung verschieden beschrieben: als Unterschied in der Dauer (Quantität oder Länge, oft notiert als Doppelpunkt hinter dem Laut), als Unterschied in der Gespanntheit[7] oder als Unterschied im Anschluss an den Folgelaut (Silbenschnitt). Aufgrund des Zusammenbruchs der phonologischen Quantität der deutschen Vokale im Spätmittelalter (vgl. Vennemann 1995)[8] und der Schwierigkeiten in der Messung von Quantität oder Gespanntheit aus phonetischer Sicht wird im Folgenden von Silbenschnittopposition (Vennemann 1990, 2010) gesprochen.[9] Dieser Beschreibungsansatz geht davon aus, dass der Unterschied zwischen den Vokalen in *Beet* und *Bett* oder *Koma* und *Komma* nicht allein den Vokal betrifft, sondern von der Art seines Anschlusses an den folgenden Laut abhängt, von einem weicheren oder abrupteren Anschluss bzw. vom sanften oder scharfen Schnitt. Die Differenz lässt sich anhand der Wörter *Hase* und *Hast* verdeutlichen: Im ersten Wort klingt der Vokal /ɑ/ als letzter Laut der ersten Silbe aus (sanfter Schnitt), im zweiten Wort hingegen wird der Vokal durch die Doppelkonsonanz *st* "abgeschnitten" (scharfer Schnitt).

Zur Definition von Vokalen im Deutschen werden also vier Merkmale angesetzt. → **Übung 21**

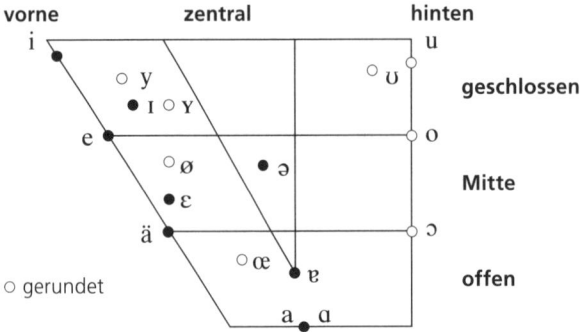

Abb. 3 Das standarddeutsche Vokalsystem

Anzumerken ist, dass im norddeutschen Gebrauch die Vokale /ä/ bzw. /æ/ und /e/ zusammenfallen, d. h. *Bären* und *Beeren*, *Ähre* und *Ehre* werden nicht in der Artikulation, sondern nur in der Orthographie unterschieden.

Das Deutsche gehört zu den Sprachen, die Vollvokale und Reduktionsvokale differenzieren. Vollvokale finden sich in nativen deutschen Wörtern[10] in der Regel in Silben mit Akzent, vgl. das /u/ in *Blume*, ['bluːmə], das /a/ in *Mantel* ['man.təl] (Silbengrenzen werden durch Punkte, der Akzent durch den hochgestellten Strich vor der akzenttragenden Silbe angezeigt). Lehnwörter können Vollvokale in akzentuierten und nicht-akzentuierten Silben aufweisen, z. B. *To'mate* oder *Sol'dat*. Bei Vollvokalen in nicht-akzentuierten Silben variiert die Ausprache: sie können als sanft oder scharf geschnitten realisiert werden. Beide Varianten sind zulässig; vgl. [to'maːtə] vs. [tɔ'maːtə]. Bei schneller Aussprache werden Vollvokale in nicht-akzentuierten Silben oft reduziert, z. B. in der zweiten Silbe in *Aspirin* [as.pə.'rin] statt [as.pɪ.'rin], oder in *Lokomotive* [lɔkə.mo.'tiː.və] statt [lɔko.mo.'tiː.və] (vgl. Vennemann 1990: 401).

Das Deutsche kennt zwei Reduktionsvokale: das e-Schwa (/ə/) und das a-Schwa (/ɐ/). Das e-Schwa kann jederzeit – vor allem beim schnellen Sprechen – aus Vollvokalen entstehen, wie das Beispiel [as.pə.'rin] im letzten Abschnitt zeigt. Verfestigt hat sich diese Abschwächung von Vollvokalen in nicht-akzentuierten Silben beim Übergang vom Althochdeutschen zum Neuhochdeutschen vgl. ahd. *niman* zu mhd. *nemen* (nhd. *nehmen*); diese Veränderung hatte erhebliche Folgen für die Flexion im Deutschen (siehe dazu auch Abschnitt 2.2.2 S. 80 sowie 3.3.1). Das a-Schwa beruht auf einer Vokalisierung des /r/ oder /ʀ/ und wird auch als <(e)r> verschriftet; vgl. *Tür* [ˈtyɐ], *Lehrer* [ˈle.rɐ], vs. *Rabe* [ˈʀɑ.bə]. Ausschlaggebend für die Realisierung des a-Schwa ist also die Position des Lautes /r/ in der Silbe.

Zum Schluss sollen noch die Diphthonge des Standarddeutschen genannt werden. Es handelt sich um [au̯], [ai̯] und [ɔi̯] (auch transkribiert als [ao̯] und [ɔy]). Es sind Steigdiphthonge, weil der zweite Vokal im Vokaltrapez höher als der erste liegt. Diphthonge lassen sich mit Hilfe von Diakritika auf verschiedene Weise schreiben (siehe auch die Konventionen in Abschnitt 2.1.4): z. B. der Diphthong in *heute* als [ˈhɔi̯.tə], [ˈhɔ͜ɪtə] oder [hɔˈ.tə].

2.1.2 Akustische Phonetik

Dieses Teilgebiet der Phonetik befasst sich mit den physikalischen Eigenschaften des Schalls (vgl. Schubiger 1977: 21 ff.). Schallwellen sind von einer Schallquelle ausgehende lokale Dichteschwankungen der Luft, also ein Wechseldruck. Man unterscheidet periodische Schallwellen (**Töne**, wie etwa in stimmhaften Konsonanten oder Vokalen) und aperiodische Schallwellen (**Geräusche**, wie in stimmlosen Konsonanten). Die periodischen Schallwellen in einem Sprachsignal werden dadurch hervorgerufen, dass die vibrierenden (und dabei in rascher Abfolge Verschlüsse und Öffnungen produzierenden) Stimmlippen im Kehlkopf den Luftstrom aus der Lunge immer wieder für einen sehr kurzen Zeitraum unterbrechen; somit sind die Stimmlippen in der Art der Tonerzeugung mit dem Doppelrohrblatt einer Oboe oder eines Fagotts vergleichbar. Bei einem Ton werden Tonhöhe und Tonstärke gemessen. Die physikalische Tonhöhe wird durch die **Frequenz** bestimmt, die Schwingungen pro Zeiteinheit in Hertz (Hz veralt.) angibt. Die **Amplitude**, die Größe des maximalen Schwingungsausschlags, ist eng damit verknüpft, was als laut oder leise empfunden wird.[11]

Wichtiger für die Differenzierung einzelner Laute ist im Bereich der Sprachakustik jedoch nicht die Schallquelle selbst, also z. B. das Signal, das im Kehlkopf erzeugt wird, sondern die Überformung dieses Signals durch die mit den Sprachbewegungen variierenden Resonanzeigenschaf-

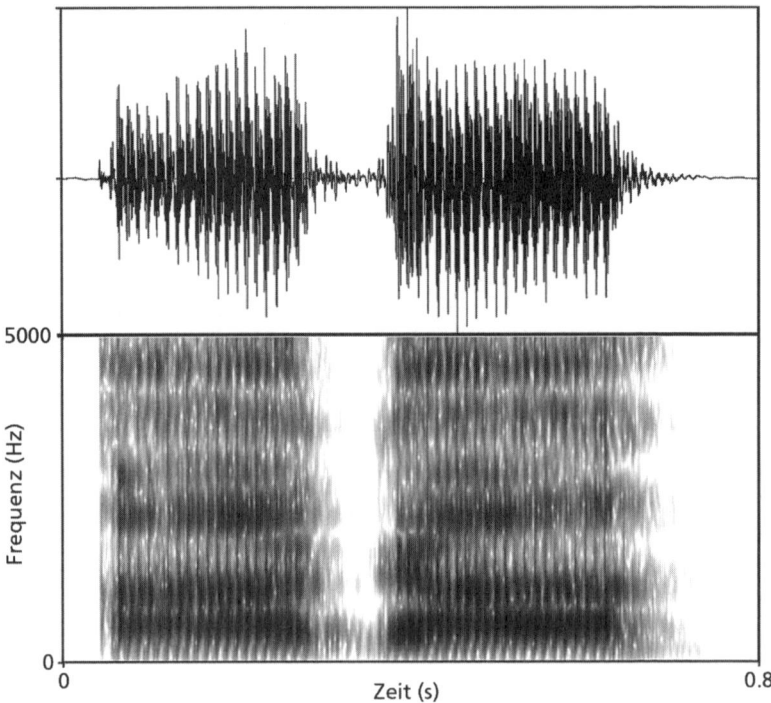

Abb. 4 Oszillogramm und Sonagramm von [aga]

ten des Ansatzrohrs, vor allem des Mund- und in einigen Fällen auch des Nasenraums. Erst durch diese Überformungen des Signals entstehen die je nach Lautvorkommnis unterschiedlichen akustischen Eigenschaften, die beim Hörer die Wahrnehmung beeinflussen. Beispielsweise zeigen die Abbildungen 4 und 5, dass Vokale schwarze Bänder im Frequenzbereich, die sogenannten Formanten, aufweisen; diese entstehen durch Resonanzen im Ansatzrohr, und ihre Lage im Frequenzbereich variiert je nach Vokalqualität. Ändert ein Sprecher die Zungenlage und -höhe, führt diese Modifikation zu veränderten Resonanzeigenschaften im Ansatzrohr, somit zu anderen Formantlagen und letztendlich zu einer anderen Vokalqualität.

Lautfolgen lassen sich mit Hilfe von Oszillogrammen und Sonagrammen sichtbar machen. In den Abbildungen 4 und 5 ist dargestellt, wie sich der stimmhafte und der stimmlose velare Plosiv /g/ und /k/ voneinander unterscheiden. Das Oszillogramm im oberen Teil der Abbildungen 4 und 5 zeigt den Verlauf der Schwingungen des Signals [aga] bzw. [aka] in der Zeit; das Sonagramm im unteren Teil zeigt zusätzlich das Amplitu-

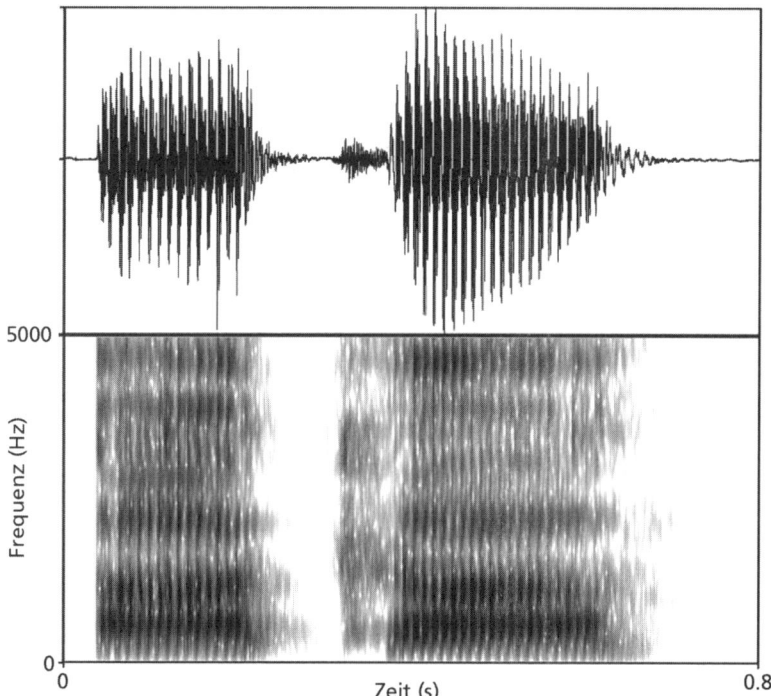

5000

Frequenz (Hz)

0

0   **Zeit (s)**   0.8

Abb. 5 Oszillogramm und Sonagramm von [aka][12]

denspektrum, also eine Frequenzdarstellung (y-Achse) im Zeitverlauf (x-Achse), wobei Frequenzbereiche höherer Amplitude durch stärkeren Schwärzungsgrad angezeigt werden.

Beide Silben in den Lautfolgen in Abbildung 4 und 5 wurden gleich stark gesprochen oder besser quasi gesungen; das ist an den Amplituden im Zeitsignal, die sich kaum unterscheiden, zu erkennen. Die beiden Plosive, die hauptsächlich an dem starken Energieabfall zwischen den beiden Vokalen zu erkennen sind, da während des Verschlusses ein kurzer Augenblick Stille herrscht, unterscheiden sich deutlich: Beim stimmhaften Plosiv in Abbildung 4 reicht die Schwingung weiter in die Stillephase als beim stimmlosen in Abbildung 5; dem stimmlosen folgt nach der Stillephase aber auch ein deutlicheres Plosionsgeräusch, das entsteht, wenn der Verschluss wieder gelöst wird.

Aber es fällt auch auf, dass der Vokal, der dem jeweiligen Konsonanten vorausgeht und derjenige, der dem Konsonanten folgt, in beiden Abbildungen nicht identisch sind. Im zweiten Fall liegt es daran, dass Sprecher häufig am Ende ihrer Äußerungen die letzte Silbe längen. Beim ersten Fall beeinflusst der nachfolgende Konsonant die Realisierung des Vokals. Der Vokal vor dem stimmhaften *g* ist länger als derjenige vor dem stimmlosen *k*. Der Unterschied in der Stimmhaftigkeit wird also bereits in der Realisierung des vorangehenden Vokals aufgegriffen. Damit wird die Differenz zwischen *g* und *k* verstärkt und kann vom Hörer besser wahrgenommen werden (vgl. zu diesen sogenannten sekundären Merkmalen Stevens & Keyser 1989). Die Beispiele belegen, dass in einer Lautfolge einzelne Laute nicht einfach aneinandergereiht werden, sondern dass sie sich wechselseitig beeinflussen. Die Modifikatoren des Ansatzrohrs, die Artikulatoren, vollführen fließende Bewegungen. Das hat zur Folge, dass auch in der Akustik fließende Übergänge gegeben sind und eine Zuordnung akustischer Eigenschaften zu einem Laut uneindeutiger wird. Die Laute verändern also je nach Kontext einige ihrer Eigenschaften. Diese Einflüsse nennt man – da sie der Koordination der Sprechbewegungen entstammen – Koartikulation (vgl. Assimilation in Abschnitt 2.2.1). Während Hörer die Lautübergänge gar nicht als solche wahrnehmen, werden die akustischen Sprachsignale davon so verformt, dass sie "wie eine Reihe von Ostereiern [aussähen], nachdem sie durch eine Mangel gedreht worden seien" (so Charles Hockett zitiert nach Pompino-Marshall 2009: 118). Damit dürfte klar sein, dass es nicht leicht ist, einen Laut aus dem Lautstrom "herauszuschneiden" und dass es sich, wenn wir von Lauten reden, um idealisierte Laute handelt, bei denen von ihren kontexuell bedingten Eigenschaften abstrahiert wird. Dennoch sind Hörer in der Lage, Lautfolgen wahrzunehmen.

2.1.3 Auditive Phonetik

Der dritte Teilbereich der Phonetik befasst sich mit der Perzeption oder Wahrnehmung der Laute. Als niedrigste Frequenz nimmt das menschliche Ohr ca. 20 Hz wahr; die höchste Frequenz variiert mit dem Alter: bei Jugendlichen beträgt sie 20 000 Hz, bei Personen im Alter von 60 Jahren etwa 12 000 Hz. Bei konstanter Schallintensität werden jedoch Töne unterschiedlicher Frequenz als unterschiedlich laut empfunden; im Bereich der Grundfrequenzen, wie sie in natürlicher stimmhafter Sprache vorkommen, werden tiefe Frequenzen als leiser empfunden, Töne mit zunehmender Frequenz als lauter. Diese Unterscheidung wird im Französischen und im Schwedischen wörtlich wiedergegeben: frz. *parler bas* ('tief'/'leise') vs. *parler haut* ('hoch'/'laut'), schwed. *tala lagt* vs. *högt*; vgl. auch im Englischen *lower your voice* vs. *raise your voice* oder im Deutschen *er sprach mit gesenkter* vs. *erhobener Stimme*.

Die akustischen Eigenschaften Frequenz und Amplitude bzw. ihre perzeptuellen Korrelate Tonhöhe und Lautheit können auch für phonologische Differenzierungen bedeutsam sein, da sie auch akustische Korrelate prosodischer Eigenschaften sind und daher bei Wort- und Satzakzent (vgl. Abb. 7 und 8 in 2.2.2) als auch zur Phrasenmarkierung von Sprechern, etwa bei der Längung am Ende einer Wortgruppe (Phrase) im Satz, eingesetzt werden.

Die wichtigste Frage der auditiven Phonetik ist jedoch, wie Hörer in der Lage sind, aus dem variationsreichen, kontinuierlichen, schlecht in Einzellaute segmentierbaren akustischen Signal auf Folgen von (idealisierten) Lauten zu schließen. Experimente der auditiven Phonetik zeigten, dass Hörer gerade auch die Lautübergänge als Merkmale nutzen, die Einzellauten schlecht zuzuordnen sind, um auf die Identität der zwei Einzellaute, die aufeinander folgen, zu schließen (siehe z. B. Strange & Bohn 1998). Grundsätzlich werden bei der Sprachwahrnehmung akustische, kontinuierliche Ereignisse Kategorien zugeordnet (**kategoriale Wahrnehmung**). Dabei ist ausschlaggebend, dass ein Hörer sich immer für eine Kategorie entscheidet, unabhängig davon, wie uneindeutig das akustische Signal ist. Das kontinuierliche akustische Signal wird also auf eine begrenzte Anzahl von Lautkategorien verteilt. Die Einteilung dieser Kategorien ist allerdings stark beeinflusst von der zuerst erworbenen Sprache (bzw. Varietät der Sprache) des Hörers – ein anderer Hörer könnte also das gleiche Signal einer anderen Kategorie zuordnen, insbesondere dann, wenn seine Muttersprache eine andere ist.

Interessant ist, wie sich die Wahrnehmung von phonetischen bzw. phonologischen Ereignissen entwickelt. Föten können bereits in der 33. bis 37. Schwangerschaftswoche den Rhythmus der mütterlichen Sprache erkennen (DeCasper et al. 1994) und vermögen kurz nach der Geburt die Rhythmusklasse, zu der ihre Muttersprache gehört, von Sprachen anderer Rhythmusklassen zu unterscheiden (vgl. Nazzi et al. 1998). Bis zum Alter von ca. sechs Monaten können Säuglinge und Kleinkinder noch jeden Lautkontrast in einer anderen Sprache erfassen; erst mit ca. neun Monaten beschränken sie sich dann auf die Kontraste und möglichen Lautfolgen ihrer Muttersprache (Werker & Tees 1984, Jusczyk et al. 1993). Ein bekanntes Beispiel für den Einfluss der Wahrnehmung durch die jeweilige Erstsprache ist die im Japanischen nicht vorhandene Differenzierung von *r* und *l*, die japanische Lerner des Englischen dazu bringt, Wortpaare wie engl. *red* und *led* gleich auszusprechen. Da sie die akustischen Unterschiede nicht wahrnehmen, ordnen sie beide Laute einer und derselben Lautkategorie zu. Ein anderes

Beispiel kommt aus dem Ostfränkischen, einer Varietät des süddeutschen Sprachraums. Wie bereits in 1.3.2. erwähnt, wird in einer Reihe von Varietäten nicht oder nur in sehr geringem Maße zwischen stimmhaften und stimmlosen Konsonanten unterschieden. Ältere Ostfranken differenzieren in einem Diskriminationstest mit einzelnen Wörtern kaum zwischen *t-d* in *leiten/leiden* – ohne Kontext müssen sie raten, welches Wort gemeint ist; sie unterscheiden sie auch nicht in der Produktion. Sprecher des Standarddeutschen hingegen diskriminieren die beiden Konsonanten zu 100 % und nehmen sie damit als zwei verschiedene Kategorien wahr. Jüngere Ostfranken liegen in ihren Dikriminationsleistungen zwischen den Leistungen der anderen beiden Probandengruppen. Hier könnte sich ein Wandel im Lautsystem dieser Varietät andeuten (Harrington et al. 2012).

Übung 17 Welche beweglichen Artikulatoren gibt es noch? Und was erlauben sie?

Übung 18 Welcher Konsonant wird in den folgenden Grafiken (a) bis (e) produziert?

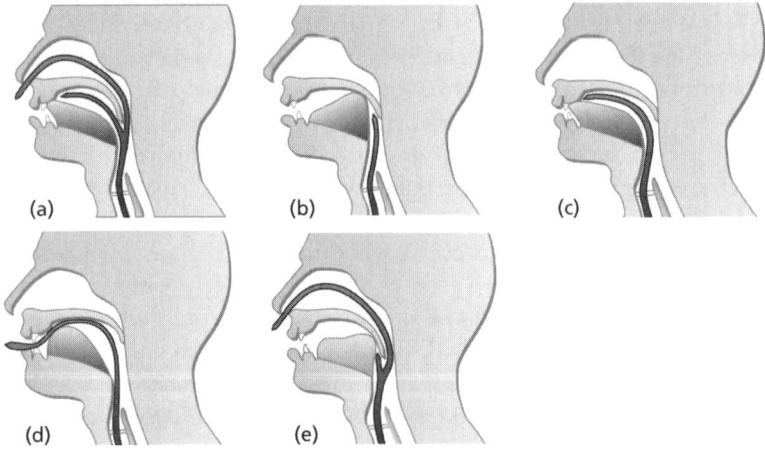

(a) (b) (c)

(d) (e)

Übung 19 Welcher der folgenden Beschreibungen entspricht tatsächlich ein Laut im Standarddeutschen oder in einer anderen europäischen Sprache (vgl. Schubiger 1977), welcher nicht? Im ersten Fall geben Sie ein Beispiel, im zweiten Fall nennen Sie Gründe, warum ein entsprechender Laut Ihrer Meinung nach nicht möglich ist:

(a) stimmhafte alveolare Affrikata
(b) interdentaler stimmhafter Frikativ
(c) lateraler Verschlusslaut
(d) palataler Nasal
(e) stimmhafter bilabialer Frikativ.

Übung 20 Auf welche Weise vereinfachen die Kinder durch die genannten Substitutionen die Aussprache von /r/ bzw. /ʁ/?

Übung 21 Vergleichen Sie das deutsche, spanische und arabische Vokal- und Konsonantensystem quantitativ (Monophthonge, Vollvokale sowie Konsonanten inkl. Affrikata) und benennen Sie die Unterschiede.

Lit.: z. B. Ternes (1999: Kap. 6 und 8)

2.1.4 Transkription

Zur phonetischen Transkription von Wörtern oder Sätzen werden die Zeichen aus dem IPA verwendet. Diese Zeichen sollten nicht mit den Zeichen oder Konventionen aus der Orthographie verwechselt werden; so gibt es z. B. keine Großschreibung zu Beginn einer transkribierten Äußerung, wie dies bei Sätzen in der orthographischen Wiedergabe üblich ist. Phonetische transkribierte Wörter oder Sätze werden in eckige Klammern gesetzt; sie sind damit als **Vorkommnisse** gekennzeichnet. Hingegen verweisen Zeichen in Schrägstrichen auf **typisierte Laute** im Sprachsystem, auf **Phoneme** (siehe dazu Abschnitt 2.2.1). Bei der Beschreibung von Silbenstrukturen (zu Details siehe Abschnitt 2.2.2) gelten die folgenden Notationskonventionen. → **Übung 22**

(35) Notationskonventionen
  – Silbengrenzen werden durch einen Punkt angegeben, z. B. ['lɪs.pəln],
  – Gelenke (ein Laut gehört zu zwei Silben, siehe 2.2.2, S. 76) werden durch einen Kreis über oder unter dem entsprechenden Laut gekennzeichnet, z. B. [kʏ̥ə].
  – akzentuierte Silbe
    (a) der Hauptakzent wird durch einen hochgestellten Strich vor der akzenttragenden Silbe angegeben, z. B. ['le.ʁɐ].
    (b) ein Nebenakzent (schwächer betont als (a)) wird durch einen tiefgestellten Strich vor der akzenttragenden Silbe angezeigt, z. B. ['le.ʁɐˌtsɪm̩ɐ].
  – ein Konsonant, der die Funktion des Silbenkerns übernimmt (siehe Abschnitt 2.2.2 S. 76), wird durch ein tiefgestelltes Komma unter dem Konsonanten gekennzeichnet: [man.tl̩].
  – ein Vokal, der nicht Silbenkern ist (siehe Abschnitt 2.2.2), erhält einen Halbbogen unter dem Vokal, etwa unter dem zweiten Bestandteil eines Diphthongs, z. B. [hɔɪ̯.tə].

Neben dem langsamen und wohlartikulierten Sprechen (**lento**) ist im Alltag oft das schnelle Sprechen (**allegro**) zu beobachten, bei dem Laute z. B.
systematisch einander angeglichen (**assimiliert**) werden (vgl. Abschnitt
2.1.1, insbesondere die Ausführungen zu Abbildung 4 und 5; ferner Abschnitt 2.2.1), d. h. die Koartikulation nimmt durch größere zeitliche
Überlappung dergestalt zu, dass Änderungen der Abfolgen der Lautkategorien zustande kommen, und beispielsweise zwei oder drei Laute miteinander zu einer Lautkategorie zu verschmelzen scheinen. So können die
Laute im Wort *haben* im Satz (*Wir*) *haben* (*Hunger*) bei schnellerem
Sprechen immer stärker assimiliert werden:

(36)   Assimilation bei *haben*

[hɑ.bən]:   wohlartikuliert, langsam (Lento-Aussprache): Es gibt
zwei Silben mit jeweils einem Vokal als Silbenkern (zur
Silbe siehe 2.2.2. S. 76).

[hɑ.bn̩]:   Tilgung des Vokals in der zweiten Silbe (die sogenannte
Synkopierung, siehe dazu 2.2.2 S. 80). Da der Silbe nun
der Silbenkern fehlt, übernimmt der Nasal die Funktion des Silbenkerns und wird deshalb durch ein
Komma unterhalb des Nasals gekennzeichnet.

[hɑ.bm̩]:   teilweise Angleichung des [n] an das bilabiale [b]; es
entsteht ein [m], das weiterhin den Silbenkern bildet.

[ham]:   vollständige Angleichung des [b] an den Nasal [m]. Der
Vokal verändert sich ebenfalls, er wird nicht mehr
sanft, sondern scharf geschnitten.

Auf diese Weise wird aus dem ursprünglich zweisilbigen Wort durch Assimilation ein einsilbiges Wort.

Ob ein Sprecher überhaupt Laute assimiliert und welche Assimilationen er vornimmt, hängt nicht nur von seinem Sprechtempo, sondern
auch von seinen Sprechgewohnheiten ab, etwa von seinem Soziolekt oder
Dialekt.

Übung 22   Transkribieren Sie die folgenden Ausdrücke:
(a) *Kinderwagen, Tisch, vierzig, sehr, Seher, Eisschrank, Komma, Koma, Elster, Regen.*
(b) *Hast du es ihm gegeben?*
(1) in standardsprachlicher Aussprache (lento, wohlartikuliert). Konsultieren Sie dazu
Duden Aussprachewörterbuch. 6. Auflage Mannheim 2005 – wenn möglich auch
frühere Auflagen – und kommentieren Sie die Unterschiede;
(2) bei schnellem Sprechtempo (evtl. mit Varianten);
(3) in einem Ihnen geläufigen Dialekt in langsamem und schnellen Sprechtempo.

Kennzeichnen Sie bei Ihren Transkriptionen unter (1) – (3) jeweils die Silbengrenzen und die Lage des Hauptakzents.

2.2 Phonologie

Die **Phonologie** beschreibt die lautliche Seite sprachlicher Äußerungen in ihrer Funktion im Sprachsystem. Dabei geht es zum einen um Laute als kleinste (phonologische) Einheiten des Lautsystems und ihre Kombinierbarkeit. Dieser Teilbereich wird **segmentale Phonologie** genannt. Unter einem Segment wird eine minimale Einheit verstanden, die im Kontinuum des Lautstroms identifiziert wurde. Zum anderen geht es um Einheiten, die lautübergreifend sind, wie Silben und ihre Eigenschaften (etwa ihre Bauprinzipien, ihre Akzentuierbarkeit), ferner um weitere Akzenttypen oder den Tonhöhenverlauf. Sie werden der **suprasegmentalen Phonologie** (lat. *supra* 'über') oder **Prosodie** (griech. *prosōdia* mit *pros* 'hinzu' und *ōd* 'singen', also 'Hinzugesang') zugeordnet.

Traditionell unterscheidet man zwischen **Wort-** und **Satzphonologie.** Die Wortphonologie beschreibt die Regularitäten in der lautlichen Struktur von Wörtern. Dazu werden sowohl die segmentale Phonologie mit der Bestimmung von Lauten und ihrer Kombinatorik herangezogen als auch einige Bereiche der suprasegmentalen Phonologie, etwa bei der Beschreibung der Silbenstrukturen und dem Wortakzent. Die Satzphonologie beschäftigt sich mit den lautlichen Regularitäten von Sätzen. Sie stützt sich dabei auf prosodische Eigenschaften, wie die Intonatorik, ferner die Sandhi-Lehre und die Realisationsphonologie (vgl. Bartsch & Vennemann 1983: 53–56). In die Intonatorik gehören z. B. der Tonhöhenverlauf, der Satzakzent und Pausen. Ein Beispiel für die Funktion des Tonhöhenverlaufs bei der Bestimmung von Satzarten findet sich in (37); der fallende Tonhöhenverlauf zeigt einen Aussagesatz und der steigende einen Fragesatz an:

(37)   *Franz mag kein Fleisch.* vs. *Franz mag kein Fleisch?*

Die **Sandhi-Lehre** erfasst lautliche Veränderungen, die bei komplexen Ausdrücken auftreten, etwa bei der Liaison im Französischen. So wird frz. *nous regardons* [nuʁəgaʁdõ)] 'wir betrachten' ohne Liaison im Gegensatz zu *nous allons* [nuzalõ)] 'wir gehen' mit Liaison ausgesprochen, denn der letzte Konsonant /z/ des Pronomens *nous* wird nur gesprochen, wenn unmittelbar ein auf Vokal anlautendes Wort folgt.

Die **Realisationsphonologie** beschreibt lautliche Veränderungen, die durch den Sprechstil, das Sprechtempo etc. entstehen; ein Beispiel findet sich in (36) in Abschnitt 2.1.4.

Zentrale Konzepte der segmentalen Phonologie wie Phoneme, distinktive Merkmale, Allophone und Assimilation werden in 2.2.1, die der suprasegmentalen Phonologie oder Prosodie in Abschnitt 2.2.2 besprochen.

2.2.1 Grundbegriffe der segmentalen Phonologie

Jedes Sprachsystem verfügt nur über eine Auswahl möglicher Sprachlaute. Nach welchen Kriterien ist ein Laut ein eigenständiger Laut im Lautsystem? Wann handelt es sich um eine Lautvariante?

Phonem

Ein **Phonem** ist ein Laut auf der Ebene der *langue* (siehe Abschnitt 1.1.3). Es handelt sich also um einen idealisierten bzw. von seinen jeweiligen Realisierungen abstrahierten Laut. Ein Phonem wird durch Schrägstriche gekennzeichnet, vgl. etwa die Phoneme /h/ und /i/.

Das Phonem ist sehr unterschiedlich definiert worden. Hier sind drei Definitionen aus verschiedenen strukturalistischen Schulen:[13]

(a) Phonem als kleinste bedeutungsunterscheidende Einheit
                                            (Prager Strukturalismus).
(b) Phonem als Bündel distinktiver Merkmale
                                            (Prager Strukturalismus).
(c) Phonem als Klasse von Allophonen
                                            (Amerikanischer Strukturalismus).

Der Prager Strukturalismus legt seinen Schwerpunkt darauf, die kommunikative Funktion von Sprache herauszuarbeiten. Daher geht auch in die Definition des Phonems die Bedeutung ein. Das Phonem in (a) trägt zwar selbst keine Bedeutung, ist aber im Sprachsystem bedeutungsunterscheidend, wie etwa /h/ und /b/ in *Hahn* und *Bahn* oder /ɑ/ und /u/ in *Rahm* und *Ruhm*.

Phoneme werden mit Hilfe des Minimalpaartests gefunden. Dieser Test setzt voraus, dass die gewählten Wörter sich nur durch einen einzigen Laut an derselben Position unterscheiden, dass die Wörter bedeutungsverschieden sind und dass sie zum gleichen System gehören. Es wäre also ausgeschlossen, dass ein Wort etwa aus dem Mhd. mit einem Wort aus dem Nhd. verglichen wird (mhd. *helle* 'Hölle' vs. nhd. *Hölle*), da die Phoneme ja gerade im gleichen System bedeutungsunterscheidend sein sollen. Die durch diesen Test ermittelten Phoneme stehen zueinander in Opposition – wie /h/ und /b/ in *Hahn* und *Bahn*. Phoneme lassen sich noch genauer bechreiben. Nach (b) wird ein Phonem definiert anhand seiner relevanten Eigenschaften oder Merkmale; d. h. Phonem A unterscheidet sich von Phonem B durch ein Bündel oder eine Menge unterscheidender oder **distinktiver Merkmale**. Alle anderen Merkmale, die in einem Minimalpaar nicht distinktiv sind, gelten als redundant.[14] Die distinktiven Merkmale werden in eckigen Klammern notiert. Verwendet werden meist artikulatorische Merkmale: bei Konsonanten Artikulationsorte und -art – z. B. [±bilabial] oder [±Frikativ] – und die Stimmhaftigkeit. ➜ **Übung 23**, **Übung 24** Bei Vokalen werden die bereits in Abschnitt 2.1.1 genannten vier Merkmale angegeben. Die folgende Tabelle liefert die potentiell distinktiven Merkmale für die Phoneme /ɪ/, /ɛ/, /a/ und /ɔ/ in *Mitte, Mette, Matte* und *Motte*. Je nach Minimalpaar sind aus dieser Menge von Merkmalen bestimmte distinktiv.

Tab. 2 (Potentiell) Distinktive Merkmale bei Vokalen in *Mitte-Mette-Matte-Motte*

	Mitte	**Mette**	**Matte**	**Motte**
	[ɪ]	**[ɛ]**	**[a]**	**[ɔ]**
Zungenhöhe	[+hoch]	[±hoch][15]	[−hoch]	[±hoch]
Rundung	[−rund]	[−rund]	[−rund]	[+rund]
Zungenlage	[+vorne]	[+vorne]	[+vorne]	[−vorne]
Silbenschnitt	[−sanft geschnitten]	[−sanft geschnitten]	[−sanft geschnitten]	[−sanft geschnitten]
alternativ:				
Gespanntheit	[−gespannt]	[−gespannt]	[−gespannt]	[−gespannt]
alternativ:				
Quantität	[−lang]	[−lang]	[−lang]	[−lang]

Distinktiv ist bei dem Wortpaar *Mitte* und *Mette* nur ein Merkmal: die Zungenhöhe ([+hoch] vs. ([±hoch]), d. h. diese Differenzierung muss ein Sprecher treffen, damit der Hörer die beiden Wörter voneinander unterscheiden kann (wenn der Kontext außer Acht gelassen wird). Bei *Matte* und *Motte* hingegen liegt ein Unterschied in drei distinktiven Merkmalen vor: in der Zungenhöhe, der Rundung und der Zungenlage. Die Gefahr, dass diese beiden Wörter miteinander verwechselt werden, ist also gering. Die Definition des amerikanischen Strukturalismus in (c) geht davon aus, dass ein Phonem eine Klasse von Lautvarianten, von Allophonen, bezeichnet. So spricht z. B. nicht jeder Sprecher des Standarddeutschen die Vibranten gleich aus; dennoch werden sie als Varianten des gleichen Phonems interpretiert. Der Zugang zum Phonem über die Allophonie hat methodische Gründe: In dieser Schule wird die Bedeutungsebene ausgeklammert (vgl. 1.1.3, ferner Helbig 1989). Beobachtbar werden Laute in ihrer Realisierung als Lautvarianten. Die Entscheidung für dieses Vorgehen wurde durch die Feldforschung Ende des 19. und zu Beginn des 20. Jahrhunderts, etwa die empirische Erforschung von Indianersprachen mit Hilfe von Informanden, beeinflusst. Die Segmentierung des Lautkontinuums ebenso wie die Klassenbildung beruht auf der Anwendung von Ersetzungs- oder Austauschtests (Substitutionstests). Eine Variante dieser Testart ist der bereits erwähnte Minimalpaartest des Prager Strukturalismus.

Allophon

Ein **Phon** ist ein segmentierter Laut, der noch keinem Phonem zugeordnet ist. Ein **Allophon** hingegen ist ein segmentierter und einem (abstrakten) Phonem zugeordneter Laut, es gilt als Realisierung dieses Phonems. Ein Allophon kann in seinem Auftreten frei oder durch die umgebenden Laute beeinflusst sein. Im ersten Fall geht es um **freie Varianten**. Das sind z. B. die r-Laute im Deutschen.[16] Welche Variante gewählt wird, ist nicht bestimmt durch die umgebenden Laute. Im zweiten Fall gleichen sich die Allophone ihrer Umgebung an. Ein Beispiel sind der *ich*- und *ach*-Laut – [ç] und [x] – im Deutschen. Sie treten nie an der gleichen Position auf[17], sind also auch nicht an der gleichen Position miteinander austauschbar. Sie treten vielmehr in den Positionen auf, in denen der jeweils andere nicht auftreten kann; sie sind also zueinander komplementär verteilt. Wird über die Verteilung – hier der Laute – gesprochen, also darüber, wo ein Laut vorkommen kann, spricht man von **Distribution** (lat. *distribuere* 'verteilen'). [ç] und [x] sind daher **komplementär distribuiert**. Das lässt sich leicht an den folgenden Wörtern in (38) überpüfen. → **Übung 25**

(38)   *ich, Elch, süchtig, München, fechten, pferchen, möchten, suchen, Teich, Loch, Bach, Lauch.*

Die Regel für die Verteilung von [x] vs. [ç]-Lauten lautet daher: Das Allophon [x] tritt nach *a, o, u, au* – also in velarer Umgebung – auf, sonst [ç].

Hinter dieser Regel steckt ein allgemeiner Prozess, der Prozess der Assimiliation (siehe auch Abschnitt 2.1.2).

Assimilation

Unter **Assimilation** versteht man die Anpassung der Merkmale eines Lautes an diejenigen eines anderen Lautes. Berücksichtigt werden dabei (vgl. Schubiger 1977: 97 ff.)

(a) das Ausmaß der Anpassung
– totale Anpassung, d. h. Merkmale beider Laute werden – vermutlich in mehreren Stufen – aneinander angeglichen wie in mhd. *Einber* zu nhd. *Eimer*;
– partielle Anpassung, z. B. [hɑ.bn̩] zu umgangssprachlich [hɑ.bm̩] (vgl. (36)), indem der Artikulationsort angeglichen wird, aber die Artikulationsart erhalten bleibt.

(b) die Richtung der Anpassung:
– progressive oder verweilende Assimilation wie in [hɑ.bm̩], wo der Artikulationsort beibehalten wird;
– regressive oder vorgreifende Assimiliation, z. B. bei *kann man* in [kam̊an];
– oder die reziproke Assimiliation, bei der (in mehreren Schritten) ein dritter Laut entsteht, z. B. ahd. *fisk* [fɪsk] zu nhd. *Fisch* [fɪʃ].

Darüber hinaus kann die Assimilation durch benachbarte Laute (Kontaktassimilation) ausgelöst werden oder durch Laute in späteren Silben (Fernassimilation), wie dies beim *i*-Umlaut, der Hebung und Senkung im Voralthochdeutschen zu beobachten war oder in der Vokalharmonie im Türkischen zu beobachten ist (siehe Abschnitt 3.1). In der gesprochenen Sprache sind realisationsphonologische Assimilationen sehr häufig zu beobachten. So wird z. B. das Wort *Senf* nicht immer als [zɛnf] ausgesprochen, sondern häufig(er) als [zɛmf], indem der Nasal beibehalten wird, aber sein Artikulationsort dem des labiodentalen [f] angenähert wird. Solche Assimilationen werden mit einer Ausspracheerleichterung begründet. **→ Übung 26** Bei einer Reihe von Ausdrücken hat sich eine frühere Assimilation bereits verfestigt: So ist etwa der ahd. *inbiz* inzwischen zum nhd. *Imbiss*, der ahd. *einber* zu nhd. *Eimer* geworden. **→ Übung 27** Zu diesen inzwischen verbindlich gewordenen Ergebnissen von Assimilationsprozessen zählen auch drei Arten von Veränderungen, die im Voralthochdeutschen stattgefunden haben: der *i*-Umlaut, die Hebung und die Senkung.

i-Umlaut im Voralthochdeutschen

Im Neuhochdeutschen finden sich bei etymologisch verwandten Wörtern nebeneinander Formen mit und ohne **Umlaut** wie *Kraft – kräftig*, *Hose –*

Höschen oder *rennen, rannte, gerannt*. Wie es zu diesem "Nebeneinander" gekommen ist, lässt sich durch Fernassimilation erklären. Die Umlaute *ä*, *ö* und *ü* haben sich in voralthochdeutscher Zeit entwickelt.[18] Sie sind das Resultat einer Fernassimilation des Vokals einer betonten Silbe an *i* oder *j* der Folgesilbe, z. B. in ahd. *gasti* zu spätahd. *gesti* 'Gäste'. /a/ in der akzentuierten Silbe ['gas.ti] und /i/ in der Folgesilbe sind im Vokaltrapez (vgl. Abbildung 3) maximal voneinander entfernt. Das /i/ wird vom Sprecher bereits antizipiert, und der Artikulationsort von /a/ wird in Richtung auf das /i/ "vorverlegt" (regressive Fernassimilation). Die Aussprache mit Umlaut wird wohl zunächst eine Aussprachevariante neben anderen gewesen sein. Geschrieben wird der Umlaut erst im Spätalthochdeutschen; vgl. die Schreibung von ahd *ga̲sti*, spätahd. (und mhd.) *ge̲sti* mit umgelautetem /a/ und mhd *geste*.[19] Der Grund für die Kennzeichnung des Umlauts im Spätalt- und Mittelhochdeutschen liegt darin, dass das auslautende *i* in unbetonter Silbe zum Mittelhochdeutschen zu Schwa abgeschwächt wurde (vgl. die Reduktion in Abschnitt 2.2.2. S. 80 und Abschnitt 3.3.1), so dass der Umlaut nun gekennzeichnet werden musste. Zu diesem Zeitpunkt wurden die Umlaute zu Phonemen der (spätalthochdeutschen und der folgenden) Sprachsysteme.[20]

Weitere Beispiele für den *i*-Umlaut finden sich in (39):

(39)   ahd. *turi* – nhd. *Tür*
        ahd. *sconi* – nhd. *schön*
        ahd. *trankjan* – spätahd. *trenken* – nhd. *tränken*

Die Regel in voralthochdeutscher Zeit für den standarddeutschen Umlaut lautet:
Velare Vokale in betonten Silben werden an die palatalen Vokale *i*, *j*, *î* der schwachbetonten Folgesilben partiell assimiliert (Palatalisierung). (Paul 2007 § L 16)[21]

Es handelt sich also um eine partielle (regressive) Angleichung an den Artikulationsort der betonten velaren Vokale an palatale unbetonte Vokale in den Folgesilben.[22] Eine weitere verfestigte Fernassimilition ist die Hebung betonter Vokalen in Stammsilben.

Hebung im Voralthochdeutschen
In etymologisch verwandten Formen gibt es auch den Vokalwechsel zwischen /e/ und /i/; vgl. nhd. *Berg* vs. *Gebirge* (aus ahd. *berg* 'Berg' und *gibirgi*, spätmhd. – durch die Abschwächung der Vokale in unbetonten Silben – *gebirge*) oder *helfen, du hilfst, er hilft* (aus ahd. *helfan hilfis(t)*,

hilfit 'du hilfst, er hilft'). Auch bei der **Hebung** handelt es sich um eine regressive Assimilation des betonten Vokals an den Vokal der Folgesilbe, in der aufgrund eines /i/ bzw./j/ und später auch eines /u/ das /e/ (mit dem Merkmal [±hoch] in Richtung des /i/ (mit dem Merkmal [+hoch] "gehoben" werden. Weitere Beispiele für die Hebung liefert (40) (aus: Paul 2007 § L 7).

(40) lat. *edere, edo, edis, edit* – ahd. *eȝȝan, iȝȝu, iȝȝis, iȝȝit* – nhd. *essen*, stdt. *ich esse, du isst, er isst.*
ahd. *lesen, lisu, lisis, lisit* – nhd. *lesen* stdt. *ich lese (bair. i lies), du liest, er liest.*
lat. *ventus* – ahd. *wint.*

Die Regel lautet:[23]
Germ. [+]*e* wird zu [+]*i* vor [+]*i* oder [+]*j* der Folgesilbe oder vor Nasal + Konsonant, später auch vor *u* der Folgesilbe. (vgl. Paul 2007 § L 7)

Die dritte verfestigte Assimilation beruht auf dem Prozess der Senkung.

Senkung im Voralthochdeutschen (auch *A-Umlaut, Brechung*)
Durch die Hebung und den *i*-Umlaut sind im Althochdeutschen eine Reihe von hohen Vokalen entstanden. Die **Senkung** von hohen Vokalen wie /i/ und /u/ zu /e/ und /o/ oder /ɔ/, also zu Vokalen mit dem Merkmal [±hoch], vor den Vokalen /a/, /e/, /o/ der Folgesilbe wird daher oft als gegenläufige Bewegung (Paul 2007 § L 8), als Ausgleich im System interpretiert. Wiederum finden sich Belege in etymologisch verwandten Wörtern, wie bei nhd. *ziehen, gezogen* (aus ahd. *zugun* 'sie zogen' und *gizogan* 'gezogen'). Die Senkung ist haufig bei starken Verben (siehe Abschnitt 3.3.1) zu beobachten. Weitere Beispiele für die Senkung sind in (41):

(41) as. *wika* – ahd. *wehha* – nhd. *Woche*
lat. *bicarium* – ahd. *behhari* – nhd. *Becher*
ahd. *hulfun* (stddt. '*wir/sie halfen*') – *giholfan*

Die Regel lautet:
Germ. [+]*i* wird zu [+]*ë* und germ. [+]*u* wird zu vorahd. [+]*o* vor [+]*a*, [+]*e*, [+]*o* der Folgesilbe außer vor Nasal+Konsonant. (Paul 2007 § L 8)

→ **Übung 28**
Bei allen drei Prozessen handelt es sich – aufgrund des Einflusses der Folgesilben – um einen kombinatorischen Lautwandel.[24] Von Lautwan-

del sind im Deutschen generell nur die Vokale betonter Silben betroffen, während die Vokale unbetonter Silben reduziert werden; d. h. suprasegmentale oder prosodische Faktoren wie der Akzent beeinflussen den Wandel einzelner Segmente. Dass Laute in ihrer Umgebung betrachtet werden müssen, legten bereits die Beobachtungen in der Phonetik in Abschnitt 2.1.2 nahe, ferner die Erörterungen von Assimilationsprozessen in diesem und späteren Abschnitten. Im Folgenden geht es um Grundbegriffe der suprasegmentalen Phonologie oder Prosodie.

Übung 23 Im Standarddeutschen werden Obstruenten nach Stimmhaftigkeit unterschieden. Aspiration ist dagegen kein distinktives Merkmal. Allerdings entstehen aspirierte Plosive, wie [pʰ] im Deutschen beim Lösen des Verschlusses; z. B. *tappen* [tʰapən], *schwupp* [ʃvʊpʰ] (vgl. Pompino-Marschall 2009: 190 f.). Aspirierte Plosive gibt es jedoch als Phoneme in anderen Sprachen. Suchen Sie Sprachen, in denen bei den Plosiven:
(a) das Merkmal [±aspiriert] distinktiv ist, aber nicht das Merkmal [±stimmhaft],
(b) beide Merkmale distinktiv sind.

Lit.: u. a. Ternes (1999 Kap. 8), Hall (2011 Kap. 3.1.)

Übung 24 Beim mündlichen Benennen von Bildern produziert ein Patient mit Aphasie viele phonologische Fehler (phonematische Paraphasien), häufig wird dabei der Ziellaut durch einen anderen Laut substituiert.
Transkribieren Sie folgende Fehlreaktionen (IPA) und beschreiben Sie die Substitutionen anhand distinktiver Merkmale.
(a) *Tapete → tamete*
(b) *Püree → küree*
(c) *Tisch → bisch*
(d) *Rose → riese*
(e) *Kamin → kanin*
(f) *Bett → beet*

Übung 25
(1) Beschreiben Sie genau die Umgebung der beiden Allophone [ç] und [x] in den angegebenen Wörtern.
(2) Welche Eigenschaften teilen die beiden Allophone?
(3) Als zugrundliegendes Phonem wird sowohl /x/ als auch /ç/ als auch /ç-x/ angegeben. Schlagen Sie in entsprechenden Grammatiken (z. B. in der Duden Grammatik 2009) und Einführungen in die Phonologie nach, welche Gründe für die jeweilige Wahl ausschlaggebend sind.
(4) Könnten [h] und [ŋ] Allophone sein?

Übung 26 [zɛnf] kann auch als [zɛmpf] ausgesprochen werden. Ein anderes Beispiel ist [hɛmpt]. Warum wird hier der bilabiale Plosiv eingefügt?

Übung 27

(1) Auch in anderen Sprachen sind Assimilationen verbindlich geworden, vgl. z. B. engl. *impossible* vs. engl. *incredible*. Suchen Sie weitere Beispiele mit Assimilation bei Vorsilben zur Negation in den europäischen Sprachen. Konsultieren Sie entsprechende Wörterbücher.

(2) Bei welchem der folgenden Wörter tendieren Sprecher am ehesten zur Assimilation des Nasals: *andrehen* – *anpassen* – *anbauen* – *angreifen*.

(3) Zwei- und Dreijährige sprechen oft *Unfall* als *Umfall* aus. Warum?

Übung 28　Hebung, Senkung und Umlaut

(1) Kennzeichnen Sie durch Pfeile in einem Vokaltrapez die Ausgangsorte und "End-punkte" der Vokale in den drei Assimilationsprozessen: *i*-Umlaut, Hebung und Senkung.

(2) Benennen Sie bei den folgenden Wortpaaren den Assimilationsprozess:

ahd. *mohta/mohti* – nhd. *mochte/möchte*

got. *liban* – nhd. *Leben*

ahd. *wurfil* – nhd. *Würfel*

lat *census* – ahd. *zins* – nhd. *Zins*

germ. +*gulþa* – ahd. *gold* – nhd. *Gold*

Finden Sie weitere Beispiele für *i*-Umlaut, Hebung und Senkung in einer historischen Grammatik Ihrer Wahl (z. B. in Paul 2007).

2.2.2　Grundbegriffe der suprasegmentalen Phonologie oder Prosodie

Die Anordnung von Phonemen, Akzentregeln und andere phonologische Prozesse lassen sich mit Bezug auf die Einheit Silbe beschreiben und erklären. Die Silbe gehört wie etwa auch die Intonatorik (mit dem Ton-höhenverlauf, dem Akzent, Pausen) oder der Rhythmus zu den Suprasegmentalia, also den Phänomenen, die "über den Segmenten liegen", heute überwiegend Prosodie genannt.

Silbe und Silbenstruktur

Die **Silbe** ist eine Bezugsgröße für verschiedene linguistische Regelmäßig-keiten, etwa für den Akzent, für den Sprachrhythmus und den Reim (vgl. die Abzählreime von Kindern oder Alliterationen wie *Himmel und Hölle*), für den Lautwandel (z. B. die Dehnung offener Silben (s. u.) im Übergang vom Mittel- zum Neuhochdeutschen) und für die Anordnung und Veränderungen von Lauten im gesprochenen Wort oder Satz. Die Silbe ist aber nicht nur eine Einheit in der Lautsprache, sondern auch in der Schriftsprache (vgl. die Silbentrennung, z. B. *Ra-be*, *Am-sel*, ['ra.bə], ['am.zəl̩], siehe Abschnitt 2.3.3) und in der Gebärdensprache (vgl. Primus 2003). Jede Silbe (notiert durch das griechische Sigma σ) enthält genau einen Silbenkern (**Nukleus**). Dieser wird im Deutschen durch einen Vokal oder – sollte er aufgrund von schnellem Sprechen getilgt worden sein (siehe unten Synkopierung S. 80) – durch einen Sonorkonsonanten besetzt. Die Position vor dem Nukleus wird als Anfangsrand (**Kopf**), die Position nach dem Nukleus als Endrand (**Koda**) bezeichnet. Kopf und Koda werden mit Konsonanten oder, im Fall von Diphthongen, mit einem nicht nuklearen Vokal besetzt.[25] Eine Sonderstellung nimmt das **Gelenk** ein: Das ist ein Laut, der zu zwei Silben gehört, also ambisyllabisch ist; vgl. das [n̊] in ['ʃpɪn̊ən]. Nukleus und Koda werden im **Reim** zusammengefasst. Das folgende Diagramm gibt die Silbenstrukturen der Wörter *Ball, hast/Hast, spielen, radelt* wieder.

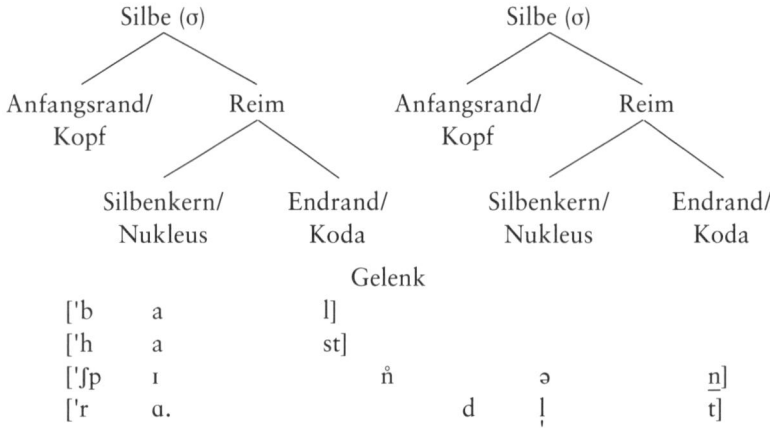

(Zu den Notationskonventionen siehe Abschnitt 2.1.4. S. 65)

Je nach der Besetzung von Kopf und Koda werden verschiedene Silbentypen unterschieden: offene Silben (ohne Koda oder Gelenk), nackte Silben (ohne Kopf oder Gelenk), geschlossene Silben (mit Koda oder Gelenk) und bedeckte Silben (mit Kopf oder Gelenk). Offene Silben sind im Standarddeutschen stets sanft geschnitten (z. B. ['Rɑ.bə]); scharf geschnitten sind in der Regel geschlossene Silben mit Mehrfachkonsonanz (z. B. ['last]). Ferner wird je nach Besetzung des Nukleus zwischen Voll- und Reduktionssilben getrennt: Bei einem Vollvokal im Nukleus handelt es sich um eine Vollsilbe, bei einem Reduktionsvokal oder einem konsonantischen Nukleus um eine Reduktionssilbe (siehe Abschnitt 2.1.1 S. 58)

Die Phoneme des Deutschen sind nicht beliebig auf die Silbenpositionen verteilt. So finden sich bestimmte Laute nicht in der Koda (z. B. stimmhafte Obstruenten), andere nicht im Kopf (z. B. /ŋ/) und wieder andere nicht in der Gelenkposition (z. B. /h/). → **Übung 29, Übung 30** Weitere Beschränkungen betreffen die **Phonotaktik** (griech. *taktiké* 'Kunst des Anordnens'), die Anordnung der Laute in der Silbe, im Kopf oder in der Koda. So ist z. B. die Folge [mʃ] im Kopf nicht erlaubt, wohl aber in der Koda, wie in *Ramsch*. Eine vertauschte Reihenfolge hingegen ist im Kopf zulässig, vgl. [ʃmɑl]. Die wohlgeformte Abfolge der Laute in der Silbe wird anhand der **Konsonantenstärke** erfasst. Auf dieser Skala werden die Lautklassen nach dem Grad ihrer Konsonantenstärke bzw. nach dem Grad ihrer Sonorität (daher auch Sonoritätsskala) sortiert und diesen Graden Zahlen zugeordnet (siehe Abbildung 6). Nach dem Kriterium 'Konsonantenstärke' haben die stimmlosen Obstruenten die größte, die tiefen Vokale die geringste Stärke. Umgekehrt weisen die tiefen Vokale die größte Sonorität, die stimmlosen Obstruenten die geringste Sonorität auf.

Obstruenten		Sonorlaute					
		Nasale	Liquide		Vokale		
stl.	sth.		[l]	[r]	hohe	mittlere	tief

———————————————————————————▶

| 8 | 7 | 6 | 5 | 4 | 3 | 2 | 1 |

Abb. 6 Konsonantenstärke-/Sonoritätsskala

Trägt man nun die Werte der Konsonantenstärkeskala in ein Koordinatensystem ein – mit den Zahlen der Lautklassen auf der y-Achse und den transkribierten Wörtern auf der x-Achse, wie in Abbildung 7 –, dann lassen sich charakteristische Verläufe für wohlgeformte Silben erkennen. Typisch für das Deutsche ist sowohl der Abfall der konsonantischen Stärke vom Kopf zum Nukleus (vgl. *Vase* [vɑːzə] in (a) mit zwei offenen Silben) als auch der Abfall vom Kopf zum Nukleus mit folgendem Anstieg in der Koda (vgl. *Kerl* [kɛrl] in (b) mit einer geschlossenen Silbe). Ein "Knick" im Abfall oder Abstieg der Kurve ist für die meisten Lautfolgen weder im Kopf noch in der Koda erlaubt (vgl. **kelr* [kɛ.lr] in c.).[26] Die Lautfolge in (d) weist einen zu geringen Abfall im Kopf auf und entspricht daher keinem möglichen Wort des Deutschen.

Die Silbenstruktur in (b) hat die Form eines Trogs. Daher wird von der "Trogform" der deutschen Silbe gesprochen.[27] Je steiler der Abfall des ersten bzw. letzten Lautes zum Nukleus ist, desto besser ist, nach Vennemann (1988:11 ff., 21 ff.), die Silbe gebaut. Die Trogform bei Silben

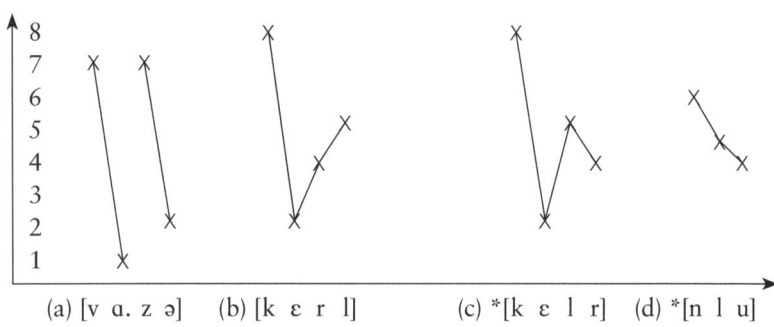

(a) [v ɑ. z ə]   (b) [k ɛ r l]   (c) *[k ɛ l r]   (d) *[n l u]

Abb. 7 Konsonantenstärke der Silbe

ist nicht in allen Sprachen der Welt zu beobachten; denn viele Sprachen weisen nur offene Silben auf (z. B. das Mandarin). → Übung 31
Zusätzlich zu den Beschränkungen in der Abfolge der Laute innerhalb einer Silbe gibt es Präferenzen für die Anzahl der Laute in einer Silbenposition und für die Laute angrenzender Silben im Silbenkontakt. Diese sind in Präferenzgesetzen formuliert (vgl. Vennemann 1988). Nach Vennemann (1988: 11) liegt z. B. die bevorzugte Anzahl an Konsonanten im Silbenkopf bei einem Konsonanten. → Übung 32, Übung 33 Ein Beispiel für diese Präferenz ist im Standarddeutschen das Wort *weiß* mit einem Konsonanten im Kopf. Im Althochdeutschen lautet das Wort *hwiz* (mit *h* für [x] und *w* wie der englische Halbvokal [ʋ] etwa in engl. *white*); im Spätalthochdeutschen heißt es *wiz*. Der erste Laut [x] wurde also vom Althochdeutschen zum Spätalthochdeutschen getilgt. Mit dieser Tilgung wurde die Silbenstruktur optimiert, d. h. die Silbe kann zum einen besser wahrgenommen, zum anderen leichter produziert werden (Vennemann 1988: 4). In einem weiteren Schritt wurde die Struktur von spätahd. *wiz* noch einmal verbessert zu nhd. *weiß*; der Halbvokal [ʋ] wurde zum stimmhaften Frikativ [v] verstärkt. Auf diese Weise ist der Unterschied in der Konsonantenstärke von Kopf und Nukleus deutlicher als im Spätalthochdeutschen ausgeprägt.
Ein Beispiel für die Verbesserung eines Silbenkontakts ist die Westgermanische Konsonantengemination (vgl. Vennemann 1988). In den westgermanischen Sprachen finden sich an Stelle der zu erwartenden ererbten einfachen Konsonanten verdoppelte Konsonanten, also Geminaten. Diese Gemination trat nur bei den Konsonanten ein, die sich in einer schlechten Silbenkontaktposition befanden. Rekonstruieren lässt sich diese Strukturverbesserung beim Verb germ. ⁺*sat.ian* (stdt. *setzen*):

(42)   germ. ⁺*sat.ian*²⁸ – got. *sat.jan* – as. *set.tian* – ahd. *sez.zen*

Die Silbenkontaktsituation kann schematisch als A. B dargestellt werden mit A als letztem Laut der ersten Silbe und B als erstem Laut der Folgesilbe. Nach dem Silbenkontaktgesetz von Vennemann (1988: 40 f.) ist ein Silbenkontakt A. B umso stärker bevorzugt, je größer die Differenz in der konsonantischen Stärke zwischen B und A ist, d. h. je größer der Wert der Konsonantenstärke von B minus der Konsonantenstärke von A ist. Aufgrund der Gemination ist die Konsonantenstärke des Kopfes der jeweils zweiten Silbe im altsächsischen *settian* oder im althochdeutschen *sezzen* wesentlich höher als im germanischen ⁺*satian* oder im gotischen *satjan*. Dies stellt eine Verbesserung des Silbenkontakts dar. Eine weitere Verbesserung findet im Althochdeutschen durch die Tilgung des *i* im Kopf statt (vgl. *settian* vs. *sezzen*). Die westgermanische Konsonantengemination beseitigt also schlechte Silbenkontakte.

Auslautverhärtung
Wenn ein Kind *entlich* statt *endlich* schreibt, dann schreibt es das Wort so, wie es gesprochen wird: [ɛnt.lıç] Es hat noch nicht bemerkt, dass es zwischen dem Adjektiv und dem Substantiv *Ende* [ɛn.də] oder dem Verb *enden* Zusammenhänge gibt, die in der Orthographie des Deutschen berücksichtigt werden. Der alveolare Plosiv im Adjektiv ist stimmlos in der Koda der ersten Silbe, im Substantiv und im Verb aber stimmhaft im Kopf der zweiten Silbe. Weitere Beispiele finden sich in (43):

(43)   nhd.   *lieb, lieblich, Liebe*   – *Magd, Mägde*   – *Rad, Radl*
         [liːp̲] [liːp̲.lıç] [liː.b̲ə] – [mɑk̲t̲] [mæk̲.d̲ə] – [rat̲] [ra.d̲l̩]

Die **Auslautverhärtung** von stimmhaften Obstruenten findet sich im Standarddeutschen in der Koda etymologisch verwandter Wörter.

   Die Regel lautet:
   Stimmhafte Obstruenten werden in der Koda stimmlos.

Betroffen sind nicht nur der letzte Obstruent, sondern alle stimmhaften Obstruenten in der Koda, wie das Beispiel *Magd* zeigt. Im Mittelhochdeutschen wurde die Auslautverhärtung in der Schriftsprache gekennzeichnet, vgl. (44):

(44)   mhd.   *tac – tages; stoup – stoubes; neic – nîgen* 'neigen'.

Im Neuhochdeutschen gilt diese Schreibweise nicht mehr (vgl. das Morphologische Prinzip in Abschnitt 2.3.3). → **Übung 34**, **Übung 35**

Reduktion und Epenthese

Verbesserungen der Silbenstruktur können auch Vereinfachungen, etwa Reduktionen oder Tilgungen sein. Beispiele sind im Deutschen die Nebensilbenabschwächung sowie die Apokope und Synkope. Bei der **Nebensilbenabschwächung** werden die Vokale in unbetonten Silben reduziert zu Schwa.[29] Diese Abschwächung fand im Übergang vom Althochdeutschen zum Mittelhochdeutschen statt, vgl. (45).

(45)   ahd. *nimu̱* – mhd. *nime̱* – nhd. (*ich*) *nehm*(*e̱*)

Die Nebensilbenabschwächung hatte Folgen für die Entwicklung des Flexionssystems (siehe Abschnitt 3.3). Im Althochdeutschen waren die meisten Flexionsformen noch an ihrer Endung zu erkennen. Mit deren Abschwächung fallen viele dieser Formen zusammen. Auf diese Weise führt die Vereinfachung in der Silbenstruktur zugleich zu einer geringeren Transparenz im morphologischen System, hier in der Flexion.

Eine noch stärkere Reduktion als die Reduktion zu Schwa ist die Tilgung von Vokalen. Je nach Position des betroffenen Vokals wird zwischen **Apokope** und **Synkope** unterschieden. Die Synkope bezeichnet die Tilgung im Wortinneren, die Apokope die Tilgung am Wortende. Beispiele aus der Diachronie finden sich in:

(46)   Synkope: mhd. *obest* > nhd. *Obst*
         Apokope: mhd. *mite* > nhd. *mit*

Synkope und Apokope sind jedoch auch heute immer wieder beim schnellen Sprechen zu beobachten (siehe (36) in Abschnitt 2.1.4), vgl. die realisationsphonologischen Reduktionen in (47) und (48):

(47)   *Heut komm ich früh.* neben: *Heute komme ich früh.*
(48)   *Wir ham Hunger.* neben: *Wir haben Hunger.*

→ Übung 36, Übung 37

Zu den artikulatorischen Vereinfachungen werden nicht nur Reduktionen und Tilgungen gezählt, sondern auch Einfügungen von Lauten, die **Epenthese**. Lexikalisiert ist sie inzwischen bei *t* in Wörtern wie *eigentlich* oder *hoffentlich*. Ferner findet sie sich im Deutschen bei phonologisch bedingten Allomorphen wie *sie leitet* (Abschnitt 3.2). **→ Übung 38**

Intonatorik

Zur **Intonatorik** rechnet man die Akzente, die Tonhöhenverläufe und die Pausen, die Lautstärke, das Sprechtempo, die Stimmqualität (z. B. heisere Stimme) und die paralinguistische Modifikation der Stimme (z. B. lachende Stimme). Von diesen werden hier nur die Akzente, die Tonhöhenverläufe und die Pausen besprochen.

Akzent
Wie schon mehrfach erwähnt, sind Vokale in betonten Silben Vollvokale. Dass sich diese Vollvokale unter Akzent in ihren Eigenschaften, etwa in der Amplitude, verändern, zeigen die folgenden Abbildungen 8 und 9.

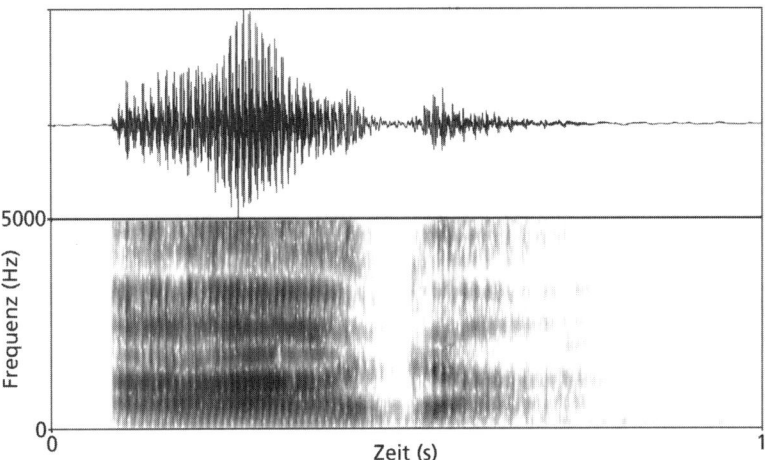

Abb. 8 Oszillogramm und Sonagramm von ['aga]

In Abbildung 8 ist deutlich zu sehen, dass der zweite Vokal – obwohl Vollvokal – ohne Akzent deutlich schwächer ist als der erste mit Akzent. Der umgekehrte Fall ist in Abbildung 9 gegeben. Hier ist der zweite Vokal betont, der unbetonte Vokal ist jedoch deutlich stärker als der zweite in Abbildung 8. Der betonte Vokal in Abbildung 9 wird durch zwei Faktoren gelängt: durch die präfinale Längung (siehe oben 2.1.2) und durch den Akzent. Auf diese Weise ist auch die Gesamtdauer von [a'ga] und ['aga] unterschiedlich.

Beide Abbildungen verdeutlichen, dass Vokale in betonten Silben eine größere Amplitude (Lautstärke) aufweisen. Weitere phonetische Kriterien sind eine Änderung in der Grundfrequenz, der Dauer und teilweise in der Artikulationsgenauigkeit (Pompino-Marshall 2009: 245 f.). Phonologisch gesehen werden durch Akzente bestimmte Silben als prominent relativ zu ihrer Umgebung gekennzeichnet; diese Hervorhebung kann strukturelle

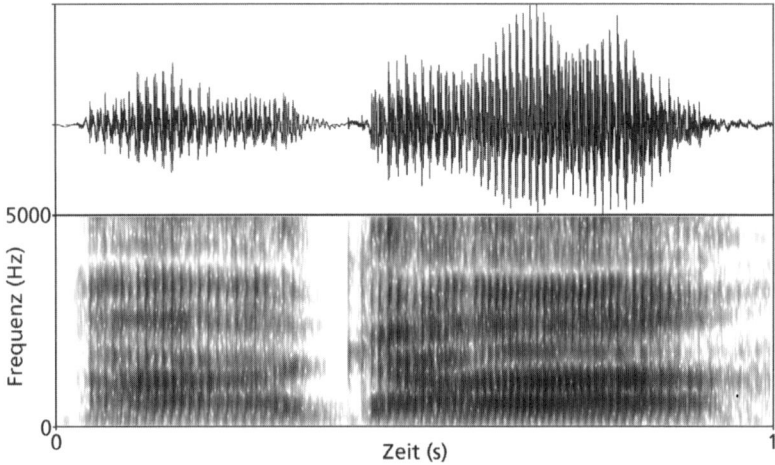

Abb. 9 Oszillogramm und Sonagramm von [a'ga]

oder auch inhaltliche Gründe haben. Akzenttragende Silben sind daher sehr viel besser wahrnehmbar. So ist es kein Wunder, dass generell die betonten Silben besser behalten werden. Das erklärt, warum z. B. Zweijährige unbetonte Silben auslassen wie die erste Silbe in *Banane* – als *Nane* – oder die Vorsilbe *ge-* bei Partizipien: *jetzt hast du des fangen* statt *gefangen*.

In der Forschung zum Akzent wird oft nach dem Stärkegrad des Akzents zwischen Haupt-(Primär-)akzenten, Neben-(Sekundär-)akzenten usw. differenziert. Auf diese Unterscheidungen wird hier nicht eingegangen. In den folgenden Abschnitten können nur einige Akzenttypen mit ihren Funktionen erläutert werden.

Satzakzent

Der **Satzakzent** trägt dazu bei, die neue oder fokussierte Information in einem Satz oder einer Äußerung zu verdeutlichen. Welche Information als neu oder fokussiert gelten soll, lässt sich – wenn der Kontext fehlt – mit Hilfe eines konstruierten Kontexts, einem Fragetest, zeigen. Die erfragte Information ist neu (vgl. (49) a. b.) oder fokussiert (vgl. (49) c.); die übrige Information in der Frage hingegen gilt als bekannt (zur Informationsstruktur siehe Abschnitt 4.6.2).

(49) a. *Wann ist Peter nach Berlin gefahren? Peter ist 'heute nach Berlin gefahren.*
      b. *Wer ist nach Berlin gefahren? 'Peter ist nach Berlin gefahren.*
      c. *Peter ist doch nicht gefahren? (Doch.) Peter 'ist gefahren.*

Der Satzakzent fällt in der Regel auf die Silbe eines Wortes, die auch den Wortakzent trägt.

Wortakzent

Im Tschechischen, Finnischen, Ungarischen und anderen Sprachen liegt der Hauptakzent auf der ersten Silbe des Wortes. Im Standarddeutschen gibt es eine derart "einfache" Regel nicht. Das Standarddeutsche gilt als Sprache mit Finalakzent. Daher wird der Wortakzent, genauer der Hauptakzent eines Wortes, vom Wortende her zugewiesen. Die Festlegung des Hauptakzents folgt bestimmten Regelmäßigkeiten. Als Akzentpositionen kommt eine der drei letzten Vollsilben in Frage: die Ultima, die Pänultima oder die Antepänultima, vgl. (50).

(50) a. *Sol'dat*   (Hauptakzent auf der Ultima)
      b. *Eu'ropa*   (Hauptakzent auf der Pänultima)
      c. *Des'demona* (Hauptakzent auf der Antepänultima)

Vennemann (1991: 97–101) hat vier Hauptakzentregeln für **unzusammengesetzte Wörter**[30] im Standarddeutschen aufgestellt. Dabei wird im Standarddeutschen das Gewicht der Vollsilbe berücksichtigt, d.h. ob sie leicht oder schwer ist. Eine Vollsilbe heißt leicht, wenn sie offen, monophthongisch und sanft geschnitten ist; alle anderen Silben sind schwer (Vennemann 1991: 97).

Regeln der standarddeutschen Akzentverteilung für unzusammengesetzte Wörter:
– Vollsilbenregel: "Nur Vollsilben können akzentuiert werden": z.B. *Rabe, muntere.*
– Reduktionssilbenregel: "Eine bedeckte reduzierte Ultima arretiert den Akzent auf der letzten Vollsilbe": z.B. *Me'lone, Auguste.*
– Dreisilbenregel: "Nur die letzten drei Vollsilben können akzentuiert werden": z.B. *Tandara'dei, Eu'ropa, 'Pinguin.*
– Pänultimaregel: "Der Akzent geht nicht über eine schwere Pänultima zurück": z.B. *Mo'desto, An'dorra.*

Welcher "Landeplatz" für den Akzent in einem Wort mit hoher Wahrscheinlichkeit gewählt wird, lässt sich nach Vennemann (1991, 2010) darüber hinaus anhand sogenannter Normalitätsbeziehungen klären. Sie spezifizieren die von den Sprachnutzern bevorzugten Akzentpositionen. Ein Beispiel ist die Normalitätsbeziehung für leichte Ultimae: Unzusammengesetzte Wörter mit einer leichten Ultima werden nicht auf der Ultima

akzentuiert (Vennemann 1991: 102), vgl. *Auto* oder *Lama*. → **Übung 39**
Allerdings gibt es auch unzusammengesetzte Wörter, die auf einer leichten
Ultima den Akzent tragen: z. B. *Café* oder *Fondue*. Der Akzent auf einer
leichten Ultima verstößt nicht gegen die genannte Regel, sondern er entspricht lediglich nicht der präferierten Akzentposition. Wörter wie *Café*
werden daher als "auffällig" beurteilt und oft als Fremdwörter eingestuft.

Akzent bei zusammengesetzten Wörtern
Die Akzentsetzung bei zusammengesetzten Wörtern oder Komposita
(siehe Abschnitt 3.4.1) liefert wichtige Informationen über den jeweiligen
Kompositionstyp. Vgl. (51) a. und b.

(51)   a. *'Schleppkahn, 'tiefkühlen, 'Bierfass*
        b. *CDU-'CSU, weiß-'blau*

Bei den Bildungen in (51) a. hebt der Akzent das Erstglied hervor; dieses
spezifiziert die Art des Zweitgliedes. So handelt es sich z. B. beim *Bierfass* um ein 'Fass für Bier' (und nicht für Wein). In (51) b. dagegen liegt
der Akzent auf dem letzten Glied. Bei diesen Ausdrücken handelt es sich
nicht um eine Spezifizierung, sondern um eine Reihung. Die bayerische
Flagge ist 'weiß und blau'.

Bei einigen Wörtern signalisiert der Akzent Bedeutungsunterschiede
und zugleich syntaktisch unterschiedliches Verhalten. Ein Beispiel ist
'umfahren vs. *um'fahren*.

(52)   a. *Er um 'fährt die Tonne.*
        b. *Er fährt die Tonne 'um.*

Beide Ausdrücke sind Verben mit Partikeln, die trennbar oder untrenn-
bar mit ihnen verbunden sind. Welches Kriterium auf welches Verb zutrifft, zeigt sich im Aussagesatz: In (52) b. ist die Partikel vom Verb getrennt, in (52) a. hingegen nicht. Bei den Verben mit trennbarer Partikel
liegt der Akzent auf der Partikel.

Kontrastakzent
Jede beliebige Silbe kann einen Kontrastakzent bekommen, wenn ein Ge-
gensatz bzw. eine Korrektur ausgedrückt werden soll. Dabei kann der
Akzent auch auf einer reduzierten Silbe liegen, wie in (53).

(53)   *Er hat den Wagen beladen … nein, nicht 'be-, sondern 'ent-
        laden.*

Der Kontrastakzent setzt die anderen Regeln und Normalitätsbeziehungen außer Kraft. Aus diesem Grund hat er auch keinen diagnostischen Wert – im Gegensatz zu den zuvor behandelten Akzenttypen.

Akzente in Sätzen

In den vorausgegangenen Abschnitten wurden Akzente unterschiedlicher Art besprochen, im folgenden Beispiel wird ihr Zusammenspiel noch einmal aufgezeigt. Alle prominenten Silben sind unterstrichen:

(54)   *Früher Vogel fängt den WURM.*

Der Satzakzent liegt auf *Wurm*. Die ersten drei Wörter – *früher, Vogel, fängt* – tragen den Akzent auf der Silbe mit dem Hauptakzent. Unbetont ist das Artikelwort, das Funktionswort.

(55)   *Er fuhr mit dem Rad auf der STRAße.*

In (54) und (55) erhalten nur Inhaltswörter einen Akzent, die Funktionswörter – Personalpronomina, Präpositionen und Artikelwörter – sind unbetont. Der gesamte Satz aber hat offensichtlich einen Rhythmus.[31] Der Rhythmus wird, wie in der Metrik, in Füßen angegeben. Wohlgeformte Füße im Standarddeutschen sind – vor allem – der Trochäus ('xx – betonte und unbetonte Silbe) und der Daktylus ('xxx – eine betonte und zwei unbetonte Silben).[32] Funktionswörter können jedoch aus rhythmischen Gründen ebenfalls betont werden, wie in (56).

(56)   *Er fuhr doch mit dem Rad auf der STRAße.*

Auf den Sprachrhythmus wird in Abschnitt 2.2.3 weiter eingegangen.
→ Übung 40

Tonhöhenverlauf

Beim Tonhöhenverlauf werden in der Regel die folgenden Verläufe unterschieden: steigend (steigend-fallend, fallend-steigend), fallend, gleich bleibend. Einheiten für die Markierung des Tonhöhenverlaufs sind Sätze (Satzmelodie) und Wörter (vgl. dazu Tonsprachen in Abschnitt 3.1.1).

Eine wesentliche Funktion des Tonhöhenverlaufs im deutschen Satz ist die Anzeige des Satzmodus (Deklarativ-, Interrogativ-, Exklamativsatz, etc.; siehe Abschnitt 4.4.1). Bei steigender Satzmelodie liegt in (57) a. kein Aussagesatz, sondern ein Fragesatz (steigende Intonation) vor. Deklarativsätze haben fallende Intonation wie in (57) b. Allerdings gibt es auch Subtypen von Fragesätzen mit fallender Kontur (siehe Abschnitt 4.4.1).

(57) a. *Sie hat ihn schon mal gesehen?*
      b. *Sie hat ihn schon mal gesehen.*

→ **Übung 41**
Der Tonhöhenverlauf ist also relevant für die kommunikative Funktion von Äußerungen.

Pausen
Pausen gibt es in zwei Ausprägungen: ungefüllte Pausen und gefüllte Pausen (*hmmm*, *ähm*, etc.). Ungefüllte Pausen sind für die Bildung von Phrasen (Wortgruppen) relevant und können Äußerungen disambiguieren. Der folgende Satz (58) hat zwei Lesarten:

(58) *Er fürchtet nicht angenommen zu werden.*
      a. *Er fürchtet, nicht angenommen zu werden.*
      b. *Er fürchtet nicht, angenommen zu werden.*

Je nach Position der Pause in (58) bekommt der Satz eine andere Bedeutung. Dabei geht es vor allem um den semantischen Wirkungsbereich der Negation. In (58) a. bezieht sich die Negation auf *angenommen zu werden*, in (58) b. aber auf den gesamten Satz. Letzteres verdeutlicht die Umschreibung: 'Es ist nicht der Fall, dass er fürchtet, angenommen zu werden'. Pausen tragen also zur Kennzeichnung der syntaktischen und semantischen Struktur des Satzes bei.

Gefüllte Pausen zeigen an, dass der Sprecher seine Äußerungsplanung nicht abgeschlossen hat, aber das Rederecht behalten möchte (siehe Abschnitt 5.5.3).

(59) *Und dann – ehm – hat – ehm – hat er ...*

Eine ungefüllte Pause hingegen könnte in einem Gespräch mit großer Wahrscheinlichket dazu führen, dass der Gesprächspartner das Rederecht an sich zieht.

Übung 29 Welche Laute treten im Standarddeutschen **nicht** im Anfangsrand/Kopf, am Endrand /in der Koda, im Silbenkern/Nukleus und im Gelenk auf?

Übung 30 Stellen Sie sich vor, Sie sollten als Sprachtherapeut/in anhand der unten gegebenen transkribierten Wörter feststellen, welche Laute des standardsprachlichen Lautsystems zwei Kinder – hier A und B – beherrschen und mit welchen sie Schwierigkeiten haben. Die Substitutionen beschreiben Sie bitte – soweit möglich – mithilfe distinktiver (artikulatorischer) Merkmale. Beachten Sie dabei, ob die Kinder Schwierigkeiten mit bestimmten Lauten in bestimmten Positionen haben (z. B. vor oder nach einem bestimmten anderen Laut in der Silbe) oder ob sie grundsätzlich mit diesen Lauten Schwierigkeiten haben, sie sie also in allen Positionen nicht artikulieren können.

	Kind A		Kind B
(a)	[ˈsteɐn]	'Stern'	[ˈdɛɐn]
(b)	[ˈmont]	'Mond'	[ˈmont]
(c)	[ˈku]	'Kuh'	[ˈtu]
(d)	[ˈplat]	'Blatt'	[ˈpɑ]
(e)	[ˈha͜os:]	'Haus'	[ˈha͜o]
(f)	[ˈdaxs]	'Dach'	[ˈdax]
(g)	[ˈbaŋk]	'Bank'	[ˈban]
(h)	[ˈam.pəl]	'Ampel'	[ˈam.pəl]
(i)	[ˈfeɐ.də.sants]	'Pferdeschwanz'	[ˈpeɐ] 'Pferd', [ˈhan] 'Schwanz'
(j)	[ˈvyɐ.fəl]	'Würfel'	[ˈhyɐ.fəl]
(k)	[ˈdɔk̚l̩]	'Gockel'/'Hahn'	[ˈhun] verbessert s. in [ˈhɑn]
(l)	[ˈsɑf]	'Schaf'	[ˈhɑ]
(m)	[ˈbeɐ]	'Bär'	[ˈbeɐ]
(n)	[ˈklɔ͜ɪts]	'Kreuz'	[ˈhœl] verbessert sich: [ˈtœl]
(o)	[ˈstɔk]	'Stock'	[tɔk]
(p)	[ˈkɛm̊n]	'kämmen/kämmt'	[ˈtɛmt]
(q)	[ˈslɑ͜os]	'Schlauch'	[ˈˢhɑ͜o]
(r)	[ˈflɑ͜o]	'Frau'	[ˈᶠhɑ͜o]
(s)	[ˈlɪŋ]	'Ring'	[ˈRɪn]
(t)	[ˈpe.ta]	'Zebra'	[ˈe.dəl] 'Esel'
(u)	[ˈho.zə]	'Hose'	[ˈho.də]
(v)	[ˈlɔs]	'Loch'	[ˈhɔx]
(w)	[ˈkɔpf]	'Kopf'	[ˈtɔ]
(x)	[ˈmɪlç]	'Milch'	[ˈmɪl]

Übung 31 Transkribieren Sie die folgenden Lautfolgen: *Blatt, rlo* und *kloten*. Nur das erste Wort existiert im deutschen Wortschatz. Zeigen Sie anhand einer Darstellung der Konsonantenstärke analog zu Abbildung 7, dass bzw. ob die drei Lautfolgen wohlgeformte Silben des Deutschen sind und begründen Sie Ihre Entscheidung.

Übung 32

(1) Geben Sie die möglichen Kombinationen der Laute im Kopf und in der Koda für das Standarddeutsche (vgl. Duden Grammatik 2009) und für eine Ihnen geläufige weitere Sprache an (zum Phonemsystem verschiedener Sprachen vgl. Ternes 1999 Kap. 8).

(2) Betrachten Sie die Kombinationen in Bezug auf die Konsonatenstärkeskala.

   i. Wird die Konsonantenstärkeskala in der anderen Sprache eingehalten?

   ii. Gibt es, wie im Standarddeutschen, in der anderen Sprache eine Präferenz für Plosiv/Frikativ + Lateral gegenüber Plosiv/Frikativ+ Nasal?

Übung 33 Patienten mit Sprechapraxie (Störung sprechmotorischer Programmierungsprozesse) produzieren häufig phonologische Fehler, die zu Vereinfachungen der segmentalen und auch der prosodischen Struktur der Zielwörter führen.

Beschreiben Sie anhand der folgenden Beispiele von Patienten, auf welche Art und Weise es zu Vereinfachungen kommen kann. Welche Systematik fällt Ihnen bei dem Fehlermuster auf? Vergleichen Sie dazu auch die Abschnitte zur Epenthese und Assimilation.

(a) Wespe → [vɛstə]

(b) Oma → ✓

(c) Schmuck → [mʊk]

(d) Knödel → [kløˈdəl]

(e) Banane → ✓

(f) Huhn → ✓

(g) Knall → [kənal]

Übung 34 Phonologische Grundlagen des Endreims

1. Definieren Sie 'Endreim'. (Lit.: Berg 1990, Wagenknecht 2007)

2. Beschreiben Sie die (End-)Reime in den Versen von Heine und Busch mit Hilfe distinktiver Merkmale.

3. Erläutern Sie prosodische Auffälligkeiten.

4. Diskutieren Sie die Auffassung von unreinen Reimen in Kayser (1962: 83–87); vgl. auch Primus (2002).

Sie saßen und tranken am Theetisch
Und sprachen von Liebe viel.
Die Herren, die waren ästhetisch,
Die Damen von zartem Gefühl.

Die Liebe muß seyn platonisch,
Der dürre Geheimrat sprach.
Die Räthinn lächelt ironisch,
Und dennoch seufzt sie: Ach!

Der Domherr öffnet den Mund weit,
Die Liebe sey nicht zu roh,
Sie schadet sonst der Gesundheit.
Das Fräulein lispelt: wie so?

Die Gräfinn spricht wehmütig:
Die Liebe ist eine Passion!
Und präsentiret gütig
die Tasse dem Herrn Baron.

(Heinrich Heine zit. nach Hanuschek 2007: 30)

"Oh was macht der Besenstiel
für ein schmerzliches Gefühl. (...)"

"Doch wie er schnell den Rückzug sucht,
hemmt's Stubenmädel seine Flucht. (...)"

"Kaum hat er dies als wahr befunden,
so kommt ein Stich direkt von unten. (...)"

"Und selbst – wer es auch redlich meint,
erwirbt sich selten einen Freund. (...)"

"Der zweite schmeckt schon etwas besser,
der Frosch wird bunt und immer größer. (...)"

"Wehe, Munsel! – Lene kriegt
Tute, Siegellack und Licht."

(Wilhelm Busch zit. nach Berg 1990: 9–12)

Übung 35 Deutsche, die Englisch lernen, erkennt man leicht an ihrer Aussprache. Finden Sie Beispiele.

Übung 36 Erläutern Sie die Prozesse, die den Satz *Hast du mal einen Euro* in seine Allegroform [has̊əmanɔ͜ɪʀo] überführen.

Übung 37 Warum wird im Rheinland *Obst* oft mit [ɔ] gesprochen?

Übung 38 Die komplexen Anfangs- und Endränder im Deutschen bereiten vielen L2-Lernern Schwierigkeiten. Lassen Sie die folgende Wortliste zum Beispiel von Mandarinsprechern lesen. Vermerken Sie, wie lange die Sprecher Deutsch lernen, wann sie mit dem Deutschlernen begonnen haben und welche Sprache sie darüber hinaus sprechen. Transkribieren und kommentieren Sie die Daten.

Liste: *Stein, glatt, Strumpf, Mond, zwei, Stift, Strauß, blasen, stark, Hand, segeln, Kluft, Zwiebeln, begegnen, Berg.*

Lit.: Hall (2011 Kapitel 3.3), Kaltenbacher (1998)

Übung 39 Markieren Sie in den folgenden Wörtern die betonten Silben und erläutern Sie die Akzentsetzung anhand der Vennemannschen Regeln. Lit.: Vennemann (2010).
(a) *Trompete*
(b) *Büro*
(c) *Kalender*
(d) *Vase*
(e) *Paradies*
(f) *Veranda*

Übung 40 Welche Erklärung gibt es für die folgende Beobachtung: Einem Patienten mit Sprechapraxie (Störung sprechmotorischer Programmierungsprozesse) fällt die Produktion der ersten Silbe in den Wörtern *'Judo*, *'Kanu* und *'Regel* leicht, während er viele

Lautbildungsfehler auf der ersten Silbe in den Wörtern '*Juwel*, '*Kamel* und '*Regal* produziert.

Übung 41 Nennen Sie zwei Satztypen, die durch den Wechsel des Tonhöhenverlaufs angezeigt werden können: *Hat der eine lange Nase*

2.2.3 Sprachrhythmus und Metrik

In 2.1.3 wurde erwähnt, dass die Wahrnehmung des Rhythmus bei Kindern den Einstieg ins Sprachsystem bildet. Bereits in der 33. bis 37. Schwangerschaftswoche vermögen Föten den Rhythmus der Muttersprache von dem anderer Sprachen zu unterscheiden. Die Diskriminierung wird mit Hilfe der Herzschlagrate gemessen; die Föten werden ruhiger ("halten den Atem an"), wenn sie den Rhythmus ihrer Muttersprache hören (DeCasper et al. 1994). Bis zum Alter von fünf Tagen erkennen Babys die rhythmische Klasse wieder, zu der ihre Muttersprache gehört. Nazzi et al. (1998) spielten vierzig bis zu 5 Tage alten französischen Babys tiefpassgefilterte[33] Sätze von Sprachen aus drei unterschiedlichen rhythmischen Klassen vor: aus dem Englischen und Niederländischen, dem Spanischen und Italienischen sowie dem Japanischen. Überprüft wurde die Wahrnehmung der Babys mit Hilfe der Saugrate; sie saugten heftiger, wenn sie einen ihnen bekannten Rhythmus(typ) wiedererkannten. Die Ergebnisse zeigten, dass die Babys rhythmustypologische Unterschiede wahrnehmen. Nach welchen Kriterien haben sich die Babys gerichtet?

Rhythmustypologie

Eine Möglichkeit, die Sprachen nach rhythmischen Klassen einzuteilen, bietet die Hypothese von der Isochronie. Isochronie (griech. *isos* 'gleich', *chronos* 'Zeit') heißt, dass für die Sprache eines rhythmischen Typs eine rhythmische Grundeinheit von einer bestimmten, immer gleichen Dauer anzusetzen ist. Diese Hypothese wurde von Pike (1945) für das Englische folgendermaßen formuliert.

> "The units tend to follow one another in such a way that the lapse of time between the beginnig of their prominent syllables is somewhat uniform." (Pike 1945: 35 f.)

Diese rhythmische Grundeinheit soll in silbenzählenden Sprachen die Dauer der Silbe, in morenzählenden Sprachen die Dauer der More und in akzentzählenden Sprachen der Fuß sein, also der Abstand von einer zur nächsten akzentuierten Silbe.

Das Englische und Niederländische – ebenso wie das Standard-
deutsche – gehören zu den akzentzählenden Sprachen, das Spanische,
Französische und Italienische zu den silbenzählenden Sprachen und das
Japanische zu den morenzählenden Sprachen.

(60) a. akzentzählend:
      stdt. *In 'sieben 'Tagen 'wurde die 'Welt er'schaffen.*
      b. silbenzählend:
      span. *Juan le da un ramo de flores a Maria.*
            [xʊan.le.da.un.ra.mo.de.flo.res.a.ma.rí.a]
            'Hans ihr gibt einen Strauß von Blumen an Maria'.
            'Hans gibt Maria einen Blumenstrauß.'
      c. morenzählend:
      jap. *Doisan wa okusan ni tegami wo watashimasu.*
            'Herr Doi Frau   Brief   geben'
            *'Herr Doi gibt seiner Frau einen Brief.'*³⁴

In (60) a. lässt sich der Abstand zwischen den akzenttragenden Silben in
metrischen Füßen wiedergeben; damit lassen sich diese Sprachen als fuß-
basiert einstufen. Die akzentzählenden Sprachen sind zudem dadurch
charakterisiert, dass sie Reduktionssilben und Konsonantenverbindungen zulassen. Silbenzählende Sprachen wie das europäische Spanisch
weisen hingegen keine Reduktionssilben und weniger komplexe Konsonantenverbindungen auf. Präferiert wäre hier eine Abfolge von Konsonant und Vokal, also CV. (60) b. hat insgesamt 13 Silben. Das Japanische
repräsentiert die morenzählenden Sprachen. Es klassifiziert als eine More
die Abfolge von (fakultativem) Konsonant und Vokal, also (C)V, als zwei
Moren (C)VV oder (C)VC. In (60) c. hat *Doisan* 4 Moren, *wa* eine More
etc.; insgesamt sind es 19 Moren.

Grundlegende Annahmen des Isochronieansatzes sind: erstens, dass
die menschlichen Sprachen eine rhythmisch-isochrone Struktur aufweisen; zweitens, dass jede Sprache genau einem Rhythmustyp zuzuordnen
ist, und drittens – für akzentzählende Sprachen –, dass die Silbendauer
variabel ist (vgl. Auer & Uhmann 1988: 217). Von diesen Annahmen lassen sich u. a. nach phonetischen Messungen die erste und die zweite nicht
aufrechterhalten (vgl. Auer & Uhmann 1988, insbesondere aber die Diskussion in Dufter 2003). Dass die akzentzählenden oder fußbildenden
Sprachen aufgrund der Reduktionssilben variable Silbendauer haben, ist
unbestritten.

Die silbenzählenden Sprachen scheinen nicht nur einem Muster zu
folgen; zumindest unterscheidet sich das Französische deutlich vom

Spanischen und Italienischen, wie (61) a. und b. zusammen mit (60) b. zeigen:

(61)   a. frz. *Il a vu une jeune fille.*
              [ilavʏnʒœn'fij]
       b. ital. *Ha visto una ragazza giovane.*
             [a.vis.to.u.na ra'ga.tsa 'dʒɔ.va.ne.]

In (61) a. wird der gesamte Satz unter einem Intonationsbogen gesprochen und damit als eine komplexe Phrase markiert. In (61) b. ebenso wie in (60) b. gibt es einen alternierenden Rhythmus (zu Einzelheiten siehe Dufter 2003).

Die Frage, nach welchen Kriterien sich die Babys bei der Unterscheidung der Rhythmusklassen richteten, hatten Nazzi et al. (1998) mit den drei Rhythmustypen im Sinne der Isochroniehypothese beantwortet. Dieser Antwort kann nun nicht mehr zugestimmt werden. Stattdessen könnte sie – spekulativ – heißen: Die Babys richteten sich nach dem alternierenden Rhythmus, der sowohl die spanischen als auch die italienischen Daten auszeichnen sollte – aber diese Interpretation müsste erst eine Reanalyse der Daten bestätigen.

Ein System, für das der Sprachrhythmus konstitutiv ist, ist die Metrik. Sie soll hier zum Schluss angesprochen werden.

Natürliche Metrik

Metrische Systeme bilden sich durch ihren Gebrauch über viele Generationen von Sprachnutzern heraus. Die Systeme bauen daher grundsätzlich auf dem rhythmischen Typ auf, der für die jeweilige Sprache spezifisch ist. Vennemann (1995: 196) formuliert diesen Sachverhalt in seiner Maxime der natürlichen Versifikation folgendmaßen:

> "Eine natürliche poetische Metrik, d. i. eine Metrik, die einer Sprachgemeinschaft nicht von außen aufgedrängt ist, sondern sich in ihr über längere Zeiträume entwickelt, stilisiert lediglich Sprachzüge, die auch der Alltagssprache angehören."

Wenn sich das rhythmische System einer Sprache ändert, wie z. B. das System vom Mittelhochdeutschen zum Neuhochdeutschen (zu Details siehe Vennemann 1995), dann ändert sich auch das metrische System der Sprache. Die mhd. Metrik baut auf dem Unterschied zwischen langen und kurzen Silben auf, die neuhochdeutsche Metrik kennt nur die Unterscheidung von betonter und unbetonter Silbe. Da aus diesem Grund die mittelhochdeutschen Versmaße in der frühneuhochdeutschen Metrik nicht mehr anzuwenden waren, stand ein Dichter aus dieser Epoche vor gravierenden Problemen. Bei der Wahl antiker Versmaße wie dem Hexameter lässt sich dann auch beobachten, dass er der Alltagssprache angepasst wurde.[35] So dichtet etwa Klopstock seine Hexameter nicht mehr nach lateinischem Vorbild mit Daktylen (eine lange/schwere und zwei kurze/leichte Silben) und Spondäen (zwei lange/schwere Silben) im Wechsel, sondern in Trochäen (betonte und unbetonte Silbe) und Daktylen (eine betonte und zwei unbetonte Silben) "nach der Prosodie unserer Sprache" (Klopstock (1755/1962: 1042). Dies zeigt das folgende Beispiel:

(62)   *Sing, unsterbliche Seele, der sündigen Menschen Erlösung,*
       Die der Messias auf Erden in seiner Menschheit vollendet
       Und durch die er Adams Geschlechte die Liebe der Gottheit
       Mit dem Blute des heiligen Bundes von neuem geschenkt hat.

       (Klopstock, Der Messias, Erster Gesang 1748)

(62)   lässt sich folgendermaßen lesen:

(62') 'σσ | 'σσσ | 'σσσ | 'σσσ | 'σσσ | 'σσ
       'σσσ | 'σσσ | 'σσ | 'σσσ | 'σσσ | 'σσ
       'σσ | 'σσ | 'σσσ | 'σσσ | 'σσσ | 'σσ
       'σσ | σσσ | 'σσσ | 'σσσ | 'σσσ | 'σσ

→ **Übung 42**

Prosodie und Grammatik

Dem Akzent und damit dem Rhythmus und der metrischen Einheit Fuß kommt offensichtlich eine bedeutsame Rolle bei der Organisation (auch) der deutschen Sprache zu, sowohl in der Dichtung als auch in der Alltagssprache. So ist der Akzent maßgeblich beteiligt an den Veränderungen von Wortformen (Reduktion von unbetonten Silben, Epenthese), was sich wiederum auf die Flexion auswirkt (siehe Abschnitt 3.3). Er ist konstitutiv für lexikalische Wörter (Wortakzent) und für bestimmte Wortbildungstypen (siehe auch Abschnitt 3.4). Er beeinflusst indirekt den Lautwandel (wenn dieser nur Vokale in betonten Silben betrifft). Der Satzakzent verdeutlicht die fokussierte Information im Satz und trägt damit auch zur Informationsstruktur von Sätzen und Äußerungen und letztlich von Texten bei (siehe Abschnitt 4.6.2 und 6.2). Der Tonhöhenverlauf ist konstitutiv für bestimmte Satztypen (siehe Abschnitt 4.4.1) und wirkt sich auf die Interpretation der kommunikativen Funktion von Äußerungen aus (siehe Abschnitt 5.5.1). Pausen tragen dazu bei, komplexe Sätze und Texte zu gliedern. – Wenn die Prosodie so bedeutsam ist, dann ist es zweifellos äußerst sinnvoll, dass Kinder über die Prosodie ins Sprachsystem "einsteigen".

Übung 42 Notieren Sie den Rhythmus im folgenden Rap von Bushido & Peter Maffay: "Erwachsen sein" und überprüfen Sie ihn am Original (auf YouTube, korrigieren Sie gegebenenfalls die Verschriftung des Textes):

[...]
Ich weiß es noch wie gestern.
Als mich alle unterschätzt habm.
ich fing mit Rap an,
jetzt bin ich plötzlich auch Geschäftsmann.
Und wie alle hier entsetzt warn,
dass ich und meine Jungs das ganze Land in Brand gesetzt habm.
Die Alten sagten, dass sei Blödelei.
Egal, wir hatten einfach nur ne schöne Zeit.

2.3 Orthographie

Seit 1996 gibt es Bemühungen in den deutschsprachigen Ländern, mit Hilfe einer Orthographiereform dem Sprachnutzer, insbesondere dem Schüler, die Rechtschreibung im Deutschen zu erleichtern. Diese Bemühungen waren nicht in allen Fällen erfolgreich. Ein besonders bekanntes Beispiel ist das folgende: Bis 1996 war es üblich, das Verb *eislaufen* klein und zusammen zu schreiben. Nach 1996 wurde *eislaufen* getrennt und *Eis* groß geschrieben; *Eis* wurde also als Nomen behandelt. Wenn es ein Nomen sein soll, dann müsste es auch nominale Eigenschaften haben, etwa durch einen Artikel oder ein Adjektiv modifiziert werden können. Beides ist jedoch nicht der Fall: *Sie läuft *das/ein Eis* oder *Sie läuft *schönes Eis*. Inzwischen schreibt man das Verb wieder klein und zusammen. Dieses Beispiel verdeutlicht einen sehr wichtigen Aspekt: Die Orthographie orientiert sich an grammatischen Strukturen; sie setzt grammatisches Wissen voraus.

2.3.1 Orthographische Norm, Sprachusus und Grammatik

Nach Eisenberg (1996: 1451) sind die Regularitäten im Schriftsystem entweder wort- oder satzbezogen. So nimmt z. B. die Regel für die Doppelkonsonanz in *klettern* die Gelenke in der Silbenstruktur wieder auf, für die Groß- und Kleinschreibung sind u. a. die Wortarten ausschlaggebend und die Kommasetzung beachtet die Unterscheidung von Haupt- und Nebensätzen. Rechtschreibfehler sind daher ein spezieller Typ von Grammatikfehlern (Eisenberg 2013a: 288). Ziel der **Orthographie** (griech. *ortho graphía* 'Rechtschreibung') ist es, die verschiedenen Schreibweisen von Ausdrücken zu vereinheitlichen und zu normieren.[36] Es soll also nur eine begrenzte Anzahl möglicher Schreibweisen zugelassen werden, die als normgerechte oder richtige Schreibweisen gelten. Allerdings weicht der tatsächliche Schreibusus (lat. *usus* 'Gebrauch') – wie jeder weiß – von dieser normierten Schreibweise öfter ab. Gründe dafür mögen individuelles Wissen oder Vorlieben, Schreibsituationen oder auch Textsorten wie Email oder SMS sein. Eisenberg (2013a: 287) hat eine Trennung von Orthographie und **Graphemik** vorgeschlagen: Die Orthographie befasst sich mit den Regularitäten des richtigen Schreibens, die Graphematik mit den Regularitäten des Schreibusus. Die Graphematik wird abweichende Schreibweisen nicht für falsch erklären und sie aussortieren, sondern sich gerade darum bemühen herauszufinden, warum der Schreiber sie gewählt hat. Die Graphematik zählt nach Eisenberg (2013a: 287) zu den Teilbereichen der Grammatik. Fehler in der Schreibweise werden damit zu Symptomen für das Grammatikwissen des Schreibenden. Idealiter folgt die Norm dem Usus. Ein guter Orthographieunterricht ist, so Eisenberg (2013a: 288), daher zugleich ein Graphemikunterricht und ein Graphemikunterricht ein Grammatikunterricht.

2.3.2 Graph – Graphem

Unter dem Einfluss der strukturalistischen Phonologie wurden auch in der Schreibung die kleinsten Einheiten auf der Ebene der Realisierung (*parole*) und der Abstraktion bzw. Idealisierung (*langue*) festgelegt. Analog zum Phon versteht man unter **Graph** die kleinste isolierbare Einheit des Schriftsystems, die noch keinem Graphem zugeordnet ist. Hat die Zuordnung stattgefunden, dann heißen sie, analog zu den Allophonen, **Allographe**. **Graphem**e hingegen sind Klassen von Buchstabenrealisierungen mit gleicher Funktion. Grapheme werden in spitzen Klammern notiert, z. B. <h>oder <i>. Abbildung 10 enthält Allographe des Graphems <a/A> in der Frakturschrift und in der Schreibschrift.

Abb. 10 Individuelle Beispiele für den Großbuchstaben A.

2.3.3 Orthographische Prinzipien des Deutschen

Das deutsche Schriftsystem baut auf einer Alphabetschrift (griech. *alpha, beta* – die ersten Buchstaben des griechischen Alphabets) auf.[37] Die Einheiten des Alphabets sind Buchstaben. Für Alphabet- oder Buchstabenschriften ist die Zuordnung von einem graphischen Zeichen zu einem lautlichen Segment charakteristisch. Auf diese Weise korrelieren Laute weitgehend mit den Buchstaben. Zur Lautung kommen jedoch noch weitere grammatische Kriterien hinzu: morphologische, syntaktische, semantische und pragmatische. Diese Kriterien werden in den einzelnen orthographischen Prinzipien angesprochen. Orthographische Prinzipien sind Grundsätze der Orthographie, die allerdings nicht immer eindeutige Vorhersagen erlauben, da sie auf unterschiedlichen Kriterien beruhen (siehe unten). Zu beachten ist ferner, dass einige dieser Prinzipien nicht nur schreiber-, sondern auch leserorientiert ausgerichtet sind; vgl. etwa das Dehnungs-*h* in *kahl* oder das silbeninitiale *h* in *drehen* oder die Groß- und Kleinschreibung, die als Lesehilfe gesehen werden. Im Folgenden werden die einzelnen Prinzipien erläutert und durch Beispiele illustriert.

Phonographisches Prinzip

Nach diesem Prinzip sollte jedem Phonem ein Graphem (und umgekehrt) entsprechen (Phonem-Graphem-Korrespondenz). Im Gegensatz zu anderen Buchstabenschriften, etwa der englischen, die noch mittelenglische Schreibweisen bewahrt (vgl. <neighbour>, <through>), sind die Korrespondenzen im Deutschen relativ eindeutig umgesetzt. **→ Übung 43**
Dennoch gibt es eine Reihe von Ausnahmen: Die Varianten [r, ʀ, ʁ] werden alle durch <r> oder <R> wiedergegeben. Das Bigraph (lat. *bi* 'zwei') <ch> steht sowohl für [ç] als auch für [x], <x> hingegen verschriftet die Lautverbindung [ks] und [s] wird sowohl durch <s>, <ss>, <ß> als auch in der Kombination [ts] durch <z> wiedergegeben. **→ Übung 44** [ʃ] wird als Trigraph (lat. *tri* 'drei') <sch> oder als <s> kodiert. Die Schreibung von <ie> bewahrt die mittelhochdeutsche Form (siehe unten historisches Prinzip), [f] wird als <f>, aber auch als <v> geschrieben. <h> korrespondiert nur unter bestimmten Bedingungen mit dem [h]: silbeninitial bei einer betonten Silbe, etwa in. *Haus, gehören* oder auch *oho!* (vgl. dazu auch die Ausführungen in Eisenberg 2013a: Kap. 8.2)

Silbisches Prinzip

Die Schreibung kann sich auch an den Silbenstrukturen orientieren. So nimmt etwa das Trigraph <sch> eine Regelmäßigkeit aus der Phonotaktik im Silbenkopf wieder auf, nach der die Anzahl der Konsonanten im Silbenkopf drei nicht übersteigen sollte. Daher wird [ʃ] in Konsonantenverbindungen wie [ʃp] und [ʃt] als <st> und <sp> statt *<scht> und *<schp> geschrieben. → Übung 45

Gelenke werden durch doppelte Konsonantengrapheme angezeigt (vgl. <Kummer>, <Wasser>, <Puppe>).[38] Gelenke können aber auch durch Mehrgraphe – wie <ck> in <Zucker>, <ch> in <Küche> oder <sch> wie in <Tasche> – oder durch Graphemfolgen – wie <ng> für [ŋ] – wiedergegeben werden; diese werden dann jedoch nicht verdoppelt.

Auch die Regeln für das Dehnungs-*h* und das silbeninitiale *h* hängen mit dem silbischen Prinzip zusammen. Das Dehnungs-*h* steht vor Graphemen, die Sonoranten zugeordnet sind, also <r>, <l>, <n>, <m> (z. B. *Kohl, lahm, Wahn,*). Gebräuchlich ist es heute überwiegend in Einsilblern mit einfachem Kopf (etwa *kahl* vs. *schmal, Strom*) und in Zweisilblern wie *dehnen, nehmen, Bohne* (vgl. Eisenberg 2013a: 301–304). Das Dehnungs-*h* "dehnt" jedoch nicht. Es zeigt vielmehr dem Leser an, dass der Vokal "lang" ist. Es ist also eine Lesehilfe. Gleiches gilt für das silbeninitiale *h*. Es kennzeichnet die Silbengrenze in <drehen>, <ausbuhen> (vgl. [dre.ən], [aͦo̯s.bu.ən]) und soll damit verhindern, dass der Leser die beiden Vokale an der Silbengrenze zu einem Vokal zusammenzieht. Weder das Dehnungs-*h* noch das silbeninitiale *h* werden gesprochen.

Probleme bei der Silbentrennung verdeutlichen Schwierigkeiten bei der Bestimmung der Silbengrenzen. Für Mehrgraphe gilt nach der letzten Orthographiereform, dass sie auch dann, wenn sie Gelenke anzeigen, nicht getrennt werden. So wird z. B. <ck>nicht mehr in <k-k> aufgelöst; getrennt wird *Zu-cker* (auch wenn dies nun zu einer merkwürdigen Aussprache führen könnte). Neu ist auch, dass *st* nun getrennt werden darf. In der alten Rechtschreibung galt noch der Merkspruch "Trenne niemals ein *st*, denn es tut den beiden weh." Dass sie früher nicht getrennt werden sollten, ist vermutlich auf den Buchdruck zurückzuführen; beide Buchstaben wurden im Setzkasten einem Schriftzeichen zugeordnet (vgl. Maas 1992: 269). → Übung 46

Morphologisches Prinzip

Nach diesem Prinzip sollen etymologisch zusammengehörige Wörter auch als solche im Schriftbild zu erkennen sein. So soll der Zusammenhang von *Gast* und *Gäste* (vgl. mhd. *geste*), *Not* und *Nöte*, *Raum* und *Räume* auch in der Schrift deutlich werden.

Das morphologische Prinzip kann das phonographische Prinzip außer Kraft setzen, etwa bei der Auslautverhärtung, vgl. *Magd – Mägde;* oder es kann Regelungen nach dem silbischen Prinzip, um den gleichen Wortstamm zu erhalten, beibehalten; vgl. *sehen, (ihr) seht, (er) sieht.* Unter das morphologische Prinzip können auch Bemühungen subsumiert werden, ein Fremdwort als Fremdwort kenntlich zu machen (sog. Fremdwortschreibung), z. B. *Christus, Thalia, Orthographie.*

Neben diesen drei Prinzipien werden einige weitere Prinzipien unterschieden, die hier nur kurz erläutert werden sollen:

Homonymie-Prinzip

Durch dieses Prinzip – das oft dem morphologischen Prinzip zugeordnet wird – werden gleichlautende Wörter in der Schrift unterschieden, um eine semantische Differenzierung zu erleichtern; vgl. <Mohr> – <Moor>, <Seite> – <Saite>. Auch dieses Prinzip ist als Lesehilfe zu verstehen. Es wird allerdings nicht konsequent angewendet: vgl. *Bank, Kiefer, Ton,*

Grammatisches Prinzip

Die Großschreibung am Satzanfang zeigt den neuen Satz an. Darüber hinaus weist sie im Satz auf Nomina hin. Kleinschreibung wie bei *eislaufen* signalisiert, dass es sich bei *eis*(-) nicht mehr um ein Nomen handelt.

Auch die Kommasetzung wird diesem Prinzip zugeordnet, wenn sie sich auf grammatische Strukturen bezieht. Z. B. zeigt das Komma die Grenze zwischen zwei Phrasen bzw. Sätzen an (vgl. (58)).

Historisches Prinzip

Nach diesem Prinzip bleibt ein historischer Zustand in der Schreibung erhalten. So wird der mhd. Diphthong [ie] im Lautwandel zu [i], aber die Schreibung gibt den mhd. Zustand mit dem nhd. Lautwert wieder; vgl. nhd. <Liebe>. Diese Schreibung wurde auf andere Wörter übertragen, die ursprünglich keinen Diphthong hatten (siehe Analogieprinzip).

Analogieprinzip

Unter dem Analogieprinzip versteht man, dass ein bestimmtes Schreibmuster alternative Schreibungen ersetzt. So wurde z. B. die mhd. Schreibung <bine> zugunsten von <Biene> geändert. Die Schreibung erfolgt also in Anlehnung an andere Wörter mit <ie> für [i].

Ästhetisches Prinzip

Bestimmte Graphemfolgen werden aus ästhetischen Gründen vermieden. Daher gibt es keine Doppelschreibung z. B. von <i, u, ß>, den Umlauten etc. Das ästhetische Prinzip ist umstritten, denn ästhetische Kriterien unterliegen den subjektiven Wertungen des Betrachters.

Rhythmisch-intonatorisches Prinzip

Ein deutlicher Zusammenhang besteht zwischen der Intonation und der Interpunktion. So wird etwa ein fallender Tonhöhenverlauf durch einen Punkt, ein steigender – unter anderem – durch ein Fragezeichen oder durch ein Komma bei Aufzählungen angezeigt, ein gleichbleibender durch einen Doppelpunkt oder einen Gedankenstrich bei Einschüben.

Pragmatisches Prinzip

Bei diesem Prinzip wird auf die Schreibsituation Bezug genommen. Dabei wird u. a. das Prinzip der Höflichkeit berücksichtigt. So werden Anredepronomina wie *Sie* (nach wie vor) groß geschrieben, auch um sie von anderen Pronomina zu unterscheiden und damit eindeutiges Referieren auf Personen und Objekte zu ermöglichen; vgl. *Sie* (Anredepronomen) vs. *sie* (Personalpronomen: 3. Person Singular femininum oder 3. Person Plural), *Ihr* (Anredepronomen) vs. *ihr* (Personalpronomen oder Possessivpronomen); das Personalpronomen *du* hingegen kann jetzt auch als Anredepronomen klein geschrieben werden. **→ Übung 47, Übung 48, Übung 49**

Übung 43   Nennen Sie die Unterschiede zwischen orthographischer Wiedergabe und phonetischer Transkription anhand des nachfolgenden Textes:

Es riecht nach scharfer Suppe, die ganze Zeit schon, draußen, drinnen, im Flugzeug, im Dschungel, die Hitze, feucht und drückend, hat es in den klimatisierten Raum geschafft, sie hängt im Nacken, unter dem Haar. Der Mann trinkt einen Apple Drink. Ist ja weiß, sagt er jetzt, schäumt auch irgendwie, also, wenn das Apfel sein soll. (A. Seubert, Wo ich einmal verloren war. sonntaz 22./23.12.12 S. 20)

Übung 44   Notieren Sie die Verteilung von <s>, <ss> und <ß> in der standarddeutschen Regelung. Lit.: Duden Grammatik (2009)

Übung 45   In welcher Kombination von Konsonanten bleibt <sch> erhalten?

Übung 46   Überlegen Sie, wie das Wort *Kasten* zu trennen ist. Entspricht die orthographische Trennung der phonologischen (siehe Konsonantenstärke)? Diskutieren Sie beides auch bei *Gerste* und *Adler*. Wie ist die Silbentrennung orthographisch geregelt?

Übung 47 Patienten mit Hirnschädigungen der linken Hemisphäre zeigen neben Sprachstörungen (Aphasie) oft auch Störungen des Lesens (Dyslexie) und des Schreibens (Dysgraphie). Interpretieren Sie folgende Fehlerbeispiele eines Patienten beim Schreiben nach Diktat vor dem Hintergrund orthographischer Regeln im Deutschen.

Schiff → ✓
Vater → *Fater*
Boot → *Bot*
Schwamm → ✓
Bauch → ✓
Wald → *Walt*
Zettel → ✓
Kran → *Krahn*

Übung 48 Welche orthographischen Prinzipien werden im folgenden Text verletzt? Welche Funktion hat die Großschreibung?

"Lieber herr hinz, würden sie mir bitte die karten schicken? Sie werden zur vorbereitung der nächsten sitzung benötigt, weil sie für unsere präsentation zentral sind. Vielen dank ihr michael kunze."

Übung 49 Wenn Orthographiefehler eine spezielle Form von Grammatikfehlern sind, wie Eisenberg feststellt, was wissen dann die beiden Schüler über Sprache?

(1) Welche Orthographieprinzipien beherrschen sie, welche kennen sie und welche kennen sie noch nicht? Betrachten Sie vor allem das phonographische, das silbische, das morphologische und das grammatische Prinzip.

Anmerkung: Die Texte wurden im Rahmen eines Seminars über Schülertexte erhoben. Den Kindern wurde das Buch von Mercer Mayer vorgelegt "Frog where are you?"; sie wurden gebeten, schriftlich eine "schöne Geschichte" zu erzählen. Die Rechtschreibung, so wurde den Kindern gesagt, spiele dabei keine Rolle.

(2) Diskutieren Sie die Abweichungen vom jeweiligen orthographischen Prinzip bzw. den Fehlertyp. Wann ist Grammatikwissen betroffen? (Lit. Eisenberg 2013a: 287 ff.) Was wissen diese beiden Schüler über die Grammatik?

A. Froschgeschichte eines Drittklässlers:
Es war Samstag um 8 Uhr. Kurbel und sein Hund waren zuhause. Sie haten gestern einen Frosch gefunden. Sie biehilten ihn in einem Glas auf. Sie schauten ihm zu bis sie mude wurd. Dann gingen sie zu Bett und schliefen ein. Aber auf einmal hupfte der Frosch heraus. Kurbel und sein Hund merkten aber nichts. Am nächsten Tag wachten die zwei auf. Und sahn der Frosch ist weg. Sie suchte und suchten. Der Junge zog sich schnell an. Der Hund schaut in dass Glas. Und aufeinmal brachte er seinen Kopf nicht mehr heraus. Dann gingen sie ans Fenster und schauten, wo er sein könnte. Sie vanten aber nicht. Und da aufeinmal vlog der Hund aus dem Fenster. Da holte das Kind denn Hund wieder rauf. Und zog ihm dass Glas vom Kopf weg. Dann gingen sie in denn Wald

um in zu suchen. Da endeckte der Hund ein Bienenest. Aber Kurbel endekte auch wass nemlich einen Maulhofshugel. Der Hund schupste immer an das Bienenest hin. Und aufeinmal viel dass Bienenest runter. Kurbel kleterte gerade auf einen Baum. Da aufeinmal kamm eine Eule herraus geflogen. Kurbel viel runter. Aber wass noch schlimer war die Bienen jagten denn Hund. Und die Eule jagte Kurbel. Da war ein riesen Stein da kleterte er hienauf. – Dann war die Eule weg. Da aufeinmal bewegte sich die zwei este. Aber dass waren garkeine este dass war ein Hirsch mit großen Gewei er lief auf einen abgrund zu der Hund hinteher. Da blieb er aufeinmal stehen. Und sie vielen in denn Teich. Platsch macht es. Aber sie landeten weich. Sie horten wass gwaken hinter einem Baum. Sie beugten sich ruber. Und sahen da: eine Frosch Familie 7 Kinder und Mutter und Vater. Kurbel fragte auf Froschisch ob er einen kleinen Frosch mitnehmen darf? Er durfte sagte der Vater Frosch. Er war so Glucklich. Dann sagten sie auf wiedersehen und gingen Heim.

B. Froschgeschichte eines Fünftklässlers:

Die Geschichte die ich euch erzählen möchte hab ich selbst erlebt. Sie spielt sich in unserem Haus ab. Peter der einen Hund hat, hat Geburtstag. Seine Muter schenkt ihm neue stiefeln, sein Vater einen schönen Frosch. Als es Abend ist, schaut er sich den Forsch genauer an. Sein Hund Bello und der Frosch werden Bestimt gute Freunde, meind Peter und legt sich schlafen aber der Frosch hast es in einem Klas zu sitsen und er Beschliest abzuhauen. Er Klettert leise hinaus und sagt noch adeh, lebe wohl. am nächsten Morgen wacht er auf und er draut seinen Augen nicht er ist weg, ruft er laut und wekt Bello. er such unterm Bett, im Schuh, unterm schrank überal und der Hund sucht im Klas wo ehr drinnen wahr.

Peter und Bello schauhen aus dem Fenster. Bello rutscht ab und fällt herraus. Und landet auf dem Rasen. Das Klas zerbricht und er liegt neben dem Scherben. Er ist Froh, das ihm nichts pasiert ist. und er geht in den Wald um ihn zu suchen. Da ist ein Bienennest und der Hund meind er währe dadrinnen und er schüttelt am Baum und schüttelt das Bienennest fählt runter und sie werden sehr wield. Das Kind sucht im Baum und er Bekommt fon dem trama der Biehnen nichts mit. Er wird blos von seinem Hund und den Bienen überrascht. Er schreit: "Bello, sping ins Wasser." Da aber Kein Wasser vohrhanden war rent er um sein leben.

Er rent durch den Wald und komt an eine Lichtung. Er sied einen Stein und klettert hienauf. Er hält sich am Ast fäst und ruf nach dem Frosch "Frosch wo bist du". ab der Ast an dem er sich Fäst häld ist ein Reh es saut auf und gabelt den Jungen mit seinem Brächtigen Gewei auf. Es rennt los, und [xxx] auf eine Lichtung zu. Es premst und der Hund und das Kind fallen in die tiefe. zum glük ist unten wasser und ie landen Weich der hund ist wasserscheu und klettert auf den Kopf des Jungen. Sie hören ein aufgeregtes gedvanke (?) und Folgen ihm. Da liegt ein Baumstam und sie versteckn sich hinter ihm. Peter sagt "bst du erschrekst sie nur." Und sie schauen hinter ihm da sitzt ein Froschpar ganz verliebt und sie rufen ihre Kinder. Es sind 20 Stück. Peter Freut sich und nimt sich eines der Kinder. Die Frösche sind ganz Froh darüber weil sie die Kleinen eh nicht versorgen konten und er verabschiedet sich.

3 Morphologie

In diesem Kapitel geht es nicht mehr um Laute oder lautübergreifende Phänomene, sondern um die Strukturen von Wörtern und Morphemen, also um den linguistischen Teilbereich der Morphologie. Der Begriff 'Morphologie' (griech. *morphē* 'Form' – griech. *lógos* 'Wort') geht auf den Anatom und Physiologen Carl Friedrich Burdach zurück und bezeichnete zunächst die Lehre von Form und Struktur sich verändernder Organismen als Teilgebiet der Biologie (Schmid 1935).[1] In der Sprachwissenschaft wurde der Begriff zuerst von August Schleicher in seiner Arbeit *Zur Morphologie der Sprache* 1859 im Zusammenhang mit der Formenlehre (Beugung oder Flexion), der Wortbildung und sprachtypologischen Ausführungen verwendet (Salmon 2000).

Dieses Kapitel beginnt mit sprachtypologischen Überlegungen, ehe die Grundbegriffe der Morphologie, die Flexion und die Wortbildung erläutert werden. Die typologischen Unterscheidungen geben Differenzierungen in der morphologischen Musterbildung wieder. Sprachen lassen sich jedoch häufig nicht nur einem Muster zuordnen. So wird z. b. das Deutsche zu den flektierenden Sprachen gezählt, obwohl nicht alle Wortarten flektieren (siehe Abschnitt 3.1.5). Daher handelt es sich bei der Klassifizierung einer Sprache eher um eine Schwerpunktsetzung.

3.1 Sprachtypologie

Wie viele und welche Muster in der morphologischen Typologie angesetzt werden sollen, wird bis heute diskutiert (vgl. Bossong 2001, 2002, Comrie 2001). Traditionell werden nach Humboldt (1836) die folgenden Typen unterschieden: die isolierenden, die agglutinierenden, die flektierenden und die inkorporierenden Sprachen.[2]

3.1.1 Isolierender Sprachbau (z. B. Kantonesisch, Thai, Yoruba, Vietnamesisch)

In isolierenden Sprachen werden die Wortformen nicht verändert, um syntaktische Beziehungen im Satz anzuzeigen, wie etwa im Deutschen. Im Deutschen geben z. B. die Verbendungen (z. B. -t in *er hört* oder *ihr hört*) die Übereinstimmung von Verb und Subjekt wieder. Diese Funktion der Flexion im Deutschen wird in isolierenden Sprachen u. a. von einer relativ festen Wortstellung und sogenannten "Hilfswörtern" übernommen. Eine relativ feste Abfolge ist aus dem Englischen bekannt, das weitgehend isolierende Züge trägt. → **Übung 50** Die feste Wortstellung hilft, syntaktische Mehrdeutigkeiten zu vermeiden, z. B. Subjekt und Objekt aufgrund der Position im Satz zu differenzieren. (63) b. illustriert die feste Wortstellung im Vietnamesischen. Die Sätze in (63) a. und b. zeigen, dass Wortstämme (siehe unten) und unflektierte Wörter (siehe Abschnitt 4.3.1) wie *hōm* 'heute' oder *khōng* 'nicht' verwendet werden.

(63)   Vietnamesisch
   a. Vater: *Hôm nay   con   có   đi   học   không ?*
      Heute   Kind-   hab-   geh-   lern   nicht?'
      'Gehst du (Kind) heute nicht in die Schule?'

      Kind: *Có.   Con   đi   bây   giò.*
      'Ja.   Kind   geh-   jetzt.'
      'Ja, ich (Kind) gehe jetzt.'

      Vater: *Thế   cha   con   mình   cùng   đi.*
      'So   Vater-   Kind-   wir   zusammen   geh-.'
      'Dann gehen wir (Vater, Kind) zusammen.'

   b. *Tôi   dạy   anh.*   *Anh   dạy   tôi.*
      Ich   unterricht-   du.   Du   unterricht-   ich.
      'Ich unterrichte dich.'   'Du unterrichtest mich.'

(Pasierbsky & Singendonk-Heublein 1979: 49, 59)

Darüber hinaus weisen die Beispiele unter (63) c. darauf hin, dass das Vietnamesische eine Tonsprache ist. Es verfügt über ein Merkmal, das dem Standarddeutschen fremd ist: Wörter unterscheiden sich in ihrer Bedeutung durch ihre "Melodie", den Ton. Das Vietnamesische hat 6 Töne: (63) c. zeigt das segmentale Schema *m-a* jeweils mit einem anderen Ton: hoher Level-Ton (hoch gleich bleibend, 1. Ton ohne Diakritika), oberer fallender Ton (2. Ton), steigend-fallender diskontinuierlicher Ton (3. Ton), fallend-steigender kontinuierlicher Ton (4. Ton), steigender gespannter Ton (5. Ton), abrupt-fallender schwerer Ton (6. Ton).

(63) c. 1. Ton *ma* 'Gespenst'   4. Ton *må* '*Grab*'
          2. Ton *mà* 'aber'   5. Ton *má* 'Wange'
          3. Ton *mã* 'Pferd im Schachspiel' 6. Ton *ma̧* 'Setzling der
                                                          Reispflanze'
          (Panfilov 2000: 1546)

Beim isolierenden Sprachtyp gibt es – wie auch bei allen anderen Sprachtypen – mehrere Untertypen; sie können jedoch hier nicht weiter besprochen werden (vgl. dazu Wendt 1977).

Übung 50 Übersetzung Deutsch-Englisch

Das moderne Englische hat seine in früheren Sprachstadien vorhandene relativ flexible Wortstellung aufgegeben. Im Folgenden sind Ausschnitte aus Thomas Manns *Der Tod in Venedig* mit ihrer englischen Übersetzung zitiert. Beschreiben Sie, wie die im Deutschen freiere Wortstellung im Englischen wiedergegeben wird.

"Offenbar war er durchaus nicht bajuwarischen Schlages: wie denn wenigstens der breit und gerade gerandete Basthut, der ihm den Kopf bedeckte, seinem Aussehen ein Gepräge des Fremdländischen und Weithergekommenen verlieh." (S. 354)

"He was clearly not of Bavarian stock; and if nothing else, the broad, straight-brimmed bast hat covering his head lent him a distinctly foreign, exotic air." (S. 4)

"Auch wurde denn, was ihn da eben so spät und plötzlich angewandelt, sehr bald durch Vernunft und von jung auf geübte Selbstzucht gemäßigt und richtig gestellt." (S. 356)

"Thus it was that the sudden and belated impulse which had come over him was soon strained and redressed by reason and the self-discipline he had practiced from an early age." (S. 7 f.)

Thomas Mann (1963)

Thomas Mann (2004)

3.1.2 Agglutinierender Sprachbau (z. B. Finnisch, Ungarisch, Türkisch)

Im Gegensatz zu den isolierenden Sprachen werden in agglutinierenden Sprachen die syntaktischen Beziehungen durch angefügte **unselbstständige Einheiten** (in (64) und (65)) oder durch selbstständige unflektierte Wörter, **Partikeln** (in (66)), ausgedrückt. Charakteristisch für diesen Typ ist, dass jede dieser Einheiten genau eine Bedeutung trägt (**Monosemasie**). Im Türkischen werden diese Elemente an den Wortstamm gehängt, im Kisuaheli dem Wortstamm vorangestellt, und im Japanischen folgen sie als Partikeln ihrem jeweiligen Bezugswort.[3]

(64)   Türkisch[4]
  a. *ev   evler   evlerimde*
     ev   ev- ler   ev- ler- -im-   de
     Haus SG Haus- PL Haus- PL- POSS 1 SG LOK
     'Haus'   'Häuser'   'in meinen Häusern'

  b. *diş   dişler*
     diş   diş- -ler
     Zahn SG Zahn- PL
     'Zahn'   'Zähne'

     dişlerimin rengi
     diş-   -ler- -im-   -in   reng- -i
     Zahn-   PL-   POSS 1 SG   GEN   Farbe- POSS 3 SG
     'die Farbe meiner Zähne'

  c. *kuş   kuşlar   kuşlarımız*
     kuş   kuş- -lar   kuş- -lar- -ımız
     Vogel SG Vogel- PL Vogel- PL- POSS 1 SG
     'Vogel' 'Vögel'   'unsere Vögel'

  d. *uçak   uçaklar*
     uçak   uçak- -lar
     Flugzeug SG Flugzeug- PL
     'Flugzeug'   'Flugzeuge'

     uçakları çok severim
     uçak-   -lar- -ı   çok   sev-   -er-   -im
     Flugzeug- PL-   AKK   sehr   lieben- AORIST[5] 1 SG
     'Ich liebe Flugzeuge sehr'

e. *Özdemir Bey karısına bir mektup veriyor.*

Özdemir	Bey	karı-	-sı-	-na
Özdemir	Herr	Frau-	POSS 3 SG	DAT
Herr Özdemir		seiner Frau		

bir	mektup	ver-	-iyor
ein	Brief	geben-	PRS 3 SG
einen Brief		gibt	

'Herr Özdemir gibt seiner Frau einen Brief.'

Die in diesen Beispielen auftretenden unselbstständigen Einheiten wie die Pluralendungen *-ler/-lar*, *-in* (GENitiv), *-na* (DATiv) oder auch *-i* (AKKusativ) werden **Affixe** (lat. *affigere* 'anheften') genannt. **→ Übung 51** Gehen sie dem Wortstamm voraus, heißen sie **Präfixe**, folgen sie ihm, sind es **Suffixe**. In (64) handelte sich um Suffixe, in (65), den Beispielen aus dem Kisuaheli, einer Bantusprache, um Präfixe. Diese Präfixe enthalten konzeptuelle Informationen; sie zeigen die begrifflich zusammengehörigen Wörter an, indem sie das ihnen gemeinsame Konzept, das Gerät oder die Person kennzeichnen.

(65) Kisuaheli (Meinhof 1915: 89 f.)

kile	*kisu*	*kikukuu*	*kimevikhata*
Jenes	Messer	alt	hat sie geschnitten
	su 'Messer'		*ki* 'Gerät' *vi/wy* Plural von 'Gerät'

vile	*vidole*	*vya*	*mtoto*	*mdogo*
die	Finger	des	Kind	klein.

m 'Person'
'Jenes alte Messer hat die Finger des kleinen Kindes geschnitten.'

Nicht alle agglutinierenden Sprachen verwenden Affixe. Einige, wie das Japanische, "verpacken" die entsprechende Information auch in Partikeln, vgl. die Partikeln *wo* und *ni* zur Kennzeichnung des Akkusativs und Dativs in (66):

(66) Japanisch

Doi-san	*wa*	*okusan*	*ni*	*tegami*	*wo*	*watashimasu*
Doi-Herr	TOP[6]	seine Frau	DAT	Brief	AKK	geben

'Herr Doi gibt seiner Frau einen Brief.'

Kanojyo	*wa*	*hahaoya*	*ni*	*sore*	*wo*	*motteikimasu*
Sie	TOP	Mutter	DAT	er	AKK	bringen

'Sie bringt ihn der Mutter.'

Die erste Gruppe von agglutinierenden Sprachen, zu der das Türkische und das Kisuaheli zählen, nennt man **synthetische** (griech. *syn* 'zusammen' *synthesis* 'Zusammenfügung'), die zweite Gruppe mit dem Japanischen **analytische** Sprachen (griech. *análysis* 'Auflösung', 'Zergliederung').

Die Unterscheidung zwischen synthetischem und analytischem Sprachbau findet sich nicht nur bei agglutinierenden, sondern auch bei den flektierenden Sprachen. Das Deutsche, eine flektierende Sprache, tendiert dazu, sich von einer synthetischen zu einer analytischeren Sprache zu entwickeln (vgl. auch die Veränderungen im Englischen, siehe dazu (70)).

Übung 51   Betrachten Sie in (64) a. bis d. die Pluralendungen. Was steuert die Wahl des Vokals des Suffixes? Lit.: z. B. Meyer-Ingwersen (1976)

3.1.3 Flektierender Sprachbau (z. B. indoeuropäische Sprachen, semito-hamitische Sprachen)

Im Gegensatz zu den Affixen agglutinierender Sprachen mit jeweils einer Bedeutung (Monosemasie) sind Endungen in den flektierenden Sprachen überwiegend nicht monosematisch, sondern häufig polysematisch (**Polysemasie**). So kodiert z. B. das *-st* in stdt. *hörst* nicht nur die 2. Person, sondern auch Numerus (Singular), Tempus (Präsens) und Modus (Indikativ). → **Übung 52**

Bei den flektierenden Sprachen wird zwischen **äußerer** und **innerer Flexion** unterschieden.[7] Das Arabische gilt als ein gutes Beispiel für die innere Flexion. Die meisten arabischen Wörter können aus einer Wurzelstruktur mit drei Konsonanten (Radikal) abgeleitet werden. Dem Radikal *k.t.b* können kurze oder lange Vokale vorangehen oder in die Struktur eingefügt werden. Das trifft zu auf (67) a. *kataba*; die ersten beiden Vokale drücken das Präteritum aus. In den folgenden zwei Beispielen gibt es sowohl innere Flexion durch Vokalwechsel als auch äußere Flexion durch zwei Suffixe: *-u* zeigt dabei den Nominativ (NOM) und *-n* ein Suffix (NUN = Nunation) an, das Indefinitheit ausdrückt (*ein Schreiber/ein Buch* im Gegensatz zur Definitheit bei 'der Schreiber', 'das Buch'). In dem dritten Beispiel unter (67) a., dem Partizip (abgekürzt PTCP) *maktūbun*, zeigt sich noch einmal die gleiche Wurzel *k.t.b*, nun aber in einer etwas anderen Verteilung und mit einem dritten Vokal *ū*. Wieder treten die beiden Suffixe -*u* und -*n* auf. Sie weisen darauf hin, dass ein Partizip im Arabischen wie ein Adjektiv flektiert werden kann, also mit seinem Bezugswort z. B. im Genus, Kasus und Numerus übereinstimmt (vgl. im Deutschen: *des* gelieb*ten* Kind*es*)

(67) Modernes Standard-Arabisch
  a. k.t.b *katab-*   -*a*
      schrieb-   3 SG M
      schrieb   er
      'er schrieb'

  kātib-   -*u*-   -*n*
  Schreiber/Schriftsteller   NOM   NUN
  Schreiber/Schriftsteller   ein
  'ein Schreiber/Schriftsteller'

  kitāb   -*u*-   -*n*
  Buch   NOM   NUN
  'ein Buch'

  maktọb   -*u*-   -*n*
  PTCP   NOM   NUN
  'geschrieben'

  b. *yuᵉt ī Zaydun zawğatahu risālatan*
      y- uᵉtī   Zayd- -*u*-   -*n*
      3   M SG IND IMPF⁸   Zayd- NOM   AGR

  zawğat-   -*a*-   -*hu*   *risālat-*   -*a*-   -*n*
  Frau-   AKK   POSS 3 M SG   Brief-   AKK   NUN
  'Zaid gibt seiner Frau einen Brief.'

Auch (67) b. belegt die äußere Flexion; allerdings zeigt -*n* bei *Zaid-u-n* nun die Kongruenz (engl. *agreement*, abgekürzt AGR) von Subjekt *Zaid* mit dem Verb an.⁹
    Betrachtet man nun das Lateinische in (68), so findet man äußere Flexion am Wortende.

(68) Latein
    fabul-a (NOM SG F)   –   *fabul-arum* (GEN PL F)
    am-a-re (INF)   –   *am-a-v-i*   (1 SG IND PERF aktiv)

Im Althochdeutschen in (69) hingegen gibt es neben der äußeren Flexion
auch die innere Flexion, hier ein Vokalwechsel aufgrund des *i*-Umlauts
im Plural (bei spätahd. *gesti* etc., vgl. Abschnitt 2.2.1).

(69)   Althochdeutsch
             SG   PL
       NOM   *gast*   *gesti*
       GEN   *gastes*   *gesteo, gestio*
       DAT   *gaste*   *gestim, gestin*
       AKK   *gast*   *gesti*

Der **Vokalwechsel** im Plural (z. B. stdt. *Garten-Gärten*), bei den sogenannten starken Verben (z. B. stdt. *schreibe, schrieb, geschrieben*) ebenso
wie der **Konsonantenwechsel**   (z. B. stdt. *schneide, schnitt, geschnitten*)
werden als **Segmentwechsel** oder **Mutierung** bezeichnet.
Die Unterscheidung von synthetischem vs. analytischem Sprachbau
ist, wie bereits in Abschnitt 3.1.2 erwähnt, auch bei flektierenden Sprachen zu finden; vgl. die Abstufungen in (70).

(70)   synthetisch – analytisch
       dt.   *Vaters Haus – das Haus des Vaters/meines Vaters – das*
             Haus vom Vater – dem Vater sein Haus
       engl. *father's house – the house of my father*
       frz. *la maison du* père *– la maison de mon* père
       ndl. *Vaders huis – de huis van de vader – de vader zijn huis*

Die analytischen Formen setzen "Hilfswörter" wie Präpositionen oder
Possessivpronomina ein. Die analytischen Formen sind allerdings nicht
in allen Situationen mit den synthetischen Formen austauschbar. So ist
dem Vater sein Haus bislang nicht standardsprachlich; bei dem Ausdruck *Vaters Haus* wird *Vater* eher als Eigenname gedeutet (ähnlich auch
im Englischen und Holländischen). Während das französische *la maison
du* père dem deutschen *das Haus des Vaters* entspricht, fehlen entsprechende Konstruktionen zu *dem Vater sein Haus* sowohl im Französischen als auch im Englischen.

Übung 52   Wie viele Bedeutungen hat das Suffix -*t*(-) in der Verbform *kombiniert* im
Deutschen?

3.1.4 Polysynthetischer Sprachtyp (z. B. Sprachen indigener Völker in Nordamerika oder im Nordosten von Sibirien wie das Tschuktschische nördlich der Bering-See)

In polysynthetischen Sprachen werden mehrere lexikalische und grammatische Einheiten zu jeweils einem komplexen Wort zusammengefügt. Ein Charakteristikum ist die Inkorporation; Humboldt (1836 § 17) nennt sie daher "einverleibende" Sprachen. Dabei kann z. B. ein Nomen in ein Verb inkorporiert werden wie in (71).

(71) Tschuktschisch (engl. Chukchi)

yəm-	*nan*	*yət*	*tə-*	*ra-*	*lawtə-*	*rkəplə-*	*yət*
Ich	ERG	Du	1 SG	FUT-	Kopf-	schlag-	2 SG FUT

'Ich werde dir auf den Kopf schlagen.'

(Fortescue 2007: 11)

In die komplexe Verbform ist das Nomen *Kopf* integriert oder inkorporiert (vergleichbares Beispiel im Deutschen: das Kompositum *radfahren*). Andere Inkorporationen betreffen etwa die Integration eines Adjektivs in ein Nomen (zu Details siehe Fortescue 2007). Eingerahmt ist *Kopfschlag* von *tərа-* und *-yət*, die eine **Zirkumfigierung** (also Präfix + Suffix, siehe Abschnitt 3.2) im Paradigma für das Futur bilden. Dabei nimmt *tə* noch einmal das Subjekt (*ich*) auf und das Suffix *yət* das Objekt. → **Übung 53**

Bei den Zuordnungen von Sprachen zu einem Sprachtyp fällt immer wieder auf, dass viele Sprachen eher Mischtypen sind, also Eigenschaften verschiedener Sprachtypen haben. Das gilt auch für das Deutsche.

Übung 53

(a) Mit Ausnahme der isolierenden Sprachen sind in allen anderen Sprachtypen die Wörter "länger". Wie unterscheiden sich, grob gesehen, die Wortformen der agglutinierenden von jenen der flektierenden und der polysynthetischen Sprachen?

(b) Nach diesen wenigen Beispielen aus dem Vietnamesischen, dem Türkischen, Arabischen – spekulieren Sie ein wenig: Welche Probleme könnten Lerner mit diesen Muttersprachen mit dem Deutschen als Zweitsprache bekommen?

3.1.5 Typologische Einordnung des Deutschen

Das Deutsche wird in erster Linie als flektierende Sprache eingeordnet;
jedoch hat es auch Eigenschaften agglutinierender und isolierender Sprachen. Als agglutinierend lassen sich z. B. nach Wurzel (1996: 496, 506 f.)
Komparative wie *klein – klein-er* oder Pluralendungen mit *-e, -n, -er* oder
-s einstufen; vgl. (72):

(72)   *die Tage, die Zeugen, die Kinder, die Autos*

Als isolierend werden die unflektierten Wörter wie Adverbien (z. B. *heute,
dort*), Präpositionen (z. B. *in, an, vor* etc.) oder Partikeln (*nur, sogar, halt,*
etc.) angesehen. Ausdrücke wie *radfahren* belegen Inkorporation. Im
Deutschen finden sich also Eigenschaften unterschiedlicher morphologischer Typen (vgl. dazu Wurzel 1996). Die traditionelle typologische Einordnung nach morphologischen Kriterien berücksichtigt also nur eine –
allerdings dominante – Eigenschaft, die Flexion.

Im folgenden Abschnitt werden nun die Grundbegriffe der Morphologie besprochen; dabei werden auch einige der Analyseeinheiten, die in
3.1 bereits verwendet wurden, noch einmal ausführlicher behandelt.

3.2   Grundbegriffe der Morphologie

Die Morphologie gliedert sich in zwei Bereiche: die Wortformbildung
oder Flexion mit Deklination, Konjugation, Komparation und die Wortstammbildung oder Wortbildung mit Komposition, Derivation etc. Die
Abgrenzung der beiden Bereiche ist theorieabhängig.

3.2.1   Wort und Morphem

Wort und Wortformen

Zur Einheit 'Wort' gibt es eine Vielzahl von Definitionen. Keine, das sei
vorweggenommen, erfasst alle Eigenschaften dieser Einheit (zu einer
Übersicht über die Diskussion siehe Bergenholtz & Mugdan 1979: 12–
29). Nimmt man z. B. die Orthographie als Kriterium, dann ist ein Wort
eine Einheit, die zwischen Abständen geschrieben werden. Abgesehen

einmal davon, dass man das Kriterium schon angewendet haben muss, um es zu verwenden, gilt es nur beschränkt: Es gilt etwa bei *Tür*, aber wie unterscheidet sich dann *Tür* von *Autotür*? Und was ist mit *ins Gras beißen*? Ein semantisches Kriterium, nach dem ein Wort die kleinste Einheit des Inhalts oder der Bedeutung sei, ist auch nicht hinreichend, denn dann müsste auch *-er* in *Kinder* ein Wort sein oder auch *ins Gras beißen*. Phonologische Kriterien sind u. a. aufgrund der möglichen Assimilation ebenfalls problematisch; vgl. *Kannste mal kommen?* Besteht *kannste* aus einem oder zwei Wörtern? Und wenn es zwei Wörter sind, wo liegt die Grenze? (siehe Abschnitt 3.3). Der Begriff 'Wort' ist nur theorieabhängig zu definieren. In diesem Buch wird unter 'Wort' eine abstrakte einfache oder komplexe Einheit mit einer Bedeutung verstanden, die durch **Wortformen** realisiert wird.[10]

Ein Wort des Deutschen kann ein lexikalisches Wort, ein **Lexem**, sein, das in einem Wörterbuch des Deutschen zu finden ist, wie *Baum*, *laufen* oder *schön*. In dieser Bedeutung wird 'Wort' auch im Alltag verwendet. Im Wörterbuch wird das Lexem in seiner **Zitierform** – beim Nomen der Nominativ, beim Verb der Infinitiv, beim Adjektiv der Positiv – angegeben. Seine möglichen Realisierungen sollten in einer Grammatik aufgeführt oder aus grammatischen Beschreibungen erschließbar sein; z. B. im Standarddeutschen die Deklinationsformen mit den Kasusendungen bei *(der/den) Hund* (für die Zitierform, den Nominativ, und den Akkusativ Singular*)*, *(des) Hundes* (Genitiv Singular), *(dem) Hund(e)* (Dativ Singular) oder *(die/der) Hunde* (Nominativ, Genitiv, und Akkusativ Plural) und *den Hunden* (Dativ Plural). Diese Wortformen bilden in den flektierenden Sprachen sogenannte (**Flexions-**)**Paradigmen**, (griech. *pará-deigma* 'Beispiel', 'Muster') d. h. ein Muster oder Schema, nach dem ein Wort flektiert wird. Bei Verbparadigmen werden bei starken und schwachen Verben der Infinitiv, die 1. Person Singular Prasens Indikativ Aktiv, die 1. Person Singular Präteritum Indikativ Aktiv und das Partizip Perfekt angegeben: z. B. *laufen, laufe, lief, gelaufen* vs. *lachen lache lachte gelacht*. Beim Adjektiv wird neben dem Positiv auch der Komparativ und der Superlativ genannt; *schön – schöner – am schönsten*.

→ **Übung 54** Nicht alle Paradigmen sind vollständig. Die Ergänzung eines defekten Paradigmas nennt man **Suppletion**. Suppletive Formen gibt es z. B. im Paradigma vom Verb *sein* mit *ich bin – ich war – ich bin gewesen*, von den Adjektiven *viel* mit *mehr – am meisten* oder *gut* mit *besser – am besten*.

Bei den Lexemen gibt es unzusammengesetzte Wörter – von denen bereits im letzten Kapitel mehrfach die Rede war –, die sogenannten **Simplizia** (Sgl. **Simplex**). Sie lassen sich nicht in weitere bedeutungstragende

Einheiten zerlegen. Beispiele sind: *Angst, Tisch, Kaffee, Tomate.* Daneben gibt es Lexeme, bei denen man den **Wortstamm** von **Präfixen** oder **Suffixen** trennen kann, etwa *ver-geb-lich; un-an-nehm-bar;* sowohl der Wortstamm als auch die Affixe sind bedeutungstragende Einheiten. Der Wortstamm bleibt nach Abzug der Affixe übrig. In den genannten Beispielen sind es *geb-* und *nehm-* mit den Präfixen *ver-, un-, an-* und den Suffixen *-lich* und *-bar.* Zu den **Affixen** zählen jedoch nicht nur Prä- und Suffixe, sondern auch **Zirkumfixe,** wie in dem Partizip *ge(fahr)en* oder in dem Infinitiv *be-(absicht)ig(en)* (siehe auch (71)). Affixe sind, wie bereits in Abschnitt 3.1. erwähnt, unselbstständige Einheiten; sie werden sowohl in der Flexion als auch in der Wortbildung eingesetzt: In der Flexion heißen sie meist **Flexive** oder Flexeme; in der Wortbildung dienen sie der Ableitung, der Derivation, und heißen deshalb **Derivative** oder Derivateme.

Auf dem Weg, ein Affix zu werden, ist eine Gruppe von inzwischen unselbstständig gewordenen Einheiten, die **Affixoide.** Dazu zählen z. B. die **Präfixoide** (auch: Halbpräfixe) wie *Riesen-* in *Riesenangst, Riesenhunger, Riesendurst,* wobei keine(s) dieser Empfindungen oder Bedürfnisse etwas mit den Riesen zu tun hat, sondern nur eine Steigerung ausdrücken soll. Ferner gehören dazu **Suffixoide** (auch: Halbsuffixe), etwa *-reich* in *baumreich, arbeitsreich* oder *-voll* in *neidvoll, kummervoll.* Diese Kategorie ist jedoch umstritten (z. B. Fleischer & Barz 2012: 58–63).

Nicht in allen linguistischen Schulen wird das 'Wort' als zentrale Einheit der Morphologie betrachtet. Der Strukturalismus hat auch hier Neuerungen bewirkt: In der Morphologie ist die kleinste Einheit das Morphem.

Morphem, Morph und Allomorph

Wie in der Phonologie und Graphemik wird auch in der Morphologie zwischen den Grundeinheiten auf der Ebene der *langue* und der Ebene der *parole* differenziert. Nach Auffassung der Prager Strukturalisten ist das **Morphem** die **kleinste bedeutungstragende Einheit** der Sprache *(langue)*. Im amerikanischen Strukturalismus hingegen wird das Morphem wieder als abstrakte Einheit gesehen und als **Klasse von Allomorphen** (siehe Abschnitt 2.2.1 zum Phonem) definiert. Beispiel (73) verdeutlicht den Unterschied zwischen Morphem, Wort und Silbe.

(73)   <Radfahrerin>
       Morpheme: {Rad}, {fahr-}, {-er}, {-in}
       Wörter: *Rad, Fahrerin*
       Silben: ['rat.fa.ʀɐ.ʀɪn]

Wie Phoneme werden Morpheme durch Segmentierung und Klassifizierung ermittelt. Notiert werden sie jedoch nicht wie (Allo-)Phone durch eckige Klammern oder wie Phoneme durch Schrägstriche, sondern durch geschweifte Klammern. Analog zum Phon ist das **Morph** eine durch Segmentierung aufgefundene Einheit auf der Ebene der *parole*, die noch nicht klassifiziert ist. Das **Allomorph** wiederum ist bereits einem Morphem zugeordnet und gilt als seine Realisierung. Ein einprägsames Beispiel ist das Pluralmorphem {Plural} im Deutschen. Es wird durch die Allomorphe {-e, -en, -s, ∅}, kombiniert mit Umlauten, realisiert.
→ **Übung 55** Als Allomorphe entsprechender Wortstämme werden auch Varianten eingestuft, die früher einmal – etwa durch den *i*-Umlaut – entstanden sind, z. B. {[buːx] [byːɐ̯{}.[11] → **Übung 56**
Bei den Allomorphen wird zwischen **phonologisch bedingten** und **morphologisch bedingten** Allomorphen unterschieden. Bei den Varianten -*t* und -*et* für das Präteritum in *er reis-t-e* vs. *er leit-et-e* handelt es sich um phonologisch bedingte Allomorphe. Das Dentalsuffix -*t* ist bei einem auf -*t* auslautenden Wortstamm nicht mehr als Suffix wahrzunehmen und wird daher mit Hilfe eines epenthetischen -*e*- kenntlich gemacht (zur Epenthese siehe Abschnitt 2.2.2. S. 80). Wäre dies unterblieben, ließe sich die Präteritalform **leitte* in der Aussprache nicht von der 3. Person Singular Konjunktiv Präsens [laɪ.tə] unterscheiden. Morphologisch bedingte Allomorphe sind alle nicht phonologisch bedingten Allomorphe, z. B. die Stammformen eines starken Verbs, wie bei {[trɪŋk-/[traŋk]/[trʊŋk-]}.
In traditionellen morphologischen Analysen werden die Morpheme weiter subklassifiziert. Diese Differenzierungen sind in Tabelle 3 enthalten. Unterschieden wird dabei, ob ein Morphem frei oder gebunden auftritt (**Distribution**), ob es lexikalisch oder grammatisch ist (**Bedeutung**) oder ob es sich um ein Flexiv oder ein Derivativ handelt (**Funktion**).

Tab. 3: Differenzierung der Morphemtypen

Vorkommen/Distribution von Morphemen	Frei *Haus, drei*	Gebunden *Un-, ge-, -lich, Him-*	
Bedeutung von Morphemen	Lexikalisch (offene Klasse)	Grammatisch (geschlossene Klasse)	
Funktion von Morphemen		Flexem/ Flexiv *-st, -en, …*	Derivatem/Derivativ *bar, -ung, ver-, …*

Die Unterscheidung zwischen lexikalischen und grammatischen Morphemen wird oft mit der Unterscheidung zwischen offener und geschlossener

Klasse gleichgesetzt. Lexikalische Morpheme bilden eine offene Klasse, da sie durch Neubildungen beliebig erweiterbar ist. Dagegen bilden grammatische Morpheme eine (eher) geschlossene Klasse, weil deren Erweiterbarkeit beschränkt ist. → **Übung 57**
Darüber hinaus lassen sich Morph(em)e differenzieren nach ihrer Form und ihrer Kombinierbarkeit. Bei **homonymen Morphen** (griech. *hom-onymía* 'Gleichnamigkeit',) gibt es zwei gleiche Segmente, die aber verschiedenen Morphemen zugeordnet werden, z. B. *-er* in *neuer Lehrer, dicker.* **Diskontinuierliche Allomorphe** gehören zu einem Morphem, bestehen jedoch aus mehreren Teilen, die nicht unmittelbar aufeinander folgen, also nicht kontinuierlich angeordnet sind; vielmehr sind sie durch eine oder mehrere Einheiten – meist den Wortstamm – voneinander getrennt, z. B. *ge-trunk-en, Ge-sing-e* (Zirkumfigierung).
Es gibt im Deutschen ferner Verbindungen von Morphemen, von denen ein Bestand **unikal** ist, d. h. er tritt nur in einem Wort auf, z. B. *Brom-(beere)* oder *Lind(wurm)*. Die Bedeutung dieser unikalen Morpheme lässt sich im Standarddeutschen nicht klären. In einigen Fällen helfen etymologische Wörterbücher. So geht z. B. *Lind-* zurück auf anord. *linnr* 'Schlange' und ist verwandt mit lat. *lentus* 'biegsam'. Der zweite Bestandteil, *Wurm*, wurde zur Verdeutlichung hinzugefügt (bereits ahd. *lindwurm;* Paul 1981: 401). Schließlich können Morpheme auch miteinander verschmolzen werden, so dass eine neue Einheit entsteht; diese wird als **Portemanteau-Morphem** (frz. *portemanteau* 'Kleiderhaken', 'Garderobenständer') bezeichnet, z. B. am> aus *an dem>*, frz. *du (père)* statt **de le père.* → **Übung 58**, **Übung 59**

Morphologische Mittel

Morpheme können durch bestimmte Verfahren miteinander kombiniert und/oder in andere Morpheme überführt werden. Sie sind als **morphologische Mittel** bekannt. Die Mehrzahl dieser Verfahren wird sowohl in der Flexion als auch in der Wortbildung angewendet. Diejenigen Prozesse, die für das Standarddeutsche von Bedeutung sind, werden an dieser Stelle nur skizziert und in den folgenden Abschnitten ausführlicher behandelt.
Durch **Komposition** werden mindestens zwei Stämme miteinander verbunden (siehe Abschnitt 3.4.1). Im Gegensatz dazu wird bei der **Affigierung** ein Wortstamm mit einem Affix verknüpft: In der Wortformbildung handelt es sich dabei um **Flexion** – die Affixe sind also Flexive (siehe Abschnitt 3.3) –, in der Wortstammbildung um **Derivation** – die Affixe sind entsprechend Derivative (siehe Abschnitt 3.4.2).

Weitere morphologische Mittel sind morphologisch und (ehemals) phonologisch bedingte **Mutierungen** oder **Segmentwechsel** bei Vokalen oder Konsonanten. Beim Vokalwechsel kommen im Deutschen die Subtypen **Ablaut, Umlaut, Hebung** und **Senkung** vor (siehe Abschnitt 2.2.1). Der Ablaut ist der systematische Wechsel des Stammvokals in etymologisch verwandten Wörtern (etwa *trinken-trank-getrunken*; vgl. Abschnitt 3.3.1); der *i*-Umlaut bezeichnet die Palatalisierung velarer Vokale (vgl. *Hose-Höschen*, siehe Abschnitte 2.2.1 und 3.3.2). Beim **Konsonantenwechsel** (auch: **Grammatischer Wechsel**) alternieren Konsonanten. Diese Alternation ist Folge eines Wechsels in der Akzentposition bei paradigmatisch aufeinander bezogenen Stämmen im Indogermanischen; sie führte zum Wechsel zwischen *f/b*, *d/t*, *h/g* und *s/r* (*(be)dürfen* – *darben*, *sieden* – *gesotten*, *ziehen* – *zog*, *verlieren* – *Verlust*) vom Germanischen bis ins Neuhochdeutsche. Aber auch der **Akzentwechsel** selbst ist im Gegenwartsdeutschen, wenn auch relativ selten, als morphologisches Mittel vertreten, etwa bei der Pluralbildung in *'Doktor* vs. *Dok'toren*.

Die **Reduplikation** einer Silbe (z. B. *Papa*), die Verdoppelung eines ihrer Bestandteile (*pengpeng*), war ein morphologisches Mittel in der Flexion des Indogermanischen,[12] sie wird heute jedoch nur noch begrenzt in der Wortbildung eingesetzt. **→ Übung 60**

In der Wortbildung werden darüber hinaus noch zwei weitere Mittel verwendet: die **Konversion**, bei der nicht das Wort verändert, wohl aber die Wortart gewechselt wird (*besuchen* – *das Besuchen*), und die **Kürzung/Tilgung** von Teilen von Wörtern (*Fernamt* statt *Fernmeldeamt*; siehe Abschnitte 3.4.3 und 3.4.4).

Übung 54 Sind die folgenden Sätze wohlgeformt? Erläutern Sie den Gebrauch der Verbformen:

(a) *Ich habe den Mantel an den Haken gehängt/gehangen.*
   Ich habe den Flyer angehangen. (aus einer Email)
(b) *Ich habe das Baby gewiegt/gewogen.*
(c) *Der Hund hat mich erschreckt – ich bin erschreckt/erschrocken.*

Übung 55

(1) Stellen Sie alle Pluralallomorphe des Deutschen zusammen.
(2) Wie weit sind Sie bei der Erfassung der Pluralallomorphe mit dem Verfahren der Segmentierung gekommen? Welche Formen konnten Sie nicht segmentieren?
(3) Für welche der in 3.1. genannten Sprachen sind Segmentierung und Klassifizierung sinnvoll, für welche nicht?

Übung 56

(1) Wann verwenden Sie das deutsche Pluralallomorph {[s]}? Beachten Sie dabei auch Pluralformen von neugebildeten Wörtern und Übergeneralisierungen, etwa *Blätters* (geäußert von Vorschulkindern).

(2) Clahsen et al. (1990) stellen die These auf, dass *-s* im Deutschen ein Default-Pluralallomorph sei; d. h. man wählt dieses Muster, wenn kein anderes Pluralmuster anwendbar ist. Stimmen Sie den Autoren zu?

Übung 57

(1) Sind tatsächlich alle grammatischen Morpheme gebundene Morpheme? Als was würden Sie Präpositionen oder Konjunktionen einschätzen – als grammatische oder lexikalische Morpheme?

(2) Suchen Sie weitere Bildungen wie *infolgedessen, insofern*, die zur Klasse der Konjunktionaladverbien gehören (vgl. dazu die gängigen Grammatiken) und analysieren Sie sie.

Übung 58 Geben Sie den morphologischen Status der beiden Bestandteile des Wortes *Rentier, Windhund* und *Walfisch* an. Konsultieren Sie dazu auch ein etymologisches Wörterbuch.

Übung 59

(1) *Ich gehe in das Kino* vs. *Ich gehe ins Kino.* Haben diese Sätze die gleiche Bedeutung?

(2) In welchen Sprachtypen wird man Portemanteau-Morpheme nicht erwarten?

Übung 60 Vergleichen Sie Ihnen bekannte Reduplikationen in der Comicsprache oder aus der Lautmalerei.

3.3   Flexion

Das Standarddeutsche gilt als flektierende Sprache. An welchen Wörtern im Satz morphologische Veränderungen (u. a. Flexive) zu erwarten sind, zeigen die Bindestriche in (74) an:

(74)   D- Praktikant-   g- b- d- Kind- d-   Kiwi-.

→ Übung 61

Betroffen von der Flexion sind Nomen und Artikelwörter (in (74)), außerdem Pronomen, Zahlwörter und Adjektive – sie werden dekliniert –, ferner Verben (in (74)) – sie werden konjugiert – sowie Adjektive und einige Adverbien – sie werden kompariert. Für einen Lerner, insbesondere für einen Lerner des Deutschen als Zweitsprache (im Folgenden

L2-Lerner), ist der Flexionserwerb keine leichte Aufgabe. Dass man auch ohne Flexion im Deutschen kommunizieren kann[13], zeigt der folgende Ausschnitt aus einer Nacherzählung von Charly Chaplins: *Modern Times* durch eine L2-Lernerin mit Polnisch als erster Sprache (aus Dimroth 2009: 64 f.; I: Lerner, Int: Zuhörer/ Gesprächspartner).

→ **Übung 62**

(75)   I: [...] *das frau eh problem, das eina, sama* (poln. *'allein')?*
        Int: *einsam*
        I: *mh einsam*
        einsam und essen weg
        komm strasse
        (...)
        chaplin eh sprechen frau
        "wo du ehm wo du schlafen? haus?"
        eh frau "nein, ich ich haus, haus weg", versteh?
        nachier romantisch
        zehn tag nachier ehm frau eh nicht eh kaputt aber eh schön eh (...)
        "komm chaplin!
        eh ich neue haus
        das haus du und ich schlafen, ess", versteh?

Die Flexion dient dazu, durch die morphologische Veränderung des Wortstamms syntaktisch-semantische Beziehungen im Satz aufzuzeigen. So wird etwa das Subjekt im Satz – z. B. der Handelnde – auch dadurch gekennzeichnet, dass es mit dem flektierten Verb in Numerus und Person übereinstimmt (**Subjekt-Verb-Kongruenz**); ferner verdeutlichen die **Kasusendungen** des Akkusativs oder Dativs, ob es sich um das von der Handlung betroffene Objekt oder um denjenigen handelt, der von der Handlung profitiert; vgl. (76).

(76)   *Der Mann gab seinem Freund ein Bild.*

Die morphologischen Mittel sind, wie im letzten Abschnitt erwähnt, Affigierung und Mutierung.

Das deutsche Flexionssystem weist sowohl **synthetische** als auch **analytische** Formen auf, etwa bei der Komparation (*schön – schöner – am schönsten*) oder bei der Konjugation (*er tränke/ er würde trinken*, siehe Abschnitt 3.1.3). Bestimmte Paradigmen enthalten Suppletivformen: z. B. die Konjugation des Verbs *sein* oder die Komparation einiger Adjektive und Adverbien (wie *oft, gut, viel*, siehe Abschnitt 3.2).

Die Flexionskategorien bei nominalen Wortarten (Nomen, Pronomen, Adjektiv, Artikel, Zahlwort) sind: **Kasus** und **Numerus**, bei Pronomen, Adjektiv, Artikel auch **Genus**, beim Adjektiv außerdem **starke/schwache/ gemischte Deklination** (siehe dazu Abschnitt 4.1.3, S. 163 f.).

(77)   *(Er winkte) dem Mädchen:* DAT SG N
(78)   *(Die Geschichte hat) sie (sehr mitgenommen):* 3 SG AKK F
(79)   *Er (feiert heute Geburtstag):* 3 SG NOM M
(80)   *(Sie mag) starke (Jungs):* AKK PL M (Adjektiv stark dekliniert)
(81)   *Das (alte Auto ist verschenkt):* NOM SG N
(82)   *Eine (Tür muss ich noch streichen):* AKK SG F

→ **Übung 63**
Die deklinierten Formen im Standarddeutschen sind häufig nur im Kontext zu bestimmen. Viele Kasusendungen sind formal gleich; z. B. bei den Artikeln der Nominativ und Akkusativ Neutrum in (83) oder Femininum in (84) oder Genitiv und Dativ Femininum in (85).

(83)   *Das Kind erschreckte der Hund. Das Kind erschreckte den Hund.*
(84)   *Die Tante küsste die Nichte.* (Wer küsst hier wen?)
(85)   *Er hat der Frau eine Blume geschenkt. Die Blume der Frau war gelb.*

Daher können diese einzelnen Kasus nicht anhand ihrer Endungen unterschieden werden. Im Standarddeutschen sind die Kasusendungen am Nomen ohnehin nur noch selten gegeben: nur bei einigen Genitiven im Singular (z. B. *des Staates, des Raums*, vgl. die starke Flexion in der Duden Grammatik 2009 § 300) und bei einigen Dativen im Plural (bei Pluralendungen im Nominativ auf -*e*, -*el* oder -*er*, also *bei den Leute-n/ den Segel-n/Kind-er-n*, vgl. Duden Grammatik 2009 § 341). Die Kasusdifferenzierung ist also weitestgehend den Artikeln, anderen Pronomina oder Adjektiven vor dem Nomen übertragen. In den Fällen, in denen Kasussuffixe "zusammengefallen" sind, also die Kasus nicht mehr formal zu unterscheiden sind, spricht man von (Kasus-)**Synkretismus**.[14] Aufgrund der synkretistischen Formen bei den Artikeln (in (83) bis (85)) ist also eine Differenzierung erschwert. In den Dialekten im deutschsprachigen Raum ist der Synkretismus beim Artikel noch weiter fortgeschritten. So werden etwa Dativ und Akkusativ Singular in einer Reihe von Dialekten nicht mehr unterschieden, etwa im Berlinerischen (Lasch 1928: 266), oder im Bairischen (im Maskulinum, Zehetner 1985: 108). → **Übung 64** Im Plural geht dieser Synkretismus noch weiter. Nicht nur im Bairischen (Zehetner 1985:107), sondern auch im Oberfränkischen fallen Nominativ und Akkusativ Plural (*de Leud –* stdt. *die Leute*) und der Dativ in Kombination mit Präpositionen zusammen (*mid de Leud*, Rowley 2004: 347). Erwähnt werden muss an dieser Stelle natürlich noch der Genitivschwund, der, nach Behaghel (1923: 481, vgl. auch Fleischer und Schallert 2011: 83–101), ab dem 15. Jahrhundert als Folge der Nebensilbenabschwächung eintritt. Inzwischen ist er in allen deutschen Dialekten festzustellen. Ausnahmen sind feste Wendungen wie bair. *heilige Muadda Goddes* (Merkle 1975: 96). Der Genitiv hält sich allerdings noch in der Standardsprache unter dem Einfluss der Schriftsprache.

Die Flexionskategorien beim Verb (V) sind: Person, Numerus, Modus, Tempus, ferner Genus Verbi (Aktiv, Passiv):

(86) (*sie*) *schnauften:*   3 PL IND PST (Präteritum) Aktiv
(87) (*ihr*) *strickt:*   2 PL IND PRS (Präsens) Aktiv
(88) (*er*) *gebe:*   3 SG SBJV (Konjunktiv) PRS Aktiv

Bei der Verbflexion werden **finite** von **infiniten** Formen differenziert. Die finiten Formen werden den Flexionskategorien entsprechend verändert, dies sind also die flektierten Verbformen; die infiniten Verbformen – im Deutschen der Infinitiv und die Partizipien I (auch Partizip Präsens) und Partizip II (auch Partizip Perfekt) – werden nicht konjugiert. → **Übung 65, Übung 66, Übung 67**

Bei der Konjugation unterscheidet man allgemein **regelmäßige** und **unregelmäßige** Verben. Aber welches der Verben in (89) – (94) ist ein "unregelmäßiges" Verb?

(89) *Sie schnupft. – schnupfen, schnupfe, schnupfte, geschnupft.*
(90) *Sie läuft. – laufen, laufe, lief, gelaufen.*
(91) *Sie kennt (alles). – kennen, kenne, kannte, gekannt.*
(92) *Sie musste (nach Hause rennen). – müssen, muss, musste, gemusst.*
(93) *Sie hat (einen Schnupfen). – haben, habe, hatte, gehabt.*
(94) *Sie ist (klein). – sein, bin, sind, war, gewesen.*

Die meisten Grammatiken stufen als regelmäßig diejenigen Verben ein, deren Stamm in den einzelnen Stammformen nicht verändert wird, z. B. *schnupfen* in (89). Als unregelmäßig hingegen gelten die Verben, deren Stammformen sich durch Mutierung ändern (vgl. Duden Grammatik 2009 § 704). Diese Zuordnung ist sehr vereinfacht. Die Beispiele in (89) – (94) belegen, dass die Konjugationsparadigmen unterschiedliche Kombinationen morphologischer Mittel aufweisen. *Schnupfen* wird zu den regelmäßigen oder **schwachen Verben** gerechnet; sie bilden ihr Präteritum und Partizip II mit dem Dentalsuffix *-t-* (*schnupf-t-e*). Dieses Muster ist das geläufigste im Deutschen. *Laufen* gehört zu den **starken Verben**, für die der Ablaut und das Suffix *-(e)n* beim Partizip II charakteristisch sind. Die jeweiligen Ablaut-Muster sind unterschiedlich häufig realisiert. Wird die Phonotaktik des Verbstammes im Infinitiv zugrunde gelegt, so ist z. B. das Schema von *trinken, trank getrunken* mit postvokalischem Nasal plus velarem Plosiv in 15 Verben relativ häufig vertreten, dagegen das Muster von *gießen* (*gießen, goss, gegossen*) mit 3 Vertretern (*fließen, gießen, schießen*) relativ selten. **→ Übung 68** Auch die Verben *kennen* und *müssen* werden nach je einem Muster konjugiert, dem nur noch wenige Verben folgen (s. u.). Für *haben* und *sein* gibt es kein Muster. Nur sie werden in diesem Buch als "unregelmäßige Verben" klassifiziert. **→ Übung 69, Übung 70**

Kennen (in (91)) ist ein **rückumlautendes Verb,**[15] dessen Vokalwechsel nicht als Ablaut, sondern als Umlaut einzustufen ist. Heute gibt es noch 6 Verben, die in diese Klasse gehören: *brennen, kennen, nennen, rennen, senden* und *wenden;* im Mittelhochdeutschen jedoch war diese Klasse umfangreicher (vgl. Paul 2007: § M 89). In der Zeit, als die Umlautregel produktiv war (siehe Abschnitt 2.2.1 S. 71 f.), war das umlautbewirkende *i* in den Präteritalformen dieser Verben bereits durch Synkope geschwunden. Im Gotischen, der ältesten bezeugten germanischen Sprache, ist das *i/j* sowohl im Infinitiv als auch in den Präteritalformen noch vorhanden (vgl. got. *brannjan, brannida*). Im Althochdeutschen findet sich der Infinitiv *brennen* (mit Umlaut) neben *branta* – ohne Umlaut – als Präteritumsform.

Modalverben sind in den historischen Grammatiken als **Präteritopräsentien** bekannt. Es sind ursprünglich starke Verben, die ihr Präsens verloren haben und die im Präsens alte Präteritumsformen mit präsentischer Bedeutung aufweisen. Dass es starke Verben waren, lässt sich daran erkennen, dass – wie im Präteritum der starken Verben – die 1. und 3. Person Singular Präsens die gleiche Form haben: *ich kann* vs. *er kann*; vgl. *ich/ er sprang*. Das fehlende Präteritum wurde mit Hilfe des Dentalsuffixes neu gebildet. Zu diesen Verben gehören heute: *wissen, dürfen, sollen, müssen, können, mögen.* **→ Übung 71**

Übung 61   D-   Praktikant-   g- b- d- Kind- d-   Kiwi-.
Wie viele mögliche deutsche Sätze lassen sich bilden?

Übung 62   Bei Patienten mit Aphasie kommt es häufig auch zu morphologischen Störungen. Beschreiben Sie alle morphologischen Auffälligkeiten im folgenden Beispiel (Ausschnitt aus der Spontansprache).

Untersucher: *Was haben Sie am Wochenende gemacht?*

Patient: *Ja äh … und Wochenende ähm Sonne … und schön spazieren … und äh Besuch … zwei Freund und Tochter … wie soll ich sagen … und dann Kaffee trinken und ähm Kuchen essen.*

Übung 63 Bestimmen Sie die nominalen Wortarten und deren Flexion im folgenden Text:

Diederich Heßling war ein weiches Kind, das am liebsten träumte, sich vor allem fürchtete und viel an den Ohren litt. Ungern verließ er im Winter die warme Stube, im Sommer den engen Garten, der nach den Lumpen der Papierfabrik roch und über dessen Goldregen- und Fliederbäumen das hölzerne Fachwerk der alten Häuser stand. (Heinrich Mann 1983: 5).

Übung 64 Dieser Synkretismus hat längst auch die Paradigmen der Pronomina erreicht. Stellen Sie das Deklinationsmuster für die Personalpronomina (1–3. Pers. SG und 1–3. Pers. PL) im Standarddeutschen auf (ohne Genitiv). Vergleichen Sie es mit dem bairischen System der betonten Pronomina und dem Berlinerischen System:

Bairisch (Merkle 1975: 122; Rowley 2004: 346)

	1 SG	2 SG	3 SG M	3 SG F	3 SG N
NOM	i	du	ea	sie	es
AKK	mi	di	eahm	sie	es
DAT	mia	dia	eahm	ia	eahm

	1 PL	2 PL	3 PL
NOM	mia	ia/ees	sie/de
AKK	uns	eich/engg	sie/de
DAT	uns	eich/engg	eahna

Berlinerisch (Lasch 1928: 275 ff., 284; die 3 Pers. Neutrum ist dort nicht belegt)

	1 SG	2 SG	3 SG M	3 SG F	3 SG N
NOM	ik	du	er/a	sie/se	
AKK	mir	dir	ihm/**ihn**	**ihr**/sie	
DAT	mir	dir	ihm/**ihn**	ihr/sie	

	1 PL	2 PL	3 PL
NOM	wir/wa	ihr/a	sie/se
AKK	uns	euch	sie/se
DAT	uns	euch	ihn ('ihnen')

Legende: Fettdruck: häufigere Form (Lasch 1928: 284).

Vgl. Bairisch: *Eahm schaug o!*
Berlinerisch: *ik vasteh dia (dir) nich.* *Hat ihm schon* (vornehmlich in bestimmten festen Verbindungen; Lasch 1928: 284).

Spekulieren Sie über die Folgen einer solchen Entwicklung für die Paradigmen dieser Pronomina in Dialekt und Standardsprache. Welche Konsequenzen ziehen Sie für die Behandlung der Pronomina im Schulunterricht oder in der Sprachtherapie?

Übung 65

(1) Bestimmen Sie die Art der Verben und die Verbformen (mit den entsprechenden Kategorien) im folgenden Dialog aus Gotthold Ephraim Lessing: *Minna von Barnhelm* 1. Aufzug, 2. Auftritt.

Wirt: Ei, Herr Just! Ich will doch nicht hoffen, Herr Just, daß Er noch von gestern her böse ist. Wer wird seinen Zorn über Nacht behalten.

Just: Ich; und über alle folgende Nächte.

Wirt: Ist das christlich?

Just: Ebenso christlich, als einen ehrlichen Mann, der nicht gleich zahlen kann, aus dem Hause stoßen, auf die Straße werfen.

[...]

Just: Und was hilft's Ihm, Herr Wirt? Bis auf den letzten Tropfen in der Flasche würde ich bei meiner Rede bleiben. [...] Einem Manne wie meinem Herrn, der Jahr und Tag bei Ihm gewohnt, von dem Er schon so manchen schönen Taler gezogen, der in seinem Leben keinen Heller schuldig geblieben ist; weil er ein paar Monate her nicht prompt bezahlt, weil er nicht mehr so viel aufgehen lässt – in der Abwesenheit das Zimmer auszuräumen.

Wirt: Da ich aber das Zimmer notwendig brauchte? Da ich voraussahe, dass der Herr Major es selbst gutwillig würde geräumt haben, wenn wir nur lange auf seine Zurückkunft hätten warten können? Sollte ich denn so eine fremde Herrschaft wieder von meiner Türe wegfahren lassen? Sollte ich einem anderen Wirte so einen Verdienst mutwillig in den Rachen jagen? (Lessing 2003: 6 f.)

(2) Lessing hat dieses Stück 1763 geschrieben. Wo gibt es bei der Verwendung der Verben Unterschiede zum heutigen Sprachgebrauch?

Übung 66   Partizipien können unter bestimmten Umständen flektiert werden. Finden Sie entsprechende Beispiele. Um welche Art der Flexion handelt es sich?

Übung 67   Eine Form der schweren Aphasie äußert sich darin, dass phonematisch veränderte Wörter (phonematische Paraphasien oder Neologismen) ohne scheinbaren Sinnzusammenhang produziert werden. Beschreiben Sie den folgenden Ausschnitt aus Spontansprachdaten unter morphologischen Gesichtspunkten:

Untersucher: *Wie hat das mit Ihrer Krankheit angefangen?*

Patient: *Ich habe unter faref ... und dann bin ich tech geworden und wurde gebost ... und dann bin ich nach fövel gekommen und habe auch gedruf ... und wir haben nur meinen hepel geset und auch den schamin ... und dann weiß ich nicht mehr ...*

Übung 68
(1) Im Alltag hört man von großen und kleinen Kindern häufig: *Der hat X gehissen.*
Wie kommt diese Form zustande?
(2) Wie viele starke Verben gibt es im Deutschen? Welche phonotaktischen Muster sind vertreten? Konsultieren Sie die Duden Grammatik (2009).
Die Lösung dieser Aufgabe wird auch für die Lösung der Übung 77 relevant.

Übung 69 Mit *sein* und *haben* ist die Klasse der unregelmäßigen Verben nicht erschöpft. Warum ist *bringen* unregelmäßig?

Übung 70 Lerner des Deutschen zeigen, wie sie mit unregelmäßigen Verben "fertig werden können". Typisch entwickelte Kinder ebenso wie sprachauffällige Kinder mit Deutsch als Erstsprache oder auch Kinder mit Deutsch als Zweitsprache produzieren häufig die folgenden Formen:
Der Affe habt in Haus geklopft. (monolinguales sprachgestörtes Kind 5; 3 Jahre alt)
Und jetzt habt der des geesst (bilinguales Kind 6; 1 Jahre alt; 2 Jahre Kontaktzeit mit dem Deutschen).
(Unveröffentlichte Daten von Lindner sowie Topaj und Gagarina)
Bei Verbformen von *sein* sind derartige Veränderungen nicht zu beobachten. Was wissen diese Kinder über Verbflexion?

Übung 71 Sortieren und kommentieren Sie die Infinitive der folgenden finiten Verben nach dem Grad der Unregelmäßigkeit:
(a) *Er brachte ihr ein Bier.*
(b) *Er hörte ein Geräusch.*
(c) *Er flog nach Hawai.*
(d) *Er nannte sie Schatzi.*
(e) *Er war sehr verärgert.*
(f) *Er wollte kein Eis haben.*
(g) *Er musste zum Zug laufen.*

3.3.1 Starke und schwache Verben

Starke und schwache Verben unterscheiden sich deutlich in ihrem Konjugationsmuster. Tabelle 4 vergleicht die schwache und die starke Konjugation anhand von *suchen* und *nehmen* in drei Sprachstufen des Deutschen, vom Ahd. über das Mhd. zum Nhd.[16] Auf der jeweiligen Sprachstufe lassen sich deutlich die strukturellen Unterschiede zwischen äußerer und innerer Flexion erkennen: Während bei den schwachen Verben alle Formen durch Suffigierung gebildet werden, sind für die starken Verben der Ablaut (innere Flexion) als Tempusanzeiger und einige wenige abweichende Suffixe charakteristisch. Ferner lässt sich erkennen, dass die Nebensilbenabschwächung im Spätalthochdeutschen zu Reduktionssilben im Mittelhochdeutschen führt (siehe Abschnitt 2.2.2).

Tab. 4 *suchen* (schwaches Verb) und *nehmen* (starkes Verb) im Ahd. Mhd. und Nhd.

ahd.	suochen		nëman
		Präsens	
	suochu		nimu
	suochis(t)		nimis(t)
	suochit		nimit
	suochemês		nëmamês*[17]
	suochet		nëmet*
	suochent		nëmant
		Imperativ	
	suochi		nim
	suochemês		nëmamês*
	suochet		nëmet
		Präteritum	
	suohta		nam
	suohtôs(t)		nâmi
	suohta		nam
	suohtum		nâmum
	suohtut		nâmut
	suohtun		nâmun
		Partizip II	
	gisuochit		ginoman
mhd.	suochen		nëmen
		Präsens	
	suoche		nime
	suochest		nimest
	suochet		nimet
	suochen		nëmen
	suochet		nëmet
	suochent		nëment
		Imperativ	
	suoche		nim
	suochen		nëmen
	suochet		nëmet

	Präteritum	
	su͟ochte	na͟m
	su͟ochtest	na͟eme
	su͟ochte	na͟m
	su͟ochten	nâmen
	su͟ochtet	nâmet
	su͟ochten	nâmen
	Partizip II	
	gesu͟ochet	geno͟men
nhd.	suchen	ne͟hmen

➜ **Übung 72**

Beim schwachen Verb nhd. *suchen* finden sich in allen Sprachstufen die Präterital- und Partizip II-Formen mit dem Dentalsuffix -*t*- (siehe Unterstreichungen); es fehlt im Paradigma der starken Verben. Ein weiteres Kennzeichen der Flexion schwacher Verben ist der unveränderliche Stamm im Althochdeutschen und Mittelhochdeutschen; zum Neuhochdeutschen ist der Stammvokal monophthongiert worden, bleibt aber auch hier in allen Tempusformen gleich. Anders ist das bei den starken Verben. Für sie ist der systematische Wechsel des Stammvokals charakteristisch; vgl. im Alt-, Mittel- und Neuhochdeutschen den Wechsel von *e – a – o* im Infinitiv, Präteritum und Partizip II (siehe Unterstreichungen). Im Alt- und Mittelhochdeutschen gibt es darüber hinaus bei den starken Verben noch einen Unterschied in der Quantität der Vokale; Länge wird durch '^' angezeigt. ➜ **Übung 73**
Auch die Flexionsendungen der schwachen und starken Verben differieren. Bei den starken Verben wird im Althochdeutschen der Infinitiv (und das Partizip II) durch-*an* angezeigt, der Infinitiv bei den schwachen Verben hingegen durch -*en*. ➜ **Übung 74** Ferner sind sowohl der Imperativ Singular als auch die 1. und 3. Person Singular Präteritum bei den starken Verben, im Gegensatz zu den entsprechenden Verbformen bei den schwachen Verben, endungslos. Durch die Nebensilbenabschwächung werden dann zum Mittelhochdeutschen die Vollvokale zu Schwa ([ə]) reduziert. Auf diese Weise lassen sich nun die beiden Konjugationsmuster – bis auf wenige Ausnahmen, etwa die Endung im Partizip II der starken Verben – nicht mehr anhand der Flexionsendungen unterscheiden. Die schwachen und die starken Verben trennen also in allen drei Sprachstufen im Wesentlichen der Ablaut und das Dentalsuffix; die Suffixe verlieren seit dem Mittelhochdeutschen an Bedeutung.

Der in Abschnitt 2.2.1 besprochene phonologische Prozess der Hebung lässt sich im Paradigma der starken Verben im Althochdeutschen und Mittelhochdeutschen gut beobachten. So heißt es im Präsens ahd. *nimu. nimis, nimit* und auch noch mittelhochdeutsch *nime, nimest, nimet.* Zum Neuhochdeutschen hat sich hier eine Änderung eingestellt, die 1. Person Singular heißt nun stdt. *ich nehme.* Dabei scheint der Stammvokal aus dem Infinitiv und dem Präsens Plural übernommen worden zu sein. Derartige Ausgleichsprozesse gab es bereits im Mittelhochdeutschen, etwa im Präteritum, indem der Vokal des Pluralstamms für das gesamte Präteritum gültig wurde. So hieß es noch mhd. *ich ward*; diese Form wurde an den Pluralstamm *wurd-* angeglichen. Die Paradigmen können also nicht nur durch phonologische Prozesse komplexer, sondern auch durch morphologische Prozesse – hier Ausgleich im Paradigma – wieder einfacher werden. → **Übung 75, Übung 76, Übung 77, Übung 78**

Übung 72
(1) Warum wird aus ahd. *nâmi* mhd. *naeme*?
(2) Welche anderen phonologischen Prozesse aus Kapitel 2 lassen sich am Paradigma des starken Verbs belegen?

Übung 73   Wie wird im Paradigma von *nehmen* die Quantität im Neuhochdeutschen angezeigt?

Übung 74   Übersetzen Sie die folgenden Verben ins Standarddeutsche. Welche Verben sind schwach, welche stark? Konsultieren Sie dazu eine Grammatik des Alt- oder Mittelhochdeutschen.
ahd.   *rîtan, biotan, swiman, helfan, gëban, faran, heizan.*
nhd.
ahd.   *rennen, sezzen, heften, retten*
nhd.
ahd.   *hôren, teilen, lôsen, knupfen*
nhd.
ahd.   *salbôn, dankôn, machôn*
nhd.
ahd.   *klebên, folgên, fragên, nazzên, rîfên.*
nhd.

Übung 75   Im Stdt. heißt die 1. Person Singular Präsens heute *ich nehme*; im Bair. hingegen sagt man *i nim*. Wie lässt sich die bair. Form erklären?

Übung 76   Bei Vorschulkindern und älteren Kindern findet sich oft der Imperativ mit -e- statt -i-, etwa *geb mal her/sprech mal durch* statt *gib mal her* oder *sprich mal durch*. Wie lässt sich diese Veränderung erklären? Vgl. dazu auch Bittner (1985).

Übung 77 (Kleinere und größere) Kinder haben immer wieder Schwierigkeiten mit den Verbformen der starken Verben.
(1) Analysieren Sie die folgenden Verbformen. Versuchen Sie, das Vorgehen der Kinder nachzuzeichnen.
(2) Was wissen diese Kinder über die Verbflexion? Wie unterscheiden sich die Zwei- und Dreijährigen von den Grundschülern?
2-Jährige:
Der is in Wasser gefallt.
Der da rausefallt.
Jetzt zwei runtergefallt.
Wo hat die Katze stoßen?
Jetzt hast du des fangen.
Der hat was fangt.
Das hat mich gebeißt.
3-Jährige:
Kuh is umfallen.
Wo is er jetzt hinfallen?
Hast du den mitgebringt?
Hab ich gewerft.
Wir kannen jetzt mal spielen.
(Lindner, in Vorb.)

Geschriebene Bildergeschichte in einer Grundschulklasse (häufige Fehler):
An einem sonnigen Tag gießte Lisa die Blumen. Die Vögel singten friedlich. Nachdem Lisa die Blumen gegießt hatte, rach sie an den Blumen. Da rief Lisa Max. Max laß ein Buch. "Max wollen wir an den See runtergehen und da Picknick machen?" Sie liefen zum See. Und dann schwommen Max und Lisa. Da entdeckten Max und Lisa ein Boot. Sie gangen in das Boot rein. Dann schwammen sie herum. Plötzlich kamen windige Wolken. Die Wolken pusteten in den See hinein. Da fiel Max ins Wasser. Lisa zag Max wieder hoch. Und dann ruderten beide wieder ans Ufer. Dann lagen sich beide hin. Max schniet eine Wurst auf. Dann aß Max und die Lisa schank sich was ein. Max aß weiter mit der Wurst. Die Lisa trank ein Getränk.
Zu Schwierigkeiten von Dritt-, Fünft- und Siebtklässlern mit Vergangenheitsformen starker Verben siehe Meier (in Vorb.).

Übung 78 Gegeben sei folgendes Korpus an Partizip II-Formen:
(a) *kombiniert*		(i) *verraten*
(b) *gegeben*		(j) *genommen*
(c) *entlaufen*		(k) *anerkannt*
(d) *aufgebracht*		(l) *umgefahren*
(e) *verausgabt*		(m) *zugemacht*
(f) *umfahren*		(n) *vorausgegangen*
(g) *vorenthalten*		(o) *gewonnen*
(h) *gebraucht*		

(1) Wie viele und welche Allomorphe hat das Morphem {Partizip II} im Deutschen? (Die Mutierung beim Stammvokal soll unberücksichtigt bleiben.)

(2) Versuchen Sie die Faktoren zu ermitteln, die die Verteilung der einzelnen Allomorphe bedingen. Bearbeiten Sie diesen Teil getrennt für den ersten und zweiten Bestandteil der Allomorphe.

Lit.: Duden Grammatik (2009)

3.3.2 Morphologisierung des Umlauts

Das Paradigma des starken Verbs in Tabelle 4 belegt im Althochdeutschen nicht nur die Wirkung des phonologischen Prozesses der Hebung, sondern auch im Mittelhochdeutschen die Wirkung des *i*-Umlauts, vgl. ahd. *nâmi* zu mhd. *naeme*. Der Prozess tritt also erwartungsgemäß nach der bekannten phonologischen Regel ein (siehe Abschnitt 2.2.1 S. 71 f.). Durch die Nebensilbenabschwächung im Mittelhochdeutschen ist jedoch der auslösende Faktor – das *i/j* der Folgesilbe – geschwunden. Die Frage ist, was mit Wörtern geschieht, die erst im oder nach dem Mittelhochdeutschen in den deutschen Wortschatz aufgenommen wurden, wenn sie mit entsprechenden Suffixen versehen sind, die zuvor den Umlaut auslösten, wie *-ig* (ahd. *-ic*), *-chen* (ahd. *kîn*) und *-er* (aus ahd. *-ir*).

(95)   a. *Bart – bärtig – Bärtchen*
       b. *Kanne – Kännchen – *Kannchen; Platte – Plättchen – *Plättchen*
       c. *Tante – ?? Täntchen – Tantchen* (um 1700 aus dem Frz., Paul 2002: 993)
       d. *Karton – Kartönchen – ?? Kartonchen* (um 1600 aus dem Frz.; Paul 2002: 523 f.).

Aber auch bei bereits im Althochdeutschen belegten Wörtern wie den Komparativen in (96) wird deutlich, dass Sprachnutzer zumindest die nicht umgelautete Form tolerieren, wenn nicht präferieren (etwa bei *nasser* oder *glatter*).

(96)   *dummer – dümmer; nass – nasser/?nässer, glatt – glatter/ ?glätter*

Ein Nebeneinander von umgelauteten und nicht umgelauteten Stammformen gibt es z. B. bei *Rose – Röschen*, aber *rosig* (**rösig*). Trotz eines *i* in der Folgesilbe wird der Umlaut nicht ausgelöst, vgl. auch *Mutti* (*Mütti*). Wenn er dennoch – etwa bei der Diminutivform *Kartönchen* – verwendet wird, dann beruht das auf einer Analogiebildung zu den bereits vorhandenen Diminutivformen. Auf diese Weise ist aus einer ursprünglich **phonologischen Regel** für den Umlaut eine **morphologische Regel** (hier: Analogiebildung) geworden.

Der Umlaut ist auch im verbalen Paradigma bei der Bildung des Konjunktivs von Bedeutung, und zwar beim Konjunktiv Präteritum oder Konjunktivs II. Seine phonologische Motivation ist der Tabelle 5 zu entnehmen; geschrieben wird der Umlaut erst im Mittelhochdeutschen (vgl. die unterstrichenen Vokale)

Tab. 5 Das starke Verb *nehmen* in diachroner Betrachtung

	Ind. Präs.	**Konj. Präs. / Konj. I**	**Ind. Prät.**	**Konj. Prät. / Konj. II**
ahd.	*nim -u*	*nëm-e*	*nam*	*nâm -i*
	nim -i-s	*nëm -ê-s(t)*	*nâm -i*	*nâm -î-s(t)*
	nim -i-t	*nëm -e*	*nam*	*nâm -i*
	nëm -ê-m	*nëm -ê-m*	*nâm -u-m*	*nâm -î-m*
	nëm -e-t	*nëm -ê-t*	*nâm -u-t*	*nâm -î-t*
	nëm -a-nt	*nëm -ê-n*	*nâm -u-n*	*nâm -î-n*
mhd.	*nim -e*	*nëm -e*	*nam*	*naem -e*
	nim -e-s(t)	*nëm -e-s(t)*	*naem -e*	*naem -e-s(t)*
	nim -e-t	*nëm -e*	*nam*	*naem -e*
	nëm -e-n	*nëm -e-n*	*nâm -en*	*naem -e-n*
	nëm -e-t	*nëm -e-t*	*nâm -e-t*	*naem -e-t*
	nëm -e-nt	*nëm -e-n*	*nâm -e-n*	*naem -e-n*
nhd.	*nehm -e*	*nehm -e*	*nahm*	*nähm -e*
	nimm -st	*nehm -e-st*	*nahm -st*	*nähm -st*
	nimm -t	*nehm -e*	*nahm*	*nähm -e*
	nehm -e-n	*nehm -e-n*	*nahm -e-n*	*nähm -e-n*
	nehm -t	*nehm -e-t*	*nahm -t*	*nähm -e-t*
	nehm -e-n	*nehm -e-n*	*nahm -e-n*	*nähm -e-n*

Der Konjunktiv I wird vom Präsensstamm, der Konjunktiv II vom Präteritalstamm abgeleitet. Im Althochdeutschen wird der Konjunktiv II durch die *i*-haltige Endung gekennzeichnet. Mit der Nebensilbenabschwächung verschwinden jedoch die Vollvokale in den unbetonten

Silben. Damit würde die Kennzeichnung des Konjunktivs II fehlen. Daher wird der Umlaut des Stammvokals ab dem Mittelhochdeutschen zum Erkennungszeichen des Konjunktivs II. Indikativ und Konjunktiv Präteritum werden im Ahd. durch das *i*-haltige Suffix unterschieden, ab dem Mittelhochdeutschen durch die Umlautung bei umlautfähigen Stammvokalen. → **Übung 79** Beim Schwund der umlautbewirkenden Faktoren wird auch hier die phonologische Regel morphologisiert. Nach Rowley (1997: 56) wird also aus der Phonologie von Gestern die Morphologie von Heute ("Yesterday's phonology is today's morphology.")

Übung 79

(1) Wie werden Konjunktiv Präteritum und Präsens bei starken Verben mit nicht-umlautfähigem Stammvokal /ɪ/, /i/ gebildet und wie lautet der Konjunktiv bei schwachen Verben?

Indikativ: *er ging/rief/griff/*   Konjunktiv: ?
Indikativ: *er hörte/brauchte*   Konjunktiv: ?

(2) Wie kommt es dazu, dass häufiger *bräuchte* verwendet wird, obwohl beim schwachen Verb *brauchte* grammatisch wäre? Betrachten Sie das Paradigma von *brauchen*, seine Verwendung mit *zu* und seine Bedeutung.

3.4   Wortbildung

Die Flexion behandelt die Wortformen, die durch morphologische Veränderung am oder im Wortstamm entstehen; die Wortbildung beschäftigt sich mit der Bildung komplexer Wörter. Die Abgrenzung der beiden Teilbereiche ist, umstritten (vgl. Fleischer & Barz 2012: 9–12). Auch in der Wortbildung geht es um morphologische Muster, nun um Muster der Wortbildung. Im Deutschen gibt es drei dominante Bildungsmuster: die Komposition, die Derivation und die Konversion.

Alle Wortbildungen werden, wenn möglich, binär analysiert; d. h. sie werden jeweils in zwei Bestandteile zerlegt. Diese Zerlegung komplexerer Einheiten lässt sich in einem **Baum** darstellen, der gewissermaßen auf dem Kopf steht. Der gesamte Ausdruck bildet die Wurzel, die kleinsten Bestandteile die obersten Verästelungen. Ein solches Baumdiagramm wird auch in der Syntax verwendet, um die innere Struktur von Wortgruppen oder Phrasen zu verdeutlichen. Daher heißt er auch **Phrasenstrukturbaum** (siehe Abschnitt 4.1.3, S. 165). Vgl. (97) a. für ein Kompositum und b. für eine Derivation.

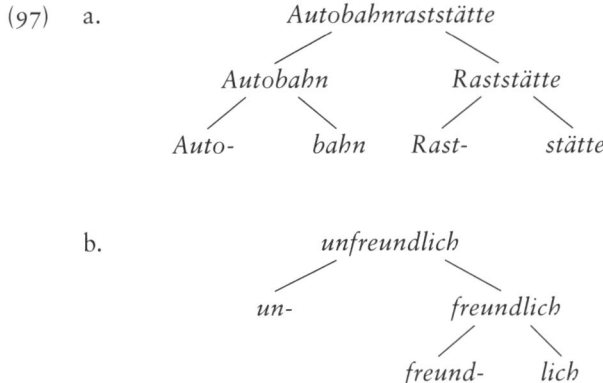

(97) a. Autobahnraststätte

Autobahn   Raststätte

Auto-   bahn   Rast-   stätte

b. unfreundlich

un-   freundlich

freund-   lich

Mit Hilfe dieses Baums lässt sich zeigen, wie der Ausdruck aufgebaut ist. Ein Kompositum besteht aus Wortstämmen oder Wortgruppen, ein abgeleitetes Wort aus einem Wortstamm und einem Derivativ. In beiden Mustern der Wortbildung gibt es eine Einheit, die die grammatischen Eigenschaften des Ausdrucks bestimmt, den **Kopf**. Dieser Terminus ist nicht identisch mit dem Terminus Kopf in der Silbenstruktur, der den Anfangsrand der Silbe kennzeichnet (siehe Abschnitt 2.2.2). Der Kopf in der Morphologie und in der Syntax (siehe Abschnitt 4.2.1) bestimmt die grammatischen Eigenschaften des Wortes, z. B. seine Wortart. So ist der Kopf in (97) a. das Grundwort *Stätte*, das nicht nur den gesamten Ausdruck als Nomen einordnet, sondern ihm zugleich auch das Genus gibt und die Kasus- und Pluralmarkierung festlegt. In (97) b. überführt das Derivativ *-lich* das Nomen *Freund* in das Adjektiv *freundlich* (mit den entsprechenden grammatischen Eigenschaften); damit ist das Derivativ der Kopf der Konstruktion. → **Übung 80**

Übung 80 Welche Einheit bildet den Kopf in den folgenden Ausdrücken und welche Eigenschaften sind damit festgelegt:
würzig, Milchkrug, zweifelhaft, vergleichbar, Vergleichbarkeit, Versäumnis, unverkäuflich.

3.4.1 Komposition

Im Neuhochdeutschen ist, verglichen mit anderen germanischen Sprachen wie dem Neuenglischen, die Komposition ein sehr beliebtes morphologisches Mittel. Ein Ausdruck wie *Donaudampfschifffahrtskapitänsmütze* wäre wohl kaum im Englischen zu finden. Bei der Komposition werden, wie bereits erwähnt, Wortstämme oder Wortgruppen miteinander verbunden. Vgl. (98):

(98) $Milch_N kanne_N$, $tief_{Adj} kühlen_V$, $Fünfjahre_{NP} splan_N$; $Nord_N west_N$, $weiß_{Adj} blau_{Adj}$

Unabhängig davon, welchen Wortarten die Bestandteile des Ausdrucks angehören (siehe die Subskripte), bestimmt der Kopf z. B. die Wortart des gesamten Ausdrucks. So ist *tiefkühlen* ein Verb, die Konstruktion aus der Wortgruppe/Nominalphrase *Fünfjahre(s)* und und dem Nomen *Plan* ein Nomen. Die Bestandteile eines komplexen Wortes – oder später eines Satzes (Kapitel 4) – werden **Konstituenten** (lat. *constituens*, Partizip von lat. *constituere*) genannt.

Anhand von formalen und semantischen Kriterien unterscheidet man beim Kompositum Determinativkomposita (mit den Subklassen Possessivkompositum und präpositionales Rektionskompositum), Kopulativkomposita und augmentative Bildungen.

Determinativ-/Spezifikativkompositum

Beim Determinativkompositum determiniert oder spezifiziert der erste Bestandteil A (das Bestimmungswort oder **Determinans**) den zweiten Bestandteil B (das Grundwort oder das **Determinatum**).

(99)   a. *Bierkrug, Fließband, kuhwarm, tiefkühlen, Schnellzug*
        b. *Fünfjahresplan, Untertagearbeit*

Zwischen den Konstituenten des komplexen Wortes bestehen semantische Beziehungen. So legt *Bierkrug* eine bestimmten Subtyp von Krug fest; bei *kuhwarm* wird ein Wärmegrad einer Flüssigkeit angezeigt, bei *stocksteif* hingegen ein Vergleich 'so steif wie ein Stock'. *Stadttor* ist 'das (gegebenenfalls einzige) oder ein Tor zur Stadt' (räumliche Situierung), der *Regenmantel* ist ein 'Mantel gegen Regen' (Zweckrelation).

Komposita können eine Besonderheit aufweisen: Sie können zwischen den beiden Wortstämmen – also in der Wortfuge – ein Segment, ein **Fugenelement** aufweisen (vgl. Fuhrhop 1996); z. B. *Kinderwagen, Liebeskummer*. Der *Kinderwagen* ist keine Bezeichnung für ein Fortbewegungsmittel für mehrere Kinder; er kann auch für ein einzelnes Kind verwendet werden (vgl. auch *(Bauer)n(hof)*). Obwohl die Fugenelemente in einigen Fällen synchron homonym zu Flexiven sind (etwa zum Genitiv-

oder Pluralsuffix), haben sie sich nicht notwendig historisch aus Flexiven entwickelt (vgl. *Liebeskummer – Kummer der *Liebes; Zeitungsverkäufer – Verkäufter der *Zeitungs*). Eine Übereinstimmung von Flexiv und Fugenelement findet sich in *Sonnenschein* aus dem mhd. *der sunnen schîn*. Aber ohne diachrone Kenntnisse ist dies für einen heutigen Sprachnutzer kaum rekonstruierbar. Daher gilt generell, dass Fugenelemente lexikalisiert sind, d. h. sie bilden einen festen Bestandteil des Lexems. Im Gegensatz zu den Flexiven sind sie jedoch in der Komposition weder obligatorisch, noch ist ein Kompositum auf ein bestimmtes Fugenelement festgelegt, wie *Rind-s-braten, Rind-er-braten*, aber auch *Rind-fleisch* belegen.

Die folgenden Eigenschaften sind für Determinativkomposita charakteristisch:

1. Die **Reihenfolge** der Konstituenten ist nicht veränderbar. Das Determinans geht immer dem Determinatum voraus. *Blumentopf* und *Topfblume* bezeichnen verschiedene Objekte.
2. Der **Akzent** liegt bei zweigliedrigen Ausdrücken auf dem Determinans; vgl. '*Fensterrahmen*. Bei dreigliedrigen Ausdrücken liegt er weiterhin auf dem Determinans, wenn das Determinatum nicht verzweigt (vgl. '*Weihnachtsstollen*) oder wenn die zweite Konstituente bereits aus einer festen Verbindung besteht, wie bei '*Hauptbahnhof*. Verzweigt aber das Determinatum, dann wird die zweite Konstituente betont, wie in *Bundes'außenminister* (vgl. Duden Grammatik 2009 § 42). Auch dann, wenn das Determinans aus einer Wortgruppe besteht, trägt diese Konstituente den Akzent; allerdings kann er entweder auf dem ersten oder dem zweiten Bestandteil des Determinans liegen; '*Fünfjahresplan* vs. *Fünf'jahresplan*.
3. Die Bestandteile/Konstituenten können verschiedenen **Wortart**en angehören; vgl. (99).
4. **Kopfeigenschaften**: das Determinatum bestimmt die grammatischen Eigenschaften des Kompositums:
   – Wortart
   – Flexion (Genus als lexikalisch-grammatische Kategorie eingeschlossen)

Innerhalb der Determinativkomposita gibt es drei **semantische Sondertypen.**

Beim **Possessivkompositum** wie *Rotkehlchen* oder *Glatzkopf* handelt es sich nicht um ein 'Kehlchen, das rot ist', sondern einen 'Vogel, der eine rote Kehle hat'. D. h. statt der Umschreibung: A determiniert B, lässt sich bei diesen Komposita sagen: Wenn x ein AB hat, dann ist x ein AB. Die formalen Eigenschaften des Determinativkompositums bleiben erhalten.

Dies gilt auch für Komposita wie *Hosenrock, Dichterkomponist* etc., die in der Forschung gelegentlich als Kopulativkomposita bezeichnet werden (vgl. Duden Grammatik 2009 § 1100). Ein *Dichterkomponist* ist nach wie vor ein 'Komponist, der auch dichtet' (vgl. *Unter den anwesenden Komponisten befinden sich auch einige Dichterkomponisten.* Breindl & Thurmair 1992: 47).

Das **präpositionale Rektionskompositum** wie *Vormittag, Untertasse, Nachtisch,* hat ebenfalls formal die Eigenschaften des Determinativkompositums; jedoch bedeutet *Vormittag* 'vor dem Mittag', und ist kein Subtyp von 'Mittag'. In der Forschung werden zu den Rektionskomposita auch Komposita gerechnet, die eine Ergänzung im valenztheoretischen Sinn beinhalten (siehe Abschnitt 4.1.3), z. B. *Autofahrer* oder *Lokomotivführer* (morphologische Paraphrase: jemand, der ein Auto fährt/eine Lokomotive führt; vgl. Wurzel 1998).

Kopulativkompositum

Zu den **Kopulativkomposita** werden in diesem Buch Ausdrücke wie *CDU-CSU, Nordwest, süßsauer* gezählt. Die Semantik dieser Komposita wird in der Forschung gelegentlich als koordinativ angegeben; überzeugender ist jedoch der von Pittner (1991: 269) postulierte "neue einheitliche Begriff", der nicht mit einer *und*-Phrase paraphrasiert werden kann. So bezeichnet ein *Nordwest* eine Windrichtung, die nicht mit 'Norden und Westen', identifiziert werden kann. Auch bei *süßsauer* dürfte eine koordinative Lesart schwierig sein. Die charakteristischen Eigenschaften der Kopulativkomposita grenzen sich von denen der Determinativkomposita deutlich ab.

1. Die **Reihenfolge** der Konstituenten ist – theoretisch – umkehrbar. Mit dem Ausdruck *weiß-blau* referiert man auf die gleiche Eigenschaft wie mit *blau-weiß*. Jedoch ist bei einer Reihe von Komposita die Reihenfolge lexikalisiert. So heißt es *CSU-CDU, Nordwest* oder im Bairischen *weiß-blau*.

2. Der **Akzent** liegt bei lexikalisierten Kopulativkomposita auf der letzten Konstituente, also: *Nord'west/* aus *nord'westlicher Richtung*. Auf diese Weise unterscheidet sich das Determinativkompositum *'weißblau* ('eine Art von weißlichem Blau') vom Kopulativkompositum *weiß'blau* ('weiß und blau'). Der Akzent liegt jedoch nicht bei allen Kopulativkomposita

fest. In vielen Bildungen variiert er je nach Position des Wortes im Satz. Vgl. *die Soße ist süß'sauer* vs. *die 'süßsaure Soße.* ➜ **Übung 81**

3. Die Konstituenten gehören derselben **Wortart** an.
4. Die Konstituenten kommen aus dem **gleichen semantischen Bereich**, etwa Windrichtungen, Parteien, Farben etc.

➜ **Übung 82**

Zusammenrückung (diachron), Satzwörter

Zu unterscheiden von den Zusammensetzungen, den Komposita, sind die **Zusammenrückung**en. Beispiele dafür sind: *trotzdem, damit, infolgedessen, Hohelied, Gernegroß* oder *Dreikäsehoch.* ➜ **Übung 83** Diese Wörter sind dadurch entstanden, dass sie lange Zeit nebeneinander im Satz gestanden haben, dann zusammengerückt und zusammengeschrieben wurden. Dass diese Wörter sich aus Wortgruppen entwickelten, ist auch an der gelegentlich noch erhaltenen Flexion erkennbar, vgl. *(das) Hohelied, des Hohenlieds.*

Der Ausgangspunkt für eine Zusammenrückung kann auch ein ganzer Satz sein (daher auch Satzwörter), vgl. *Kannitverstan, Taugenichts, Vergissmeinnicht.* Die Wortart richtet sich jedoch – im Gegensatz zu den Determinativkomposita – nicht nach der letzten Konstituente. In einigen Arbeiten wird dieser Wortbildungstyp unter dem Begriff 'Konversion' behandelt (vgl. Fleischer & Barz 2012: 87–90).

Augmentative Bildungen

Als letzter Wortbildungstyp in diesem Abschnitt zur Komposition sei ein Typ genannt, der eine Zwischenstellung zwischen der Komposition und der Derivation darstellt: die Steigerungsbildung oder **augmentative Bildung** wie *Riesenhunger, Bombenangst* und *steinreich.* ➜ **Übung 84**

1. Die **Reihenfolge** der Konstituenten ist nicht umkehrbar.
2. Die zweite Konstituente, der Wortstamm, bildet den Kopf des Ausdrucks. Die erste Konstituente ist ein **Präfixoid/Halbpräfix** (vgl. Abschnitt 3.2).
   Das Präfixoid hat seine wörtliche Bedeutung eingebüßt und dient nun der Steigerung. Das Konzept des Affixoids, und damit auch des Präfixoids, ist allerdings, wie in Abschnitt 3.2. erwähnt, in der Forschung umstritten.
3. Ebenfalls umstritten ist die **Akzentposition**.
   Einige Studien gehen von einem Akzent auf beiden Einheiten aus, an-

dere von einem Akzent überwiegend auf der ersten oder überwiegend auf der zweiten Einheit. Empirisch überprüfbar ist, dass sich der Akzent bei einer Reihe von augmentativen Bildungen je nach Position des Wortes im Satz ändert: vgl. *ein 'steinreicher Mann* vs. *der Mann ist stein'reich.*

4. Charakteristisch für diesen Wortbildungstyp ist die **Reihenbildung**. Es muss sich bei dem Präfixoid um ein produktives Steigerungselement (siehe 3.4.5) handeln. Dies ist der Fall z.B. bei *Riesen-*: vgl. *Riesenhunger, Riesendurst, Riesenangst* etc.

Nicht zu den augmentativen Bildungen zählen Wortbildungen mit einem **Suffixoid/Halbsuffix**, deren wörtliche Bedeutung ebenfalls verblasst ist. Beispiele sind *-arm* in *bügelarm*, oder *-gerecht* in *kindgerecht, verkehrsgerecht* (vgl. Duden Grammatik 2009 § 1113, 1140, 1141)

Übung 81   Wie lässt sich diese Veränderung des Akzents bei *eine 'süßsaure Soße.* vs. *Die Soße ist süß'sauer* erklären?

Übung 82   Morphologische Störungen bei Aphasie äußern sich oft in Vereinfachungen morphologischer Formen. Beschreiben Sie die folgenden Fehler aphasischer Patienten, die bei der Produktion von Komposita auftreten:
(a) *Bohrmaschine* → *zum Bohren*
(b) *Geschäftsreise* → *Geschäftreise*
(c) *Staubsauger* → *Saugmaschine*
(d) *Filterkaffee* → *Kaffeefilter*
(e) *graublau* → *blaugrau*

Übung 83
(1) *trotzdem* und *damit* können sehr unterschiedlich verwendet werden. Wie lassen sich die beiden Lesarten differenzieren?
Trotzdem kam er zu der Party vs. *Trotzdem er krank war, kam er zu der Party.*
Damit hab ich nicht gerechnet vs. *Damit er kommt.*
(2) Schauen Sie in einer historischen Grammatik nach, mit welchem Kasus die Präposition *trotz* in den letzten drei Jahrhunderten verwendet wird. Beachten Sie dabei auch die Zusammenrückung von *trotzdem*.

Übung 84   Wie lassen sich formal die zwei Lesarten von *Bombenangst* unterscheiden: *Ich hatte Bombenangst.*

3.4.2 Derivation (Ableitung)

Derivation bezeichnet den Prozess, in dem aus bestehenden Wörtern andere Wörter mit Hilfe der morphologischen Mittel Affigierung oder Mutierung abgeleitet werden. Die grammatischen Eigenschaften eines abgeleiteten Wortes werden durch die Eigenschaften seines Kopfes festgelegt. Bei einer Affigierung wird dem Wortstamm, der **Basis**, ein Affix hinzugefügt. Dabei kann das neue Wort in eine andere Wortart wechseln. Diese Eigenschaft grenzt die Derivation von der Flexion ab, denn ein Wortartwechsel wird nicht durch ein Flexiv hervorgerufen. Dagegen entsteht z. B. durch das Suffix *-er* aus dem Verbstamm *lehr-* das Nomen *Lehrer* oder aus dem Nomen *Graus* durch *-lich* das Adjektiv *grauslich*. Ein Wortartwechsel tritt aber nicht zwingend ein; vgl. die Adjektive *blau* und *bläulich*.

Weitere Beispiele für Suffigierung sind die Erweiterung der Basis bei Nominalisierungen durch *-ung, -heit, -keit* (*Wohnung, Krankheit, Sauberkeit*), ferner das Verbsuffix *-el* bei *streich-el-n*, Adjektivierungssuffix *-lich* bei *kindlich*. Nicht mehr produktiv (siehe 3.4.5) ist das *-s* in Adverbien wie *mittags* oder *abends*. Beispiele für **Präfigierungen** sind *er-blühen, ver-blühen, ent-rinnen, Un-glück*. **Zirkumfigierung** findet sich in *Ge-sing-e, ver-eid-ig(en)*.

In den bisher genannten Beispielen für Suffigierung bildet ein Wortstamm die Basis. Ist die Basis eine Wortgruppe, dann spricht man von **Zusammenbildung**. Beispiele dafür sind: *Dachdecker* oder *langbeinig*. Diese Wörter können nicht auf die zuvor genannte Weise binär zerlegt werden; es gibt wohl weder einen *Decker* noch jemanden, der *beinig* ist. Die Basis dieser Bildung ist bereits zweiteilig, also *Dachdeck-er*. Eine gute Umschreibung ist: 'jemand, der ein Dach deckt'.

Nicht jedes Affix kann mit jeder Basis verbunden werden. Es gibt **Beschränkungen** verschiedener Art: Aus artikulatorischen Gründen sind Wörter wie *Bächchen* oder *Schällein* ungebräuchlich. Andere Beschränkungen sind lexikalisch begründet: So wird trotz *Geäst* oder *Gebüsch* nicht **Gebäum* gebildet, weil es die Bezeichnung *Wald* bereits gibt. Auch gibt es nicht *klein – *Kleine* analog zu *groß – Größe*.

Es ist nicht einfach, die Bedeutung von Affixen festzustellen, da ihre ursprüngliche (Wort-) Bedeutung mehr oder weniger verblasst ist. Bei einigen Präfixen lässt sich zeigen, dass sie Handlungen, Prozesse oder erreichte Zustände spezifizieren (sogenannte **Aktionsarten**). So wird der Beginn oder das Ende eines Prozesses mit *er-* und *ver-* kodiert, wie in *erblühen – verblühen*, oder ein erreichter neuer Zustand gekennzeichnet, etwa in *erlernen*, vgl. *er erlernte die Sprache in drei Monaten, *aber er*

kann sich nicht in ihr unterhalten vs. *er lernte die Sprache in drei Mona-*
ten, aber er kann sich nicht in ihr unterhalten.
Historisch können einige Affixe auf freie Morpheme zurückgeführt
werden. Z. B. hat sich das Suffix nhd. *-lich* aus ahd. *-lîh*, verwandt mit
ahd. *lîh* 'Körper', 'Körpergestalt' (später *Leiche*), entwickelt. Dass nhd.
-lich nicht mehr mit seiner Ausgangsbedeutung in Verbindung gebracht
wird, lässt sich daran erkennen, dass es ohne Schwierigkeiten mit Wörtern
wie *Körper* oder *Leib* kombiniert werden kann, vgl. *körperlich, leiblich*.
→ **Übung 85**
Durch Affixe werden Wörter komplexer. Der umgekehrte Fall tritt ein
bei der sogenannten **Rückbildung**. Dabei werden aus komplexen einfachere
Wörter abgeleitet. Beispiele sind *Sanftmut* aus *sanftmütig, bauspar(en)* aus
Bausparer, krankenversicher(n) aus *Krankenversicherung* (vgl. Duden
Grammatik 2009 § 1082). Auch *rückbilden* gehört dazu.
Mutierung kennzeichnet die Veränderung eines Wortstamms durch
Vokal- oder Konsonantenwechsel. Beim Vokalwechsel kann es sich um
Ableitungen mit Umlaut wie *Glaube* – *gläubig* handeln oder auch bei
ablautenden Verben um Ableitungen aus den verschiedenen Stämmen
eines Paradigmas, etwa *Band, Bund* aus dem Präterital- bzw. Partizip-
stamm von *binden*. Bei *ziehen* – *Zug* geht die Alternanz von *h/g* auf den
Konsonantenwechsel (Grammatischen Wechsel) zurück. Mit einer Ableitung durch Mutierung kann ein Wortartwechsel verbunden sein; *vgl.*
fahren – *Fuhre* vs. *trinken* – *Tränke* (aber *tränken*).

Übung 85 Suchen Sie weitere Bildungen, bei denen heute ein Bestandteil von den
Sprachnutzern nicht mehr verstanden wird. Als Anregung: *Tragbahre*, eine tautologische
Bildung, da *Bahre* von ahd. *beran* 'tragen' abgeleitet ist (vgl. Abbildung 13 in 5.4.4). Lit.:
z. B. Fleischer (1995)

3.4.3 Konversion

Das dritte große Wortbildungsmuster im Deutschen ist die **Konversion**.
Sie wird in einigen Arbeiten zur Derivation gerechnet. In der Konversion
wechselt ein Wort seine Wortart ohne eine Erweiterung durch ein Affix.
Beispiele sind *ergriffen* (Partizip II) – *ergriffen* (Adj), *dank* (Präp) – *(der)*
Dank (N), *besuch-en* (V) – *(der) Besuch*, *(das) Besuchen* (N); *Hamster*
(N) – *hamster-n* (V). Auch aus Präterital- und Partizipstämmen werden
durch Konversion neue Wörter gewonnen: *(klingen)* – *klang* – *(geklun-*

gen) (V) – *der Klang, angestellt* (Part. II) – (*der*) *Angestellte* (N), *reisend* (Part. I) – *der Reisende* (N). → **Übung 86**

Übung 86 Analysieren Sie das Wort (*der*) *Beamte*.

3.4.4 Kürzung und Kontamination

Die letzten Wortbildungsmuster, die hier besprochen werden sollen, sind die Kürzung und die Kontamination.

Kürzung

Das morphologische Mittel **Kürzung** oder Tilgung ist heute recht beliebt. Sie erleichtert die Kommunikation in einer Gruppe, zugleich aber definiert ihr Gebrauch die Gruppe, grenzt sie von anderen Gruppen ab. Die Subtypen bei der Kürzung richten sich u. a. nach der Position des "Wortrests" in Relation zum Ausgangswort:

- Kopfwort: *Uni(versität)*
- Schwanzwort: (*Omni*)*Bus*
- Klammerform: *Kirsch(baum)blüte*
- Silbenwort: *Ki(nder)ta(geseinrichtung)*
- Initialwort: *A(llgemeiner) D(eutscher) A(utomobil) C(lub)*.

Abkürzungswörter hingegen werden in vollem Wortlaut gesprochen: <km>; <§>.

Kürzungen finden sich in allen Registern: etwa *der HIV–Virus* oder *die PIN Nummer* in der Standardsprache, die *Profs* und *Studis* in der Umgangssprache, die *NPs* in der linguistischen Fachsprache (siehe Abschnitt 4.2.1), *Schnipo* ('Schnitzel mit Pommes') in der Jugendsprache oder *AKLA?* ('alles klar?') in den neuen Medien, wie in SMS. → **Übung 87**

Kontamination

Von einer **Kontamination** (lat. *contaminatio* 'Berührung') ist die Rede, wenn Wörter miteinander "verschmolzen" werden, etwa *ja* und *nein* zu *jein* oder *tragisch* und *komisch* zu *tragikomisch*. Oft werden sie gebildet, um eine bestimmte stilistische Wirkung zu erzielen, wie bei *Kurlaub* oder *jein.* Gelegentlich sind es auch Versprecher. Einige Bildungen sind bereits lexikalisiert, z. B. *Brunch* oder *Smog*.

Übung 87 Erstellen Sie eine Liste der Abkürzungen, die beim SMSen verwendet werden. Lassen sie sich den Subtypen der Kürzung zu ordnen?

3.4.5 Motivierung und Produktivität

Die Bedeutung komplexer Wörter lässt sich in vielen Fällen aus den Bedeutungen ihrer Bestandteile ableiten. Diese Möglichkeit wird das **Kompositionalitätsprinzip** oder das **Fregesche Prinzip der Bedeutung** genannt.[18] So ist etwa ein *Seidenschal* ein 'Schal aus Seide'. Bei einigen Wörtern ist die Bedeutung des Gesamtausdrucks jedoch nicht mehr so einfach aus seinen Bestandteilen abzuleiten. Bei *Haustür* geht es nicht um irgendeine 'Tür zum Haus', sondern um eine spezifische, an der die Namen der Bewohner und die entsprechenden Klingeln angebracht sind. Beim *Hausmeister* handelt es sich nicht mehr um den 'Meister des Hauses', sondern um denjenigen, der u. a. für kleinere Reparaturen im Haus zuständig ist. Die Bedeutung von *Haustür* oder von *Hausmeister* muss gelernt werden. Nicht alle komplexen Ausdrücke sind also transparent bzw. motiviert. Darüber hinaus muss geprüft werden, wie produktiv Wortbildungsmuster sind.

Motivierte – Demotivierte Bildungen (Idiomatisierung)

In der Wortbildungsforschung wird zwischen motivierten, teilmotivierten und demotivierten oder idiomatisierten Bildungen unterschieden. **Motivierte Bildungen** entsprechen dem Kompositionalitätsprinzip von Frege. Dieses trifft zu auf *Mittag* ('Mitte des Tages'), nicht aber auf *Jungfrau* oder *Augenblick* ('Blick der Augen').[19] Die Motiviertheit von Wörtern ist graduell wie bei den folgenden Komposita: *Blaustift – Blaubeere – Blaustrumpf*. Ein *Blaustift* ist ein 'blauer Stift' (motiviert), eine *Blaubeere* ist eine 'blaue Beere, aber nur dann, wenn sie reif ist' (teilmotiviert), und *Blaustrumpf* ist demotiviert oder idiomatisiert, denn es handelt sich um eine Lehnübersetzung von engl. *bluestockings* für gelehrte oder gelehrt wirken wollende Frauen aus dem Ende des 18. Jahrhunderts. Motiviertheit und Demotiviertheit bilden also die Endpunkte einer Skala.

Bei der **Demotiviertheit** werden drei Subtypen unterschieden: die historische, die metonymische und die metaphorische Demotiviertheit. Ein Beispiel für ein **historisch demotiviertes** Wort ist *Junggeselle*. Im Mhd. war *junc geselle* noch transparent, also motiviert: *junc* bedeutete wie heute 'jung' und *geselle* 'Bursche, Hausgenosse, Gefährte'. Im 15. Jh. findet sich neben dem Ausdruck *der junc geselle, dem jungen gesellen*, auch zusammengeschrieben *dem junggesellen*, ein Hinweis darauf, dass beide Wörter häufig zusammen genannt bzw. nacheinander geschrieben wurden. Im 16. Jahrhundert kommt es zu einer Bedeutungsverengung (siehe Abschnitt 5.4.5): Die neue Bedeutung 'junger unverheirateter Mann' bezieht sich auf eine kleinere Gruppe von Personen als die Bezeichnung *junge Gefährten*. Die heutige Bedeutung 'unverheirateter Mann' hat eine Bedeutungserweiterung[20] erfahren, da das Alter nun kein relevantes Kriterium für die Verwendung von *Junggeselle* ist.

Um eine **metonymisch demotivierte** Bildung (griech *meta onymía* 'Umbenennung') handelt es sich, wenn eine Bezeichnung durch ein sachlich (räumlich, zeitlich oder kausal) verwandtes Wort ersetzt wird. Besonders bekannt ist die Teil-Ganzes-Beziehung. Diese Interpretation bietet sich an bei Possessivkomposita wie *Rotkehlchen* oder *Schlafmütze* oder bei Zusammenbildungen wie *langbeinig*. Von **metaphorisch demotivierten** Bildungen (griech. *metaphorá* 'Übertragung') wird dann gesprochen, wenn aufgrund von Ähnlichkeit ein Vergleich intendiert ist; vgl. *Papiertiger*: 'eine nur dem Schein nach gefährliche Person oder Sache' (Duden Deutsches Universalwörterbuch 2011: 1306) oder ein *Saustall* als Bezeichnung eines bestimmten Zustands von Kinderzimmern.

Usuelle – okkasionelle Bildungen, produktive – unproduktive Muster

Ad-hoc Bildungen oder **okkasionelle Bildungen** werden Ausdrücke genannt, die aus dem Augenblick entstanden sind, wie *unkaputtbar*. Werden diese Ausdrücke häufiger verwendet, dann können sie in den allgemeinen Wortschatz aufgenommen und damit zu usuellen Bildungen werden.

Eine Reihe von Wortbildungsmustern wird heute bei Neubildungen besonders häufig gewählt. Sie sind produktiv. Dazu zählen z. B. in der Komposition das Determinativkompositum Nomen + Nomen. In der Derivation sind die folgenden Affixe produktiv: *-ung, -heit, -keit* bei Nomen, *-bar, -haft, -isch, -mäßig, -ig* bei Adjektiven, *-eln, -ieren* bei Verben. Unproduktiv sind dagegen die Suffixe *-sal, -nis, -de* bei Nomina (vgl. *Finsternis, Labsal; Neugierde, Zierde* neben *Neugier, Zier*). Das Suffix *-lich* wird häufig verwendet bei der Ableitung von Adjektiven aus

Substantiven, aber nicht bei Adjektiven aus Verben. Bei Verben gehört die Mutierung nicht mehr zu den produktiven Mitteln.

3.4.6 Schema für die Wortbildungsanalyse

Zum Schluss dieses Kapitels soll ein erprobtes Muster für eine Wortbildungsanalyse vorgestellt werden:

A. Identifizieren Sie die Flexive des Ausdrucks, bestimmen Sie die Flexion.
B. Ermitteln Sie die Wortstruktur. Dabei sollte auf jeder Stufe (soweit möglich) angegeben werden:
1. die morphologische Paraphrase, d. h. die Umschreibung des zu analysierenden Ausdrucks unter Verwendung seiner Konstituenten (z. B. *kindlich*, (x ist) wie ein Kind'; Bleichgesicht 'ein x, das ein bleiches Gesicht hat'); nutzen Sie dabei die Umschreibungen in Abschnitt 3.4.1. Eine morphologische Paraphrase wird von einer semantischen Paraphrase unterschieden: Eine morphologische Paraphase ist z. B. bei *Hausmeister* 'Meister des Hauses'; diese Paraphrase gibt jedoch nicht die Bedeutung des Ausdrucks wieder. Wie motiviert der Ausdruck ist, wird unter B.6 angegeben.
   Geben Sie an, um welche semantische Klasse von Nomen es sich handelt, z. B. Nomen agentis, Nomen instrumentalis, Zweckrelation.
2. der Wortbildungstyp (WB Typ), z. B. Komposition, Derivation.
3. die Wortbildungsstruktur (WB Struktur); zeichnen Sie einen Baum, der die Struktur des Wortes wiedergibt und aus dem auch Subtypen eines Bildungstyps, z. B. die Zusammenbildung, erkennbar sind.
4. die Analyse der lautlichen Struktur (z. B. Akzentposition) sowie der morphologischen Mittel (Komposition, Mutierung etc.).
5. die Bestimmung der Wortarten der einzelnen Konstituenten und der Funktion der Morphemtypen (z. B. Diminutivsuffix, Negationspräfix).
6. die Motiviertheit (motiviert, teilmotiviert, demotiviert etc.), d. h. das Muster, nach dem dieser Ausdruck gebildet wurde. Dabei sollte das Beispielwort der Struktur und/oder dem Inhalt so nahe wie möglich sein.

Es lohnt sich, die angegebene Reihenfolge der Schritte einzuhalten, da Sie immer wieder mit dem Folgeschritt in der Analyse vorangegangene Entscheidungen überprüfen können. Die Analyse sollte vor allem widerspruchsfrei sein.

Die Analyseschritte werden nun noch einmal an dem folgenden Beispiel vorgeführt.

Beispiel: *(Während seines) Bildungsurlaubs (war er auf Mallorca).*

A. -s Flexiv: GEN SG M

Bildungsurlaub
/ \
Bildungs - urlaub

B.1. (1) 'Urlaub, der der Bildung dient/Urlaub mit dem Ziel der Bildung' (Zweckrelation).
(2) Komposition
(3) Determinativkompositum; GW *Urlaub* (N M), BW *Bildung* (N F). *Urlaub* kann synchron nicht weiter zerlegt werden in {ur} + {laub}.
(4) Akzent auf BW, '*Bildungsurlaub;* morphol. Mittel: Komposition mit Fugenelement -s.
(5) Nomen + Fugenelement + Nomen
(6) Motivierte Bildung insgesamt; *Urlaub* ist idiomatisiert.
[(7) *Bildungssreise, Arbeitsurlaub* ...

Bildung
/ \
bild - ung

B.2. (1) 'Vorgang des Sich-Bildens'. Verbalabstraktum.
(2) (3) (4) (5) (Explizite) Derivation eines N vom Verbstamm *bild-* durch Suffigierung (Derivativ) -*ung*. Akzent liegt auf dem Verbstamm.
(6) Motiviert.
[(7) Struktur: *Spaltung* (von *spalten*), *Atmung* (von *atmen*) **→ Übung 88**

Übung 88 Gegeben seien folgende Ausdrücke:
(a) *(Der) Suchscheinwerfer (war kaputt).*
(b) *(Ich traf einen) freundlichen (Herrn).*
(c) *(Einen) Apfelsinenschäler (hätt' ich gern)*
(d) *(Das ist ein) Saustall. (Das ist ja) saugut/saublöd.*
(e) *(Ich hab günstige) Kinderschuhe (bekommen).*
(f) *(Das ist ein) Landeswohnungsbauförderungsgesetz.*
(g) *(Fritz ist) unwiderstehlich.*
(h) *(Und dann kam diese) Rothaut.*
(i) *(Sie ist blond und) rotwangig.*

Analysieren Sie die Ausdrücke in (a) – (i), die nicht in Klammern stehen, nach den relevanten Kriterien (vgl. das Schema in 3.4.6). Nennen Sie Argumente für Ihre Klassifizierungen.

Lit.: Duden Grammatik (2009), Wörterbücher, Fleischer (1995) und Fleischer und Barz (2012)

4 Syntax

Mit den Kenntnissen aus der Phonologie, insbesondere der Prosodie, und aus der Morphologie, insbesondere der Flexion, haben wir eine gute Grundlage für die Erarbeitung der syntaktischen Strukturen geschaffen. Denn zu den Mitteln, die zu einer syntaktischen Analyse benötigt werden, also zu den **syntaktischen Mitteln**, zählen auch die prosodischen und morphologischen Mittel. Der Ausdruck *Syntax* kommt aus dem Griechischen, griech. *syntaxis* (griech. *syn-* 'zusammen' und *taxis* 'Anordnung' und 'Organisation'). Griech. *taxis* taucht auch in anderen grammatischen Termini auf: z. B. in *Phonotaktik*, der Anordnung von Lauten (siehe Abschnitt 2.2.2 S. 77), oder in *Morphosyntax*, der morphologischen Kennzeichnung etwa für Kasus und Kongruenz, die in flektierenden Sprachen der Organisation der Einheiten im Satz dienen (z. B. ein Subjekt vom Objekt unterscheiden). Die **Syntax** (auch: Satzlehre) befasst sich mit den Regeln oder Mustern, nach denen aus Wörtern Sätze gebildet werden. Von besonderer Bedeutung ist dabei, neben den phonologischen und morphologischen Mitteln, die Reihenfolge der Wörter im Satz. Ehe diese syntaktischen Mittel im Einzelnen betrachtet werden, sollen kurz die syntaktischen Einheiten eingeführt werden, denn für die syntaktische Beschreibung sind die Wortart der Wörter oder ihre syntaktische Kategorie (z. B. Nomen, Verb, Adjektiv, Adverb, Präposition etc.) und ihre syntaktische Funktion im Satz (Subjekt, Objekt, Prädikat etc.) relevant. Zur Illustration wieder einmal ein Gedicht.

(100)   **Volkserhebung** von Michael Augustin

Jeden Morgen
erhebt sich
das Volk
und
geht
zur Arbeit.

(Süddeutsche Zeitung vom 21./22. 12. 1991 S. 100)

Das Gedicht besteht aus einem komplexen Satz, einem Satz mit zwei Prädikaten – *erhebt sich* sowie *geht* –, die durch die Konjunktion *und* miteinander verbunden sind. Mit Hilfe des Fragetests – der ja bereits aus der Grundschule bekannt ist – lässt sich jeweils ermitteln, welche Einheit im Satz welche syntaktische Funktion hat:

(100') Wer erhebt sich …? … das Volk …   Subjekt
       Wann erhebt sich das Volk? …
          jeden Morgen …   Temporaladverbiale
       Wohin geht es? … zur Arbeit …   Lokaladverbiale
       Was tut das Volk jeden Morgen?
       erhebt sich, geht (zur Arbeit).   Prädikat

Syntaktische Funktionen sind Namen von Strukturstellen im Satz, die gefüllt werden. Diese Strukturstellen werden durch **syntaktische Kategorien** oder Wortarten gefüllt. In (100) wird das Subjekt mit einer Nominalphrase, bestehend aus einem bestimmten Artikel und einem Nomen, gefüllt, das Prädikat mit einem reflexiven Verb,[1] das Adverbiale der Zeit oder das Temporaladverbiale mit dem Indefinitpronomen *jeden* und einem Nomen und das Adverbiale des Ortes oder das Lokaladverbiale mit einem Portemanteau-Morphem *zur* (siehe Abschnitt 3.2) und einem Nomen. Die syntaktische Kategorie einer Konstituente wird also von ihrer syntaktischen Funktion unterschieden.[2] Die umfassendste syntaktische Kategorie ist der Satz. Da die Kategorie 'Satz' auf vielfältige Weise definiert wird, deren Erläuterung hier aber zu weit führt, wird sie als undefinierte Einheit übernommen.

4.1 Grundbegriffe der Syntax

4.1.1 Syntaktische Mittel

Zur Beschreibung grammatischer Sätze im Deutschen werden Kenntnisse aus anderen Teilbereichen der deutschen Sprache benötigt: morphologische, phonologische und das Wissen über die Reihenfolgebeziehungen im Satz. Alle drei bilden die **syntaktischen Mittel**. Dass sie notwendig sind, zeigen die folgenden Sätze:

(101)   *Ein großes Frau wohnen in den Haus.*
(102)   *Hat der aber eine lange Nase.*
(103)   *Sie bat ihn zu nehmen.*

(104)   *Die Tante begrüßt die Nichte.*
(105)   *Nina gab Peter ein Buch.*
(106)   *Er nahm die Tabletten im kalten Wasser.*

In (101) sind die morphosyntaktischen Regeln des Deutschen gleich mehrfach verletzt. Zunächst stimmt innerhalb der ersten Nominalphrase (NP) das Genus von *Frau* nicht mit dem Genus des unbestimmten Artikels und des Adjektivs *schön* (Neutrum vs. Femininum) überein. Ferner muss das Subjekt *eine große Frau* in der 3. Pers. SG mit dem Numerus und der Person des flektierten Verbs übereinstimmen, da ja Subjekt und Verb im Numerus und in der Person kongruieren müssen. Schließlich bestimmt im Deutschen die Präposition den Kasus der folgenden Einheit. Da mit *wohnen* einen Ortsangabe verbunden ist (wo?), muss nach der Präposition *in* die NP im Dativ stehen. Wohlgeformt hieße (101) also

(101')   *Eine große Frau wohnt in dem Haus.*

Um die Ungrammatikalität von (101) beschreiben zu können, müssen also morphologische Mittel (übereinstimmende Numerus-, Genus-, Kasusmarkierungen sowie Subjekt-Verb Übereinstimmung (Subjekt-Verb-Kongruenz)) bekannt sein. In 4.4 wird deutlich werden, dass auch der Verbmodus – neben dem Indikativ der Konjunktiv oder Imperativ – ein wichtiger Indikator für syntaktische Strukturen ist, etwa bei der Bestimmung von Satztypen.
   Aber wer begrüßt wen in (104)? In (104) liefern die morphologischen Mittel keine Hinweise darauf, welche Konstituente Subjekt, welche Objekt ist. Hier werden prosodische Mittel relevant, insbesondere der Satzakzent.

(104)   a. *Die Tante begrüßt die 'Nichte.*
        b. *Die Nichte begrüßt die 'Tante.*
        c. *Die 'Tante begrüßt die Nichte.*

In Abschnitt 2.2.2 wurde bereits festgestellt, dass der Satzakzent mit der Informationsverteilung zu tun hat, also mit der Verteilung von alter und neuer Information. So könnte z. B. der Kontext für (104) a. und b. sein: *Wen begrüßt die Tante/die Nichte?* Möglich wäre jedoch auch die Frage: *Was ist los?* Im Gegensatz zur ersten Frage *Wen. ...?* enthält die zweite Frage keine spezifischen Kontextvoraussetzungen. Sie ist jedoch nicht anwendbar bei (104) c., denn auf *Tante* liegt hier ein Kontrastakzent. Es gibt zwei Lesarten, die durch weitere Angaben deutlich werden: (104) c. a.

Nicht den Onkel, sondern die Tante begrüßt die Nichte. (104) c. b. *Nicht der Onkel, sondern die Tante begrüßt die Nichte.*

Über den Akzent hinaus sind für eine syntaktische Analyse auch der Tonhöhenverlauf und Pausen wichtig; vgl. (102) und (103):

(102)   *Hat der eine lange Nase*
(103)   *Sie bat ihn zu nehmen.*

(102) lässt sich ohne Satzzeichen gleich mehrfach interpretieren: zum einen als Fragesatz *Hat der eine lange 'Nase?* (mit dem Satzakzent auf dem letzten Nomen) oder als Ausrufesatz *Hat 'der eine lange Nase!/'Hat der eine lange Nase!/Hat der eine lange 'Nase!* Welche der Interpretationen in Frage kommt, wird in der gesprochenen Sprache durch den Tonhöhenverlauf und die Akzente – hier Emphaseakzent (siehe unten 4.4) –, in der geschriebenen Sprache durch die Satzzeichen angegeben. In (103) gibt es ebenfalls zwei Lesarten, die sich aufgrund der Position des Satzzeichens (des Kommas in der geschriebenen oder der Pause in der gesprochenen Sprache) unterscheiden:

(103)   a. *Sie bat ihn, zu nehmen.*   (Kontext: Kuchenessen)
         b. *Sie bat, ihn zu nehmen.*   (Kontext: Jobvergabe)

Neben den morphologischen und phonologischen Mitteln sind die Reihenfolgebeziehungen der Wörter im Satz von großer Bedeutung:

(105)   *Nina gab Peter das Buch.*
         a. *Nina gab Peter das 'Buch.*
         b. *Nina gab das Buch 'Peter.*
         c. *Nina gab 'Peter das Buch.*

In (105) a. setzt die Abfolge von *Peter das 'Buch*, also Dativ- vor Akkusativobjekt, keinen spezifischen Kontext (*Was passierte?/ Was war los?*) voraus. Aber der Satz könnte auch eine Antwort auf die Frage sein: *Was gab Nina Peter?* In beiden Fällen liegt der Satzakzent auf dem Nomen der letzten NP im Satz, also auf *Buch* (vgl. auch (104) a. und b.). Diese Akzentregelung scheint nicht auf (105) b. zuzutreffen, es sei denn, (105) b. bekäme eine kontrastive Lesart, die durch den Zusatz *... und nicht 'Paul* verdeutlicht werden kann. Auf die Frage *Wem gab Nina das Buch?* ist wohl (105) c. die angemessene Antwort. Hier trägt die erfragte Information den Akzent (siehe oben Abschnitt 2.2.2). Diese Beispiele zeigen, dass bei der Abfolge der Konstituenten im Satz der Kontext eine wichtige

Rolle spielt (vgl. Abschnitt 4.6.2). Jedoch gibt es zusätzlich Beschränkungen für die Abfolge, die nicht kontextbedingt sind, z. B. in (106) d.

(105)   d. *Nina gab ihm es.*

Die Abfolge der Pronomen *ihm – es* ist im Deutschen ungrammatisch. Das Pronomen *es* trägt nie einen Akzent. Grammatisch hingegen ist eine Umstellung von Dativ- und Akkusativobjekt, wie in (105) d'.

(105)   d'. *Nina gab es ihm.*

In (106) ist die syntaktische Struktur mehrdeutig. Es handelt sich um eine syntaktische Ambiguität (siehe auch (22) in Abschnitt 1.1.2).

(106)   *Er nahm die Tabletten im kalten Wasser.*
        a. *Er nahm die Tabletten, die in kaltem Wasser waren.*
        b. *Er nahm die Tabletten, als er im kalten Wasser war.*

Die Präpositionalphrase (abgek. PP vgl. Abschnitt 4.2.1) *im kalten Wasser* kann sich entweder auf *die Tabletten* – das Akkusativobjekt – oder auf *er* – das Subjekt – beziehen. Bei einer Satzbeschreibung sind also auch die semantischen Bezüge zwischen den Wörtern oder Wortgruppen zu beachten.

In diesem Abschnitt sollte deutlich geworden sein, dass eine syntaktische Beschreibung auf Informationen aus verschiedenen Bereichen der Linguistik angewiesen ist: auf die Prosodie, auf die Flexion bzw. Morphosyntax und auf semantische Bezüge zwischen den Satzteilen. Dazu kommt die Informationsverteilung im Satz, die die Anordnung der Wörter wesentlich beeinflusst, selbst aber durch den umgebenden Text bzw. die Situation bestimmt wird (siehe Abschnitt 4.6.2 und 6.3).

Ehe weitere Grundbegriffe der Syntax vorgestellt werden, sollen einige grundlegende Testverfahren eingeführt werden, die sowohl bei der Erläuterung der Grundbegriffe als auch bei der Klassifizierung von syntaktischen Kategorien und Funktionen in Abschnitt 4.2 von Nutzen sind.

4.1.2 Syntaktische Testverfahren

Die folgenden sieben Verfahren helfen bei der Argumentation für eine bestimmte syntaktische Klassifizierung von Einheiten im Satz. Daher gehören sie zum grundlegenden syntaktischen Handwerkszeug und werden deshalb an dieser Stelle behandelt.

1. Der **Substitutionstest** (**Kommutations-**, **Ersetzungsprobe**), ist bereits aus der Phonologie bekannt (vgl. die Minimalpaarbildung in Abschnitt 2.2.1). In der Syntax werden nun einzelne Wörter oder Wortfolgen durch andere Wörter oder Wortfolgen ersetzt. Der Zweck dieses Verfahrens ist es, Mengen von Ausdrücken mit gleichen syntaktischen Eigenschaften zu ermitteln, wie (107) zeigt.

(107)   *Lisa/die Frau mit der Nickelbrille/die Frau, die über mir wohnt/ Sie studiert den Fahrplan/ das Nachtleben von München.*

In (107) können die durch Schrägstrich getrennten Ausdrücke für einander an der jeweiligen Strukturstelle im Satz eingesetzt werden;

(107)   a. *Lisa studiert den Fahrplan.*
          b. *Die Frau mit der Nickelbrille studiert den Fahrplan* etc.

Die durch Schrägstrich getrennten Ausdrücke haben die gleichen syntaktischen Eigenschaften; diese Eigenschaften weist auch die Stelle im Satz, an der sie stehen, aus. Die "Füllung" und die Stelle entsprechen also einander. Die Ausdrücke in der ersten und letzten Zeile von (107) bilden jeweils eine Nominalphrase (abgek. NP, siehe Abschnitt 4.2.1), die die in (107) erforderliche Subjekt- oder Objektstelle (siehe Abschnitt 4.2.2) füllen können. Ausdrücke mit anderen Eigenschaften, etwa *ratlos* oder *mit großem Eifer*, gehören nicht zu der Gruppe der NPs, können also auch nicht für die NP *den Fahrplan* eingesetzt werden.

(107')   *Lisa studiert den Fahrplan/ *mit großem Eifer.*

Jedoch können sie eine andere Stelle im Satz füllen.

(107'')   *Lisa studiert mit großem Eifer den Fahrplan.*

Es liegt auf der Hand, dass sich die Bedeutung des gesamten Satzes ändert, wenn ein Ausdruck substituiert wird.
2. Beim **Permutationstest** (**Umstell-** oder **Verschiebeprobe**) werden Wörter oder Wortfolgen innerhalb eines Satzes umgestellt. Der Zweck des Verfahrens ist, maximal bewegliche Einheiten im Satz zu erfassen, vgl. (108). Besonders relevant ist dabei die Position vor dem flektierten Verb. Man bezeichnet diese Position als Vorfeld (siehe Abschnitt 4.3).

(108)   a. *Lisa hat hoffentlich den 'Eisschrank zugemacht.*

    b. *Hoffentlich hat Lisa den 'Eisschrank zugemacht.*
    c. *Den 'Eisschrank hat Lisa hoffentlich zugemacht.*
    d. **Den hat Lisa hoffentlich Eisschrank zugemacht.*
    e. *'Zugemacht hat Lisa hoffentlich den Eisschrank.*

In (108) sind bis auf (108) d. alle Sätze wohlgeformt. Das Wort *hoffentlich* kann sowohl dem finiten Verb vorausgehen als auch ihm folgen, nämlich in (108) b. vs. (108) a.³ (108) d. zeigt, dass der Artikel *den* nicht von dem Nomen *Eisschrank* getrennt werden kann; die maximal bewegliche Einheit ist hier *den Eisschrank*, vgl. (108) c. Mit diesem Verfahren lassen sich sowohl Stellungseigenschaften von syntaktischen Kategorien und Stellungsregularitäten von Satzgliedern (wie SUBJEKT; OBJEKT, PRÄDIKAT etc. siehe Abschnitt 4.2.2) ermitteln als auch strukturelle Mehrdeutigkeiten auflösen. Vgl. (109) (= (22) in Abschnitt 1.1.2).

(109)   *Er traf den Mann mit dem Stock.*
       a. *Mit dem Stock traf er den Mann.*
       b. *Er traf den Mann, der einen Stock bei sich hatte.*

Wenn es um das Instrument geht, kann *mit dem Stock* vor das finite Verb bewegt werden, wie in (109) a. Liefert *mit dem Stock* aber eine Eigenschaft des Mannes, dann muss diese Wortgruppe seinem Bezugswort *den Mann* folgen.

    3. Der **Fragetest**, mit dem die syntaktischen Funktionen von Konstituenten ermittelt werden können, ist bereits bekannt. Mit diesem Test kann nach allen wesentlichen syntaktischen Funktionen gefragt werden (vgl. die Fragen in (100') zu Beginn des Kapitels).

    4. Mit der **Weglassprobe** lässt sich feststellen, welche Wörter oder Wortfolgen gestrichen werden können, ohne dass der Satz ungrammatisch wird. Damit lassen sich die für den Satz notwendigen Konstituenten feststellen. Vgl. (110) a. vs. b.

(110)   a. *Nina begrüßt die Nachbarin in der Schlange vor der Kasse.*
       b. *Nina begrüßt die Nachbarin.*
       c. **Nina begrüßt in der Schlange vor der Kasse.*

Wo Nina die Nachbarin begrüßt, ist für die Grammatikalität des Satzes nicht relevant, wohl aber wen sie begrüßt, das Akkusativobjekt *die Nachbarin*, vgl. (110) a. vs. b. Fehlt das Akkusativobjekt, dann ist der Satz nicht wohlgeformt.

    5 und **6.** Der **Koordinationstest** und der **Negationstest** verfolgen denselben Zweck: es können nur die Konstituenten durch *und/oder/aber* oder durch *nicht … sondern* miteinander verbunden werden, die die gleiche syntaktische Funktion haben. Vgl. (111) und (112):

(111) a. *Nina wollte Peter und die anderen erschrecken.*
    vs. *Nina wollte (den) Peter und *in der Laube erschrecken.*
    b. *Jene, aber nicht diese Frau wird einen Job erhalten.*
(112) a. *Nina wollte nicht Peter, sondern die anderen/*in der Laube erschrecken.*
    b. *Nicht jene, sondern diese Frau wird einen Job erhalten.*

In (111) a. hat *Peter und die anderen* die Funktion des Akkusativobjekts (*wen wollte Nina erschrecken?*). *In der Laube* aber liefert eine Ortsangabe, ein Lokaladverbiale, also ein andere syntaktische Funktion als das Akkusativobjekt.

7. Der **Pronominalisierungstest** ist die Ersetzung eines Wortes oder einer Wortfolge durch eine **Proform**. Proformen können sein: Personalpronomen, Proadverbien wie *da, dort, dann*, Pronominaladverbien wie *damit, darüber* (siehe Abschnitt 4.2.1). Das Verfahren hilft herauszufinden, ob diese Konstituenten Satzglieder (Subjekt, Objekt, Adverbiale etc., siehe Abschnitt 4.2) sind, denn nur diese können pronominalisiert werden, vgl. (113):

(113) a. *Fritz hat Franz gezwickt, dann hat er ihn gekitzelt.*
    b. *Sie traf ihn am Sonntag/dann am Schwimmbecken/dort.*
    c. *Ich weiß, dass sie mit ihm darüber gesprochen hat./Ich weiß es.*
    d. *Lisa sprach mit ihm über Fußball/darüber.*

Ein weiteres Verfahren, der **Passivtest**, wird in Abschnitt 4.1.3 vorgestellt. → **Übung 89** Diese Testverfahren tragen dazu bei, Eigenschaften von syntaktischen Einheiten zu bestimmen und ihre Kategorisierung durch syntaktische Argumente zu stützen.

Übung 89 Wenden Sie alle sieben Testverfahren auf die unterstrichenen Ausdrücke in den folgenden Sätzen an. Welche syntaktischen Eigenschaften (Stellung, Austauschbarkeit mit …, erfragbar, koordinierbar mit …, pronominalisierbar etc.) hat der jeweilige Ausdruck?

(a) *Sie gingen in den Zoo.*
(b) *Er hängt am Nagel.* vs. *Er hängt an seiner Idee.*
(c) *Sie sieht blendend aus.*
(d) *Natürlich hat Franz die Hälfte des Konzertes verschlafen.*

(e) *Das ist ja unheimlich* blöd.
Auf die Zuordnung zur syntaktischen Kategorie (Wortart) und zur syntaktischen Funktion kann verzichtet werden.

4.1.3 Beziehungen im Satz

Durch Abfolgebeziehungen im Satz – dass z. B. im Deutschen ein Artikel ein Nomen oder eine Präposition eine Nominalphrase erwarten lässt und nur beides zusammen bewegt werden kann (vgl. Permutationstest) – wird bereits ein gewisser Zusammenhalt innerhalb einzelner Konstituenten geschaffen. Darüber hinaus aber gibt es Relationen im Satz, die auch den Zusammenhalt größerer Konstituenten im Satz regeln. Sie werden im Folgenden besprochen. In (114) wird der Satz durch drei Relationen zusammengehalten:

(114)   *Der kleine Junge träumt von seiner Schildkröte.*

a. durch die Wertigkeit oder **Valenz** des Verbs. Das Verb ist mit bestimmten Stellen im Satz ausgestattet, die mit ihm im (mentalen) Lexikon gespeichert sind und deren Füllung im Satz gegebenenfalls zu erwarten ist. Das Verb *träumen von* "eröffnet" in (115) zwei Stellen, eine für das Subjekt und eine für das Objekt; beide müssen gefüllt werden; vgl. **Der kleine Junge träumt von* vs. **träumt von seiner Schildkröte.* Tilgte man die Präposition, dann hieße der Satz z. B. *Der Junge träumt.* Mit diesem Satz wird jedoch ein anderer Sachverhalt als in (115) beschrieben. *Träumen* ist ein von *träumen von* in syntaktischer und semantischer Hinsicht verschiedenes Verb.

b. durch die **Rektion**, die Fähigkeit von Einheiten wie Verben oder Präpositionen, den Kasus der von ihnen abhängigen Einheiten zu bestimmen. So bestimmt die Präposition *von* in (115) den Kasus der letzten NP, *seine Schildkröte.*

c. durch die **Kongruenz**, die Übereinstimmung in den morphosyntaktischen Beziehungen in der ersten und letzten NP (in Genus, Numerus und Kasus – *der kleine Junge, einer Schildkröte*) sowie zwischen Subjekt und finitem Verb (in Numerus und Person – *der Junge träumt*).

Diese drei Relationen – die Valenz, die Rektion und die Kongruenz – sollen nun detaillierter beschrieben werden.

Valenz und Rektion

Der Terminus **Valenz** wird Lucien Tesnière (1959) zugeschrieben. In Anlehnung an die Bindungsfähigkeit von chemischen Stoffen geprägt, bezeichnet er die Wertigkeit von Lexemen. Die Lexeme eröffnen Stellen mit bestimmten grammatischen Eigenschaften, die von Einheiten gefüllt werden, die diese Eigenschaften haben; die Lexeme lassen also bestimmte andere Einheiten erwarten. Damit strukturieren sie ihre Umgebung. Valenzträger sind Verben, Adjektive und Nomen. Sie fordern **Ergänzungen** (oder auch **Komplemente**), die in ihrem Stellenplan vorgesehen sind. Satzteile, die nicht im Stellenplan vorgesehen sind, werden (**freie**) **Angaben** (oder **Adjunkte**) genannt. Beispiele für ein-, zwei- und dreistellige Verben und Adjektive mit Ergänzungen finden sich in (115) und (116). Die Ergänzungen lassen sich mit Variablen x, y, z angeben.

(115) a. *Paula niest.*   = x niest.
       b. *Nina streichelt den Kater.*   = x streichelt y
       c. *Peter gibt Nina einen Briefumschlag.* = x gibt y z.
(116) a. *Lisa ist[4] fleißig.*   = x ist fleißig
       b. *Paul ist vom Lesen/des Lesens müde.*   = x ist müde von y;
                                                    x ist des y müde.
       c. *Nina ist Peter für den Briefumschlag*
          dankbar.   = x ist y für z dankbar.

Auch dem Nomen werden Valenzeigenschaften zugeschrieben. Das lässt sich gut an abgeleiteten Nomen zeigen wie in (117); die Paraphrase in (117') verdeutlicht, dass die Stellen auf das zweistellige Verb *hoffen auf* (x *hofft auf* y) zurückgehen.

(117)   *Lisas Hoffnung auf bessere Zeiten.*
(117') *Lisa hofft auf bessere Zeiten.*

Bislang wurde davon gesprochen, dass Verben mit einer lexikalischen Bedeutung, also **Vollverben**, Valenz besitzen. Wie steht es mit **Hilfsverben**, **Kopulaverben** und **Modalverben**?

Bei Hilfsverben (*haben, sein, werden*) wird übereinstimmend in der Forschung davon ausgegangen, dass sie keine Valenz haben.

(118)   *Er hat geklopft.*

Kopulaverben (*bleiben, sein, werden*) hingegen eröffnen Stellen, werden aber zusammen mit dem Adjektiv (119) a. oder Nomen (119) b. als eine

Gruppe aufgefasst, die gemeinsam die Funktion des Prädikats ausfüllen (z. B. Duden Grammatik 2009 § 576, Eisenberg 2013b: 79–83). Dabei kann das Adjektiv selbst wieder Valenzen haben, wie in (116) b. und c. Die Einheit, die mit dem Kopulaverb im Prädikat steht – das Prädikativum (siehe 4.2.2) –, sucht die Füllung des Subjekts aus (Eisenberg 2013b: 80 f.); vgl. (119) c. vs. (119) c'.

(119)　a. *Sie ist müde.*　　　　　　x [ist y]
　　　　b. *Er bleibt Lehrer.*
　　　　c. *Dass sie schreibt, ist ein Erfolg*
　　　　c'. **Dass sie schreibt, ist ein Brief.*

Modalverben (siehe Abschnitt 3.3) treten zusammen mit einem Infinitiv auf und bilden mit ihm eine eigene Verbalgruppe (Eisenberg 2013b: 87 ff.). Dabei gibt es eine Subgruppe von Modalverben, die auch als (zweistellige) Vollverben verwendet werden (*mögen, möchten, wollen*); vgl. (120) a.

(120)　a. *Sie möchte/will Spaghetti.*
　　　　b. *Er muss/kann/soll/darf Brot kaufen.*
　　　　c. *Sie möchte/will, dass er kommt.*
　　　　d. **Sie muss, dass er kommt.*
　　　　e. **Dass er kommt, will sein.*
　　　　f. *Dass er kommt, muss sein.*

Die Subgruppe in (120) a. erlaubt *dass*-Objektsätze, aber keine *dass*-Subjektsätze, während die anderen Modalverben Subjektsätze, aber keine Objektsätze zulassen (vgl. (120) c.–f.). In ihrem syntaktischen Verhalten sind diese Gruppen also deutlich voneinander geschieden (vgl. dazu ausführlich Eisenberg 2013b: 84–92). Durch ihr differenziertes syntaktisches Verhalten unterscheiden sich die Modalverben von den Kopulaverben.

Unter **Rektion** versteht man, dass ein lexikalisches Element die grammatischen Merkmale eines anderen festlegt ("regiert"). Im Deutschen handelt es sich dabei insbesondere um den Kasus der abhängigen Konstituente, der durch Verben, Adjektive oder Präpositionen bestimmt wird; die regierten Elemente sind unterstrichen.

(121)　a. *Sie gedenken <u>der Gefallenen</u>.*
　　　　b. *Er ist <u>des Diebstahls</u> verdächtig.*
　　　　c. *Paul ist in <u>der Kneipe</u>/Paul geht in <u>die Kneipe</u>.*

Mit Hilfe des Rektionsbegriffs lassen sich nun weitere Differenzierungen bei den Ergänzungen und Angaben vornehmen: Ergänzungen sind regiert oder obligatorisch.

Im folgenden Satz sind die Dativ- und Akkusativobjekte vom Verb regiert und zugleich obligatorisch:

(122)   *Peter gibt dem Mann den Blumenstrauß.*
(122')   **Peter gibt dem Mann.*
(122'')   *?*Peter gibt den Blumenstrauß.*

Nicht regiert, aber obligatorisch können Adverbiale sein, etwa bei Positionsverben wie in (123).

(123)   *Lisa legt das Buch auf den Tisch.*
(123')   **Lisa legt das Buch.*

Bei den Ergänzungen werden obligatorische von fakultativen unterschieden; die obligatorischen sind im Gegensatz zu den fakultativen Ergänzungen nicht weglassbar, wie (124)–(124') bzw. (125)–(125') zeigen:

(124)   *Nina wohnt in Haidhausen.*
(124')   **Nina wohnt.*
(124)   *Nina isst einen Apfelkuchen.*
(125')   *Nina isst.*

(125') ist, im Gegensatz zu (124'), wohlgeformt.
     Angaben sind weder regiert noch obligatorisch. In (126) ist *das Buch* eine fakultative Ergänzung, vom Verb regiert; das Lokalverbiale *im Bett* bekommt weder vom Verb den Kasus zugewiesen, noch ist es obligatorisch.

(126)   *Peter liest (das Buch) im Bett.*

Diese Zusammenhänge werden in Tabelle 6 noch einmal zusammengefasst. Die Ergänzungen sind grau unterlegt.

Tab. 6 Ergänzungen und Angaben

	Ergänzungen	**Angaben**
Obligatorisch	*Er gibt ihr das Buch.*	*Er sieht in die Ferne/auf den Tisch.*
Fakultativ	*Sie liest (das Buch).*	*Sie liest (im Bett).*

Wie lassen sich jedoch Angaben von fakultativen Ergänzungen trennen?

(127) *Nina traf Franz am Montag an der Würstchenbude.*

Der Weglasstest als Entscheidungshilfe reicht hier nicht aus. Ein weiteres, bislang noch nicht erwähntes Verfahren hilft eher: Die betroffene Angabe wird in einem Zusatz mit "und das geschah ..." aufgenommen, wie in (127').[5]

(127') *Nina traf Franz und das geschah am Montag an der Würstchen-bude.*

Dieser Zusatz ist bei fakultativen Ergänzungen nicht möglich;[6] vgl.

(127'') **Nina isst und das geschah ein Apfelkuchen.*

→ **Übung 90**
Bislang wurde die Valenz als eine rein syntaktische Relation betrachtet. Diese Betrachtungsweise greift jedoch zu kurz. Bereits (125') lässt für den Leser den Schluss zu, dass Nina etwas isst. Aber dieses Etwas wird vom Sprecher nicht spezifiziert. Zusätzlich zur syntaktischen Dimension muss es also auch noch eine semantische geben. Daher wird von vielen Autoren mittlerweile zwischen **syntaktischer Valenz** und **semantischer Valenz** unterschieden (z. B. Jacobs 1994, Pittner & Berman 2013: 49 ff.). Die von den Valenzträgern eröffneten Stellen werden semantisch als **Argument**stellen interpretiert und mit Einheiten in bestimmten semantischen Rollen gefüllt. Zu diesen **semantischen Rollen** zählt z. B. das **Agens**, das intentional und willentlich handelt oder etwas verursacht, und das **Patiens/Objekt/Thema**, das von einem Geschehen betroffen ist und gegebenenfalls verändert wird, wie in (128).

(128) *Der Vater füttert das Kind.*

Darüber hinaus sind zu nennen der **Rezipient**, der etwas empfängt (vgl. *dem Mann* in (122)), der **Experiencer**, der etwas wahrnimmt oder erfährt (wie in (129)), oder der **Benefizient**, der von einem Ereignis profitiert (wie in (130)) (vgl. Pittner & Berman 2013: 50 f.)

(129) *Franz sieht in die Ferne.*
(130) *Lisa trägt dem Vater die Tasche.*

Neben der syntaktischen und semantischen Dimension gibt es noch eine dritte, die morpho-syntaktische Dimension. Denn die Ergänzungen sind nicht nur bestimmten semantischen Rollen, sondern auch bestimmten Kasus zugeordnet (vgl. dazu auch Primus 1987). So wird ein Agens im Nominativ stehen (ausgenommen die Agensphrase in Passivkonstruktionen – *Das Kind wird vom Vater gefüttert*), das Patiens im Akkusativ (im Nominativ in Passivkonstruktionen), ein Rezipient überwiegend im Dativ etc. Valenz kann also als Bündel verschiedener Relationen – syntaktisch, semantisch, morphologisch – aufgefasst werden (Jacobs 1994). Interessant ist, dass es bei diesen Zuordnungen kein 1:1 Verhältnis gibt. So kann die syntaktische Dimension nicht realisiert sein und das Argument als unspezifiziert gelten, wie in (125). Ein anderer Fall liegt bei (131) a. und b. vor. Hier sind die Stellen semantisch spezifiziert, werden aber nicht realisiert.

(131)   a. *Die Henne legt.*
         b. *Ede sitzt.*

In (131) a. und b. wird jeder kompetente Sprecher des Deutschen automatisch ergänzen können: *die Eier* oder *im Gefängnis;* diese Information wird mitverstanden, aber nicht ausgedrückt.

Syntaktisch notwendig, aber semantisch leer ist die Subjektstelle in (132). Das **formale Subjekt** es darf nicht fehlen, wie die Reformulierung in einer Frage belegt:

(132)   *Es donnert.*
(132')   **Donnert? vs. Donnert es?*

Bislang waren die Stellen für Ergänzungen – ob gefüllt oder ungefüllt – immer lexemabhängig. Im folgenden Fall handelt es sich nicht um eine lexembedingte, sondern um eine konstruktionsbedingte Abhängigkeit:

(133)   *Es waren einmal ein König und eine Königin. Sie hatten sieben Töchter.*

Zu Beginn von Sätzen findet sich häufig bekannte Information, während am Satzende eher neue Information steht. Man spricht dann von einer Abfolge von thematischen Einheiten zu rhematischen Einheiten (siehe Abschnitt 4.6.2). Zu Beginn von Texten gibt es jedoch noch keine bekannte Information, da z. B. die Protagonisten der Geschichte, wie der König und die Königin, noch nicht eingeführt sind. Was passiert dann mit der ersten

Position im ersten Satz? Sie wird – da sie konstruktionsbedingt gefüllt sein muss – mit einem *es* gefüllt. Dieses *es* ist kein formales Subjekt (wie in (132)), das mit dem Verb kongruiert. *Es* in (133) wird als **thematisches Es** (Heidolph et al. 1981: 326) bezeichnet; es füllt die Stelle für thematische Information. Dieses *es* ist aber durch Umstellung tilgbar. ➔ **Übung 91**
Nicht in allen Fällen werden freie Angaben und Ergänzungen in den Grammatiken übereinstimmend identifiziert, z. B. einige Dative (in (134) unterstrichen):

(134) a. *Komm <u>mir</u> pünktlich nach Hause.*
b. *Peter spricht <u>der Oma</u> nicht laut genug.*
c. *Franz trägt <u>dem Freund</u> die Tasche.*
d. *Lisa wäscht <u>dem Kind</u> das Gesicht.*

In (134) a. und b. handelt es sich um freie Angaben, wie der Weglasstest zeigt (allerdings nicht der *und das geschah*-Zusatz). Diese beiden Dative sind nicht im Stellenplan der entsprechenden Verben vorgesehen.

(134) a'. *Komm pünktlich nach Hause.*
a''. *Komm pünktlich nach Hause – *und zwar mir.*
b'. *Peter spricht nicht laut genug*
b''. *Peter spricht nicht laut genug –?und zwar der Oma.*

Bei dem Dativ in (134) a. handelt es sich um den **Dativus ethicus** (den Dativ der persönlichen Stellungnahme), beim Dativ in (134) b. um den **Dativus judicantis** (den Dativ der Beurteilung oder Einschätzung). Umstritten ist die Klassifizierung als Angabe oder Ergänzung bei den nächsten beiden Dativen, dem **Dativus commodi** in (134) c. (dem Dativ des Nutznießers) und dem **Pertinenzdativ** in (134) d. (lat. *pertinere* 'erstrecken', auch als possessiver Dativ bekannt). Die Entscheidung, ob es sich um ein Objekt oder eine freie Angabe handelt, lässt sich mithilfe des **Passivtests** treffen. Im Passiv wird das Akkusativobjekt zum Nominativ (vgl. *Der Vater füttert das Kind.* vs. *Das Kind wird vom Vater gefüttert.*) Eine Variante des Passivs ist das Rezipientenpassiv (vgl. *Er bekommt seine Arbeit korrigiert*). Entsprechend gibt es auch einen **Rezipientenpassivtest**. Bei beiden Konstruktionen, dem Dativus commodi und dem Pertinenzdativ, lässt sich dieser Test anwenden (vgl. dazu auch Eisenberg 2013b: 294 f.).

(134) c'. *Der Freund bekommt von Franz die Tasche getragen.*
d'. *Das Kind bekommt von Lisa das Gesicht gewaschen.*

Durch diese Passivierung lässt sich der jeweilige Dativ als Ergänzung (bzw. Objekt) klassifizieren. Angaben hingegen können nicht passiviert werden. → **Übung 92**, **Übung 93**
Valenzen können sich im Laufe der Zeit ändern; vgl. (135).

(135)   a. *Mich friert. Ich friere.*
        b. *Ich erinnere mich seiner. Ich erinnere mich an ihn.*
        c. *Sie stiehlt ihm etwas. Sie bestiehlt ihn.*

In (135) a. lässt sich beobachten, dass ein Subjekt[7] – in der semantischen Rolle eines Experiencers, realisiert im Akkusativ – sich nicht halten kann; die Tendenz geht dahin, das Subjekt durch den Nominativ zu realisieren.[8] In (135) b. findet sich wieder einer der heute veralteten Genitive, die durch eine Präpositionalkonstruktion ersetzt werden. In beiden Fällen bleibt die Anzahl der Stellen erhalten, aber deren Füllung ändert sich. Dies trifft nicht zu in (135) c. Dort wird die Anzahl der Stellen durch die Präfigierung des Verbs verringert: x *stiehlt* y z vs. x *bestiehlt* y. → **Übung 94**

Übung 90   Wie viele und welche freien oder obligatorischen Ergänzungen und Angaben gibt es in den folgenden Sätzen? – Geben Sie die Ergäzungen mit den Variablen x, y, z an.
(a) *Peter übergibt am Sonntag in Posemuckel seiner Freundin einen Brief.*
(b) *Die Mutter kocht die Suppe.*
(c) *Die Suppe kocht.*
(d) *Die Mutter kocht.*
(e) *Franz lebt in Berlin.*
(f) *Peter arbeitet in Berlin.*
(g) *Franz verhält sich unverschämt.*
(h) *Die Sitzung dauert vier Stunden.*
(i) *Peter läuft in den Wald.*
(j) *Lisa sitzt auf der Terrasse.*
(k) *Paul schläft im Auto.*

Übung 91   Stellen Sie mit Hilfe von Testverfahren fest, wie man das 'es' in den folgenden Sätzen unterscheiden kann.
(a) *Das Baby hat Hunger. Es schreit.*
(b) *Es ist mir egal, ob du kommst.*
(c) *Es fuhren drei Burschen wohl über den Rhein.*
(d) *Es wurde damals viel getanzt.*
Lit.: Duden Grammatik (2009 § 1260–1263); Heidolph et al. (1981: 325–31)

Übung 92   Stellen Sie die Kriterien (u. a. Tests) zusammen, mit denen Sie obligatorische von fakultativen Ergänzungen sowie fakultative Ergänzungen von Angaben unterscheiden können und belegen Sie sie an je an einem Beispiel.

Übung 93 Wie können Sie Objekte definieren?

Übung 94 Im Deutschen gibt es eine Reihe von Präfixverben. Wählen Sie drei Präfixe aus, suchen Sie zu jedem Präfix drei existierende Präfixverben und bilden Sie ein entsprechendes Simplexverb (z. B. *bestehlen – stehlen*). Überprüfen Sie an den 12 Paaren von Präfixverb und Simplexverb die Anzahl und Art der erforderlichen Stellen und ihre jeweiligen Füllungen. Notieren Sie kurz Ihre Beobachtungen.
z. B. *stehlen*: 3 Stellen, gefüllt durch Subjekt, Akkusativobjekt, Dativobjekt.
bestehlen: 2 Stellen, gefüllt durch Subjekt, Akkusativobjekt.

Kongruenz

Unter **Kongruenz** wird die Übereinstimmung zwischen Wörtern oder Wortgruppen in ihren morphosyntaktischen Merkmalen verstanden. Bei diesen Übereinstimmungen wird nach grammatischer und anaphorischer Kongruenz unterschieden.

Zur **grammatischen** Kongruenz gehören die folgenden Übereinstimmungen:

(a) grammatische Kongruenz.
 – verbale: *Ich reise ab* vs. *Wir reisen ab*.
 – prädikative: *Sie ist Ärztin, er ist Arzt*.
 – nominale, innerhalb einer NP:
  die Gabel, das Messer; meine Gans, deine Ente

der schöne Mann	*ein schöner Mann*	*schöner Mann*
die schöne Frau	*eine schöne Frau*	*schöne Frau*
das schöne Kind	*ein schönes Kind*	*schönes Kind*

Bei der verbalen Kongruenz zwischen Subjekt und finitem Verb handelt es sich um eine Übereinstimmung in den Kategorien Numerus und Person. Bei der prädikativen Kongruenz zwischen Subjekt und Prädikatsnomen (siehe Abschnitt 4.2.2) geht es um die Übereinstimmung in Numerus und Genus. Die nominale Kongruenz besteht in der Übereinstimmung in Genus, Numerus und Kasus. Dabei gibt es eine interessante Interaktion zwischen den Einheiten. Nomen sind inhärent nach dem Genus unterschieden, aber ihr Genus wird am Nomen nicht explizit gekennzeichnet. Es muss also durch andere Einheiten sichtbar gemacht werden, z. B. durch den Artikel. Das Nomen weist dem Artikel das Genus zu. Sollte darüber hinaus ein Adjektiv vor dem Nomen stehen, dann bestimmen die grammatischen Eigenschaften des (Nomens und des) Artikels dessen grammatische Eigenschaften. Ist das Genus am Artikel erkennbar, wie beim bestimmten Artikel (etwa *der schöne Mann*), dann spezifiziert das folgende Adjektiv nicht mehr die Genuseigenschaft; vgl. *der schöne Mann, die schöne Frau, das schöne Kind* (**schwache Deklination** des Adjektivs). Ist dies nicht der Fall, wie beim unbestimmten Artikel (*ein schöner Mann, ein schönes Kind*) so muss das Adjektiv das Genus anzeigen, denn der Artikel unterscheidet die beiden Genera nicht (**gemischte Deklination** des Adjektivs). Dies ist auch der Fall, wenn der Artikel wie bei *großer Erfolg* gänzlich fehlt (**starke Deklination** des Adjektivs). Damit kann das Genus einer Wortgruppe entweder am Artikel oder am Adjektiv erkannt werden.

Die zweite Art von Kongruenz geht über Satzgrenzen hinaus. Es ist die **anaphorische Kongruenz** in Numerus und Genus z. B. bei Personalpronomen. Diese Art der Übereinstimmung in Merkmalen ist wichtig für die Kohärenz von Texten.

(b) anaphorische Kongruenz: *Lisa hatte Geburtstag. Sie bekam ein Fahrrad ...*

Valenz, Rektion und Kongruenz sorgen also dafür, dass, zusätzlich zur Reihenfolge, der Satz auf sehr vielfältige Weise "zusammengehalten" wird. → **Übung 95**, **Übung 96**

Übung 95   Zeigen Sie noch einmal anhand des Beispiels (114) mit Hilfe von Pfeilen auf, wie die drei Relationen – Valenz, Rektion, Kongruenz – den Satz "zusammenhalten". Achten Sie auch auf die nominale Kongruenz.

Übung 96   In der Therapie eines aphasischen Patienten mit morphosyntaktischen Beeinträchtigungen wird eine Übung zur Satzbildung durchgeführt. Dabei wird dem Patienten eine Reihe von Wortkarten vorgelegt, aus denen er Sätze bilden soll. Beurteilen Sie die entstandenen aphasischen Fehler.
(a) Vorgabe: schenken / Spiel / Junge / Geburtstag / Vater
Antwort: *Der Vater schenkt den Jungen zum Geburtstag.*
(b) Vorgabe: begrüßen / Publikum / Bürgermeister / Konzert
Antwort: *Der Bürgermeister begrüßen das Publikum.*
(c) Vorgabe: gehen / Zoo / Junge / klein / heute
Antwort: *Der kleinen Junge geht heute in das Zoo.*

Konstituenz – Dependenz

Satzbeschreibungen können von (mindestens) zwei Betrachtungsweisen ausgehen: Entweder ein Satz wird in seine Bestandteile (Konstituenten) zerlegt oder aus diesen aufgebaut; in beiden Fällen erhalten die Konstitu-

enten und ihre Zusammensetzung vorrangige Bedeutung. Oder aber es
werden die Abhängigkeiten (Dependenzen) im Satz zum Ausgangspunkt
genommen. Dann hat die Valenz den Vorrang.

Bei der **Konstituenz** handelt es sich um eine Teil-Ganzes-Relation (A
besteht aus/enthält B, C, D), die die Relation von komplexeren Ausdrücken zu einfacheren, in ihnen enthaltenen Ausdrücken erfasst. Dieser
Typ von Relation bestimmt die Konstituentenstruktur (Phrasenstruktur)
von Sätzen.
Die Konstituentenstruktur des Satzes (S) *Der Mann isst einen Apfelkuchen.* sieht folgendermaßen aus:

(136)

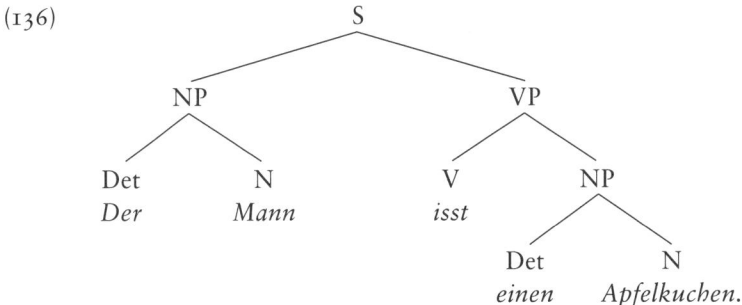

Die Information in diesem Phrasenstrukturbaum lässt sich auch mit Re-
geln wiedergeben, den sogenannten Phrasenstrukturregeln, in denen die
Einheiten die Konstituenten sind:
z. B. Ein Satz S besteht aus NP und VP; als Regel S → NP + VP.[9]
   Eine NP (z. B. *der Mann*) besteht aus Art(ikel)/Det(erminator) und
   N; NP → Det + N
   Eine VP (z. B. *isst Apfelkuchen*) besteht aus V(erb) und NP; VP → V
   + NP
   Ein solches Grammatikmodell liegt etwa der Duden Grammatik
(1984 ff.) oder auch der Akademiegrammatik (Heidolph et al. 1981) zugrunde.
   Bei der **Dependenz** handelt es um Abhängigkeiten von A und B. Dabei
gilt als abhängig, wenn B nicht ohne A, aber A ohne B auftreten kann.
Der wichtigste Typ von Abhängigkeit ist mit der Valenz eines Lexems
gegeben. Der Satz *der Mann isst (heute) einen Apfelkuchen* bekommt
in einer Dependenzgrammatik in etwa folgende Struktur (nach Engel
2009)

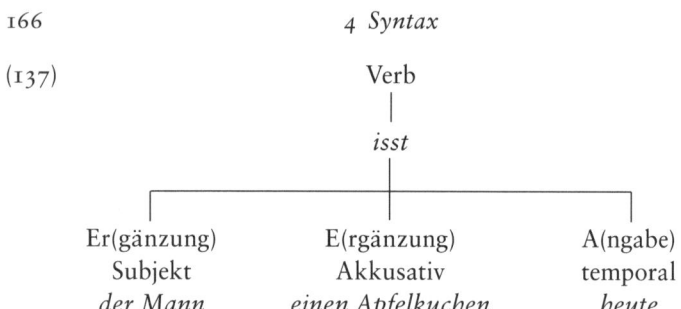

(137)   Verb
                          |
                         isst

Er(gänzung)   E(rgänzung)   A(ngabe)
Subjekt   Akkusativ   temporal
der Mann   einen Apfelkuchen   heute

Eine solche Konzeption liegt den Grammatiken von Erben (1968), Helbig und Buscha (1975 ff.), und Engel (1988 ff.) zugrunde. ➜ Übung 97 In diesem Abschnitt wurde gezeigt, wie vielfältig die Zusammenhänge in einem Satz sind und welche linguistischen Teilbereiche in welchem Ausmaß involviert sind. Im nächsten Abschnitt werden nun auf der Basis dieser Grundbegriffe weitere syntaktische Einheiten, die syntaktischen Kategorien und Funktionen, besprochen. Streng genommen zählen sie selbst zu den Grundbegriffen. Aber wegen der Komplexität ihrer Struktur ist ihnen ein eigener Abschnitt gewidmet.

Übung 97   Überlegen Sie, welche Informationen in einer Konstituentenstrukturgrammatik oder in einer Dependenzgrammatik fehlen, so dass sie noch zusätzlich angegeben werden müssen.

4.2   Syntaktische Kategorie – Syntaktische Funktion

Die **syntaktische Kategorie** gibt den Namen einer Klasse von einfachen oder komplexen Ausdrücken mit gemeinsamen syntaktisch relevanten Eigenschaften (z. B. morphologischen und distributionellen Eigenschaften) an, etwa Nomen/Substantiv, Verb, Adjektiv, Adverb etc., Nominalphrase (NP), Präpositionalphrase (PP), Adjektivphrase (AdjP) etc. ➜ Übung 98 Eine syntaktische Kategorie ist einstellig: x ist A; z. B. *laufen* ist ein Verb. Die **syntaktische Funktion** hingegen bildet eine zweistellige Relation zwischen einer Strukturstelle (im Satz) und dem Satz als Ganzem – x ist A von y, etwa Subjekt/Objekt/Prädikat von Satz y – oder zwischen einer Strukturstelle und einer anderen Strukturstelle, wie bei der syntaktischen Funktion des Attributs. Die syntaktische Funktion wird durch die morphologische Markierung und/oder die strukturelle Relation der Ausdrücke zueinander bestimmt. Ein Beispiel:

Was ist die syntaktische Kategorie und die syntaktische Funktion von *schnell* in den folgenden Sätzen?

(138)   *Otto ist schnell.*
(139)   *Otto läuft schnell.*
(140)   *Der schnelle Otto läuft für Deutschland.*

Berücksichtigt werden hier die folgenden syntaktischen Mittel: die Stellungseigenschaften, insbesondere die Stellung im Vorfeld durch den Permutationstest, die morphologische Markierung, prosodische Eigenschaften (insbesondere die Fähigkeit, den Satzakzent – potentiell – zu tragen) und der semantische Bezug zu anderen Ausdrücken im Satz. Die Eigenschaften von *schnell* in (138) bis (140) sind in der folgenden Tabelle in den Zeilen 2–5 aufgeführt. In den letzten zwei Zeilen stehen die Namen der syntaktischen Kategorie und der Funktion. Details zur jeweiligen Funktion finden sich in Abschnitt 4.4.2.

Tab. 7 Syntaktische Kategorie und Funktion von *schnell* in (138)–(140)

Eigenschaften	*schnell* (39)	*schnell* (40)	*schnelle* (41)
vorfeldfähig	+	+	nur mit Bezugswort
als Ganzes verschiebbar	0	0	nur mit Bezugswort
morpholog. Markierung	–	–	+
Satzakzent (potentiell)	+	+	-
Bezug zu	Referenten im Subjektsausdruck	Verb	Referenten des Bezugswortes
Kategorie	Adj	Adj	Adj
Funktion	PRÄDIKATIVUM (Prädikatives Adj)	ADVERBIALE	ATTRIBUT

Legende: +/– trifft zu/trifft nicht zu; 0 = nicht relevant

Eine syntaktische Kategorie wie das Adjektiv – überprüft an *schnell* – kann also in verschiedenen syntaktischen Funktionen auftreten.

Gelegentlich war in den vorangegangenen Abschnitten die Rede von **Satzglied**ern. Es geht dabei um eine Teilmenge von syntaktischen Funktionen: Zu ihr zählen das Subjekt, das Prädikat, das Prädikativum (siehe 4.2.2), das Objekt und das Adverbiale. Teil eines Satzglieds – also Gliedteil – ist das Attribut. Die Satzglieder Subjekt, Prädikativum, Objekt und

Adverbiale erfüllen die folgenden Kriterien: Sie sind vorfeldfähig, nur als Ganzes verschiebbar, können erfragt und pronominalisiert werden.

→ Übung 99

Übung 98 Traditionell werden die Wortarten (syntaktischen Kategorien) mit Hilfe morphologischer (Flexionsart) und syntaktischer (Satzwert, Satzglied etc.) Kriterien bestimmt. Versuchen Sie, eine solche Zuordnung vorzunehmen. Zur Orientierung siehe Flämig (1991: 358).

Übung 99
(1) Überprüfen Sie die genannten Kriterien für Satzglieder an den Konstituenten der folgenden beiden Sätze, indem Sie die entsprechenden Testverfahren anwenden.
   (a) *Peter hat seine Kinder mit dem Auto nach Berlin gefahren.*
   (b) *Susanne ist Ärztin.*
(2) Welche Probleme ergeben sich beim Prädikat?

4.2.1 Syntaktische Kategorien

Nach der Komplexität geordnet ist der Satz die komplexeste Kategorie, dann kommen die Wortgruppen- oder **Phrasenkategorien**, dann schließlich die einfachen Kategorien. Dem Satz und seinen Subtypen ist später ein eigener Abschnitt gewidmet (siehe 4.4).

Um die innere Struktur der Phrasen zu verdeutlichen, wird das bereits aus dem 3. Kapitel bekannte Baumdiagramm verwendet (vgl. auch die Konstituentenstrukturgrammatik in (136). Die grammatischen Eigenschaften weist der **Kopf** zu, wie dies bereits in der Wortbildung in Abschnitt 3.4 gezeigt wurde.

Der Kopf
– regiert andere Elemente in der Phrase oder im Satz (z. B. weist das Verb der Objekts- NP den Kasus zu),
– bestimmt die Kategorie der Phrase (z. B. die Präposition die Präpositionalphrase),
– trägt die morphologischen Merkmale der Phrase.

Bei den Phrasenkategorien werden die folgenden unterschieden, der Kopf ist jeweils fett gedruckt:

Präpositionalphrase (abgekürzt PP): *(Franz ist)* **an der Tankstelle,**
Nominalphrase (NP):   *(Nina isst) die **Nussschnitte.***
Adjektivphrase (AdjP):   *(Sie fährt) sehr **schnell.***
Adverbphrase (AdvP):   *(Sie kommt) sehr **gerne.***

Verbalphrase (VP): *(Nina) isst die Nussschnitte.*
Infinitivphrase (IP): *(Peter hat vor), (abends) zu*
  schwimmen.
Partizipphrase (PartP) *Vom Anblick **überwältigt,***
  (hielt sie den Atem an).

In formalen Grammatikmodellen werden zusätzlich noch zwei Phrasen unterschieden:

Determiniererphrase (DP) *die (schöne Blume); diese, jene*
  (Blume) ...
Complementiererphrase (CP) *dass + er so spät kommt*

Ein Beispiel für die Baumstruktur ist die folgende Präpositionalphrase (PP) *(Er stand) an der Tankstelle*

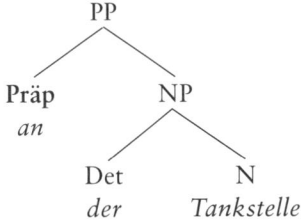

Im Folgenden werden die Kategorien im Einzelnen erläutert.

Einfache und komplexe syntaktische Kategorien im Detail

A. Nominalphrase (NP) (auch: Substantivgruppe)
Kopf: Nomen oder Pronomen.
Morphologische Eigenschaften: Die NP wird dekliniert, erhält den Kasus vom Verb.[10] Der Kopf (das Nomen) weist der gesamten Phrase das Genus zu (vgl. auch Flexionskategorien in Abschnitt 3.3).

Subkategorien von NPs:
Einfache NPs (vgl. z. B. Eisenberg 2013b Kapitel 5)
(a) Eigennamen: z. B. *Fritz, Deutschland;* sie bezeichnen genau eine Entität.
Eigenschaften:
– Nomenbegleiter/Artikelwörter gibt es regional: *Der Fritz kommt später.*
– Pluralbildung ist nicht möglich, vgl. *die EU;* bei einigen Staatenbunden existieren bereits Pluraletanta (lat. *tantum* 'nur'; 'nur im Plural') wie *die USA.*

- Genus ist sexusbestimmt oder konventionell; z. B. *das Norwegen der 50iger Jahre*

(b) Gattungsnamen: z. B. *der Affe, der Mensch, die Pflanze*
Eigenschaften:
- Artikelwörter sind notwendig.
- Pluralbildung ist möglich.
- Genus ist konventionell

(c) Stoffnamen: z. B. *Wasser, Gold, Stahl, Milch*
Eigenschaften:
- Artikelwörter sind nur in beschränktem Umfang möglich.
- Pluralbildung ist mit Maßeinheiten: 3 *Liter Milch* statt 3 *Milche möglich; Sortenplural: 3 *Öle*
- Genus ist konventionell.

(d) Pronomen und ihre Subkategorien:
- Personalpronomen: z. B. *er, sie, es, wir*
- Interrogativpronomen: z. B. *wer, wo, was, welcher*
- Demonstrativpronomen: z. B. *der, dieser, jener*
- Indefinitivpronomen: z. B. *keiner, jeder, alle, man*
- Possessivpronomen: z. B. *meins, deins, meiner, deiner*
- Relativpronomen: z. B. *der, die, welchen*
- Reflexivpronomen: z. B. *mich, dich, sich.*

Einfache NPs können erweitert werden zu komplexen NPs durch Artikelwörter und Pronomen (vgl. Duden Grammatik 2009 § 346, § 1220; Eisenberg 2013b Abschnitt 5.2 f.))
- ein **Artikelwort** (auch: Artikel, Determinierer; Besonderheiten theorieabhängig):
  - bestimmter und unbestimmter Artikel: *der, ein*
  - morphologisch: Der Artikel beeinflusst die Flexion des folgenden attributiven Adjektivs: *ein schöner Mann* vs. *der schöne Mann* (siehe Kongruenz).
  - semantisch: Sowohl der bestimmte als auch der unbestimmte Artikel können eine NP als [+/– spezifisch] oder [+generisch] angeben: *Ein/Der Elephant isst Erdnüsse* ('ein spezifischer Elephant' vs. 'irgendein Elephant', 'Elephanten'/'die Elephanten als Spezies').
  - pragmatisch: Der unbestimmte Artikel gibt an, dass die Information neu ist, dass z. B. die Person gerade eingeführt wird. Vgl. (133): *Es war einmal ein König und eine Königin. Der König und die Königin/Sie ...*
- ein **Pronomen** (auch: Nomenstellvertreter):
  Demonstrativ-, Possessiv-, Indefinitpronomen, Numeralia; Relativ-

pronomen und Interrogativpronomen; (vgl. Flexionskategorien in Abschnitt 3.3).

Indefinitpronomen: *Keiner kam* vs. Artikelwort: *Kein Mensch kam.*

	Artikelwort	NP-Stellvertreter
Artikel	+	–
Possessivpronomen	+	+
Demonstrativpron.	+	+
Indefinitpronomen	+	+
Interrogativpron.	+	+
Personalpronomen	–	+
Relativpronomen	–	+
Reflexivpronomen	–	+

Besonderheit der Artikelwörter: Im Allgemeinen sind sie nicht miteinander kombinierbar, aber es gibt Ausnahmen: *in diesem unserem Lande, alle meine Entchen,* ...

NPs sind ferner erweiterbar durch
– Adjektiv: *der alte Mann, ein alter Mann, großer Erfolg*
– PP: *das Haus am See*
– NP: *das Haus des Vaters*
– Relativsatz: *das Haus, das ich mag; die Tatsache, dass er kommt; die Frage, ob er kommt.*
Distribution vgl. die entsprechenden syntaktischen Funktionen.

B. Adjektivphrase (AdjP)
Kopf: Adjektiv (Adj).
Morphologische Eigenschaften: flektierbar (deklinier- und komparierbar) mit einigen Ausnahmen: z. B. *entzwei* (vgl. nur prädikativ gebrauchte Adjektive in 4.2.2).
Zur Semantik der Adjektive siehe Duden Grammatik (2009 § 459)
Distribution vgl. Abschnitt 4.2.2 die syntaktischen Funktionen: Prädikativ, Attributiv, Adverbial (zu Beschränkungen siehe dort).

AdjPn sind erweiterbar durch
– Steigerungspartikel/Gradpartikel (Duden Grammatik 2009 § 871): *sehr/ziemlich schön*
– Adjektiv: *prächtig gewachsene Bäume*
– Ergänzungen/Komplemente (vgl. Valenz): *des Geldes wert, der Kollegin dankbar, der dem Spiel verfallene Mensch* etc.

C. Präpositionalphrase (PP):
Kopf: Präposition. Präpositionen regieren den Kasus ihrer Bezugs-NP.

Subkategorien von Präpositionen:
(a) Präposition: *nach Hause, im Hause*
(b) Postposition: *den Weg entlang, der Annahme zufolge*
(c) Ambiposition: *(wegen) des Unfalls (wegen)*
(d) Zirkumposition: *um der Tante willen.*

PPs können bestehen aus:
– Präposition mit NP: *vor dem Haus*
– Präposition mit Adverb: *von links, von hier*
– Präposition mit Adjektiv: *für gut*
– Pronominaladverbien (auch Präpositionaladverbien, Duden Grammatik 2009 § 858): *damit, darüber, davon*
– Präposition und PP: *bis vor die Tür, von vor dem Krieg*
– andere Erweiterungen, z. B. Fokuspartikel und PP: *sogar vor der Tür*

D. Adverbphrase (AdvP)
Kopf: Adverb (Adv) z. B. *oft, dort, jetzt, gerne*
Morphologische Eigenschaften: nicht deklinierbar, einige sind komparierbar:z. B. *oft.*

Subkategorien von Adverbien
(a) reine Adverbien (temporaler, lokaler, modaler, kausaler Art)
(b) Satzadverb (auch Modalwort, drücken Sprechereinstellung zu einem Sachverhalt aus, sind satzwertig): *hoffentlich, bedauerlich, vermutlich*
(c) Pronominaladverb (vertreten PPs, gebildet aus *da/wo/hier* +Präposition): *damit, hierauf*
(d) Konjunktionaladverb: *trotzdem, deshalb, infolgedessen*

AdvPn können erweitert werden durch:
– Steigerungspartikel/Gradpartikel (Duden Grammatik 2009 § 871): *sehr gerne*
– Adverb: *gerne (singen)*
– Adjektiv: *richtig* (syntaktische Funktion: STEIGER. Part) (*gerne singen)*
Distribution vgl. entsprechende syntaktische Funktionen.

E. Partikeln
Morphologische Eigenschaften: nicht flektierbar

– **Fokuspartikel (FP)** (Duden Grammatik 2009 § 873, auch: Gradpartikel (Altmann 1976)) *Nur/Sogar 'Franz kam in den Biergarten.*
   Charakteristisch: hat Fokusakzent auf dem Bezugselement; steht meist vor diesem, kann aber auch in Distanz stehen, dann wird die

Partikel betont: vgl. *Auch 'Franz kam. Franz kam 'auch*; ist nur mit dem Bezugselement vorfeldfähig.

Semantisch/ pragmatisch: skalierend, quantifizierend (vgl. Altmann 1976, Jacobs 1983).

Test: Austauschprobe mit *sogar.*

- **Modalpartikel** (**MP**, auch: Abtönungspartikel nach Duden Grammatik 2009 § 875): *Kinder sind ja/doch/eben/halt Kinder. Wir sind ja doch alte Bekannte.*
  Charakteristisch: steht nach dem finiten Verb bei V1, V2 (siehe dazu 4.3.1); korreliert mit Satztyp; es können mehrere Modalpartikel nebeneinander auftreten. Zu den MPs gibt es viele Homonyme (zu einer Ableitung der verschiedenen Ausdrücke bei *ja* siehe Hoffmann 2008) – Die Funktion der MP ist umstritten (z. B. Thurmair 1989, Lindner 1991, Rinas 2007).
  Test: Austauschprobe mit *halt.*
- **Steigerungspartikel** (auch: Gradpartikel nach Duden Grammatik 2009 § 871) *ein sehr/ziemlich verrückter Kerl*
  Charakteristisch: steht vor dem Bezugselement.
  Test: Austauschprobe mit *sehr*
- **Negationspartikel**: *nicht.* Sie bezieht sich auf eine einzelne Konstituente oder auf den gesamten Satz *Nicht Hans kam zum Frühstück. Hans kam nicht zum Frühstück, Es ist nicht der Fall, dass Hans zum Frühstück kam* (vgl. Jacobs 1982). Im ersten Fall steht sie vor der betroffenen Konstituente, im anderen Fall nach dem finiten Verb bei V1 und V2.
- **Vergleichspartikel**: *als, wie,* z. B. *Nina ist größer als Franz, Peter ist so groß wie Franz.*
- **Infinitivpartikel**: *zu,* z. B. *Er hat zu gehen.*
- **Superlativpartikel**: *am (schönsten)*

Die folgenden Partikelklassen können für sich eine Äußerung bilden:
- **Antwortpartikel**: *ja, doch, genau, eben*
- **Gesprächspartikel** (auch Gliederungssignal, wichtig für die Text-, Gesprächsorganisation, siehe Abschnitt 5.5.3): *mh, mhm, ja aber, also, nun, ne, ja, nich?* etc.
- **Interjektion**: *pfui, brrr, au, oh, ach* etc.

Ebenfalls nicht flektiert:
- **Konjunktion** (lat. *con-iungere* 'verbinden') verknüpft Satzglieder und Sätze: *und, aber; denn* (nur Hauptsätze)
- **Subjunktion** (lat. *sub-iungere* 'unterordnen') leitet Nebensätze ein: *dass, ob,* etc.

– **Konjunktion** leitet eine Konjunktionalphrase ein (Duden Grammatik 2009 § 1305, 1534): *als, wie, statt,* z. B. *Paul als Arzt; ein Mensch wie Franz. Er malte die Wand weiß statt gelb. Ich fühle mich wie in den Ferien.*

F. Verbalkomplex (VK) und VP [auch: Prädikatsgruppe]
Die Verbalphrase (VP) besteht aus dem Verb und seinen Komplementen mit Ausnahme des Subjekts; VP: (*dass Fritz) Maria ein Buch geschenkt hat.* Brauchbarer als die VP hat sich für traditionelle syntaktische Analysen die Begrenzung auf den VK erwiesen; VK im Beispiel: *geschenkt hat.*
Die VK besteht aus finiten und infiniten Verbformen z. B. dem Vollverb (VV), Hilfsverb (HV) + Partizip II des Vollverbs, Modalverb (MV) + Infinitiv des Vollverbs. Die VK füllt die syntaktische Funktion Prädikat
z. B. *Fritz arbeitet.*
        Fritz ist Arbeiter.
        Fritz hat viel gearbeitet
        Fritz muss viel arbeiten.
        Fritz hat viel arbeiten müssen.
        In seiner Fabrik wird viel gearbeitet.
        In seiner Fabrik muss immer viel gearbeitet werden
        In seiner Fabrik muss immer viel gearbeitet worden sein.
→ **Übung 100**

Kopf: Verb (V),
Morphosyntaktische und semantische Eigenschaften: eröffnet Stellen (Valenz, Ausnahme: Hilfsverb, grammatikspezifische Regelungen bei Kopulaverb und Modalverb, siehe S. 156 f.), regiert den Kasus der Objekte, kongruiert mit dem Subjekt. Darüber hinaus bildet das finite Verb einen Teil der Satzklammer bzw. zusammen mit dem infiniten Verbteil die Satzklammer (siehe Abschnitt 4.3.2).
Weitere Eigenschaften: V kann konjugiert werden (finite vs. infinite Formen, synthetische vs. analytische Formen, siehe Abschnitt 3.3.2; Flexionskategorien siehe Abschnitt 3.3).

Infinite Formen und Konstruktionen:
(a) Infinitiv: *lauf-en, politisier-en etc.*
     Futur I: *Fritz wird kommen.*
     Infinitivkonstruktion: *Fritz glaubt zu schwimmen.*
     A.c.I.:   *Fritz sah ihn vor dem Pferd sitzen.*

Modalverbergänzung: *Fritz will laufen.*
Ersatzinfinitiv: *Fritz hat laufen wollen/dürfen (*/??gewollt/*
*/??gedurft).
bei Modalverben, Wahrnehmungsverben,
lassen.
Modalitäts-/Halbmodalverben: *Fritz scheint zu schwimmen.*
(b) Partizip I: *der lockende Vogel; pfeifend kam er die*
Straße herunter; das Eisen ist/bleibt glühend.
Partizip II: *Fritz ist gesprungen, hat gelutscht; die Tür*
wird geöffnet, ist geöffnet; Franz bekommt
die Tür geöffnet; die geöffnete Tür.

Subkategorien von Verben
Kriterium: Valenz bzw. Einbindung ins Prädikat als Prädikatsteil.
(a) **Vollverb (VV):** *laufen, schwimmen* etc.
  – lexikalische Bedeutung
  – kann alleine das Prädikat bilden
  – Valenz: einstellig, zweistellig, dreistellig
(b) **Kopulaverb (KV):** *sein, werden, bleiben*
  – bildet mit dem Prädikativum das Prädikat
  – Valenz: zweistellig
(c) **Hilfsverb (HV,** auch Tempushilfsverb): *haben, sein, werden*
  – bildet mit Partizip II oder Infinitiv einen VK (vgl. auch mehrteiliges
    Prädikat)
  – relevant bei (analytisch gebildeten) Tempora
  – hat keine Valenz
  Hilfsverb bei Konjunktiv II (auch Modushilfsverb): *Ich würde lieber*
  baden gehen.
  Hilfsverb bei Passivkonstruktion (auch Passivhilfsverb):
  Die Tür wird geöffnet. (Verlauf, Prozess: Vorgangspassiv)
  Die Tür ist geöffnet. (Erreichter Nachzustand: Zustandspassiv)
  → Übung 101
(d) **Modalverb (MV):** *dürfen, können, mögen, müssen, sollen, wollen*
  → Übung 102
(e) **Modalitäts-** oder **Halbmodalverb:** *pflegen/scheinen/drohen/vermö-*
  gen + *zu* + Inf.
  Fritz pflegt, am Abend zum Fluss zu gehen.
  Das Haus droht einzustürzen.
  (Zu Besonderheiten siehe Eisenberg 2013b: 359 ff.)

(f) **Funktionsverb (FV)**, Funktionsverbgefüge (FV + PP/NP): *etwas zur Aufführung bringen, eine gute Wahl treffen, etc.*
  – FV hat eine reduzierte Verbsemantik; Paraphrase mit entsprechendem VV.[11]
  – FV wählt PP oder NP aus: z. B. *bringen* + PP, *erfahren/finden* + NP.
  – Nomina referieren bei einigen Ausdrücken nicht.
  – keine freie Artikel- und Numeruswahl **eine Gefahr laufen; die Verhandlung(en) aufnehmen.*
  – Wiederaufnahme durch Pronomen ist eingeschränkt: *Gefahr laufen – *sie laufen, Verhandlungen aufnehmen – sie aufnehmen.*
  – Attribute sind nur beschränkt möglich (eher lexikalisiert): *in *engeren Betracht kommen* vs. *in helle Aufregung versetzen.*
  – Stellung im Vorfeld (Satzglied oder Gliedteil): **Auf Lohnerhöhung brachten zwei Arbeiter die Forderung vor* vs. *Über den Grundlagenvertrag wurden gestern die Verhandlungen aufgenommen.*
(g) **AcI-Verb**: (Duden Grammatik 2009 § 495 verlaufsdarstellender AcI) bei *sehen, hören, fühlen, spüren.*
  Sie sah ihn kommen.
  Wir lassen euch rufen/gehen. (Duden Grammatik 2009 § 1243: modaler AcI)

Passivkonstruktionen
Passivkonstruktion: Akkusativobjekt/Patiens wird zum grammatischen Subjekt des Passivsatzes; das Agens wird durch eine PP angegeben: *von* NP.
Achtung: Wenn die Agensangabe fehlt, dann wird im Satz eine Stelle nicht realisiert. Das ändert aber nichts an der Valenz des Verbs.

Subkategorisierung von Verben nach ihrer Passivierbarkeit:
nicht passivfähige Verben:
  – mit Akkusativ (Mittelverben): *haben, besitzen, kriegen, erhalten, kosten, wiegen, enthalten, umfassen, es gibt. etc.*
  – mit Dativ: *gehören, fehlen, entfallen, entgehen etc.*
  – reflexive Verben: *sich beeilen, sich entschließen, sich kümmern etc.*

unpersönliches Passiv:
  – kein Agens, aber evtl. Vorfeld *es: Es wird hier gearbeitet./Hier wird gearbeitet.*
  – kein Agens, aber mit grammatischem Subjekt. *Ein Walzer wurde angekündigt.*

– mit Agensangabe, aber ohne grammatisches Subjekt: *Von allen wird gearbeitet./Hier wird von allen gearbeitet.*

Vorgangspassiv (Prozess)/*werden*-Passiv: *Das Fenster wird geöffnet*
Zustandspassiv (Nachzustand)/*sein*-Passiv: *Das Fenster ist geöffnet* (aus dem Perfekt des Vorgangspassivs ableitbar). Der Status des Zustandspassivs ist sehr umstritten (vgl. dazu z. B. Maienborn 2007, Rapp 1996).

Konkurrenzformen zur Passivkonstruktion:
Rezipienten-Passiv: *Er bekommt/kriegt das Paket geöffnet.*
  Er bekommt (von ihr) geholfen.
Weitere Alternativen: *Dies Verfahren findet in der Flugzeugortung vielfache Anwendung.*
mit Modalfaktor:
  Das gehört bestraft.
  Die Physik läßt sich nicht betrügen.
  Die Tür öffnet sich.
→ Übung 103, Übung 104

An mehreren Stellen, insbesondere bei der Distribution, wurde bereits Bezug darauf genommen, welche Funktionen diese Kategorien füllen. Im nächsten Abschnitt wird dieser Zusammenhang ausführlicher behandelt.

Übung 100 Geben Sie die Kombination der Verbtypen (Vollverb, Hilfsverb, Modalverb etc.) in den vorangegangenen Sätzen an und analysieren Sie Tempus und Modus.

Übung 101 Erläutern Sie, in welchen Konstruktionen *haben, sein* und *werden* verwendet werden. Lit.: Duden Grammatik (2009), Eisenberg (2013b).

Übung 102 Welche Konkurrenzformen/-konstruktionen gibt es zu den MVs? Schauen Sie in Ihrer Grammatik nach.

Übung 103 Überprüfen Sie diese Konkurrenzformen zum Passiv anhand Ihrer Grammatik; ergänzen Sie die Liste.

Übung 104 Schlagen Sie in Ihrer Grammatik nach und formulieren Sie die Kriterien für die folgenden Verbgruppen, die sich in ihrem Verhältnis zum Subjekt, zum Objekt und zu Subjekt und Objekt unterscheiden:
– transitive vs. intransitive Verben:
– absolute vs. relative Verben:
– reflexive Verben vs. reflexiv gebrauchte vs. reziproke Verben

4.2.2 Syntaktische Funktionen

Sowohl Kategorien als auch Funktionen werden häufig abgekürzt verwendet. Dabei kann es zu Missverständnissen kommen: etwa bei Adv als Kategorie Adverb oder als Funktion Adverbiale. Aus diesem Grund werden von nun an die Abkürzungen für die Funktionen in Großbuchstaben geschrieben.

A. Prädikat (PRÄD) von VK, ein- oder mehrteilig.

Kategoriale Füllung:

VV	*Fritz sucht Pilze.*
HV+ Part. II	*Er hat Pfifferlinge gefunden.*
PV	*Er putzt sie ab.*
reflex. V	*Er freut sich über die reiche Ernte.*
VV (Kompositum)	*Er lernte sie erst am Vorabend kennen.*
HV Passiv + Part. II	*Fliegenpilze werden von ihm nicht genommen.*
Idiom	*Er macht den Raupen den Garaus.*
FV+PP	*Er stellt fast alles in Frage.*
MV + Infinitiv	*Eigentlich kann er Pfifferlinge nicht leiden.*
KV+ PRÄDIKATIVUM	*Er ist Spezialist.*

Tests: Fragetest (weniger verlässlich) *Was tut Fritz? Pilze suchen.*
Pro-Form (schwierig): *Suchen? Das tut Fritz.*

B. Subjekt (SUBJ, auch: Nominativergänzung).[12]

Kategoriale Füllung

NP	*Der Junge/der junge Mann/der Mann mit dem Schlapphut schläft.*
	Der Mann, der im 3. Stock wohnt, schläft.
Pronomen	*Er/Keiner schläft.*
S	*Dass er schlafen kann, freut ihn.*
	Wer anderen eine Grube gräbt, fällt selbst hinein.
IP	*Bachs Fugen zu spielen, ist nicht leicht.*
Adj	*Sauber ist nicht rein.* (Reklame)
Adv	*Hinten ist nicht vorne.*
Part. II	*Frisch gewagt ist halb gewonnen.*
formales SUBJ	*Es donnert.*

Tests: Fragetest, Pronominalisierungstest, als Ganzes verschiebbar, vorfeldfähig (= Satzgliedtests)
Das finite Verb kongruiert mit dem Ausdruck im SUBJ.

Thematische/semantische Rollen im SUBJ, z. B.
Agens   *Fritz kommt.*
Experiencer *Ich friere.*
Rezipient   *Er bekommt die Schuhe geputzt.*
Patiens   *Der Hund wird gestreichelt.*
Thema   *Der Ball rollt.*
Instrumental *Das Lied beendete die Feier.*

C. Objekte

(a) **Akkusativobjekt** (AKKO, auch direktes Objekt, DO; Akkusativergänzung).

Kategoriale Füllung
NP *Er bewundert seinen Lehrer/ihn.*
S   *Jeder weiß, dass er Maria liebt.*
S   Jeder weiß, er *liebt sie.*
IP *Er versucht zu kommen.*

Tests: Satzgliedtests, Passivtest (Achtung: nicht passivfähige Verben).

Thematische/ semantische Rollen, z. B.:
Thema   *Er rollt den Ball.*
Patiens *Sie streichelt den Hund.*

Besonderheiten/Abgrenzung
- Inneres Objekt (Figura etymologica): *Sie träumte einen schönen Traum.*
- Doppeltes AKKO: *Fritz fragte ihn etwas Komisches.*
- AcI: (siehe oben bei der Kategorie VK: Infinitiv)
- Reflexivpronomen eines reflexiven Verbs vs. (echtes) Reflexivpronomen vs.: *Lisa freut sich.* vs. *Lisa wäscht sich.*
- Abgrenzung zur ADVERBIALE: *Den ganzen Sommer geht er baden.*

(b) **Dativobjekt** (DATO, auch indirektes Objekt, IO; Dativergänzung)

Kategoriale Füllung
NP *Er hilft ihr/dem netten Mädchen.*
S   *Er hilft, wem er helfen will.*

Tests: Satzgliedtests, Rezipientenpassivtest

Thematische/semantische Rollen, z. B.

Rezipient   *Er gibt dem Mann das Buch.*
Benefaktiv   *Ich helfe ihm.*

Besonderheiten: "Freie" Dative (siehe Abschnitt 4.1.3 S. 161 f.)

(c) Genitivobjekt (GENO, auch Genitivergänzung)

Kategoriale Füllung:
NP   *Sie erinnert sich <u>ihrer Jugend.</u>*
S   *Sie erinnert sich, <u>wessen sie sich erinnern soll.</u>*
IP   *Sie konnte sich nicht enthalten <u>zu lachen.</u>*

Tests: Satzgliedtests

Besonderheiten/ Abgrenzung zu
– PRÄDIKATIVUM: *Er ist <u>des Wahnsinns.</u>*
– ADVERBIALE: *Eines Tages tauchte der Mann wieder auf.*

(d) Präpositionalobjekt (PO)
Achtung: Die Präposition gehört zum Lexikoneintrag des Verbs. Sie lässt sich **nicht** austauschen. Die Präpositionen sind meist älterer Art (fast ausschließlich räumlich).

Kategoriale Füllung
PP   *Er denkt <u>an Mathilde.</u>*
                           Er denkt *<u>an sie/*daran.</u>*
Pronominaladverb   *Er denkt <u>daran.</u>*
(Pronominaladverb +) S   *Er hofft <u>(darauf), dass sie kommt.</u>*
IP   *Er hofft <u>(darauf), sie zu sehen.</u>*

Tests: Satzgliedtests
→ **Übung 105, Übung 106**

D. Prädikativ(um) (PRÄDV)

(a) Subjektsprädikativ (auch Gleichsetzungsnominativ)

Kategoriale Füllung:
NPnom   *Lisa ist/bleibt/wird <u>Angestellte.</u>*
Adv   *Er ist <u>dort.</u>*
PP   *Das ist <u>von Bedeutung</u>*
Adj   *Er ist <u>jung.</u>*
NPgen   *Sie ist <u>des Wahnsinns.</u>*
S   *Das ist, <u>was mir am besten gefällt.</u>*

Tests: Fragetest, Pronominalisierungstest.
Proform für NP: *der, die, das* *Ein Narr, der bleib ich.*
Proform für Adj: *das, so* *Närrisch, das/so bleib ich.*
Einige Adjektive können nur prädikativ verwendet werden, z. B. *entzwei.*
→ **Übung 107**

(b) **Objektsprädikativ** (auch Gleichsetzungsakkusativ) Verben mit doppeltem Akkusativ: wie *heißen, taufen, schelten, schimpfen, finden*; ferner: *halten für, bezeichnen als, betrachten als.*

Kategoriale Füllung
doppeltes AKKO *Ich nenne ihn einen Lügner*
S   *Ich nenne ihn, was ich ihn immer genannt habe.*
IP   *Das nenne ich aufräumen/Perlen vor die Säue werfen*
Adj, Part. II *Das nenne ich gefährlich/gekonnt.*

Tests: Fragetest; Passivtest (nicht immer zuverlässig)
Lisa kannte/betrachtete/bezeichnete ihn als netten Kerl. vs. *Er wurde von Lisa als netter Kerl bezeichnet.*

(c) **Depiktives Prädikativ** (Duden Grammatik 2009 § 1205) (auch: prädikatives Attribut bei Helbig & Buscha 2005: 465–467) bezeichnet eine weitere Eigenschaft des Referenten im Subjekts- oder Objektsausdruck zum gleichen Zeitpunkt, zu dem die Eigenschaft im PRÄD gilt.
Otto läuft einsam durch den Wald. ('Otto läuft durch den Wald und dabei ist er einsam').
Er liebt die Suppe heiß. ('Er liebt die Suppe, wenn sie heiß ist.')

(d) **Resultatives Prädikativ** (Duden Grammatik 2009 § 1206) bezeichnet das Ergebnis eines Vorgangs, der durch das Verb ausgedrückt wird.
Franz macht das Auto kaputt.
(Zu weiteren Details siehe die Duden Grammatik 2009 § 1206 sowie Eisenberg 2013b: 232 f.)
→ **Übung 108**

E. **Adverbiale** (ADV, auch adverbiale Ergänzung; Bestimmung des/der ...); ADV kann eine obligatorische Ergänzung oder eine freie Angabe sein.

Kategoriale Füllung:
Adj   *Nina fährt schnell.*
Adv   *Er kommt gerne.*

NPakk/ Proformen   *Das Mädchen las den ganzen Tag/damals/*
                    dann.
NPgen   *Der Mann kommt des Morgens.*
PP, Pronominaladverb *Er wohnt in dem Haus/darin.*
                    Er kommt aus diesem Grund/deshalb.
S   *Er wohnt, wo immer er wohnen will.*

Tests: Satzgliedtests.
In einigen Fällen ist eine Umwandlung in ein Attribut möglich: *Er arbeitet fleißig. Der fleißige Arbeiter*

Semantische Klassen:

Temporal	*wann? wie lange? wie oft? etc.*	*Er spielt heute.*
Lokal	*wo? wohin? etc.*	*Er spielt dort.*
Modal	*wie? auf welche Weise?*	
	in welchem Grad/Maße? etc.	*Er spielt gerne.*
Kausal	*warum? aus welchem Grund?*	*Er spielt wegen der Prämie.*
Konditional	*unter welcher Bedingung?*	*Mit etwas mehr Mühe könnte er es schaffen.*
Konzessiv	*trotz was? etc.*	*Er spielt trotz seiner Verletzung.*
Konsekutiv	*mit welcher Folge/Wirkung?*	*Er sieht ihm folglich ähnlich.*
Final	*wozu? zu welchem Zweck/Ende?*	*Er fährt zur Erholung nach Amrum.*

F. Satzadverbiale (SATZADV, auch Adsententiale, Modalwort): kein Satzglied.
Semantisch: Es gibt die Sprechereinstellung zu dem im Satz beschriebenen Sachverhalt wieder. Dabei kann es sich entweder um eine Einstellung zum Wahrheitswert der Aussage handeln (*Franz hat vielleicht/wahrscheinlich/sicherlich verschlafen*) oder um eine emotionale Einstellung (*Franz hat bedauerlicherweise/hoffentlich die Prüfung bestanden*). Das Satzadverbiale ist damit ein Satzoperator (siehe Adsententiale); vgl. dazu die semantische Paraphrase, in der sie im übergeordneten Satz erscheint: *Nina kommt wahrscheinlich – Es ist wahrscheinlich (so), dass Nina kommt.*

Kategoriale Füllung:
Adj *Er kommt angeblich/zweifellos/wahrscheinlich/* zum Fest.

Adv *Er ist vielleicht* ein Genie.

PP *Er ist ohne Zweifel* ein Genie

Tests: Vorfeldfähig, nicht pronominalisierbar oder erfragbar.

Semantische Paraphrase: *Es ist vermutlich so, dass ...*
Parenthese mit entsprechenden Verben: *Er kommt – so vermute ich – zum Fest.*

Stellung der Negationspartikel *nicht*:
Er kommt vermutlich nicht; vgl. *Er kommt nicht pünktlich.*

→ **Übung 109**

G. Partikelfunktion(en)

– **Fokuspartikelfunktion** (**FPF**, auch Gradpartikelfunktion): Ausdrücke in FPF haben ein Bezugselement mit Fokusakzent, beziehen sich auf dieses Element in skalierender oder quantifizierender Lesart. Zu weiteren Charakteristika siehe Abschnitt 4.2.1 E.

Kategoriale Füllung:
FP *Franz hat auch/nur/sogar* abgeschrieben.
PP *Franz hat vor allem* abgeschrieben.

– **Modalpartikelfunktion** (**MPF**, auch Abtönungspartikelfunktion). Ihre Funktion ist umstritten, siehe 4.1.2 E.

Kategoriale Füllung:
MP *Sie weiß es halt/doch/ja/* schon.
Adj *Nimm ruhig/einfach* Platz.
Dativus ethicus (Jacobs 1991) *Komm mir* pünktlich nach Hause.

Tests: nicht vorfeldfähig, präferiert nach dem finiten Verb; nicht akzentuiert, ausgenommen *já* in Imperativsätzen; weitere Eigenschaften siehe oben Abschnitt 4.2.1. E
Semantische Paraphrase mit dem Ausdruck in MPF im übergeordneten Satz:

Es ist ja so, dass Franz sogar Kaninchen gezüchtet hat.

→ **Übung 110**

Zu weiteren Partikelgruppen vgl. die gängigen Grammatiken.

H. Attribut (**ATTR**, auch: Adnominale) modifiziert sein Bezugswort, in der Regel eine NP.

Semantik: Zur Identifizierung eines Referenten notwendig (restriktiv) oder nicht notwendig (explikativ). Bei einer Häufung von Attributen ist eine subordinierende und eine koordinierende Lesart möglich: *der*

berühmte deutsche Dichter (= 'der deutsche Dichter, der berühmt ist'
vs. 'der Dichter, der berühmt und deutsch ist.')

Kategoriale Füllung:

Adj	*eine rote Rose, Röslein rot*
Adv	*das Haus dort*
PP	*das Haus am Hang*
NPgen	*Mutters Hut; der Hut meiner Mutter*
S	*der Hut, den meine Mutter liebte,* ...
	die Tatsache, dass er nicht kommt, ...
	die Frage, ob er kommt, ...
	die Behauptung, er habe nicht kommen können
IP	*die Lust zu leben/die Lust, ein Eis zu essen,* ...
Konjunktionalphrase	*sein Ruf als Mediziner* ...
	ein Spiel wie gestern ...

Tests: Fragetest (*welch/was für ein-?*); im Allgemeinen verschiebbar
mit seinem Bezugswort.
Stellung vor oder nach dem Bezugswort, aber auch Distanzstellung ist
möglich: *Äpfel hat er viele mitgebracht.* Vgl. auch die Extraposition
von Attributsätzen in Abschnitt 4.6.3.
Umformung in eine prädikative Konstruktion: *Sie mag grüne Äpfel;
sie mag Äpfel, die grün sind.* Einige Adjektive können nur attributiv
verwendet werden: z. B. *der gestrige Abend, der gegnerische Anwalt,
der angebliche/mutmaßliche/vermeintliche Mörder.*
Umstritten ist in der Forschung, ob Attribute ausschließlich Modifikatoren von NPs sind oder ob sie auch andere Konstitutenten
modifizieren können (vgl. die Grammatiken, Altmann & Hahnemann 2007; siehe insbesondere Eisenberg 2013b)
Falls das ATTR weiter gefasst wird, kann es z. B. Teil einer ADV werden (z. B. *direkt vor uns.* (Adj + PP) /*vier Meter vor der Ecke* (NP +
PP). Dabei kann unterschiedlich interpretiert werden, was ATTR und
was Bezugswort ist: Vgl. *Oben im Schrank liegt* ... (insgesamt eine
AdvP oder PP?)

I. **Apposition (APPOS):** modifiziert ihr Bezugswort, das immer ein
   Nomen ist, und kongruiert – soweit möglich – im Kasus und Numerus
   mit ihm.

– **Enge Apposition** (auch Nominalattribut)

   Kategoriale Füllung:
   NPs wie Eigennamen, Anreden, Titel

Vetter Stefan, Helga Meier, Meister Eder,
Herr/Kollege/Genosse Meier

Test: Das Bezugswort (der Kern Duden Grammatik 2009 § 1562–1573)
wird flektiert: *Meister Eders Pumuckl. Wir gratulieren dem Genossen*
Schmidt.

– **Lockere Apposition**

Kategoriale Füllung:

NP   *Ich traf Peter, meinen besten Freund aus B.,…*
erweitert durch *übrigens Peter – übrigens mein bester Freund – kam*
nach M.
Part. II   *Der Rotwein, gut verpackt, …*
PP   *Der Kapitän, in blendender Laune, …*

Tests (typische Kennzeichen): Kongruenz mit dem Bezugswort im Kasus; kein finites Verb, überführbar in Kopula + PRÄDV oder eine Parenthese, *Peter – er ist (übrigens) mein bester Freund –;* von Kommata
oder Pausen eingeschlossen und damit vom Rest des Satzes abgesetzt.

Abgrenzung: partitive Apposition vs. partitives Attribut:
Emil stärkte sich mit einer großen Tasse schwarzem Kaffee (APPOS)
Emil stärkte sich mit einer großen Tasse schwarzen Kaffees (ATTR)
Zur partitiven Apposition zählt die Duden Grammatik (2009 § 1556)
auch Nomina, die mit *Art/Sorte* konstruiert werden: *Da gab es eine*
Art bläuliche Tulpe. Nina wählte eine andere Sorte Stoff.

Übung 105   Wie muss der Referent im PO beschaffen sein, so dass man sagen kann *Er*
denkt daran.

Übung 106   Mit Hilfe welcher Tests lassen sich PO und ADV sowie PO und FVG in den
folgenden Sätzen unterscheiden:

Lisa hängt an ihrem Hund.	vs.	*Lisa hängt an einem Seil.*
Karl bleibt bei seinem Entschluss.	vs.	*Karl bleibt bei seiner Mutter.*
Lisa brachte den Mann auf neue Ideen	vs.	*Lisa brachte den Mann in Aufregung.*

Übung 107   Was ist SUBJ, was ein PRÄDV (Subjektsprädikativ)?

(a) *Petra und Fritz werden Lehrer.*
(b) *Der Wal ist ein Säugetier.*
(c) *Wale sind Säugetiere.*
(d) *Der Morgenstern ist der Abendstern.*
(e) *Das sind Tatsachen.*
(f) *Meine Familie ist/sind Frühaufsteher.*

Übung 108 Wie lassen sich die Lesarten der folgenden Sätze bestimmen? Wie unterscheiden sie sich?

(a) *Er liebt die Suppe heiß.*
(b) *Sie kam im kleinen Schwarzen.*
(c) *Der Hund macht den Boden dreckig.*
(d) *Er streicht den Roller rot.*

Lit.: Duden Grammatik (2009 § 1205 f.)

Übung 109 Zeigen Sie mit Hilfe von syntaktischen Testverfahren, wie sich die beiden Lesarten des folgenden Satzes unterscheiden: *Er spricht bestimmt mit ihm.*

Übung 110 Bestimmen Sie Kategorie und Funktion von *gerade* und *eben* in den Sätzen (a) und (b).

(a) *Er ist gerade nach Berlin abgefahren.*
(b) *Sie ist eben nach Hause gegangen.*

Zusätzlich zu den morphosyntaktischen und syntaktisch-semantischen Beziehungen gibt es im Deutschen noch eine weitere Strukturierung im Satz, die sogenannte Satzklammer. Mit ihr beschäftigt sich der nächste Abschnitt.

4.3   Topologie

Das folgende Beispiel wird gerne als charakteristisch für den Satzbau im Deutschen zitiert. Es ist ein Beispielsatz von Mark Twain, der selbst Deutsch lernte und mit diesem Beispiel die Qualen eines Deutschlerners zum Ausdruck bringen möchte:

> *Da die Koffer nun gepackt waren, REISTE er, nachdem er seine Mutter und Schwestern geküßt und noch einmal sein angebetetes Gretchen an den Busen gedrückt hatte, die, in schlichten weißen Musselin gekleidet, mit einer einzigen Tuberose in den weiten Wellen ihres üppigen braunen Haares, kraftlos die Stufen herabgewankt war, noch bleich von der Angst und Aufregung des vergangenen Abends, aber voller Sehnsucht, ihren armen, schmerzenden Kopf noch einmal an die Brust dessen zu legen, den sie inniger liebte als ihr Leben, AB.* (Mark Twain 2000: 17)

In der Tat findet sich ein solcher Satzbau bei einer Reihe von Schriftstellern, aber auch in Gesetzestexten, was diese auch für muttersprachliche Sprachnutzer keineswegs verständlicher macht:

BVerfG § 77: *Das Bundesverfassungsgericht hat dem Bundestag, dem Bundesrat, der Bundesregierung, bei Meinungsverschiedenheit über die Gültigkeit von Bundesrecht auch den Landesregierungen und bei Meinungsverschiedenheiten über die Gültigkeit einer landesrechtlichen Norm dem Landtag und der Regierung eines Landes, in dem die Norm verkündet wird, Gelegenheit zur Äußerung binnen einer zu bestimmenden Frist zu geben.*

Die Beispiele zeigen, dass im Deutschen nicht nur geschachtelte Sätze beliebt sind, sondern dass es auch ein Strukturierungsmittel gibt, das diese Sätze (dennoch irgendwie) "zusammenhält": die Satz- oder Verbklammer. Im ersten Beispiel besteht die Klammer aus *reiste ... ab*, im zweiten Beispiel aus *hat ... zu geben*. Die Klammer wird gebildet vom Prädikat, insbesondere vom mehrteiligen Prädikat. Es unterteilt den Satz in Felder, gibt ihm also eine Felderstruktur oder eine Topologie (griech. *topos* 'Raum, Ort, Stelle' griech. *logos* 'Wort, Lehre'). In diesem Abschnitt werden insbesondere die Felder Vorfeld und Mittelfeld besprochen.

4.3.1 Grundbegriffe des topologischen Modells

Um diese Felderstrukturen in einer syntaktischen Beschreibung berücksichtigen zu können, müssen drei Aspekte geklärt werden:

1. Die Stellung des finiten Verbs: Unterschieden werden im Deutschen drei Verbstellungs-typen: das finite Verb an erster Position (V1), an zweiter Position (V2) und an letzter Position (VL/VLetzt).
2. die Klammerstruktur mit dem klammeröffnenden und klammerschließenden Element. Dabei wird die Satz-/Verbklammer (gebildet durch das mehrteilige Prädikat) von der Gliedsatzklammer (geformt durch ein Einleitungselement wie eine Subjunktion oder ein Relativpronomen und VL) differenziert. Aus dieser Klammerung ergibt sich
3. die Felderstruktur mit Vorfeld, Mittel- oder Hauptfeld und Nachfeld.

Ad (1): **Verbstellungstypen** (V1, V2, VL)
Beispiele für V1 (in traditionellen Grammatiken "Stirnsatz") finden sich in den folgenden Sätzen:

(141) a. *Kommst du heute?*
  b. *Komm jetzt!*
  c. *Brächt' ich das nur fertig!*
  d. *Brächt' (V1) ich das heute fertig, hätt' ich morgen meine Ruh.*

V2 (traditionell auch "Kernsatz") wird in (142) illustriert.

(142)   a. *Du kommst heute?*
        b. *Ich komm heute.*
        c. *Wer kommt heute?*
        d. *Du hast aber große Füße!*
        e. *Brächt' ich das heute fertig, hätt' (V2) ich morgen meine Ruh.*

In (143) (traditionell "Spannsatz") sind Beispiele mit VL:

(143)   a. *Er weiß, dass er kann.*
        b. *Ob du wohl gleich den Schnuller wieder hergibst!*
        c. *Dass du mir nur den Schnuller wieder hergibst!*
        d. *Wenn er nur käme!*

VL tritt immer dann auf, wenn der Satz mit einer Subjunktion beginnt. Fehlt sie, steht das Verb in V1 (vgl. (141) d.) oder V2 (z. B. *Er sagte, er komme heute früh nach Hause.*)

Ad (2): **Klammeröffnende und klammerschließende Elemente** (abgek. KLÖ und KLS) in der Verbklammer und in der Gliedsatzklammer. In der Satz-/Verbklammer bildet das finite Verb das öffnende Element bei V1 und V2 und das schließende bei VL.

(144)

	KLÖ			KLS	
	Vorfeld		Mittelfeld		Nachfeld
V2	*Lisa*	*hat*	*doch uns allen*	*gesagt,*	*dass ...*
V1		*Hat*	*Lisa uns allen doch*	*gesagt,*	*dass ...*

	KLÖ	KLS
		Mittelfeld
VL	*dass*	*sie in der Sahara Eisbären*	*züchten will.*

Nicht in allen Sätzen existiert ein Vorfeld, z. B. häufig nicht in Sätzen mit V1 (vgl. aber (148) b.). In anderen Fällen fehlt ein klammerschließendes Element, etwa dann, wenn das Vollverb im Präsens oder Präteritum steht.

(145)

V1	VF	KLÖ	MF	KLS
	–	*Kommt*	*er?*	o
	–	*Wird*	*er heute noch*	*kommen?*
	–	*Ist*	*er heute schon*	*gekommen?*
V2	*Er*	*kommt*	–	o
	Sie	*kommt*	*heute aber auch*	o
	Sie	*ist*	*fast jeden Tag*	*gekommen.*
VL	–	*wenn*	*er heute noch*	*kommt.*

In Tabelle 8 findet sich eine Übersicht über klammerbildende Elemente:

Tab. 8 Überblick über klammerbildende Einheiten in der Satz-/Verbklammer

VF	KLÖ	MF	KLS	Kategorie
Lisa	*hat*	*alle Erdbeeren*	*aufgegessen*	HV + PP
Sie	*musste*	*sie einfach alle*	*aufessen*	MV + VV$_{inf.}$
Peter	*wachte*	*gegen Abend*	*auf*	P(artikel)V(erb) mit trennbarer Partikel
Franz	*fährt*	*fast jeden Tag*	*Rad*	VV mit inkorporiertem Objekt
Maria	*stellt*	*ihre Thesen*	*zur Diskussion*	Funktionsverbgefüge
Sie	*ist*	*ihm mächtig*	*auf's Dach gestiegen*	Idiom
Peter	*ließ*	*gestern das Seminar*	*ausfallen*	Kausativverben + VV$_{inf.}$
Man	*sah*	*ihn*	*kommen*	AcI Konstruktionen

Umstritten sind folgende klammerschließende Elemente, denn sie gehören nicht zum VK bzw. zum syntaktischen Prädikat des Satzes.

(146)   a. *Lisa   ist   dort tatsächlich   Lehrerin.*   PRÄDV
       b. *Sie   stellte   die Blumen   ans Fenster.*   RichtungsADV

→ **Übung 111, Übung 112**

Die klammeröffnenden Einheiten in der Gliedsatzklammer sind in Tabelle 9 zusammengestellt.

Tab. 9 Klammeröffnende Elemente bei der Gliedsatzklammer

Kategorie	KLÖ	MF	KLS
Subjunktion	*als ob*	*er*	*schwankte*
	dass	*er gestern*	*betrunken war*
Relativpronomen (Einbettung in PP)	*den*[13]	*er schon lange*	*suchte*
	mit dem	*er lange nicht*	*gesprochen hatte*
Relativadverb/ Relatives W-Pronomen/ eingebettet in NP	*wann*	*er sie*	*sprechen könne*
	welchen Film	*er ihr*	*mitbringen soll*

Nicht alle Subjunktionen korrelieren mit VL. In *weil/obwohl*-Sätzen findet sich auch V2, siehe dazu Abschnitt 4.4.2 S. 198 f.).

Übung 111   Zeigen Sie an den folgenden Daten, was der Sprecher (ein fünfjähriges Kind) über die Verbstellung, die Verbflexion und die Verbklammer weiß.
hier das Pferd
und hier Anlauf nimmt.
hier das Pferd steht.
des Pferd hier rüberspringt.
hier verwundet is – das Pferd.
und hier eine Kuh kommt.
Und dann die Kuh das Pferd derbindet.
(aus: Lindner 2002: 836)

Übung 112
(1) Im unauffälligen Spracherwerb verwenden Kinder in ihren Mehrwortäußerungen zunächst häufig VL im Infinitiv oder Partizip II, z. B. *Schuhe anziehen, ich das aufeesst.* Wie lässt sich das erklären?
(2) Mit etwa 2; 0–2;6 Jahren beherrschen sie das Muster: finites Verb in V2-Stellung. Bei sprachauffälligen Kindern finden sich jedoch noch im Vorschulalter Äußerungen, wie diese von einem 6jährigen Kind: *und der Pappa des nich wissen* (Lindner 2002:806). Was könnte als Test dienen, um zu prüfen, ob ein Kind die V2 Regel beherrscht?

4.4   Satztypen – einfache und komplexe Sätze

Dieser Abschnitt beschäftigt sich mit der Beschreibung von Satztypen und einfachen und komplexen Sätzen. Mit den Abschnitten 4.1 bis 4.4 sollte eine Grundlage für syntaktische Satzanalysen gelegt sein.

4.4.1 Satztypen

Jede Sprache stellt ein Repertoire an Satztypen zur Verfügung, das den Sprachnutzern behilflich ist, ihre Intentionen auszudrücken. Zu diesem Repertoire gehören auch die verschiedenen Satztypen, die eine Möglichkeit bieten, z. B. eine Aussage, eine Aufforderung, eine Frage oder einen Wunsch auszudrücken: also Aussage- oder Deklarativsatz, Aufforderungs- oder Imperativsatz, Fragesatz, Wunschsatz, Ausrufe- oder Exklamativsatz. Kategorien wie Aussage, Aufforderung, Frage sind Namen für sprachliche Handlungen oder Handlungstypen, die mit sprachlichen Mitteln – etwa mit einem bestimmten Satztyp wie Deklarativsatz, Imperativsatz, Fragesatz – realisiert werden (siehe Abschnitt 5.5.1).

Im Deutschen werden fünf Satztypen mit einigen Subtypen unterschieden: Diese Typen lassen sich anhand von 5 Hauptmerkmalen mit verschiedenen Ausdifferenzierungen voneinander trennen. Bei ihrer Beschreibung sind die folgenden Merkmale zu berücksichtigen:

(a) die Verbstellung (die Stellung des finiten Verbs, also V1, V2 und VL)
(b) der Verbmodus (Indikativ, Konjunktiv, Imperativ)
(c) das Tonmuster (steigend, fallend)
(d) der Emphaseakzent
(e) ein Fragepronomen oder W-Wort.

Die Beispiele (147) bis (153) weisen unterschiedliche Realisierungen der fünf Satztypen auf:

(147)   **Deklarativsatz (Aussagesatz)**
     a. *Heute gibt es Spargel.*
     b. *Hätt' ich ihn gestern angerufen, hätt' ich heute meine Ruh'.*

In (147) a. weist der Deklarativsatz mit V2, dem Indikativ Präsens und fallendem Tonhöhenverlauf die Merkmale auf, die am ehesten mit diesem Satztyp assoziiert werden. Auch in (147) b. liegt ein komplexer Satz mit eingebettetem Nebensatz vor. Der Hauptsatz *… hätt ich heute meine Ruh* hat V2; im Vorfeld steht ein Nebensatz *Hätt' ich ihn gestern angerufen, …* (vgl. auch (142) e.).

Die Beispiele in (148) variieren den Typ Imperativsatz:

(148)   **Imperativsatz (Aufforderungssatz)**
     a. *Lass ihn doch hereinkommen.*
     b. *Den Schirm lass stehen.*
     c. *Komme er her.*

> d. *Ob du wohl gleich herkommst!*
> e. *Dass du mir ja den Mülleimer herunterbringst!*

(148) a. zeigt mit V1 im Verbalmodus Imperativ die bekannten Merkmale für einen Imperativsatz. (148) b. belegt, dass dieser Typ auch mit V2 existiert, wenn das Objekt die Vorfeldstelle einnimmt. Man spricht von diesem Vorgang als **Topikalisierung**, d. h. ein Ausdruck, der im Mittelfeld oder Nachfeld steht, wird aus Gründen der Informationsverteilung ins Vorfeld verschoben (siehe Abschnitt 4.6.2). Imperativsätze werden jedoch nicht nur mit dem Verbalmodus Imperativ gebildet, sondern auch mit dem Konjunktiv I, wie in (148) c., – allerdings ist diese Sprechweise eher im 18. Jahrhundert als heute zu finden. Imperativsätze können auch mit VL auftreten, dann, wenn eine Subjunktion die erste Stelle einnimmt; vgl. (148) d. und e. Der Tonhöhenverlauf ist in allen Sätzen fallend.

(149) und (150) zeigen zwei Subtypen von Fragesätzen[14] auf: die Satz- oder Entscheidungsfrage, auf die mit *ja* oder *nein* geantwortet wird, und die W-Frage, in der erwartet wird, dass die mit dem W-Wort erfragte Information in der Antwort enthalten ist:

(149)   **Satzfrage-Satz**
> a. *Ist er denn schon gekommen?*
> b. *Er kommt heute?*
> c. *Käme er denn?*
> d. *Ob der wohl kommt?*

Bei der Satzfrage finden sich alle drei Verbstellungstypen, dazu der Indikativ (in allen Tempora) oder der Konjunktiv II. Interessant ist der Tonhöhenverlauf. Zu erwarten ist wohl ein steigender Verlauf – um etwa in (149) b. diesen Fragesatz von einem Deklarativsatz zu unterscheiden. Jedoch kann, je nach Kontext, auch ein fallender Tonhöhenverlauf auftreten; in (149) a. und c. wäre bereits V1 ein Hinweis auf einen Fragesatz.[15]

Das W-Wort im W-Fragesatz erleichtert die Identifizierung des Satztyps. Bei (150) a. und b. kann der Tonhöhenverlauf steigend oder fallend sein. W-Fragesätze weisen immer V2 auf.

(150)   **W-Fragesatz**
> a. *Wer ist denn da?*
> b. *Was hättest du denn getan?*

Der Wunschsatz kann V1 oder V2 haben; der Verbalmodus ist immer Konjunktiv, meist der Konjunktiv II (Irrealis!); lexikalisiert scheint der Konjunktiv I in (150) c. zu sein.

(151) **Wunschsatz**
   a. *Könnte ich nur einmal ins Kino gehen!*
   b. *Wenn/Dass er doch käme!*
   c. *Möge es dir zum Guten gereichen!*

Beim Exklamativsatz kommt als weiteres Merkmal der Emphase-Akzent hinzu. Wie an den Sätzen in (152) und (153) erkennbar ist, ist er nicht auf eine Position festgelegt.

(152) **Exklamativsatz (Ausrufesatz)**
   a. *Ist 'das vielleicht ein Spinner!/'Ist das .../Ist das vielleicht ein 'Spinner!*
   b. *'Das ist vielleicht ein Spinner!*
   c. *Dass das 'so ein Spinner ist!/Dass das so ein 'Spinner ist!*
   d. *Wäre 'das aber schön, wenn er jetzt käme!*

(153) **W-Exklamativsatz**
   a. *Wie 'groß der Junge doch geworden ist!*
   b. *Wie groß ist der 'Junge doch geworden!*
   c. *Wie 'ist der Junge doch groß geworden!*
   d. *Welch schöner 'Abend ist das doch!*
   e. *Was 'die alles kann!/ Was die alles 'kann!*

Die folgende Tabelle fasst die Zuordnung der Merkmale zu den einzelnen Typen noch einmal zusammen.

Tab. 10 Die charakteristischen Merkmale der Satztypen nach den Beispielen in (147)–(153)

Bspl.	Verb-stellungstyp			Verbmodus			Tonmuster		Emphase-Akzent	W-Wort
	V2	V1	VL	Ind.	Konj.	Imp	steig.	fall		
(147)	+	+	−	+	K II	−	−	+	−	−
(148)	+	+	+	+	K I	+	−	+	−	−
(149)	+	+	+	+	K II	−	+	+	−	−
(150)	+	−	−	+	K II	−	+	+	−	+
(151)	−	+	+	−	K I, K II	−	−	+	−	−
(152)	+	+	+	+	K II	−	−	+	+	−
(153)	+	−	+	+	−	−	−	+	+	+

Legende: + = trifft zu; − = trifft nicht zu; K I, II = Konjunktiv I, Konjunktiv II

Diese Tabelle zeigt, welche Merkmale häufig, welche Merkmale selten auftreten, und welche Zusammenhänge es zwischen diesen Merkmalen gibt. Der Konjunktiv I ist relativ selten vorhanden – nur in veralteten Formen des Imperativsatzes (siehe (148) c.) oder aber in lexikalisierten Formeln (siehe (151) c.). Der Emphase-Akzent tritt ausschließlich in Exklamativsätzen auf und ist dort an keine feste Position gebunden. Beim Tonmuster dominiert der fallende Tonhöhenverlauf. Bei den Verbstellungsmustern scheidet V1 immer dann aus, wenn es ein W-Wort gibt; VL hingegen tritt immer dann auf, wenn es eine Subjunktion in der ersten Position gibt. Dieser Fall tritt nicht ein bei Deklarativ- und W-Fragesätzen. Darüber hinaus lässt sich anhand der Tabelle feststellen, wie sich die einzelnen Satztypen voneinander unterscheiden. → **Übung 113**

Übung 113   Stellen Sie fest, welche Merkmale die sieben Satztypen voneinander unterscheiden, also distinktiv sind.

4.4.2 Einfache und komplexe Sätze

Bereits aus der Schulgrammatik ist die Unterscheidung von syntaktisch einfachen und komplexen Sätzen bekannt.

(154)   *Franz denkt an Nina.*
(155)   *Peter fährt zum Schwimmen und Paul läuft nach Hause.*
(156)   *Franz merkt nicht, dass er falsch singt.*
(157)   *Es ist egal, ob sie kommt.*
(158)   *Die Person wird bestraft, die das Grundstück betritt, obwohl dies verboten ist.*

Offensichtlich ist nur (154) ein syntaktisch einfacher Satz. Alle anderen sind komplex, da in ihnen Sätze miteinander verknüpft werden, z. B. durch Aneinanderreihung oder durch Einbettung. Im Fall einer Aneinanderreihung wird von **Parataxe** (griech. *parátaxis* – Beiordnung) gesprochen, im Fall von Einbettung von **Hypotaxe** (griech. *hypo* – 'unter', *taxis* – 'Ordnung'). Die nicht eingebetteten Sätze sind als **Hauptsätze** bekannt, die eingebetteten als **Nebensätze**. Die Nebensätze stehen mit Einheiten des Hauptsatzes in Verbindung. So ist etwa der *dass*-Satz in (156) das AKKO zu *merken* oder der *ob*-Satz in (157) das SUBJ, das das *es* ersetzen kann, vgl. *ob du kommst, ist egal.* Dass in (157) ein *es* als

Korrelat an der Subjektsposition steht – diese Position gewissermaßen für den späteren Subjektsatz besetzt hält –, hängt u. a. mit der Informationsverteilung zusammen (siehe Abschnitt 4.6.2). In (158) ist die Situation noch komplizierter: das Relativpronomen *die* bezieht sich auf das SUBJ *die Person* und der Relativsatz hat die Funktion eines ATTR. In der anschließenden ADV, eingeleitet durch das konzessive *obwohl* wird durch *dies* ein Bezug zu der Konstituente *das Grundstück betreten* im Relativsatz hergestellt. In (158) gibt es also gleich zwei untergeordnete Sätze, von denen der zweite dem ersten untergeordnet ist. Denn der ADV-Satz kann pronominalisiert werden und mit *trotzdem* im Relativsatz auftreten: *Die Person wird bestraft, die trotzdem/dennoch das Grundstück betritt.*

An welchen Eigenschaften lässt sich erkennen, dass ein Satz ein Hauptsatz oder ein Nebensatz ist? Was sind die entscheidenden Kriterien? Ist es die einleitende Subjunktion? Das mag für die Beispiele in (156) – (158) gelten, aber dann wären auch eine Reihe von Imperativ-, Wunsch-, Satzfrage- und Exklamativsätzen in Abschnitt 4.4.1 Nebensätze. Die Verbstellung – VL – scheidet ebenfalls aus, da sie mit dem Auftreten von Subjunktionen korreliert. Ein semantisches Kriterium – etwa: die Hauptinformation steht im Hauptsatz, die weniger wichtige Information im Nebensatz – lässt sich schon anhand von (158) widerlegen, da dort die Begründung für die Bestrafung in der ADV geliefert wird. Ein in vielen Fällen anwendbares Unterscheidungskriterium ist, dass Nebensätze in Hauptsätzen eine syntaktische Funktion erfüllen.[16] ➔ **Übung 114**

In der linguistischen Forschung hat sich seit vielen Jahren statt der Unterscheidung von Haupt- und Nebensätzen eine Differenzierung von **Matrixsatz** und **eingebettetem Satz** bzw. **Konstituentensatz** durchgesetzt; diese Unterscheidung ist neutraler als die vorherige, indem sie nur das Abhängigkeitsverhältnis beschreibt.

Selbstständige Sätze können auf zweierlei Weise miteinander verknüpft werden; asyndetisch wie in – *er kam, sah, siegte* – oder syndetisch durch eine Konjunktion, vgl. (159).

(159)   a. *Franz singt und Fritz bläst auf dem Kamm.*
        b. *Otto ist Preisboxer, aber seine Frau weiß es nicht.*

Und, aber, oder, denn, jedoch gelten als koordinierende Konjunktionen; subordinierend sind hingegen: *dass, weil, ob, obwohl, indem*, etc. Daneben gibt es noch eine Reihe anderer Ausdrücke, die unter bestimmten Bedingungen ebenfalls Sätze "verbinden" können, z. B. *nur* und *daher*. Vgl. (160).

(160)   a. *Und/Nur/*Daher Fritzchen hatte keine Lust dazu.*
     b. **Und/Nur/Daher hatte Fritzchen keine Lust dazu.*
     c. *Fritzchen *und/nur/*daher hatte keine Lust dazu.*
     d. *Fritzchen hatte *und/nur/ daher keine Lust dazu.*

Die Variante mit *und* in (160) a. ist sicherlich grammatisch: *Und Fritzchen hatte keine Lust dazu.* Bei *Nur Fritzchen* … wird es ein wenig komplizierter. Es gibt hier zwei Lesarten: Entweder *nur* bezieht sich auf *Fritzchen* und beide Ausdrücke stehen im Vorfeld, oder aber *nur* bezieht sich auf den gesamten Satz; im zweiten Fall muss nach *nur* eine Pause gemacht werden, um den Kontakt der Fokuspartikel zum Bezugselement zu unterbinden. (Kontext: *Es war ja alles ganz gut geplant. Nur – Fritzchen hatte keine Lust dazu.*) Mit diesem Beispiel wird es notwendig, den Beginn eines Satzes noch genauer zu fassen. Denn im zweiten Fall steht *nur* (+ Pause) nicht im Vorfeld des Satzes – das ist durch *Fritzchen* besetzt–, sondern vor dem Vorfeld, also im Vor-Vorfeld. Im gleichen Feld steht auch *und* (vgl. dazu (160) b.–d.). Der dritte Ausdruck kann offensichtlich nicht im Vor-Vorfeld stehen; *daher* führt in dieser Position zu einem ungrammatischen Satz: **Daher Fritzchen hatte keine Lust dazu.*

Bei (160) b. ist die Variante mit *und* ungrammatisch. *Und* kann nicht, wie *nur* oder *daher*, im Vorfeld stehen. In (160) c. sind die Varianten mit *und* und *daher* ungrammatisch. *Nur* scheint jedoch in Fokuspartikelfunktion verwendet zu werden: mit – veralteter – Nachstellung der Fokuspartikel: *Fritzchen nur …/Nur Fritzchen … (alle anderen schon).* Im (160) d. sind ausschließlich *nur* und *daher* möglich, *nur* in Fokuspartikelfunktion und *daher* als ADV kausaler Art. An dem Verhalten von *nur* lässt sich festmachen, dass ein Ausdruck seine Funktion je nach Stellung im Satz verändert. Für eine verknüpfende Funktion ist das Vor-Vorfeld sehr geeignet, unter bestimmten Bedingungen auch das Vorfeld, nämlich dann, wenn der Ausdruck das Vorfeld ausfüllt (vgl. (160) b.). Steht jedoch ein weiterer Ausdruck im Vorfeld, entfällt diese Möglichkeit. Im Mittelfeld bekommen diese Ausdrücke eine andere Funktion. Die nächste Tabelle gibt noch einmal einen Überblick.

Festzuhalten ist, dass Positionen zu Beginn eines Satzes – im Vor-Vorfeld und im Vorfeld – ausgezeichnet sind für die Verknüpfung von Sätzen[17] oder, allgemeiner, für die Organisation von Texten. Der Sprachnutzer gibt also sehr früh zu erkennen, wie sich der zu äußernde Satz in den vorangegangenen Text fügt.

Im Folgenden sollen nun noch einige Arten von eingeleiteten Konstituentensätzen – also eingebetteten Sätzen – besprochen werden. Für alle Arten gilt die Gliedsatzklammer, wenn ein einleitendes Element vorhan-

Tab. 11 *Und, nur, deshalb – Ausdrücke in verknüpfender Funktion*

Kriterium	und	nur	daher
vor dem Vorfeld	+	-	-
+ Pause		+	-
alleine im Vorfeld	-	+	+
mit einem anderen Ausdruck im Vorfeld	-	Wechsel in FPF	-
im Mittelfeld	-	in FPF	als ADV

den ist. Dieses kann eine Subjunktion (siehe (161)) oder ein Relativpronomen bzw. ein Relativadverb (siehe (162)) sein. Zunächst geht es um Subjunktionalsätze:

(161) a. *Sie weiß nicht, dass er kommt.*
       b. *Er besuchte sie, obwohl er Wichtigeres zu tun gehabt hätte.*
       c. *Die Möglichkeit, dass er nicht kommen kann, hat sie nie in Betracht gezogen.*

In allen drei Fällen wird der eingebettete Satz durch eine Subjunktion eingeleitet, *dass* und *obwohl.* Die Sätze unterscheiden sich in ihrer syntaktischen Funktion: in (161)a. ist der *dass*-Satz ein AKKO, in (161)c. hingegen ein ATTR zu *Möglichkeit.* In (161)b. wird durch *obwohl* eine konzessive ADV angezeigt.

In (162) werden die Sätze durch ein Relativpronomen – z.B. *das/was/welches/wer* – oder ein Relativadverb – z.B. *wo, wann, worauf* – eingeleitet.

(162) a. *Er kaufte das Buch, das/welches/was er sich wünschte.*
       b. *Er bekam endlich das Buch, auf das er seit Wochen gewartet hatte.*
       c. *Wer zuletzt lacht, lacht am besten.*
       d. *Er bekam endlich das Buch, worauf er seit Wochen gewartet hatte.*
       e. *Er arbeitet in Salzburg, wo er auch geboren ist.*
       f. *Die Frage, wann er kommt, beunruhigt sie.*
       g. *Ich frage mich, wann er kommt.*

Die Relativsätze in (162)a. und b. sind beides ATTR zu *Buch*; die PP *auf das* (mit integriertem Relativpronomen) ist durch das Verb *warten auf* bedingt und hat die Funktion eines PO. ATTR sind auch die durch die

Relativadverbien eingeleiteten Sätze in (162) d. bis f. In (162) c. und g. gibt es eine Besonderheit: In c. existiert für das Relativpronomen *wer* kein Bezugselement im Matrixsatz. Solche Relativsätze werden in den Grammatiken "freie Relativsätze" genannt (vgl. Duden Grammatik 2009 § 1667). In (162) c. hat der Relativsatz die Funktion eines SUBJ. In (162) g. hingegen ist der durch das Relativadverb eingeleitete Satz AKKO zu *fragen* (x *fragt* y z). Der W-Satz könnte Relativsatz oder indirekter Fragesatz sein, denn Verben wie *fragen* (oder auch *vergessen, wissen)* haben eine Objektposition, die für indirekte Fragesätze subkategorisiert ist. Wenn er indirekter Fragesatz ist, dann kann er nicht ins Mittelfeld transportiert werden; vgl. **ich habe mich, wann er kommt, gefragt.* (Zu einer detaillierten Diskussion siehe Eisenberg 2013b: 318 ff.)

Neben diesen eingebetteten Sätzen, die eine Konstituente im Matrixsatz – als Komplement eines Verbs oder als Modifikation einer Konstituente, etwa als ATTR zu einer NP – realisieren, gibt es auch eingebettete Sätze, die sich auf den gesamten Vorgängersatz beziehen. Formal sehen sie wie subordinierte Sätze aus, inhaltlich sind sie aber koordinierend. Ein Beispiel ist (163).

(163)   a. *Er hat mich gestern besucht, was mich sehr gefreut hat.*
         b. *Er hat mich gestern besucht, worüber ich mich sehr gefreut habe.*

Diese Sätze werden in den Grammatiken als "weiterführende Relativsätze" (vgl. Duden Grammatik 2009 § 1666) bezeichnet.

Eingebettete Sätze müssen nicht eingeleitet werden. Sie sind es häufig dann nicht, wenn im Matrixsatz ein Verbum dicendi – ein Verb des Sagens wie *sagen, vorhalten, bemerken*, etc. – steht, wie in (164) a.

(164)   a. *Sie hielt ihm vor, er gebe zu viel Haushaltsgeld aus.*
         b. *Brächt ich das heute fertig, hätt ich morgen meine Ruh.*

Auch in (164) b. fehlt die einleitende Subjunktion und es wird V1 verwendet. Der gesamte Satz lässt sich als Konditionalsatz paraphrasieren: *wenn ... dann* (siehe auch (141) d. und (142) e.).

Des öfteren wurde in diesem Kapitel erwähnt, dass eine einleitende Subjunktion einen bestimmten Verbstellungstyp, nämlich VL, nach sich zieht bzw. mit ihm korreliert. Diese Korrelation gilt jedoch im Deutschen bei einigen Subjunktionen nicht mehr, insbesondere in der gesprochenen Sprache. Bei diesen Subjunktionen wird in den letzten Jahrzehnten neben VL zunehmend V2 beobachtet. Zu ihnen gehört z. B. *weil*:

(165)   a. *Er ist wohl (*deshalb) nach Hause gegangen, weil in seinem*
         Zimmer brennt kein Licht mehr.
       b. *Er ist wohl (deshalb) nach Hause gegangen, weil er Kopf-*
         schmerzen hat.

In beiden Sätzen unter (165) wird eine Begründung gegeben. In (165) a.
handelt es sich eher um eine Schlussfolgerung (etwa auf der Basis einer
Korrelation), in (165) b. hingegen wird ein Sachverhalt begründet.[18] Auch
in ihren syntaktischen und prosodischen Eigenschaften unterscheiden
sich beide *weil*-Sätze. **→ Übung 115** Andere Subjunktionen, die inzwischen ebenfalls mit V2 verwendet werden, sind *obwohl*, *während*, *dass*
und das Relativadverb *wobei* (Freywald 2009; Günthner 1999, 2001).
Bislang wurden eingebettete Sätze besprochen. Sätze sind **satzförmig**,
da sie ein finites Verb enthalten. Es gibt jedoch auch Realisierungen von
Komplementen oder ATTR, die nicht satzförmig, sondern nur **satzwertig**
sind. Es sind Infinitiv- oder Partizipphrasen wie in (166). Sie können eingeleitet (in (166) a.) oder nicht eingeleitet auftreten.

(166)   a. *Peter geht nach Hause, um sich zu erholen.*
       b. *Er entschloss sich, die Sammlung zu kaufen.*
       c. *Ihre Idee, ausschließlich Briefmarken zu sammeln, fand er*
         grässlich.
       d. *Eine Behandlung, aufbauend auf einer exakten Diagnose,*
         hätte den Mann gerettet.

In (166) a. wird eine ADV finaler Art, in b. ein PO und in c. und ein
ATTR realisiert.
Mit diesen Erläuterungen zu den syntaktischen Grundbegriffen, zu Ka-
tegorie und Funktionen, zu Satztypen und Satzgefügen sind nun wesentliche
Voraussetzungen für die Durchführung einer Satzanalyse gegeben.

Übung 114 Trifft die Aussage, Hauptsätze können im Gegensatz zu Nebensätzen
alleine stehen, zu?

Übung 115 Stellen Sie fest, wie sich die Verwendungen von *weil* unterscheiden. Achten Sie auf Unterschiede in der Syntax (z. B. Umstellung), in der Prosodie (Tonhöhenverlauf im gesamten Satz, Pausen zwischen den Sätzen) und in der Semantik-Pragmatik
(z. B. wie ist das Verhältnis der beiden Sätze zueinander?) Welche Merkmale korrelieren?
Überprüfen Sie Ihr Ergebnis an drei weiteren Beispielen mit *weil* und VL bzw. V2. Lit.:
Scheutz (1998).

4.5 Satzanalyse

Das im Folgenden vorgestellte Schema bietet – wie auch das Schema zur Wortbildungsanalyse in Kapitel 3 – nur eine mögliche Art des Vorgehens an (vgl. zu ähnlichem Vorgehen Altmann & Hahnemann 2007, Pittner & Berman 2013). Die Analyse berücksichtigt die folgenden Kriterien:

(a) die Satzverbindung (Matrix-, Konstituentensätze, einleitende Elemente, Satztyp(en))
(b) das jeweilige Hauptverb mit seinen relevanten Eigenschaften (Valenz, Tempus, Modus, Genus verbi)
(c) die syntaktischen Kategorien und Funktionen der übrigen Konstituenten
(d) die Wort- und Satzgliedsstellung bezüglich der Felderstruktur.

Es gibt zwei Möglichkeiten, eine solche Analyse aufzuschreiben: horizontal oder vertikal. Hier wird nur die vertikale Version aufgeführt. Der zu analysierende Satz lautet: *Franz hat gestern vergessen, zu seiner Tante zu fahren.*

Satz	Felder-struktur	Wörter	Einfache Kategorie	Phrase	Syntakt. Funktion (Satzglied)	Syntakt. Funktion (Gliedteil)
1	VF	*Franz*	EN	NP	SUBJ	
	KLÖ	*hat*	HV_{fin}	VK ⌐	PRÄD ⌐	
	MF	*gestern*	Adv	AdvP	ADVtemp.	
	KLS	*vergessen,*	Part II	VK ⌐	PRÄD ⌐	
IP	NF	*zu*	Präp	P ⌐	A ⌐	A ⌐
		seiner	Poss. Pron.	N ⌐	D	
						K
		Tante	N	P ⌐ P ⌐	V ⌐	K
		zu	Infinitiv-partikel	I ⌐	P ⌐	
					R	
		fahren	$VV_{inf.}$	P ⌐	Ä	
					D ⌐	O ⌐

Unabhängig davon, welches Schema zur Darstellung gewählt wird, sollten die Kriterien (a) bis (d) noch einmal kommentiert werden.

Ad (a) Es handelt sich um einen Deklarativsatz, ein Satzgefüge, bestehend aus einem Matrixsatz mit V2 und einer satzwertigen erweiterten Infinitivphrase (IP). Die IP ist nicht eingeleitet.

Ad (b) Das Hauptverb hat die Valenz: x *vergisst* y. x= SUBJ (*Franz*) y= AKKO (IP). 3. Pers. Singular, Tempus: Perfekt, Modus: Indikativ, Genus Verbi: Aktiv.

Ad (c) Matrixsatz: *gestern*: Adv als ADV temporaler Art; IP: PP bestehend aus Präp + NP (*zu seiner Tante*); PRÄD bestehend aus Infinitivpartikel *zu* und dem Infinitiv *fahren*.

Ad (d) Im VF steht das SUBJ, im Mittelfeld die ADV und im NF die IP als AKKO (vgl. zum NF auch die Extraposition von Sätzen in Abschnitt 4.6.3)

→ **Übung 116**

Übung 116 Analysieren Sie nach diesem Schema die folgenden Sätze:
(a) *Es gibt Leute, die behaupten, dass Syntaxaufgaben unlösbar sind.*
(b) *Er sagte, er könne sie nicht ausstehen, weil sie sich so dämlich über Peter geäußert habe.*

4.6 Wortstellung

4.6.1 Syntaktische Typologien zur Wortstellung

In den Abschnitten 2.2.3 und 3.1 wurden Sprachen nach prosodischen und morphologischen Kriterien typologisch klassifiziert. Dabei wurden in 2.2.3 Sprachen als Repräsentanten eines bestimmten Typs gesehen. In 3.1.5 wurde jedoch festgestellt, dass nicht alle Sprachen konsistent einem Typ zuzuordnen sind. Das gilt z. B. für das Deutsche, das sich nach seinen morphologischen Strukturen eher als Mischtyp erweist. In diesem Abschnitt geht es ebenfalls darum, Typologien von sprachlichen Strukturen und nicht von Sprachen zu bilden (Strömsdörfer & Vennemann 1995: 1032), hier am Beispiel der Wortstellungsstrukturen. Mit diesem Ansatzpunkt sind innerhalb einer Sprache verschiedene Wortstellungstypen möglich. Dabei geht es sowohl um die Abfolge von Subjekt, finitem Verb und Objekt als auch um Folgen innerhalb größerer Konstituenten, etwa einer PP und einer NP.[19]

Die Forschung zur Typologie von sprachlichen Strukturen ist eng mit der Frage nach Universalien in den Sprachen der Welt verknüpft. In der Universalienforschung wird zwischen absoluten und präferentiellen Uni-

versalien differenziert. Erstere kommen in allen Sprachen vor, letztere sind
statistisch überzufällig in vielen Sprachen vorhanden. Eine weitere Unterscheidung betrifft die kategorischen und implikativen Universalien. Kategorische Universalien sind immer gültig; implikative hingegen sagen aus,
dass ein Merkmal nur dann auftritt, wenn auch ein anderes auftritt. So gilt
z. B., wenn in einer Sprache das lexikalische Verb in V-Letzt dominiert,
dass es dann dort auch Post- statt Präpositionen gibt (vgl. unten (167)).

Besonders bekannt ist Greenbergs Untersuchung zu implikativen
Universalien bei Wortstellungsregularitäten (Greenberg 1966). Er hat
30 Sprachen untersucht. Von den sechs möglichen Abfolgen von Subjekt,
Objekt und Verb sind drei Muster am stärksten verbreitet: SOV, SVO,
VSO (Greenberg 1966: 76 f.). Diese Abfolgen vergleicht er mit den Abfolgen von Konstituenten in anderen Phrasen, etwa den Attributen in
Relation zu ihrem Bezugswort. Auf diese Weise kommt er zu 45 implikativen Universalien.[20] Ein typisches Beispiel für einen konsistenten Typ (S)
OV ist das Türkische, für den Typ V(S)O das Arabische.[21]

(167)   Türkisch[22]
    a. *Özdemir Bey karısına bir mektup veriyor.*

Özdemir Bey	karı-	sı-		na
Özdemir Herr	Frau-	POSS 3 SG-		DAT
Herr Özdemir	seiner Frau			

bir	mektup	ver-		iyor
ein	Brief	geben-		PRS 3 SG
einen Brief	gibt			

    'Herr Özdemir gibt seiner Frau einen Brief.'

    b. *ev   evler   evlerimde*

ev	ev-	ler;	ev-	ler-	im-	de
Haus SG	Haus-	PL	Haus-	PL-	POSS 1 SG-	LOK
'Haus'	'Häuser'	'in meinen Häusern'				

    c. *büyük ev*

büyük	ev
groß	Haus

    'großes Haus'

    d. *Özdemir'in evi*

Özdemir'-	in	ev-	i
Özdemir-	GEN	Haus	POSS

    'Özdemirs Haus'

e. *Özdemir'in tepeninn üstündeki evini görüyor*

Özdemir-	in	tepe-	ninn	üstün-	deki
Özdemir-	GEN	Hügel-	GEN	darauf-	ADJ

ev-	i-	ni	gör-	üyor
Haus-	POSS-	AKK	sehen-	PRS (3 SG)

'Er sieht Özdemirs Haus, das auf dem Hügel steht.'

Das Türkische hat das lexikalische Verb in Endstellung, wie (167) a.
zeigt; es weist ferner, wie in (167) b., Post- statt Präpositionen auf.
Attribute, wie das attributive Adjektiv in (167) c., das Genitivattribut
in (167) d. sowie der attributive Relativsatz gehen dem Bezugswort
voraus.
Im Arabischen ist die Reihenfolge genau umgekehrt. Das Verb ist in
Erststellung, wie in (168) a.; es gibt Präpositionen (in (168) b.) und die
Attribute folgen ihrem Bezugswort (in (168) c.–e.).

(168)   a. *yarā Muḥammadun Zayda.*

ya-	ra-	a	Muḥammad-	un	Zayd-	a
3-sehen	IMPF-	SG M IND	Muhammed-	NOM	Zayd-	AKK

'Mohammed sieht Zayd.'

b. *fī lbayti*

fī	l-	bayt-	i
PRÄP: in	DEF-	Haus-	GEN

'in dem Haus'

c. *baytun kabīrun*

bayt-	u-	n	kabīr-	u-	n
Haus-	NOM-	NUN	groß-	NOM-	NUN

'(ein) großes Haus'

d. *baytu Zaydi*

bayt-	u	Zayd	-i
Haus-	NOM	Zayd	GEN

'Zayds Haus'

e. *yarā Muḥammadun bayta Zaydī lladi yūǧadu ʾalā tallatin.*

ya-	ra-	a	muḥammad-	un
3-sehen	IMPF-	SG M IND	Muhammed-	NOM

```
bayt-    a      Zayd-    i
Haus-    AKK    Zayd-    GEN
```
Mohammed sieht Zayds Haus, ...

```
l-     laḏī    yū-      ğad-            u
REL-   PRON    3 SG M-  sich befinden   IMPF-IND
ʾalā   tllat   -i       -n
PRÄP: auf   Hügel-   GEN-   NUN
```
..., das auf einem Hügel steht.

Wenn Verben, Präpositionen oder Nomina **Köpfe** sind, wie es in 4.2.1 festgelegt wurde, dann folgen im Türkischen die Köpfe ihren **Modifikatoren**, also Einheiten, die sie modifizieren. Im Arabischen hingegen gehen die Köpfe den Modifikatoren voraus. Es gibt jedoch auch Sprachen, die nicht so konsistent wie das Türkische oder Arabische sind. Zu diesen Sprachen gehört auch das Deutsche. Im Deutschen stehen Präpositionen vorwiegend vor den Modifikatoren (vgl. *auf dem Weg* vs. *den Weg entlang*). Attribute können vor oder nach dem Bezugswort stehen: Vor dem Bezugswort stehen Adjektiv- und Genitivattribute, wenn sie aus einem Eigennamen bestehen (z. B. *Peters Mütze*); andere Genitivattribute, PP-Attribute und Relativsatzattribute folgen dem Kopf. Noch komplexer ist die Situation bei der Abfolge von lexikalischem Verb, Subjekt und Objekt. Lexikalische Verben können im Deutschen sowohl in V1, V2 als auch in VL auftreten (vgl. Abschnitt 4.4). → **Übung 117** Die Frage ist: Gibt es im Deutschen eine Grundwortstellung? Zu dieser Frage existieren verschiedene Antworten (vgl. dazu Eisenberg 2013b: 381 ff., IDS-Grammatik 1997 Bd. 2 S. 1504 ff.).

Verbreitet ist die Auffassung, dass das Deutsche als SOV-Sprache anzusehen ist.[23] Damit werden Entscheidungen zu Wortstellungsregularitäten, insbesondere für eine Grundstellung anhand von VL-Sätzen getroffen, wie in (169):

(169) ... *dass Franz gestern seiner Tante ein 'Buch gegeben hat.*

Die Abfolge im eingebetteten Satz hat den Vorteil, dass alle Satzglieder innerhalb des Mittelfeldes vorkommen und dass – in der Regel – das Subjekt den Objekten vorausgeht.

Geht man jedoch von Matrixsätzen aus, dann stellt sich die Frage, welche Konstituenten im Vor-, im Mittel- und im Nachfeld stehen, gegebenenfalls vor dem Vorfeld und nach dem Nachfeld. Auf die Wortfolge im Mittelfeld und im Vorfeld wird der folgende Abschnitt 4.6.2. eingehen, auf die Konstituenten im (Vor-)Vorfeld und im (Nach-)Nachfeld Abschnitt 4.6.3.

Übung 117

(1) Stellen Sie sich vor, Sie hätten ein türkisches Kind in Ihrer Therapie oder in Ihrer Klasse, das erst seit Schulbeginn Deutsch als zweite Sprache lernt. Welche (morpho-)syntaktischen Fehler könnten Sie aufgrund seiner Kenntnisse des Türkischen als Erstsprache im Deutschen erwarten?

(2) Welche (morpho-)syntaktischen Fehler könnten Sie bei einem Kind erwarten, das bis zum Schulbeginn nur Arabisch sprach und nun Deutsch lernt?

(3) Und wie sieht es bei Schulkindern mit anderen Erstsprachen aus? (Berücksichtigen Sie die Sprachen, die Sie kennen.) Welche (morpho-)syntaktischen Fehler würden Sie erwarten?

4.6.2 Wortstellung und Informationsverteilung im Satz

Zur Klärung der Abfolge von Konstituenten im Mittelfeld wird in den Grammatiken eine Reihe von Kriterien diskutiert. Eisenberg (2013b: 381 f.) gibt die folgenden Präferenzen oder Tendenzen an:[24]

(170)   a. nach der syntaktischen Funktion, etwa mit Subjekt vor Objekt, vgl. (163).

   b. Thema vor Rhema/alte vor neuer Information/z. B. *Ich (Thema) hab einen 'Eisvogel* (Rhema) *gesehen.*

   c. Satzakzent: unakzentuierte Konstituente vor akzentuierter Konstituente; vgl. das Beispiel in (165) b.

   d. Form der Satzglieder, z. B. pronominale vor vollen NPs, etwa: *Ich hab ihn dem Kind gegeben* vs. *Ich hab dem Kind? ihn gegeben.*

   e. Bedeutung der Satzglieder: definites vor nichtdefinitem Satzglied, z. B. *Ich hab dem Kind einen Hamster gekauft* vs. *Ich hab einen Hamster dem Kind gekauft.*

   f. Bedeutung der Satzglieder: belebt vor unbelebt, z. B. *Ich hab dem Kind den Saft gegeben* vs. *Ich hab den Saft dem Kind gegeben.*

   g. Bedeutung der Satzglieder; z. B. Start vor Ziel: *Franz radelt von Innsbruck nach München* vs. *Franz radelt nach München von Innsbruck.*

   h. Länge der Satzglieder: kürzere vor längeren, z. B. *Ich hab einen Lutscher für meine Schwester gekauft* vs. *Ich habe für meine Schwester einen Lutscher gekauft.*[25]

Einige dieser Kriterien – und zwar (170) b. bis e. und h. – haben mit der
Informationsverteilung im Satz zu tun (vgl. auch die IDS-Grammatik
1997 Bd. 2 E4, insbesondere 1558 ff.). Sätze werden nicht isoliert produziert, sondern in Texten (vgl. Kapitel 6); d. h. wir nehmen mit sprachlichen Mitteln darauf Bezug, über was wir sprechen, was wir besonders
hervorheben wollen, welche Information bereits erwähnt oder als bekannt vorausgesetzt und welche als neu eingestuft wird. Die Wortstellung bietet eine Möglichkeit aufzuzeigen, wie alte und neue Informationen im Satz verteilt sind. Ein häufig verwendete Methode, um
diese Verteilung zu verdeutlichen, ist die Frage-Antwort-Sequenz (verpackt in der Abfolge von W-Fragesatz und Deklarativsatz, vgl. 4.4.1,
bzw. W-Frage und Antwort vgl. 5.5.1). Dabei bildet die Frage den Kontext für die Antwort.

(171)   A: *Wann kommt Franz heute am Hauptbahnhof an?*
         B: *Er kommt dort um 19 Uhr an.*
         B': *Um 19 Uhr.*

In (171) wird bereits in As Frage die Person, um die es geht, was sie tut
und wo sie sich zu einem bestimmten Zeitpunkt befinden wird, erwähnt.
Diese Informationen sind also gegeben bzw. alt oder bekannt. Dass sie
als bekannt gelten, zeigt B in seiner Antwort durch die Wahl des Per-
sonalpronomens – *er* – oder des Proadverbs – *dort* – an, also durch **Proformen**, die auf zuvor erwähnte Personen oder Orte im vorausgegangenen Text zurückverweisen. Erfragt wird in (171) die Information über
den Zeitpunkt. Das ist die neue Information. Eine im Alltag überaus
häufige Antwort ist die von B', in der nur die neue Information angegeben wird. Die bekannten Informationen lassen sich aus dem Kontext
rekonstruieren. Das W-Wort erfragt also neue Information. Nicht immer
handelt es sich dabei um einzelne Satzglieder; vgl. (172).

(172)   A: *Was ist mit Franz?*
         B: *(Er) hat sich gestern bei mir gemeldet. (Er) ist gesund und
         munter.*

In (172) wird ein Sachverhalt, der mit Franz zu tun hat, erfragt; gegebene
Information ist also nur *Franz*. Neu ist die Information im Prädikat, über
den Ort und den Zeitpunkt.
     Seit Mathesius (1929), einem Prager Strukturalisten, hat sich in der
Forschung eingebürgert, die alte Information **Thema** und die neue Information **Rhema** zu nennen. Bekannt geworden ist diese Gliederung

von Mitteilungen als **Funktionale Satzperspektive** (Mathesius 1929). In
Bezug auf die Abfolge geht in der Regel die thematische der rhematischen Information voran, wie (170) b. zeigt. Die thematische Information steht also eher am Satzanfang und wird häufig durch Proformen,
Demonstrativpronomen oder NPs mit definiten Artikeln ausgedrückt,
während die rhematische eher am Ende des Satzes steht und u. a. durch
den unbestimmten Artikel ausgewiesen wird. Vgl. den Märchenanfang
in (173):

(173)   *Es war einmal **ein** junger '*Jäger*, **der** ging in den Wald auf '*An-
        stand. Er hatte ein frisches und fröhliches Herz, und als er
        daherging und auf dem Blatt pfiff, kam **ein** altes häßliches
        'Mütterchen, **das** redete **ihn** an und sprach [...] Da 'dauerte **den**
        Jäger **das** arme Mütterchen. [...]*[26] (Gebrüder Grimm, Der
        Krautesel. 1977: 580)

Der Text beginnt mit dem **thematischen Es** (vgl. 4.1.3. S. 161), das für
thematische Information steht, da zu Beginn einer Geschichte noch nicht
an gegebene oder alte Information angeknüpft werden kann. Ebenfalls
als thematisch eingestuft werden die anderen fettgedruckten nicht unter-
legten Einheiten in (173). Dass der Protagonist in dem Märchen, *ein Jäger*,
erst eingeführt wird und daher eine rhematische – also neue – Information darstellt, wird zum einen durch den unbestimmten Artikel und zum
anderen durch die Position der NP im Satz angezeigt. Gleiches gilt für die
Einführung der Protagonistin, *das Mütterchen*. Ein drittes sprachliches
Mittel, das rhematische Information anzeigen kann, ist der Satzakzent
(siehe dazu 2.2.2); auf diese Weise wird in (173) *Jäger*, später *Mütterchen*
prosodisch besonders hervorgehoben. Das Paar 'Thema-Rhema' legt
nahe, dass Informationen nur zwei Kategorien zugeordnet werden können. Eine solche Dichotomie wird jedoch der Informationsverteilung in
den Texten nicht gerecht. Vgl. (174):

(174)   *Ich hab mir ein Auto gekauft, es ist schon ein bisschen älter. Die
        Beifahrertür hat anfangs noch geklemmt. Und die Heckklappe
        war auch nicht ganz in Ordnung ...*

In (174) werden Teile des Autos mit bestimmtem Artikel versehen, obwohl sie noch nicht erwähnt wurden. Der Sprecher behandelt also die
Teile des Autos als mit der ersten Erwähnung des Autos eingeführt. Diese
und andere Beobachtungen haben dazu geführt, dass die Dichotomie von
Thema und Rhema abgelöst wurde durch eine Skala von Bekanntheits-

graden, die nach Prince (1981) von 'brandneu' bis 'in der Situation bzw. im Text gegeben' reichen.

(175)   a. brandneu *(brand new): Ich hab mir gestern einen Hosenanzug gekauft.*

   b. brandneu, verankert *(brand new, anchored): Franz hat deine Nichte gesehen.*

   c. (bislang) nicht verwendet *(unused): Angela Merkel will wieder Bundeskanzlerin werden.*

   d. erschließbar *(inferrable): Luise hat eine Flasche Wein mitgebracht. Aber der Korken ist wohl nicht mehr in Ordnung.*

   e. evoziert *(evoked):*

      e. (a) im Text vorerwähnt: *Luise hat Wein mitgebracht. Er ist aber eher zum Kochen geeignet.*

      e. (b) in der Situation gegeben: *Siehst du da das Foto auf dem Kalender? (Das hab ich vor 10 Jahren aufgenommen).*

In (175) a. ist die Information *einen Hosenanzug* absolut neu. Auch in b. ist sie neu (z. B. bislang im Gespräch nicht erwähnt), aber sie ist im gemeinsamen Wissen von Sprecher und Adressat verankert. 'Nicht verwendet' oder nicht aktiviert ist die Information in c., die zum politischen Allgemeinwissen im Jahr 2013 gehört. In d. liegt ein Fall wie in (174) vor, d. h. mit der Nennung eines Ganzen kann auf seine Teile geschlossen werden. In e. werden zwei Fälle unterschieden, wie Information als bekannt vorausgesetzt wird: sie ist entweder bereits im Text vorerwähnt oder auf sie kann im situativen Kontext verwiesen werden.

→ **Übung 118**

Zur Informationsverteilung wird jedoch nicht nur die Thema-Rhema-Gliederung gerechnet, sondern auch die Hintergrund-Fokus- und Topik-Komment-Gliederung.[27] Die Thema-Rhema Gliederung überlappt zu einem gewissen Teil mit der Hintergrund-Fokus Struktur. **Hintergrund** ist dabei der Teil eines Satzes, der nicht Fokus ist. **Fokus** ist hingegen derjenige Teil des Satzes, der durch den Akzent hervorgehoben und damit als wichtig gekennzeichnet ist. Auch hier wird oft zur Verdeutlichung der Frage-Antwort-Test eingesetzt:

(176)   A: *Was hat Franz gestern mit seinem Hund getan?*
        B: *Er hat ihn   ge'badet.*
           Hintergrund   Fokus

Fokussiert ist in (176) das Partizip *gebadet.* Der Fokus muss nicht auf die akzenttragende Einheit beschränkt sein, er kann zusätzlich auch nicht-akzentuierte Konstituenten umfassen, wie die nicht eingeklammerten Konstitutenten in (177):

(177) A: *Was ist mit Franz?*
       B: *(der) kommt erst spät nach 'Hause.*
                                   F o k u s

Fokussierte Information ist nicht immer mit neuer Information gleichzu-setzen; vgl. (178)

(178) A: *Willst Du 'Tee oder 'Kaffee?*
       B: *Ich will 'Tee.*

Die dritte Dimension der Informationsverteilung ist die Unterscheidung von **Topik** und **Kommentar.** Das Topik ist dasjenige, über das/worüber ge-sprochen wird; der Kommentar hingegen ist das, was über das Topik ausge-sagt wird. So ist das Topik in (172) und (177) *Franz,* in (176) *Franz und der Hund.* Topik kann auch ein Zeitpunkt oder ein Ort sein, wie in (179).

(179) A: *Was ist am Dienstag in München passiert?*
       B: *Am Dienstag gab es in München einen Wasserrohrbruch.*

Überwiegend geht das Topik dem Kommentar voran. Im Deutschen steht es häufig im Vorfeld oder auch am linken Rand des Mittelfeldes (vgl. dazu z. B. Musan 2010: 35 ff.). ➔ **Übung 119** Diese Abfolge ist aus Grün-den der Informationsverarbeitung sehr sinnvoll. Der Sprecher macht gleich zu Beginn seines Satzes deutlich, worüber er spricht. ➔ **Übung 120** Aus diesem Grund wirkt das Topik im Vorfeld in Texten auch kohärenz-stiftend (vgl. dazu ausführlich Abschnitt 6.1 f.). ➔ **Übung 121, Übung 122** In anderen Sprachen wird das Topik durch Partikeln gekennzeichnet, etwa im Japanischen durch *wa* (vgl. dazu Beispiel (66) in Abschnitt 3.1.2).

Oft werden in den Handbüchern bestimmte Konstruktionen mit dem Topik in Verbindung gebracht, z. B. die **Topikalisierung.** Darunter ver-steht man die Umstellung einer Konstituente, die nicht Subjekt ist, aus dem Mittelfeld ins Vorfeld. Vgl. dazu (180):

(180) A: *Was hat Franz am liebsten gegessen?*
       (B: *Er hat am liebsten Schweinsbraten mit Knödel und 'Blau-kraut gegessen)*

B': *Schweinsbraten mit Knödel und 'Blaukraut hat er am liebsten gegessen.*

In (180) B' ist *Schweinsbraten mit Knödel und Blaukraut* jedoch nicht Topik, sondern Kommentar; Topik ist *Franz* und *am liebsten (geg)essen.* Im Deutschen liefert das Passiv die Möglichkeit, Topik und Topikalisierung miteinander zu verbinden, wie in (181):

(181)   *Ich hab vor kurzem Peter wieder getroffen. Er wurde wirklich noch mal zur Fahrprüfung zugelassen, obwohl er schon zweimal durchgefallen war.*

Andere Konstruktionen, die in Zusammenhang mit dem Topik genannt werden, sind die Linksversetzung und das sogenannte freie Thema; sie werden im folgenden Abschnitt behandelt.

Die drei Dimensionen – Topik-Kommentar, Hintergrund-Fokus und Thema-Rhema – können, wie bereits erwähnt, in ihren Ausprägungen überlappen. Vgl. (182):

(182)   A: *Warum haben wir in diesem Jahr Wagner gefeiert?*
         B: *Er   wurde vor 200 Jahren geboren.*
         ++   ‒‒‒‒‒‒‒‒‒‒‒‒‒‒‒‒‒‒‒‒‒‒‒
         Topik   Kommentar
         Thema   Rhema
         Hintergrund Fokus.

Sie können aber auch divergieren. Dabei kann bekannte Information im Fokus (vgl. (178) und (183)) oder neue Information im Topik (vgl. Musan 2010: 29 f.) stehen:

(183)   A zu B im Supermarkt: *Hier gibt es gute Tomaten, gelben Paprika und frischen Salat. Was sollen wir kaufen?*
         B: *Lass uns   'Paprika   kaufen.*
         ++++++   ‒‒‒‒‒‒‒‒   ++++++
         Topik   Kommentar   Topik
         Hintergrund   Fokus   Hintergrund
         Thema   Thema   Thema

→ **Übung 123**

In diesem Abschnitt ging es um die Anordnung von Information im Vor- und Mittelfeld. Im Folgenden wird die Anordnung von Information in Konstruktionen, die "über die Satzgrenzen hinausgehen", behandelt.

Übung 118 Analysieren Sie die Informationsverteilung in dem folgenden Satz. Es ist der erste Satz aus einer Rede von Heinrich Mann vor dem Völkerbund in Paris aus dem Jahr 1936.

"Wir treten vor Sie hin mit der Hoffnung, die Teilnahme des Völkerbundes zu gewinnen für das Schicksal der deutschen Emigranten, besonders derer, die in Frankreich wohnen."

(Heinrich Mann 1973: 63 f.)

Übung 119 Welche Konstituenten können ebenfalls im Vorfeld stehen, sind aber nicht topikfähig? Warum?

Übung 120 Diese Abfolge scheint im Deutschen nicht immer zu gelten.

Vgl. VL: *Frag mal, was die Hexe noch in ihren Sack gezaubert hat?*

2-Jähriger: *Einen Löwen hast Du?*

(Lindner, unveröffentlichte Daten)

Lit. Narasimhan & Dimroth (2008)

Übung 121 Gibt es Sätze, die kein Topik haben?

Lit.: Musan (2010: 30 f.)

Übung 122 Überlegen Sie noch einmal, wie sich die Position von Ausdrücken in der Satzadverbiale und in der Modalpartikelfunktion im Satz unter Berücksichtigung der Überlegungen zur Informationsverarbeitung beschreiben lässt. Was sagt die Position über die Funktion dieser Ausdrücke in dieser syntaktischen Funktion aus? Diskutieren Sie Ihre Überlegungen anhand von Beispielen.

Lit.: Musan (2010: 36 f.)

Übung 123 Zu Beginn von Abschnitt 4.6.2 wurden die Kriterien nach Eisenberg genannt, die die Wortabfolge tendenziell bestimmen. Die meisten Kriterien wurden unter die drei Dimensionen der Informationsverteilung subsumiert. Wie lassen sich auch (a), (f) und (g) mit der Informationsverteilung in Verbindung bringen?

4.6.3 Information im (Vor-)Vorfeld und (Nach-)Nachfeld

Im letzten Abschnitt wurde mit dem Topik auch die Linksversetzung in Verbindung gebracht. Ein Beispiel für diese Konstruktion ist in (184) enthalten:

(184)   *Den Franz, den kann ich gut leiden. (Der erzählt immer so viele Witze.)*

Bei einer **Linksversetzung** wird eine Konstituente aus dem Mittelfeld vor das Vorfeld, also ins Vor-Vorfeld, gestellt und mit einem korreferenten Demonstrativpronomen im Vorfeld oder im Mittelfeld wieder aufgenommen (Altmann 1981: 47 f., Altmann und Hofmann 2008: 149 ff.).[28] Fasst man das Wort *Linksversetzung* als Vorgang bzw. Vorgangsbeschreibung auf, dann ist es plausibel, diese Konstruktion zu den "Herausstellungsstrukturen" zu zählen (Altmann 1981), als Oberbegriff für diejenigen Strukturen, die dem Satz vorangestellt werden oder folgen.[29] Wichtiger als die Klärung der Terminologie ist an dieser Stelle jedoch ihre Funktion. Die Linksversetzung verdeutlicht, über welches Objekt oder Ereignis in einem Text oder in einer Gesprächssequenz gesprochen wird. Ein Beispiel dafür findet sich in (243) in Abschnitt 5.5.3.

Ebenfalls vor dem Vorfeld werden Ausdrücke wie *Was x betrifft/ Apropos X* etc. verwendet, die in der englischen Literatur als *hanging topic*, seit Altmann (1981) als **Freies Thema** bekannt sind.

(185)   *Mensch, apropos Obst, Äpfel sind reichlich vorhanden.*

In (185) ist *Obst* ein Oberbegriff (Hyperonym siehe Abschnitt 5.4.2), unter das auch *Äpfel* fallen. Die formale Abgrenzung von Linksversetzung und freiem Thema ist schwierig (vgl. zu Differenzierungen z.B. Scheutz 1997). Die Funktion beider Konstruktionen lässt sich, global gesehen, klarer beschreiben: Beide dienen der Einbettung des folgenden Satzes in einen Textzusammenhang, sie dienen damit z.B. der Organisation von Gesprächen. Nach Scheutz (1997) verwendet der Sprachnutzer die Linksversetzung zur lokalen Aufmerksamkeitssteuerung und Etablierung des Referenten, das freie Thema bestimmt eher das Diskursthema.

Während die Konstruktionen am linken Rand eher zur Themensteuerung verwendet werden, sind Konstruktionen am rechten Rand des Satzes eher der Verständnissicherung und der Strukturierung von Information vorbehalten. Parallel zur Linksversetzung gibt es die **Rechtsversetzung** mit einer Konstituente im Nachfeld oder Nach-Nachfeld.[30] Die "rechtsversetzte" Konstituente spezifiziert noch einmal, auf welches Objekt oder Ereignis mit dem Demonstrativpronomen referiert wurde, vgl. (186):

(186)   *Den kann ich schon gut leiden, den Franz.*

Neben der Rechtsversetzung sind hier noch zwei weitere Konstruktionstypen zu nennen. Sie haben die Funktion, das Mittelfeld zu entlasten, und erlauben durch die Etablierung mehrerer Foki, die Information für

den Adressaten besser zu strukturieren:[31] Es ist die **Extraposition** von
eingebetteten Sätzen (Glied-, Gliedteilsätzen) und Infinitivgruppen, die,
inzwischen bereits konventionalisiert, nach dem klammerschließenden
Element stehen, wie in (187).[32]

(187)　a. *Peter hatte 'total vergessen, dass sie kein Geld mehr für
　　　　 einen 'Urlaub hatten.*
　　　 a.' * *Peter hatte, dass sie kein Geld mehr für einen 'Urlaub hat-
　　　　 ten, 'total vergessen.*

Während die Extraposition eingebettete Sätze und Infinitivgruppen erfasst, werden zusätzliche Attribute im Nach-Nachfeld als **Nachtrag** verstanden (vgl. Altmann 1981:70, ferner Altmann und Hofmann 2008:
160 ff.). Im Gegensatz zur Extraposition, bei der der Tonhöhenverlauf
des Matrixsatzes fortgeführt wird, bekommt der Nachtrag ein eigenes
zum Matrixsatz parallel verlaufendes Intonationsmuster.

(188)　a. *Ich hab mir ein 'Eis gekauft – ein 'großes – ein 'gaanz gro-
　　　　 ßes.* vs.
　　　 a'. *Ich hab mir ein 'gaanz 'großes 'Eis gekauft.*

→ **Übung 124**

Übung 124 Analysieren Sie in dem Text in Übung 118 die Informationsverteilung
noch einmal, nun unter Einschluss der Konstruktionen, die ins Nach- bzw. Nach-Nachfeld gestellt sind. Was ist ihr Beitrag?

Die Abfolge der Wörter in einem Satz sowie über seine linke und rechte
Grenze hinaus liefert also sehr viel Information über das, worüber gesprochen wird, wie Information nach Bekanntheitsgrad, als Hintergrunds-
information oder als fokussiert gewichtet und – gegebenenfalls – mit mehreren Foki gegliedert wird, wie das Gesagte in den Text eingebettet wird
(Themensteuerung durch freies Thema oder Referentenbezug durch Linksversetzung), wie der Sprecher das Verständnis sichert (Rechtsversetzung)
etc. In diesem Abschnitt konnten diese Aspekte nur angetippt werden.
Kaum angesprochen wurde dabei die Frage, wie sinnvoll denn die Einheit
'Satz' überhaupt ist. Diese Frage stellt sich auch im nächsten Abschnitt,
dem letzten Abschnitt dieses Kapitels; es geht um die syntaktischen Konstruktionen der gesprochenen Sprache. Auch dieses Thema kann hier nur
angerissen werden. Es ist aber sowohl für LehrerInnen als auch für Sprach-

therapeutInnen von besonderer Bedeutung. SchülerInnen und Patient-
Innen werden allzu oft mit Maßstäben gemessen, die aus der geschriebenen Sprache kommen, z. B. ob sie in vollständigen Sätze sprechen. Wer
erinnert sich nicht an die Lehreraufforderung: *Im ganzen Satz!*

4.7   Syntaktische Konstruktionen der gesprochenen Sprache

Die syntaktischen Konstruktionen in der gesprochenen Sprache unterscheiden sich in einzelnen Bereichen deutlich von denen der geschriebenen Sprache. Das illustrieren die folgenden Ausschnitte aus einer
mündlichen und schriftlichen Erzählung der Froschgeschichte von
Mercy Meier durch einen Drittklässler. In beiden Situationen hatte der
Schüler zunächst Gelegenheit, sich in Ruhe die Bildergeschichte anzu-
schauen.

(189)   a. S: *OK. Also da ist ein Junge, der sitzt auf 'm Stuhl* – (.) (holt
Luft) – *und da ist ein Hund und die schauen sich im Glas
'nen Frosch an.* (schaut hoch, lächelt) – (.) – *hm* (atmet aus) –
(5 Sek.) – *und hinter dem so 'n Stuhl/* – (.) – *und der schaut
sich auch den Frosch an (schaut hoch, lächelt)* – (.) – *soll ich
weiterblättern/*(blättert)
VL: *ja*
S: *Und dann geht er schlafen/ und der Hund auch/ und dann
springt der Frosch aus dem Glas* . (stützt sich ab) *und dann
wachen die auf und da ist der Frosch weg.* (blättert) – (.) –
und dann schaut der Junge – (.) – *im Schuh/ und der Hund* –
(..) – *im Glas* (blättert) *und dann schauen sie raus und der
Hund hat das Glas auf den Kopf* – (.) – *dann fällt der Hund
runter/* – (.) – *und der Junge schaut wo der Hund ist/ und
dann fängt und kommt der Junge runter und fängt den
Hund auf/* (blättert) *[...]*

Legende: S: Schüler; VL: Versuchsleiter; '/', '\': steigende bzw. fallende Intonation; (.)/
(..) Pause von einer oder zwei knappen Sekunden, (Zahl): Pause von einer entsprechenden Anzahl von Sekunden. () Aktivitäten des Schülers.

Derselbe Schüler hat die Geschichte auch schriftlich erzählt
(die Orthographie wurde beibehalten):

b. *Es war einmal ein Junger der Stefan hiß er hate einen Hund.
Der Hund hiß Mobsi sie hatten eines Tages einen Frosch gefangen. Es wurde Abend. Mobsi und Stefan gingen ins Bett*

und wärend sie schliefen hüpfte der Frosch heraus Am
nächsten Morgen wachten sie auf und der Frosch war weg.
Stefan und Mobsi suchten im Schu im Glas überal da schau-
ten sie aus dem Fenster aber da war der Frosch auch nicht.
Und aufeinmal viel Mobsi aus dem Fenster. [...].

Schon eine flüchtige Analyse zeigt, dass im mündlichen Text – abgesehen einmal von den Assimilationen unbetonter Funktionswörter (wie *auf'm,* *'nen, so'n*) – der Tonhöhenverlauf überwiegend steigend und nur selten fallend ist; die fallende Intonation scheint eher größere Informationseinheiten abzuschließen, z. B. die Einführung der beteiligten Personen oder die Ausgangsituation der Geschichte. Im schriftlichen Text müssen diese Aufgaben von anderen Mitteln übernommen werden. → **Übung 125** Die Sätze werden vornehmlich im Mündlichen mit. *... und dann* angeschlossen. Dieser Anschluss fehlt im schriftlichen Text (siehe dazu auch Abschnitt 6.3.1). Im Mündlichen werden Sätze begonnen, aber nicht weitergeführt (*und hinter dem so'n Stuhl*) oder korrigiert (*und dann fängt und* *kommt der Junge runter und fängt ...*). Informationen werden wiederholt (*und sie schauen sich ... an ... und der schaut sich auch den Frosch an*), möglicherweise deshalb, weil ein Anschluss an die letzte Äußerung gesucht wird. Statt anaphorischer Pronomen werden eher Demonstrativpronomen verwendet,[33] etc.

Gründe für diese Unterschiedlichkeit liegen u. a. im Medium: Schallwellen sind flüchtig. Damit ist die Kontrolle über das Gesagte schwieriger als bei einem geschriebenen Text. (Das gilt allerdings vor allem für geübte Schreiber.) Aufgrund dieser Situation kann es vorkommen, dass Sätze begonnen, aber nicht beendet, begonnen und korrigiert, oder Informationen mehrfach genannt werden.

Einige Konstruktionen sind heute vor allem im Mündlichen zu beobachten: z. B. **Ellipsen, Anakoluthe** und **Apokoinous**.[34]

Elliptisch (griech. *élleipsis* 'Auslassung', 'Fehlen') werden Sätze genannt, in denen "ein Teil der lexikalischen Information, nämlich die phonologische", nicht explizit gemacht zu werden braucht (Klein 1993: 789); dabei handelt es sich um lexikalische Einheiten "die eine beibehaltene Topik ausdrücken" (Klein 1993: 791). Die (ausgesparte) Information ist bereits aus dem Kontext bekannt oder kann gedanklich ergänzt werden (vgl. insbesondere Abschnitt 6.2 und 6.3). Eine Reihe von Ellipsen sind regelhaft, etwa die Tilgung des elliptischen Verbs *trinkt* im zweiten Konjunkt in (190):

(190)   *Nina trinkt Apfelschorle und Lena Spezi.*

Diese Ellipsen sind auch in schriftlichen Texten anzutreffen (vgl. dazu die Subtypen bei Klein 1993). In Gesprächen finden sich eher Ellipsen von Informationen, die nicht rhematisch sind, wie die bereits genannte Lehreraufforderung "*Im ganzen Satz!*" oder die Antwort von B' in (171) oder B in (172). Eine Antwort mit einem vollständigen Satz, vgl. B in (171), ist eher ungewöhnlich. Die Möglichkeit, Ellipsen verwenden zu können, kommt dem Sprecher und seiner begrenzten Aufmerksamkeit in Gesprächssituationen entgegen.

Ein deutlicher Fall von Diskrepanz zwischen geplanter Konstruktion und ihrer Verbalisierung sind **Anakoluthe**. (griech. *an* 'ohne' – *akólouthon* 'Folgerichtigkeit'). Es handelt sich dabei z. B. um Verschränkungen von zwei Konstruktionen, wie in (191): x *kann sich nicht so interessant machen* vs. x *braucht sich nicht so interessant zu machen.*[35]

(191)   Ein siebenjähriger Junge D ist wütend über ein kleines Mädchen, das ihm alles nachmacht.
          D flüstert: *kann sich bloss nicht so interessant zu machen.*
          (Lindner, unveröffentlichte Daten)

Die dritte Konstruktion ist die des **Apokoinou** (griech. *apo koinou* 'vom Gemeinsamen'). In dieser Konstruktion gehört eine Konstituente zu zwei Sätzen, sie ist gewissermaßen eine Art Dreh- oder Angelpunkt (vgl. *pivot construction* bei Scheutz 2005).

(192)   *des is was Furchtbares is des.*
          (Scheutz 1992: 248)

In (192) liegt der Fokusakzent auf *Furchtbares*, dieser Ausdruck wird also fokussiert. Nach Scheutz wird diese Konstituente zugleich zum Topik im zweiten Satz, d. h. Fokus und Topik fusionieren. Diese Fusion lässt sich sehr gut an folgendem Beispiel von Scheutz (2005: 118 f., Hervorhebung im Orignal) nachvollziehen:

(193)   A erzählt von einem Auftritt eines Pianisten im Fernsehen:

(001)   A: *da war der da.*
(002)   *na da habns zu sechst habns*
(003)   *a stückl gespielt.*
(004)   *auf 'sechs klaviere*
(005)   B: *auf 'sechs klaviere.*
(006)   A: *auf 'sechs klaviere habens a stückl gspielt.*

In (193) entwickelt sich die Konstruktion über mehrere Redebeiträge. Nachdem A berichtet hat, dass der Pianist anwesend war, fokussiert er in (002), dass sechs Personen in die Aufführung eines Stückes involviert waren. Als Nachtrag (004) erwähnt er, dass diese Personen auch auf sechs Klavieren gespielt haben. In (006) werden dann die *sechs Klaviere* Topik von As Äußerung. Scheutz sieht daher in dieser Konstruktion eine Möglichkeit der Sprachnutzer, fokussierte Information zum Topik zu machen.

→ Übung 126
Außer Ellipsen (bestimmte Subtypen), Anakoluthen und Apokoinous sind auch die meisten Konstruktionstypen aus Abschnitt 4.6.3 eher in der gesprochenen als in der geschriebenen Sprache zu finden, z. B. die Linksversetzung und das freie Thema in Gesprächen (vgl. dazu Abschnitt 5.5.3).

Übung 125   Durch welche Mittel wird diese Information, die über den Tonhöhenverlauf transportiert wird, im schriftlichen Text ausgedrückt?

Übung 126   Eine Form der syntaktischen Störung bei Patienten mit Aphasie ist der Paragrammatismus. Dabei produzieren die Patienten unter anderem Apokoinukonstruktionen; als Fehler im Rahmen des Paragrammatismus wird in der Aphasiologie hier allerdings von *Satzverschränkungen* gesprochen. Beurteilen Sie, bei welcher der folgenden Reaktionen es sich um eine Apokoinukonstruktion handelt und bei welcher Reaktion ein aphasischer Fehler im Sinne einer Satzverschränkung vorliegt.

(a) *Ich wollte ja immer gerne <u>ins Kino</u>* bin ich gestern ausnahmsweise gegangen.

(b) *Mir geht es heute wieder <u>schlechter</u>* geht es mir.

---

5   Semantik und Pragmatik

In den Kapiteln 2 bis 4 dieses Einführungsbuches wurde in der Beschreibung der Laut-, der Wort- und Satzstrukturen immer wieder darauf hingewiesen, dass diese Strukturen Bedeutung(en) transportieren. In diesem Kapitel geht es nun um die Analyse von Bedeutung(en). Zunächst gilt es zu klären, was die Bedeutung von *bedeuten* bzw. *Bedeutung* ist. Anschließend werden dann die Bereiche der Semantik und der Pragmatik voneinander abgegrenzt und in den Abschnitten 5.4 und 5.5 wesentliche Begriffe und Fragestellungen in beiden Gebieten skizziert.

5.1   Was ist die Bedeutung von *bedeuten*?

Das Verb *bedeuten* hat viele Bedeutungen. Einige von ihnen sind in (194) a.–g. enthalten:

(194)   a. *Ein Mittagsschläfchen bedeutet Franz viel.*
        b. *Was hat der Traum zu bedeuten?*
        c. *Das Wort Mut bedeutete ursprünglich etwas Anderes.*
        d. *Es wurde ihm durch Kopfnicken bedeutet, dass er gehen könne.*
        e. *Die Ermordung des Thronfolgers bedeutete Krieg mit Serbien.*
        f. *Die Wolken bedeuten Regen.*
        g. *Was hat das zu bedeuten?*

Bedeuten in Satz in (194) a. lässt sich z. B. paraphrasieren mit: 'wertschätzen'. In (194) b. hingegen lässt es sich wiedergeben als: 'symbolisieren'. In (194) c. ist die beste Umschreibung 'bezeichnen' oder 'verwenden', in 194 (d) 'andeuten'. *Bedeuten* in (194) e. lässt sich mit 'zur Folge haben' wiedergeben, (194) f. mit 'anzeigen' und (194) g. mit 'heißen' oder 'aussagen'. Die für Bedeutungsanalysen **relevanten Bedeutung**en von *bedeuten* sind 'bezeichnen' und 'verwenden' in (194) c. Die Paraphrasen lauten: 'Das Wort *Mut* bezeichnete ursprünglich etwas Anderes' bzw. 'Das Wort *Mut* wurde ursprünglich anders verwendet'. Beide Bedeutungen werden benötigt, wie die folgenden Abschnitte zeigen werden.

5.2   Abgrenzung von Semantik und Pragmatik

In Kapitel 1.1.1 wurden die Gebiete der Syntax, Semantik und Pragmatik aus semiotischer Sicht nach Morris (1938) voneinander abgegrenzt. Danach beschäftigt sich

– die Syntax mit der Relation zwischen Zeichen,
– die Semantik mit der Relation zwischen dem Zeichen und dem Bezeichneten/seiner Bedeutung,
– die Pragmatik mit der Relation zwischen Zeichen, seiner/ihrer Bedeutung und dem Zeichenbenutzer.

Die Pragmatik umfasst also "mehr" als die Semantik, indem sie neben dem Zeichen und seiner Bedeutung auch den Zeichen- oder Sprachnutzer berücksichtigt. In welcher Weise diese Festlegung auch für die linguistische Pragmatik gilt, soll im Folgenden besprochen werden.

Semantik und Pragmatik sind Teildisziplinen der Linguistik. Ihre Abgrenzung ist theorieabhängig. Möglichkeiten für eine Abgrenzung lassen sich anhand des nächsten Beispiels erläutern: Stellen Sie sich vor, Sie sind auf einer Ausstellung für Wachhunde und beobachten die folgende Situation:

(195)   A sagt zu B, indem er auf einen bestimmten Hund zeigt: *Hasso ist 'bissig.*

Damit hat A eine Aussage über ein Objekt getroffen, das mit *Hasso* bezeichnet wird, und ihm die Eigenschaft zugesprochen, bissig zu sein. Diese Aussage kann potentiell oder faktisch wahr oder falsch sein; ihr kann also ein Wahrheitswert zugesprochen werden, d. h. sie ist **wahrheitswertfähig.**

Zugleich hat A mit der Äußerung aber noch mehr "getan"; denn er hat damit auch eine sprachliche Handlung vollzogen. As Äußerung enthält also **Handlungspotential.** Mit dieser Äußerung kann A z. B. B diesen Sachverhalt mitteilen. Oder er könnte feststellen, dass der Hund bissig ist, etwa aufgrund der Beobachtung, dass der Hund einen anderen Besucher in die Wade biss. A könnte behaupten, dass dieser Sachverhalt zutrifft, müsste seine Behauptung allerdings auf Nachfrage auch begründen können. Mit der Mitteilung, Feststellung oder Behauptung könnte A darüber hinaus bewirken, dass er B z. B. den Hund als Wachhund empfiehlt oder aber ihn vor diesem Hund warnt, ihm lieber nicht zu nahe zu kommen. Mit der Aussage in (195) können also sehr verschiedene sprachliche Handlungen, sogenannte **Illokutionen** (siehe 5.5.1), vollzogen werden.

Mit der Äußerung in (195) kann also sowohl etwas Wahres oder Falsches über einen Sachverhalt ausgesagt als auch eine sprachliche Handlung vollzogen werden. Mit der ersten Aufgabe, die Wahrheitswertfähigkeit festzustellen, befasst sich die Semantik, mit der zweiten, das Illokutionspotential zu beschreiben, beschäftigt sich die Pragmatik. Diese Abgrenzung war z. B. in Deutschland im Hinblick auf die Sprechhandlungstheorie von Austin (1962/1986) und Searle (1969/1971) in den 70er Jahren des letzten Jahrhunderts geläufig. Dazu wurden auch kontextrelationale Bedeutungen gerechnet, wie etwa die Deixis (siehe Abschnitt 5.3)

Durch die Weiterentwicklung der semantischen Theorien und der Theorien sprachlicher Handlungen in den folgenden Jahrzehnten des 20. Jahrhunderts gibt es jedoch (mindestens) noch eine weitere Art der Abgrenzung. Dabei wird angenommen, dass sich die Semantik mit der Bedeutung von Ausdrücken (u. a. ihren Wahrheitsbedingungen) und mit deren Handlungspotential befasst (**Illokutionssemantik** Zaefferer 1979, 1984: 19, vgl. auch Vennemann & Jakobs 1982: 110 ff.). Die Pragmatik hingegen beschäftigt sich mit der Verwendung von Äußerungen in spezifischen Situationen (siehe dazu 5.5.2).[1]

5.3 Voraussetzungen für die Bedeutungsbeschreibung

Eine Voraussetzung für die Bedeutungsbeschreibung von Wörtern, Sätzen und Äußerungen ist, dass den Sprachbenutzern bekannt ist, wie ein Ausdruck konventionell verwendet wird. Vgl. dazu (196):

(196)   Otto und Marie sitzen in ihrer Küche. Franz kommt hinzu.
         Marie: *Nimm dir doch einen Stuhl.*
         a. Franz setzt sich auf einen Stuhl.
         b. Franz setzt sich auf einen Gymnastikball (weil er keinen freien Stuhl sieht).

In (196) a. wählt Franz den Gegenstand, auf den sich der Ausdruck *Stuhl* konventionell und kontextinvariant bezieht. In b. hingegen hat er bei der Wahl der Sitzgelegenheit das Konzept eines Stuhls modifiziert und auf den Gymnastikball übertragen. Für ihn gilt das funktionale Merkmal 'man kann darauf sitzen', aber keine anderen Merkmale für einen 'Stuhl' wie: 'hat eine Lehne', 'hat vier Beine'. Die Bedeutung eines Ausdrucks wie *Stuhl* ist also nicht starr, sie kann verändert werden, allerdings nicht beliebig.[2] Hätte Franz ein hohes Bücherregal in die Küche geschoben, wäre dieser Gegenstand wohl nicht mehr mit der Bedeutung 'Stuhl' ver-

einbar gewesen. Die Bedeutungsanalyse des **akzidentiellen** oder **kontextspezifischen Gebrauchs** eines Ausdrucks wie in (196) b. ebenso wie
sein metaphorischer oder ironischer Gebrauch setzen die Kenntnis des
usuellen oder **konventionellen, kontextinvarianten Gebrauchs** in (196) a.
voraus.

Mit der Differenzierung von kontextspezifischem und kontextinvari-
antem Gebrauch ist eine zweite Voraussetzung für eine Bedeutungsbeschreibung angesprochen, nämlich in welchem Ausmaß der Kontext bei
der Bedeutungsbeschreibung berücksichtigt werden muss. Es werden verschiedene Arten von Kontext unterschieden:

(a) der sprachliche Kontext (oft auch Ko-Text genannt): die Ausdrücke,
    die im gleichen einfachen oder komplexen Satz auftreten, beeinflussen
    die Bedeutung eines Ausdrucks. Ein Beispiel ist (197):

(197)   *Die Birne schmeckt gut.*

In (197) wird das mehrdeutige Wort *Birne* ('Obstsorte von bestimmter Form und Farbe' oder 'Glühlampe') aufgrund des folgenden Prädikats *schmecken* disambiguiert.
(b) der situative Kontext oder Gesprächskontext: das enzyklopädische
    Wissen der Gesprächsteilnehmer, ihr Schemawissen und ihr Situa-
    tionswissen sind notwendig für die Beschreibung bei den folgenden
    drei Gruppen von Ausdrücken:
    (i) bei einer Gruppe von Ausdrücken wie *groß, süß, hässlich* etc.
    (siehe Antonyme in Abschnitt 5.4.2) wie in (198)

(198)   X: *Es kam ein großer Mann ins Haus.*

Die Größe der Person in (198) wird sich nach dem Schemawissen
des Sprechers richten: für ein Vorschulkind könnte ein Mann mit
1,60 Metern bereits groß sein, ein Kriminalbeamter wird vermutlich eher von einer Größe von mindestens 1,80 oder 1,90 m ausgehen.

(ii) Der situative Kontext ist ebenfalls notwendig für deiktische Ausdrücke (griech. *deiktikos* 'hinzeigend'): *ich/du, – hier/dort –
jetzt/gestern*, ferner Verben wie *kommen, gehen* etc. Sie lassen
sich – vornehmlich – in Relation zu Elementen der Sprechsituation
bestimmen: Sprecher – Hörer (personale Deixis), Sprechort (lokale Deixis), Sprechzeit (temporale Deixis). **→ Übung 127**

(199) a. *Hier ist es heute richtig schön* (z. B. in München).
       b. *Das Sofa dort stand damals noch hier* (z. B. in einem Wohn-
          zimmer).
       c. *Hier ergibt sich ein neues Problem* (z. B. an einem bestimmten
          Punkt in der Argumentation in einem Vortragsmanuskript).

(iii) Der situative Kontext wird auch bei der Analyse von Andeutun-
      gen eines Sprechers notwendig, die nur in Bezug auf eine spezifi-
      sche Situation, das Vor- oder Hintergrundwissen der Beteiligten
      verständlich und beschreibbar sind (siehe dazu Abschnitt 5.5.2).

Eine strikte Zuordnung eines Kontextbegriffs zur Semantik oder zu
Pragmatik fällt schwer. Tendenziell wird der Kontextbegriff in (a) eher
der Semantik, der in (b) eher der Pragmatik zugeordnet. Aus diesem
Grund wird sehr häufig die Deixis der Pragmatik zugewiesen (etwa bei
Levinson 2000). Aber wie man an (198) sehen kann, wird ein situations-
spezifischer Kontext auch für die Semantik von graduierbaren Ausdrücken
benötigt (siehe dazu auch Abschnitt 5.4.3).

Im folgenden Abschnitt geht es um die Grundbegriffe in der Semantik, in Abschnitt 5.5 um eine Vorstellung von drei verschiedenen Be-
schreibungsansätzen in der Pragmatik.

Übung 127

(1) Wie interpretieren Sie den folgenden komplexen Satz: *Max kam und Otto ging.*
(2) Vorschulkinder haben oft mit deiktischen Ausdrücken wie *übermorgen* und *gestern*
    Schwierigkeiten. Auch mit deiktischen Verben (etwa *kommen, gehen*) gibt es Pro-
    bleme. Erläutern Sie den Gebrauch von *kommen* in der folgenden Äußerung einer
    fast Vierjährigen:
    Das Kind läuft zur Tür; es wendet sich zu zwei anderen Kindern um, mit denen es
    gerade gespielt hat, und sagt: *Mag schnell zu meine Mami kommen.* (Lindner, un-
    veröffentliche Daten)

5.4   Grundbegriffe der Semantik

5.4.1   Extension-Intension-Konnotation

In 5.1. hatten wir festgestellt, dass die Bedeutung von *bedeuten* 'bezeichnen' oder 'verwenden' ist. Im Zuge der Bedeutungsanalysen in der
Sprachwissenschaft wurde das Verhältnis von Wortform und -bedeutung

weiter differenziert. Eine bekannte Version dieser Relation ist in dem semiotischen Dreieck von Ogden und Richards (1923) enthalten. Die beiden Autoren erweitern das von de Saussure genannte Modell von *signifiant* und *signifié* (siehe Abschnitt 1.1.1) um eine dritte Dimension, den Referenten, das Objekt oder Ereignis in der Welt. Sie unterscheiden zwischen dem Ausdruck oder Symbol, dem Gedanken oder der Referenz und dem Referenten. Dabei symbolisiert das Symbol den Gedanken oder – heute wohl eher – das Konzept oder die Vorstellung, die sich wiederum auf den Referenten in einer möglichen Welt bezieht. Die Beziehung zwischen dem Ausdruck und dem Referenten wird über die Vorstellung oder das Konzept hergestellt.

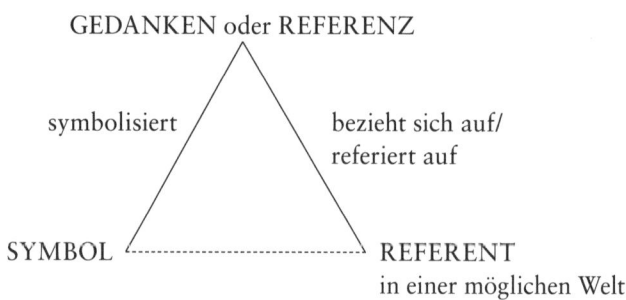

Abbildung 11: Ogden und Richards Dreieck

Ein Beispiel kann diese Zusammenhänge verdeutlichen:

(200) A benötigt einen neuen Küchentisch und betritt ein Möbelhaus. Einem Verkäufer gegenüber äußert A: *Ich möchte einen Küchentisch kaufen.* Der Verkäufer sucht nun nach seinem Konzept von Küchentisch entsprechende Objekte aus.

Das Konzept oder die Vorstellung ist gewissermaßen die Suchanweisung für das Objekt in der Welt.

Für die drei Größen **Symbol**, **Konzept** und **Referent** werden in der Sprachphilosophie und Linguistik auch andere Termini verwendet. (201) enthält einen Überblick über gebräuchliche Ausdrücke:

(201)	**Symbol**	**Konzept**	**Referent**	**Autor**
	signifiant	signifié		de Saussure
	Zeichen	Sinn	Bedeutung	Frege
	expression	meaning	denotation	Russell
	Ausdruck	Intension	Extension	Carnap

Für **Konzept** und **Referent** sind wohl die heute üblichsten Termini **Intension** und **Extension**. Nach Lyons (1977: 158 f.) lassen sich die Termini folgendermaßen bestimmen:[3]

"Unter Extension eines Ausdrucks wird diejenige Menge von Gegenständen verstanden, auf die dieser Ausdruck korrekt anwendbar ist [...] Die Intension eines Ausdrucks ist eine Menge essentieller Eigenschaften, die die Anwendbarkeit des Ausdrucks bestimmen." (Übersetzung KL.)

Anwendbar ist z. B. der Ausdruck *Mädchen* auf Personen wie Lisa, Luise, Nina. Essentiell für die Anwendung des Ausdrucks sind die Merkmale: [+Mensch], [+jung] und [+weiblich]. Die Intension ist als Anweisung zu verstehen, mit der der Referent in einer der möglichen Welten gesucht wird (vgl. (200)).

Wie wichtig diese Unterscheidung in Intension und Extension ist, zeigt sich noch einmal in (202) a. und b.

(202)   a. *Franz sucht ein Einhorn im Englischen Garten.*
         b. *Franz findet ein Einhorn im Englischen Garten.*

(202) a. enthält wieder ein Beispiel, in dem der Suchende eine Vorstellung (Intension) von dem Gesuchten hat. Ob Franz einen Referenten (Element der Extension) findet, kann offen bleiben. Problematischer könnte (202) b. sein. Bislang sind Einhörner noch nicht als lebende Tiere in unserer (intersubjektiv überprüfbaren) Welt gesichtet worden, also auch noch nicht im Englischen Garten in München. Sollte dennoch Franz dort auf ein solches Tier getroffen sein, könnte es – wie das Reh von Ringelnatz – aus Gips nachgebildet worden sein, eine Abbildung aus einem kunsthistorischen Katalog sein, – oder aber Franz bewegt sich, etwa aufgrund einer gestörten Wahrnehmung, in einer möglichen anderen Welt. (202) a. und b. zeigen, dass die Verben *suchen* und *finden* unterschiedliche semantische Anforderungen an das Argument im Objektausdruck stellen. Die beiden Sätze belegen zugleich, dass es sinnvoll ist, Intension und Extension zu unterscheiden.
→ **Übung 128**
Neben Intension und Extension gibt es traditionell in der Wortsemantik den Begriff der **Konnotation**. Ein Vergleich der Ausdrücke in (203) zeigt, dass *Gesicht* das Objekt neutral bezeichnet, während bei *Antlitz* und *Visage* emotional gefärbte Aspekte mitklingen, positive im ersten, pejorative im zweiten Fall.

(203)   *Gesicht – Antlitz – Visage*

Konnotationen rufen also zusätzlich emotionale Einschätzungen hervor, die auf einer Skala von gut bis schlecht auftragbar sind und die von der Sprachgemeinschaft geteilt werden. → **Übung 129** Sie gehören zur Intension eines Ausdrucks.

Bislang war vor allem von der Intension und Extension von Wörtern die Rede. Die Semantik befasst sich jedoch auch mit dem Kern der Satzbedeutung, der **Proposition**, die in einem Satz ausgedrückt wird. Auch hier sind Intension und Extension anwendbar. Die Intension eines Satzes lässt sich als eine komplexe Suchanweisung für den im Satz beschriebenen Sachverhalt in einer möglichen Welt ansehen, sie ist die Gesamtheit seiner Wahrheitsbedingungen. So würde etwa im Fall von (1965) unter den möglichen Referenten derjenige ausgesucht, der mit *Hasso* bezeichnet wird, und ihm die Eigenschaft, bissig zu sein, zugesprochen. Die Bedingung für seine Wahrheit ist die, dass Hasso diese Eigenschaft hat. Die Extension eines Satzes hingegen ist sein Wahrheitswert, also **wahr** in Welten, in denen Hasso bissig ist, und **falsch**, in denen dies nicht gilt. Es geht darum, ob der in dem Satz beschriebene Sachverhalt in der intersubjektiv überprüfbaren Welt oder einer anderen möglichen Welt (etwa eine Märchenwelt) zutrifft oder nicht, also wahr oder falsch ist. Das klingt sehr abstrakt. Aber verständigen wir uns nicht laufend darüber, ob etwas der Fall ist?

"Der Wahrheitsbegriff ist trotz seiner 'Abstraktheit' ein Schlüsselbegriff, wenn es darum geht, die Mechanismen des Verstehens von Sprache zu erforschen. Jemand *versteht* eine Äußerung, wenn er, grob gesehen, in der Lage ist, diese Äußerung im Lichte einer gegebenen Kommunikationssituation korrekt auszuwerten. Dabei bedient er sich einer Vielfalt semiotischer Beziehungen, die die Sprache zur Verfügung stellt: die Brücke zur Realität wird jedoch durch die elementare Wahrheitsrelation geschlagen [...]." (Link 1976: 1, Hervorhebung im Original).

Die Feststellung bzw. Überprüfung der faktischen Wahrheit von Aussagen wird in vielen Fällen Spezialisten erfordern, möglicherweise einen Psychiater im Fall von (202) b., um zu erfahren, ob Franz in Bezug auf das Einhorn im Englischen Garten Wahnvorstellungen hat. In der Semantik wird untersucht, welche **Proposition** ein Satz ausdrückt, mit anderen Worten: welches seine Wahrheitsbedingungen sind. Sind die Bedeutungen der Ausdrücke in dem Satz nicht miteinander kompatibel, so erhebt sich die Frage der Wahrheit erst gar nicht.

In (204) bis (206) sind einige Ausdrücke nicht miteinander verträglich, z. B. das jemand grün schläft oder ein Fels herabschwebt.

(204)   *Sie schlief grün.*
(205)   *Der Fels schwebt den Berg hinab.*
(206)   *Er wälzte den Bleistift über die Straße.*

Dem Sachverhalt in (204) wird vermutlich in keiner möglichen Welt ein Wahrheitswert zuzuweisen sein. (204) wäre also nicht wahrheitswertfähig und daher nicht semantisch wohlgeformt. Bei (205) und (206) müsste es eine Welt sein, in denen ein Objekt zwar aufgrund seiner Ausmaße noch als *Fels* bezeichnet werden kann, aber kein großes Gewicht mehr hat, so dass es schweben kann; oder in der ein Bleistift so gewaltig und schwer ist, dass der Ausdruck *wälzen* für die Aktivität des Handelnden eine korrekte Beschreibung liefert. In Märchen- oder Cyber-Welten könnte beides zutreffen. → **Übung 130**

Übung 128 Beschreiben Sie die folgenden unterstrichenen Ausdrücke mit Hilfe von Intension und Extension.
(a) *Otto sucht das Kupplungspedal in Mariechens Auto.* (Mariechens Auto ist ein VW Käfer Automatic.)
(b) *Franz konnte gestern Abend den Morgenstern nicht sehen.*
(c) *Peter trifft morgen die Gewinner des Wettbewerbs.*

Übung 129 In welchem Fall handelt es sich um eine Konnotation? Und wie ist sie zu beschreiben?
(a) *CDU – Die Schwarzen*
SPD – Die Roten.
Aber: *Die Grünen.*
(b) *Wenn Ottos Frau ihn mit seinem Vornamen oder mit seinem Vor- und Nachnamen statt mit Schatzi anredet, dann weiß er, dass er etwas falsch gemacht hat.*
(c) *Wenn Luise das Wort Auspuff hört, muss sie immer schmunzeln und an ihren Bruder denken.*
(d) *Wenn x in Hamburg "a Fleischpflanzerl" sagt, dann weiß der Hamburger Metzgermeister, dass x nicht aus Hamburg kommt.*

Übung 130 Sind die folgenden Sätze wahrheitswertfähig?
(e) *Der Himmel weint.*
(g) *Ich taufe Dich auf den Namen Winnetou.* (siehe dazu auch Abschnitt 5.5.1)

5.4.2 Bedeutungsrelevante Beziehungen zwischen Ausdrücken

In den vorangegangenen Kapiteln hatten wir bereits gesehen, dass Laute, Wortformen oder Wörter zueinander in Beziehung stehen, z. B. die Laute in Phonemoppositionen in der Phonologie, Wörter in syntagmatischen und paradigmatischen Beziehungen in der Syntax. Zurückzuführen ist dieser Zusammenhang auf das Konzept von Sprache als System (siehe

Abschnitt 1.1.1). Auch in ihrer Bedeutung sind Wörter und Sätze aufeinander bezogen. Diese Bezüge sind weitestgehend unabhängig von der
jeweiligen Verwendungssituation. Um sie besser beschreiben zu können,
ist es sinnvoll, bestimmte Relationen zu beachten: Zum einen ist dies die
Implikation: wenn x, dann y. Zum anderen ist es die **Äquivalenz**: wenn
x, dann y und wenn y, dann x. Die Äquivalenz ist also eine Implikation,
die in beiden Richtungen gilt. Sie wird wichtig für die Beschreibung von
Bedeutungsgleichheit. Die dritte Relation ist die der **Negation**.

Bedeutungsinklusion: Folgerungsbeziehungen/Schlüsse ziehen

Der erste zu besprechende Fall ist die Bedeutungsinklusion, d. h. eine
Aussage schließt weitere Aussagen ein bzw. aus einer oder mehr Aussagen können weitere gefolgert werden. Ein klassischer Fall der Folgerungs-
beziehung ist der logische Schluss, in dem aus Prämissen Folgerungen
gezogen werden.

Beziehungen zwischen komplexen Ausdrücken/Sätzen

(207) und (208) liefern Beispiele für logische Schlüsse:

(207)   Prämisse 1: *Alle Freunde von Franz sind meine Freunde.*
Prämisse 2: *Alle meine Freunde sind nett.*

Schluss: *Daher sind alle Freunde von Franz nett.*
(208)   Prämisse 1: *Entweder entdeckte Columbus oder Leif Erikson
Amerika.*
Prämisse 2: *Columbus war es nicht.*

Schluss: *Also entdeckte Leif Erikson Amerika.*

An diesen Schlüssen fällt auf, dass sie gültig sind aufgrund der logischen
Form, unabhängig von der faktischen Wahrheit; vgl. etwa (208). In der
ersten Prämisse ist ein ausschließendes *oder* enthalten (eine Disjunktion:
entweder p oder q, aber nicht beides), deren einer Teil (p) in der zweiten
Prämisse negiert wird. Also kann nur q gefolgert werden. Logische
Schlüsse sind wichtig z. B. beim Aufbau einer Theorie, also im fachwis-
senschaftlichen Diskurs. Für den alltäglichen Sprachgebrauch spielen sie
keine große Rolle. Interessanter für diesen Gebrauch sind hingegen Folgerungen wie in (209).

(209)   Ein Richter fragt den Angeklagten in einer Verhandlung: *Wann hören Sie endlich auf, Frau Schmidt zu belästigen?*

Der Richter muss mit seiner Frage mehrere Voraussetzungen zulassen:

(209')   (i) es gibt eine Frau Schmidt,
         (ii) der Angeklagte hat sie bislang belästigt.

Die erste Folgerung bezieht sich auf die Existenz eines Individuums, das durch einen Eigennamen identifiziert wird. Die zweite ist bedingt durch die Verwendungsbedingungen von *aufhören*, denn x kann nur mit y aufhören, wenn x y vorher getan hat. Diese Voraussetzungen werden **Präsuppositionen** (lat. *prae* 'vor', *sup-positio* 'Unterstellung') genannt, d. h. es sind Annahmen, die eingehalten sein müssen, damit entsprechende Ausdrücke sinnvoll verwendet werden können. Beide Präsuppositionen müssen also zutreffen, wenn der Richter in (209) eine sinnvolle Frage stellt. → **Übung 131**

Logische Schlüsse gehören in die Semantik. Die Zuordnung der Präsuppositionen zur Semantik oder zur Pragmatik ist umstritten. Der Pragmatik werden weitere Schlussverfahren zugerechnet, etwa die Erschließung von Gesprächsandeutungen (sog. partikulare konversationelle Implikaturen), die in Abschnitt 5.5.2 vorgestellt werden.

Beziehungen zwischen einfachen Ausdrücken/Wörtern

Auch zwischen einfachen Ausdrücken gibt es Bedeutungsinklusion; diese Beziehung ist bei der **Hyponymie** (griech. *hypo* 'unter' – *onyma/onoma* 'Name'), der Beziehung von Ober- und Unterbegriffen, gegeben.

(210)   *Deutscher – Europäer*: 'x ist ein Deutscher'. 'x ist ein Europäer.'

Das Verhältnis der beiden lässt sich am besten in einer Implikation, einer *wenn-dann-* Beziehung, beschreiben.

(210')   Wenn x ein Deutscher ist, dann ist x ein Europäer, aber nicht umgekehrt.

Das Hyperonym, der Oberbegriff, ist *Europäer*, das Hyponym, der Unterbegriff, ist *Deutscher*. Dabei existieren weitere Ko-Hyponyme, nämlich alle Begriffe für weitere Mitglieder der Europäischen Union. *Deutscher* wiederum ist Hyperonym zu den Begriffen für die deutschsprachigen Dialektsprecher, wie das folgende Schaubild andeutet.

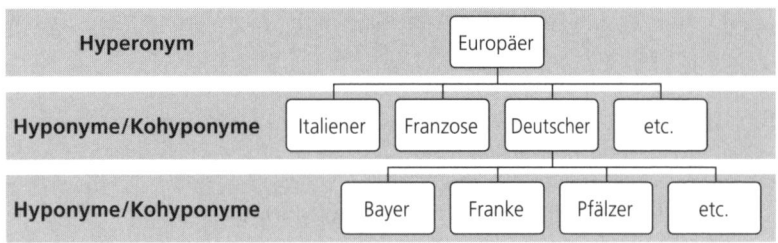

Abb. 12 Hyperonymie und Hyponymie

Bedeutungsgleichheit/Synonymie

Die zweite wichtige Bedeutungsbeziehung ist die der Bedeutungsgleichheit oder Synonymie (griech. *syn-onoma* 'gleicher Name'). Vollständige Synonymie vieler Ausdrücke wäre höchst unökonomisch. In welchem Ausmaß sind dann Ausdrücke synonym?

Bedeutungsgleichheit zwischen komplexen Ausdrücken/Sätzen

Wenn von Synonymie zwischen komplexen Ausdrücken die Rede ist, dann stehen die Ausdrücke zueinander in einer Paraphrasenrelation, d. h. die **Paraphrase** hat immer den gleichen Wahrheitswert wie der paraphrasierte Satz:

(211)   *Sie kommt wahrscheinlich nach München.*
Es ist wahrscheinlich, dass sie nach München kommt.

Die beiden Sätze haben also die gleiche Intension, d. h. sie sind äquivalent.

(211')   Wenn sie wahrscheinlich nach München kommt, dann ist es wahrscheinlich, dass sie nach München kommt und umgekehrt.

Bedeutungsgleichheit zwischen einfachen Ausdrücken

Bei den einfachen Ausdrücken ist es leichter, das Ausmaß an Übereinstimmung festzulegen.

(212)   a. *Heute ist Sonnabend.*
b. *Heute ist Samstag.*

Sowohl *Sonnabend* als auch *Samstag* bezeichnen immer den gleichen Tag, den 6. Tag in der Woche; sie sind also extensional und intensional

gleich. Dennoch gibt es subtile Unterschiede: Der Ausdruck *Sonnabend* kommt vom 'Abend vor dem Sonntag', dem Feiertag der Christen. *Samstag* hingegen hat sich aus *Sabbat* entwickelt, bezeichnet also den Feiertag der Juden. Ferner ist die Verwendung der beiden Bezeichnungen regional unterschiedlich: *Samstag* ist eher west- und süddeutsch, *Sonnabend* eher nord- und ostdeutsch. Es gibt also Unterschiede in den Konnotationen.
In (213) liegt eine andere Situation vor:

(213) *Mein Bruder ist Frauenarzt.*
       Mein Bruder ist Gynäkologe.

Hier handelt es sich um Ausdrücke aus verschiedenen Sprachsystemen, dem Standarddeutschen und der medizinischen Fachsprache. Die beiden Ausdrücke stehen zueinander in einer **Übersetzungsrelation**. Es handelt sich nur um Synonyme, wenn diese innerhalb des gleichen Sprachsystems existieren. Allerdings ist sowohl bei (213) als auch bei (212) und anderen Fällen zu fragen, ob die Sprachbenutzer sich dessen bewusst sind, dass es sich in (212) zum einen um kulturelle und regionale Unterschiede, in (213) um Unterschiede zwischen Fachsprache und Umgangssprache handelt. Die Abgrenzung zwischen Synonymie und Übersetzungsrelation ist also nicht immer einfach.

Bedeutungsverschiedenheit

Der dritte Fall ist die Bedeutungsverschiedenheit. Darunter fällt die **Kontradiktion**, die **Komplementarität**, die **Heteronymie**, die **Antonymie** und in vielen Fällen auch die **Konversion**.

Kontradiktion

(214) *Der Kaffee ist kalt, und der Kaffee ist nicht kalt.*
       (ausgesagt über denselben Gegenstand zum gleichen Zeitpunkt)

Eine **Kontradiktion** (lat. *contradictio* 'Widerspruch') liegt dann vor, wenn zwei einander widersprechende Eigenschaften demselben Gegenstand zum gleichen Zeitpunkt zugesprochen werden. Beide Aussagen können bei einem durch *und* verbundenen Ausdruck nicht zum gleichen Zeitpunkt wahr sein. Wird jedoch *und* durch eine andere Konjunktion ersetzt, etwa durch *oder*, dann lässt sich sehr wohl ein widerspruchsfreier – allerdings wiederum ein tautologischer, daher immer wahrer – Satz bilden:

(215)   *Der Kaffee ist kalt oder der Kaffe ist nicht kalt.*

Komplementarität
Zueinander **komplementär** sind Ausdrücke, bei denen der eine Ausdruck dort steht, wo der andere nicht stehen kann (vgl. komplementär verteilte Allophone /ç-x/ in Abschnitt 2.2.1); z. B. *tot – lebendig sein, gerade – ungerade sein, minderjährig – volljährig sein, schwanger – nicht schwanger sein.* Der eine Ausdruck entsteht durch die Negation des anderen; d. h. wenn der eine Ausdruck nicht zutrifft, trifft der andere zu.

(216)   *Franz ist tot* vs. *Franz ist lebendig.*
Wenn Franz tot ist, dann ist er nicht lebendig und umgekehrt.

Zwischen den jeweiligen Zuständen werden in der Sprache Zwischenstadien ausgeschlossen. So kann jemand nicht ein bisschen schwanger, tot oder lebendig sein.

Heteronymie
Von **heteronymen** Ausdrücken (griech. *heter-* 'verschieden' – *onoma* 'Name') ist dann die Rede, wenn diese Ausdrücke zueinander in einer Rangfolge stehen (mit gleichen oder ungleichen Abständen wie bei Beurteilungen oder Noten) oder einen Zyklus bilden (wie Monate, Jahreszeiten oder Wochentage).

(217)   *Die Arbeit ist gut.*
(217′)   Wenn die Arbeit gut ist, dann ist sie nicht sehr gut, befriedigend, ausreichend oder mangelhaft.
(218)   *Fritz besucht seine Oma an einem einzigen Tag der Woche, er besucht sie am Samstag.*
(218′)   Wenn Fritz seine Oma an einem einzigen Tag in der Woche besucht und dies ein Samstag ist, dann besucht er sie nicht an einem Sonntag, Montag, Dienstag, Mittwoch, Donnerstag oder Freitag.

Antonymie (auch: Polarität, binäre graduierbare Opposition)
Antonyme Ausdrücke (griech. *ant-* 'gegen' – *onoma*) werden oft mit komplementär verwendeten Ausdrücken verwechselt. Während die komplementär verwendeten durch Negation voneinander abgegrenzt werden *(nicht lebendig = tot)*, ist dies nicht möglich bei Antonymen. Antonyme bilden Endpunkte einer Skala mit mehreren Abstufungen.

(219) *Das Wasser ist nicht heiß. Das Wasser ist warm, lauwarm oder
       kalt* ...
       Das Wasser ist nicht kalt. Das Wasser ist warm, sehr warm
(219') Wenn das Wasser nicht heiß ist, dann ist es nicht (notwendig)
        kalt, es kann (lau)warm sein.

Wie (219') zeigt, können beide Endpunkte unzutreffend sein.[4] Antonyme
Ausdrücke sind steigerbar; sie können auch morphologisch verwandt
sein, wie *freundlich – unfreundlich*. **→ Übung 132**
   Ein besonderer, weil bedingter Fall von Bedeutungsverschiedenheit
liegt bei Prädikaten mit zwei oder mehr Argumenten (syntaktisch: zwei-,
dreistelligen Prädikaten) vor:

Konversion

(220) *Fritz ist jünger als Franz.*

Weitere Beispiele für **Konversion** (lat. *conversio* 'Umdrehung') sind Ver-
wandtschaftsbeziehungen wie *Vater – Tochter* oder Handlungen wie
vorangehen – folgen. Auch diese Relationen lassen sich mit Hilfe der
Äquivalenz beschreiben:

(220') Wenn Fritz jünger ist als Franz, dann ist Franz älter als Fritz und
        umgekehrt.

Umgedreht wird die Reihenfolge von zwei Argumenten.
   Die Besonderheit der Konversionsrelation liegt darin, dass sie bei
symmetrischen Relationen keine Bedeutungsverschiedenheit, sondern
Bedeutungsgleichheit bewirkt:

(221) a. *Fritz ist Kollege von Franz.*
       b. *Franz ist Kollege von Fritz.*

→ Übung 133

Übung 131

(1) *x hört mit y auf* setzt voraus, dass derjenige, der mit x aufhört, x vorher getan hat.
Diese Präsupposition bleibt auch noch unter Negation erhalten: *x hört nicht mit y
auf.* Dann tut x y immer noch. Welche Präsuppositionen sind mit *aufwachen, ein-
schlafen, zurückkehren, abreisen* verbunden? Suchen Sie weitere Verben dieser Art
der Zustandsveränderung; Was präsupponieren sie?

(2) i. Bei faktiven Verben wird die Wahrheit des eingebetteten Satzes präsupponiert, z. B. *Franz weiß, dass der FC Bayern verloren hat.* Der Satz setzt voraus, dass der FC Bayern verloren hat. Suchen Sie weitere Verben mit dieser Eigenschaft und kontrastieren Sie sie mit Verben, denen diese Eigenschaft fehlt, etwa *glauben*.

   ii. Wie sieht es mit den Präsuppositionen in den folgenden Sätzen aus:
Sie weiß nicht, dass er durchgefallen ist.
Du weißt nicht, dass er durchgefallen ist.
Ich weiß nicht, dass er durchgefallen ist.

Übung 132 Bei einer Form der erworbenen Lesestörung, der sogenannten Tiefendyslexie, produzieren die Patienten häufig semantische Fehler (semantische Paralexien). Als eine Ursache wird ein beeinträchtigter Zugriff auf semantische Information angenommen. Beschreiben Sie anhand der folgenden Fehlerbeispiele die semantische Relation zwischen Zielwort und Reaktion:

(a) *Hund → Tier*
(b) *Kran → Bagger*
(c) *Er kletterte an der spiegelglatten Wand hoch. → Er kletterte an der aalglatten Wand hoch.*
(d) *Das Kind war für sein Alter viel zu dick. → Das Kind war für sein Alter viel zu dünn.*

Übung 133 Gegeben sind die folgenden Ausdrücke:

(a) *holen – bringen; bekommen – geben*
(b) *Mensch – Mann – Mönch*
(c) *Fleischer – Metzger – Schlachter*
(d) *links von – rechts von, im Norden von – im Westen von*
(e) *schön – hässlich*
(f) *Sahne – Obers*

   i. Analysieren Sie die Ausdrücke im Hinblick auf ihre Bedeutungsbeziehungen. Stützen Sie sich dabei soweit wie möglich auf die Konzepte von Extension und Intension und formulieren Sie die Beziehungen umgangssprachlich mit Implikationen (wenn-dann), Äquivalenzen etc.

   ii. Belegen Sie Ihre Klassifizierung durch die Angabe von Sätzen und Kontexten.

5.4.3 Mehrdeutigkeit und Vagheit

In den vorangegangenen Abschnitten wurde eine Reihe von Bedeutungsarten und -beziehungen besprochen. Bislang unerwähnt blieben Eigenschaften, die viele Ausdrücke kennzeichnen: Mehrdeutigkeit und Vagheit.

In Abschnitt 5.4.1 konnte man den Eindruck bekommen, dass es eine eindeutige Zuordnung von Ausdruck zu Intension und Extension gibt. Das ist nicht der Fall. Vielmehr gelten Mehrdeutigkeit und Vagheit als wesentliche Eigenschaften natürlicher Sprachen (vgl. z. B. Klein 1976: 20 ff.).

Mehrdeutig können Lexeme, Syntagmen und Äußerungen sein. In Bezug auf mehrdeutige Lexeme und Syntagmen spricht man oft von lexikalischer und struktureller Ambiguität. Von **struktureller Ambiguität** war bereits in Abschnitt 1.1.2 die Rede. Das Beispiel war dasjenige, das hier in (222) wiederholt wird. Seine syntaktische Struktur ist mehrdeutig:

(222)   *Er traf den Mann mit dem Stock.*

Der Satz hat zwei Lesarten, die durch Paraphrasen und Permutation deutlich werden:

(222')   a. 'Er traf den Mann, der den Stock hatte.' (*mit dem Stock* als
             ATTR zu Mann)
         b. 'Mit dem Stock traf er den Mann' (*mit dem Stock* als ADV
             instrumentalis)

Allerdings wird diese strukturelle Ambiguität nur dann offensichtlich, wenn (223) isoliert betrachtet wird. Ein situativer Kontext, etwa ein Gerichtssaal, würde nur eine Lesart zulassen. Das Gleiche gilt für die lexikalische Ambiguität.

Für **lexikalische Ambiguität** (oder **Polysemie**) ist (223) ein Beispiel:

(223)   *Die Birne ist zu klein.*

Birne hat mehrere Bedeutungen. Duden Deutsches Universalwörterbuch (2011: 323) gibt die folgenden an:

(a) 'Frucht'
(b) 'Birnbaum'
(c) 'Glühbirne'
(d) (salopp für) 'Kopf'

Einige Ausdrücke haben durch Sprachwandel die gleiche Form wie andere Ausdrücke bekommen; sie sind **homonym**, meist auch **homophon** und oft auch **homograph**.

(224)   *Weise – Waise, Kiefer – Kiefer, Ton – Ton*

Weise und *Waise* sind homophon, werden aber noch orthographisch unterschieden. Die **Homonymie** (Homophonie und Homographie) von *Kiefer* lässt sich am unterschiedlichen Genus im Artikel festmachen:

der Kiefer – die Kiefer. Aber bei *Ton* versagt auch diese Unterscheidung. Um zwischen Polysemie und Homonymie differenzieren zu können, hilft oft nur ein etymologisches Wörterbuch, vgl. dazu *Bank, Schloss*.

→ **Übung 134**
Eine zweite wichtige Eigenschaft von Ausdrücken ist ihre **Vagheit**. Von Vagheit war ebenfalls bereits im ersten Kapitel die Rede. Im Zusammenhang mit der Grammatikalität von Sätzen wurde ein Beispiel besprochen, bei dem nicht entschieden werden konnte, ob es grammatisch oder ungrammatisch ist ((20) Abschnitt 1.1.2). Vagheit findet sich aber auch in der Semantik: Wie exakt ist ein Ausdruck auf einen bestimmten Referenten anwendbar? Handelt es sich in (225) a. um die gleiche Farbschattierung? Und wie langsam ist *langsam* in (225) b.?

(225)   a. *roter Apfel, rotes Kleid, rote Backe, roter Kopf* (Klein 1976: 23).
        b. *Er fährt wirklich langsam.*

Ebenso wie die Schattierungen von 'rot' oder der Schnelligkeitsgrad von 'langsam' sich ohne Kontext nicht eindeutig identifizieren lassen, geht es mit vielen anderen Ausdrücken; vgl. (*er fährt*) *rasant/vorsichtig/schnell*. Wie schnell ist 'rasant'? Wie achtsam ist 'vorsichtig'? Was ist mit Gattungsnamen: Wie hoch ist ein Berg? Wann ist etwas Unkraut, wann eine Blume? Ist ein Pinguin ein Vogel – so wie ein Adler oder ein Rotkehlchen?[5] In vielen Situationen ist die Vagheit von Bedeutungen unproblematisch, da der Kontext und das Weltwissen helfen, die Bedeutung einzugrenzen. In anderen Situationen kann ein Ausdruck bei Bedarf auch weiter spezifiziert werden.

Übung 134
(1) Welche Lesarten gibt es für die mehrdeutigen Ausdrücke in (i) bis (iii)?
   (i) *Man reibe 3 Tage alte Brötchen* (Klein 1976: 20)
   (ii) *Manche Beeren sind rot, wenn sie grün sind, z. B. Blaubeeren* (von Hartmut Lauffer)
   (iii) *grüne Tanne, grüne Witwe, grüner Hering, grüne Seite.*
(2) Handelt es sich bei *die Bank, das Schloss, der Heide – die Heide* um Polysemie oder um Homonymie? Konsultieren Sie ein etymologisches Wörterbuch.

5.4.4 Bedeutungswandel

Im Zusammenhang mit der Homonymie war bereits darauf verwiesen worden, dass Formen durch Veränderungen dieselbe Form wie andere Wörter annehmen können, also homonym werden können. Damit ist bereits eine diachrone Perspektive angesprochen. In der Semantik geht es bei diachronen Überlegungen um den Bedeutungswandel. Er soll hier kurz genannt werden. Ein schönes Beispiel für etymologische Zusammenhänge ist (226).

(226) *Amphore – Ampulle – Bürde – Bahre – Eimer – Furunkel – Geburt – gebären – Gebaren – Gebärde – Gebühr – Zuber*

Dass und wie diese Wörter etymologisch verwandt sind, zeigt die Abbildung 13. Alle Wörter gehen zurück auf die indoeuropäische Verbwurzel ⁺*bher-*. aus der lat. *ferre*, griech. *pherein* als auch ahd. *beran* abgeleitet sind. Aus den verschiedenen Formen im ahd. Verbparadigma aber auch lat. *ferre* und griech. *pherein* sind dann die aufgeführten Wörter entstanden.

Der Bedeutungswandel lässt sich auf sehr verschiedene Weisen erfassen: **Bedeutungsverengung** gibt es etwa bei westgerm. *knehta* 'Jüngling' – verwandt mit *Knappe* und *Knabe*. Das Wort wird im Englischen zu *knight* 'Ritter', im Deutschen zu mhd. *knehta* 'männliches Kind', 'junger Mann' (bis zum 16 Jh.), danach zu *Knecht*. Im Deutschen ist im Gegensatz zum Englischen also eine **Bedeutungsverschlechterung** festzustellen. Ähnlich erging es dem Wort *Magd*, das zunächst ahd. *magad*, mhd. *maged* 'Mädchen', 'Dienerin', 'Jungfrau' bezeichnete (vgl. *Marie, die reine Magd* im geistlichen Volkslied *Es ist ein Ros' entsprungen*) oder, heute veraltet, die Nebenform *Maid* (ne. *maiden, maid*). Bei *Frau* hingegen liegt eine **Bedeutungserweiterung** vor, denn ahd. *frouwa* und mhd. *vrouwe* 'Herrin' waren Bezeichnungen für eine weibliche Person von Adel. Dieser Ausdruck korrespondierte mit ahd./mhd. *her/herre*. Heute bezeichnet *Frau* nicht mehr nur eine 'verheiratete weibliche Person', sondern eine 'erwachsene weibliche Person'. Um eine **Bedeutungsübertragung** handelt es sich bei nhd. *Schule*, die nicht nur den Unterricht (vgl. *Schule schwänzen*), sondern auch die Institution, das Gebäude (*die Schule ist geschlossen*), die Mitglieder der Institution (*die Schule macht einen Ausflug*) oder auch bestimmte Ausrichtungen in der Wissenschaft und in der Kunst, die sich um einen Meister gebildet haben (*die Rembrandtsche Schule*) benennt. Schließlich findet sich in nhd. *sehr* eine **Bedeutungsentleerung**. Es geht zurück auf ein Adverb ahd. *sero*, mhd. *sere* (vgl. ne. *sore*), gemeingerm. *saira* 'schmerzlich, wund'. Bereits seit dem

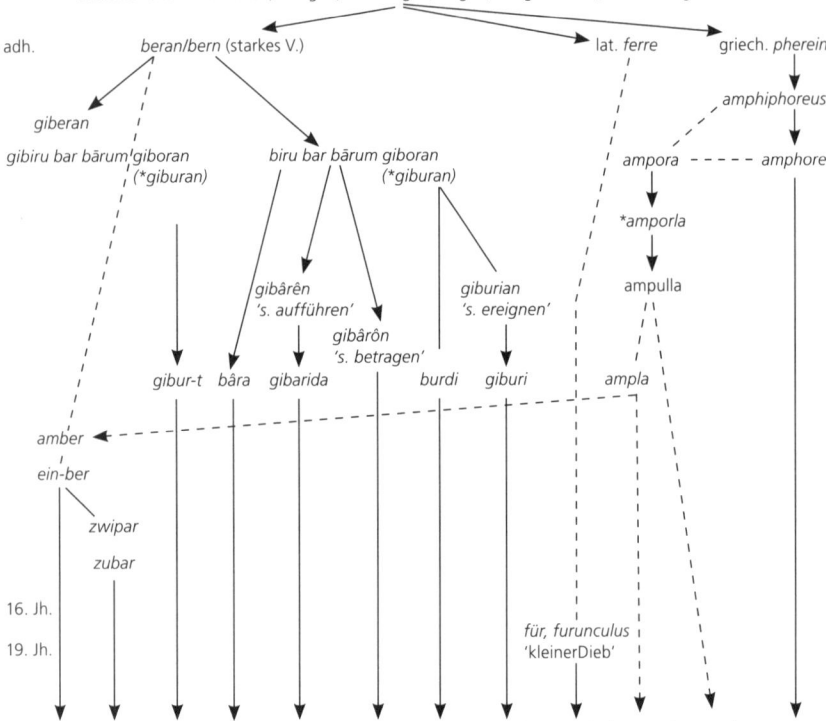

Abb. 13 Etymologisch verwandte Wörter zu indoeurop. **bher-*

Mhd. wird es als Steigerungsadverb verwendet (Kluge/Seebold 2002: 837 f.). → **Übung 135**

Übung 135

(1) Skizzieren Sie anhand eines etymologischen Wörterbuchs Ihrer Wahl den Bedeutungswandel der folgenden Ausdrücke:

    (i)   *Minister – Marschall*

    (ii) *Weib – Mann*

    (iii) *mündig*

    (iv) *Bein*

    (v) *rechnen*

    Schmökern Sie auch mal in Legros (1998).

(2) Woher kommen die folgenden Ausdrücke: *Friedhof, Hängematte, Maulwurf, Rosenmontag, einen Kater haben* oder auch der Wunsch zu Neujahr: *Guten Rutsch.* Konsultieren Sie dazu auch Olschansky (1998).

(3) Aufgrund der Orthographiereform werden die Sprachbenutzer in einigen Fällen "auf die falsche Fährte gelockt": Rekonstruieren Sie die Etymologie von *belämmert, einbläuen, schnäuzen*.

5.5 Ansätze in der Pragmatik

Zur Pragmatik werden – wie schon zu Beginn dieses Kapitels festgestellt wurde – zum einen die Beschreibung sprachlicher Handlungen nach der Sprechakttheorie nach Austin (1986) und Searle (1971), zum anderen die Beschreibung des situationsspezifischen Gebrauchs von Äußerungen nach Grice (1975) gerechnet. Darüber hinaus soll hier auch die Konversationsanalyse kurz vorgestellt werden. Mit diesen drei Ansätzen – die alle in etwa um die gleiche Zeit entwickelt wurden – wird schrittweise immer mehr Gesprächskontext in die Analyse einbezogen. Während die klassische Sprechakttheorie (Austin 1986, Searle 1971) untersucht, unter welchen Glückensbedingungen oder Regeln einzelne Äußerungen konventionell als eine bestimmte sprachliche Handlung gelten, und dabei vor allem das Wissen des Sprechers berücksichtigt, geht die Analyse nach Grice (1975) über die wörtliche Interpretation von Äußerungen hinaus. Sie untersucht Andeutungen, die die Gesprächsteilnehmer mithilfe von Kontextwissen und allgemeinen Handlungsmaximen rekonstruieren können, an denen sie sich in ihrer Interpretation der Gesprächsbeiträge orientieren. Schließlich befasst sich die Konversationsanalyse mit der Organisation größerer Gesprächssequenzen durch die Beteiligten. Damit ist die Konversationsanalyse bereits ein Ansatz aus dem Bereich der Linguistik, der sich mit Texten beschäftigt (siehe Kapitel 6). Da sie jedoch in linguistischen Lehrwerken eher unter die Pragmatik subsumiert wird (vgl. etwa Levinson 2000), soll sie in diesem Kapitel vorgestellt werden. Im Folgenden wird das Beschreibungspotential dieser drei Ansätze an ausgesuchten Beispielen skizziert.

5.5.1 Sprechakttheorie

In der ersten Hälfte des 20. Jahrhunderts konkurrierten in der Sprachphilosphie zwei Richtungen mit sehr unterschiedlichen Auffassung über die Bedeutung von sprachlichen Ausdrücken: Die eine Richtung vertrat die Auffassung, dass Sätze nur dann eine Bedeutung haben, wenn man ihnen einen Wahrheitswert zuschreiben kann; damit galt also auch, dass ein Satz dann bedeutungslos ist, wenn er nicht verifiziert werden kann. Zu dieser Richtung gehören z. B. Carnap oder der frühe Wittgenstein. Die andere Richtung befasste sich mit der Philosophie der normalen Sprache. Sie vertrat die Ansicht, dass Äußerungen von den Sprachnutzern gebraucht werden, um Bedeutung auszudrücken. Berühmt ist der Satz des späten Wittgenstein: "Die Bedeutung eines Wortes ist sein Gebrauch" (Wittgenstein 1958: para 43). Zu den Vertretern dieser Richtung gehören neben diesem z. B. Strawson, Austin und Searle. Austin entwickelte vor diesem Hintergrund die **Sprechakttheorie** und Searle systematisierte sie.

Austin ging von der Beobachtung aus, dass sich in institutionellen Kontexten Handlungen wie *taufen* oder *schwören* in (227) beobachten lassen, mit denen die Betroffenen z. B. Verpflichtungen eingehen.

(227)   a. *Ich taufe dich hiermit auf den Namen Luise.*
        b. *Ich schwöre, dass ich an dem Abend nicht zu Hause war.*

Das Kind trägt ab diesem Zeitpunkt offiziell den Namen *Luise* und ist Mitglied der Kirche (mit allen Rechten und Pflichten). Auch ein Schwur hat Folgen; wenn der Schwörende später aussagt, dass er falsch geschworen hat, wird er wegen Meineids belangt. In (227) wird durch die Verwendung der 1. Person Singular Indikativ Aktiv und des Verbs im Präsens eine bestimmte Formel ausgedrückt, eine **performative Formel**. Mit der Verwendung dieser Formel ist eine aus dem spezifischen Verb abgeleitete konventionelle Kraft verbunden; mit der Äußerung wird die entsprechende Handlung vollzogen und es gelten bestimmte Konsequenzen. Derartige Formeln werden auch bei anderen Handlungen beobachtet: z. B. *ich verspreche dir, morgen bekommst du von mir eine Tafel Schokolade.* Dieses Versprechen verpflichtet den Versprechenden dazu, am kommenden Tag dem Adressaten die Schokolade mitzubringen. Sollte dies nicht passieren, wird das soziale Konsequenzen für ihn haben. Damit die Handlung gelingt, müssen nach Austin (1986) bestimmte Glückensbedingungen (*felicity conditions*) erfüllt werden: So muss es eine entsprechende konventionelle Prozedur mit einer entsprechenden konventionellen Wirkung oder Kraft geben, die Prozedur muss vollständig und korrekt durchgeführt werden, und die Beteiligten müssen bestimmte Einstellungen oder Gefühle hegen, etwa ernsthaft und aufrichtig sein. Mit diesem Ansatz sind also nicht mehr Wahrheitswerte relevant,[5] sondern die Einhaltung von Glückensbedingungen.

In der Folge hat Searle (1971) den Ansatz von Austin stärker systematisiert. Er übernimmt von Austin, dass sich sprachliche Handlungen in verschiedene Teilakte gliedern lassen: so unterscheidet er den **Äußerungs-**

akt (bei Austin **lokutionären Akt**) – die Äußerung einer konventionellen Wortfolge – und den **illokutionären Akt** – die entsprechende sprachliche Handlung.[6] Hinzu kommt bei Searle, dass mit der Äußerung ein propositionaler Akt vollzogen wird, der sich noch einmal in einen referentiellen und einen prädizierenden Akt ausdifferenziert. Am Beispiel (195) wäre der referentielle Akt die Verwendung des Eigennamens *Hasso*, um auf den Hund zu verweisen, und der prädizierende Akt die Hasso zugeschriebene Eigenschaft, bissig zu sein. Searle entwickelt eine Reihe von Regeln, deren Einhaltung per Definition den gelungenen Vollzug der entsprechenden Handlung gewährleisten; sie steuern den Gebrauch der sprachlichen Mittel, die sogenannten **Indikatoren** für den illokutionären Akt (Searle 1971: 96). Illokutionäre Indikatoren sind z. B. performative Formeln, Satztypen (vgl. Abschnitt 4.4), Partikeln wie *bitte*, prosodische Mittel wie Lautstärke, Stimmführung etc. Für alle Sprechakte wird dabei angenommen, dass "normale Eingabe- und Ausgabebedingungen" eingehalten sind (Searle 1971: 88); d. h. dass Sprecher und Hörer z. B. die gleiche Sprache beherrschen und sie ernsthaft und aufrichtig verwenden. Das in Einführungsbüchern häufig verwendete Beispiel ist der Sprechakt des Versprechens; seine wichtigsten Regeln sind folgende (vgl. Searle 1971: 96 ff.):

1. Regel des propositionalen Gehalts: Der Sprecher drückt eine eigene zukünftige Handlung aus, z. B. *Ich verspreche dir, dass ich dir morgen eine Tafel Schokolade mitbringe.*
2. Einleitungsregeln:
   (a) Der Hörer zieht die Ausführung dieser Handlung ihrer Unterlassung vor und der Sprecher glaubt dies.
   (b) Es ist nicht offensichtlich für Sprecher und Hörer, dass der Sprecher diese Handlung ohnehin bei normalem Verlauf der Dinge ausführen wird.
3. Aufrichtigkeitsregel: Der Sprecher beabsichtigt, die versprochene Handlung auszuführen.
4. Die wesentliche Regel: Die Äußerung gilt als Übernahme der Verpflichtung zur Ausführung der Handlung.

→ Übung 136
Ein Verdienst der Sprechakttheorie nach Austin (1986) und Searle (1971) ist zweifellos, dass sie das Handlungspotential in der Sprache, die **illokutionären Indikatoren** in den Mittelpunkt des Interesses gerückt hat. **→ Übung 137** Allerdings erfasst die Theorie von der alltagssprachlichen Handlungsfähigkeit nur einen kleinen Ausschnitt.[7] Searle leitet den illokutiven Akt aus den Regeln für den Gebrauch der illokutiven In-

dikatoren ab. Werden performative Formeln eingesetzt, dann lässt sich die Illokution leicht aus der Verbbedeutung rekonstruieren. Fehlt eine eindeutige lexikalische Markierung, wie in (228)

(228)   *Berta, das Ei ist hart.*

(Loriot: Das Frühstücksei, 2010)

dann kann die Illokution – hier vermutlich weniger als Feststellung als als Vorwurf intendiert – aus den syntaktischen und prosodischen Merkmalen und aus dem situativen Kontext (etwa dem sozialen Verhältnis von Sprecher und Adressat) erschlossen werden. Derartige kontextspezifische Informationen werden jedoch nicht in die Beschreibung der Sprechakte einbezogen.

Da die Sprechaktregeln bei Searle in erster Linie den Gebrauch der Indikatoren für den illokutionären Akt erfassen, ist es plausibel, dass nur isolierte Sprechakte behandelt werden. Damit wird man aber funktionierender Kommunikation im Alltag nicht gerecht. Vgl. (229)

(229)   C: *Do you have coffee to go?*
          S: *Cream and sugar?* (starts to pour coffee)
          C: *Cream only.*
          S: *Okay.* (putting cream in)

(Merritt 1976: 325)

In (229) setzt die Gegenfrage von S eine positive Antwort auf Cs Frage voraus.

Die folgenden beiden pragmatischen Ansätze, das Model von Grice und die Konversationsanalyse, wählen jeweils einen anderen Ausgangspunkt. Sie sind in der Lage, sowohl (228) als auch (229) zu erfassen.

Übung 136 Bestimmen Sie bei den folgenden Äußerungen, welche Regel des Versprechens nicht eingehalten wurde, es sich also nicht um ein Versprechen handeln kann.

(a) *Ich verspreche dir, dass ich vor zwei Tagen den Kuchen abgeholt habe.*
(b) *Ich verspreche dir, dass ich morgen den ganzen Tag atme.*
(c) *Ich verspreche dir, dass ich morgen abreise.*
(d) *Ich verspreche dir, dass Franz morgen das Auto reparieren wird.*
(e) *Ich verspreche dir, dass du beim nächsten Mal die gesamte Woche abends zu Hause bleibst (Mutter zu Tochter im Teenageralter).*

Übung 137 Wie werden im Deutschen Aufforderungen, das Geschirr abzuwaschen, ausgedrückt? Welche sprachlichen Mittel (illokutive Indikatoren) sind beteiligt?

5.5.2 Das Modell von Grice

Auch Grice ist, wie Austin und Searle, ein Vertreter der Philosophie der normalen Sprache. In Anlehnung an Kants kategorischen Imperativ ("Handle nur nach derjenigen Maxime, durch die du zugleich wollen kannst, dass sie allgemeines Gesetz werde") formuliert er zunächst ein allgemeines **Kooperationsprinzip** als vernünftige Anforderung an eine effektive Kommunikation (Grice 1975: 45; Übersetzung KL):

> Gestalte deinen Beitrag zur Kommunikation so, wie er an derjenigen Stelle entsprechend dem akzeptierten Zweck oder der Richtung des Redewechsels, an dem Du beteiligt bist, erforderlich ist.

Ein Beispiel für eine solche Kooperation findet sich in (230):

(230)   A: *Kannst du mit dem Hund rausgehen?*
          B: *Nein.*
          C: *Ja. Aber erst in einer Stunde.*

Sowohl B als auch C befolgen mit ihren Beiträgen das Kooperationsprinzip. Sie liefern die von A benötigte Information.

Nach (230) berücksichtigt der jeweilige Sprecher den Zweck der Kommunikation, hier bestimmte Informationen zu geben. Damit werden die jeweiligen Gesprächsbeiträge nicht mehr isoliert betrachtet – wie etwa in der Sprechakttheorie –, sondern in Relation zum vorausgehenden Beitrag bzw. zum übergeordneten Thema interpretiert.

Das allgemeine Kooperationsprinzip wird in vier spezifischere Maximen ausdifferenziert (Grice 1975: 45 f., Übersetzung KL):

(a) **Maxime der Quantität**: Mache deinen Beitrag zur Kommunikation so informativ wie (für den jeweiligen Kommunikationszweck) erforderlich.
(b) **Maxime** der **Qualität**: Sage nicht etwas, von dem du glaubst, es sei falsch; sage nicht etwas, für das du keine ausreichende Evidenz hast.
(c) **Maxime der Relevanz**: Mache deinen Beitrag relevant.
(d) **Maxime der Modalität**: Vermeide Unklarheit, Weitschweifigkeit, Ungeordnetheit.

Das nächste Beispiel (aus: Grice 1975: 51, Übersetzung KL) illustriert die Einhaltung dieser Maximen.

(231)   A steht neben seinem Auto. B kommt vorbei.
          A: *Ich hab kein Benzin mehr.*
          B: *Um die Ecke ist eine Tankstelle.*

Offensichtlich wissen sowohl A als auch B, dass Benzin zum Autofahren benötigt wird. Und da es Benzin in der Regel an einer Tankstelle gibt, nennt B – unter Einhaltung der Maximen – die nächstgelegene.

Der Vorteil des Ansatzes von Grice liegt darin, dass aufgrund der Maximen nicht nur einzelne Gesprächsbeiträge sinnvoll aufeinander bezogen werden können, sondern zusätzlich zu der wörtlichen Interpretation auch Andeutungen, die ein Sprecher macht, die aber nicht an die wörtliche Bedeutung der verwendeten Ausdrücke gebunden sind, rekonstruiert werden können. (232) ist wiederum eines der klassischen Griceschen Beispiele (Grice 1975: 52, Übersetzung KL), hier ein wenig verkürzt:

(232)   A soll ein Empfehlungsschreiben für seinen Studenten schreiben, der sich um eine Stelle bei den Philosophen an der Universität bewirbt. A schreibt:
Sehr geehrte Damen und Herren, Herr X spricht ausgezeichnet Englisch und hat meine Seminare regelmäßig besucht. Mit freundlichen Grüßen …

A ist kooperativ, sonst hätte er das Empfehlungsschreiben ablehnen können. Er weiß aber auch, dass für eine Empfehlung mehr und andere Informationen als die genannten erforderlich sind. Er kann sich nur so verhalten, wie er es tut, wenn er denkt bzw. implikatiert,[8] dass sein Student für diese Stelle nicht in Frage kommt Mit der offensichtlichen **Verletzung der Maxime** der Quantität und der Relevanz löst A beim Leser des Schreibens einen Denkprozess aus, von dem A annimmt, dass der Leser ihn durchführen kann.[9] Dieser Folgerungsprozess wird nach Grice (1975: 50, Übersetzung KL) folgendermaßen rekonstruiert:

(233)   Der Sprecher hat, indem er p gesagt hat, q implikatiert, wenn Folgendes zutrifft:
(a) Es gibt keinen Grund anzunehmen, dass er die Konversationsmaximen (zumindest das Kooperationsprinzip) nicht beachtet;
(b) er könnte nicht so handeln, wie er handelt, wenn er nicht denkt, dass q;
(c) er weiß (und weiß, dass ich weiß), dass ich erkennen kann, dass die Annahme, dass q, erforderlich ist;
(d) er hat nichts getan, um zu verhindern, dass ich denke, dass q;
(e) daher intendiert er (oder lässt zu), dass ich denke, dass q.

Derartige Schlüsse bzw. Schlussverfahren nennt Grice **partikulare konversationelle Implikaturen.** Sie sind partikular und konversationell, da sie auf den Sprachgebrauch in spezifischen (partikularen) Gesprächssituationen bezogen sind. Im Gegensatz zu anderen Folgerungen (vgl. Abschnitt 5.4.1) sind sie jedoch streichbar. Diese **Streichbarkeit** ist in (233) d. angesprochen. Die Implikatur in (232) hätte der Gutachter auch mit einem Zusatz außer Kraft setzen können, wenn er geschrieben hätte:

(232′)   *Herr X spricht gut Englisch und hat meine Seminare regelmäßig besucht. Ich will damit aber nicht sagen, dass er für die Stelle nicht qualifiziert ist.*

→ **Übung 137, Übung 138**

Mit diesem Verfahren lassen sich auch ironische Äußerungen erfassen; vgl. (234) mit einem Beispiel für die Verletzung der Maxime der Qualität.

(234)   B hat gerade ein Geheimnis verraten, das A ihm anvertraut hatte. A ist Bs Verhalten bekannt:
A zu B: *Du bist mir ein feiner Kerl.*
(Grice 1975: 53, Übersetzung KL)

Beispiele für die Beschreibung von Metaphern wie *Du bist das Sahnehäubchen in meinem Leben* oder anderen rhetorischen Figuren finden sich ebenfalls bei Grice (1975: 52 ff.).

Mit Hilfe dieses Ansatzes lässt sich auch bei semantisch nicht wohlgeformten Sätzen eine (pragmatisch) sinnvolle Interpretation rekonstruieren. In (235) und (236) handelt es sich bei einer wörtlichen Interpretation entweder um eine Tautologie (x ist mit sich selbst identisch), die, da sie immer wahr ist, kaum weiter zu diskutieren ist, oder um einen Widerspruch (einige x sind nicht mit sich identisch).

(235)   *Kinder sind Kinder.*
(236)   *Manche Lehrer sind keine Lehrer.*

Beide können jedoch eine sinnvolle Lesart bekommen, wenn man die Maxime der Relevanz anwendet. Sie lässt erwarten, dass der zweite Ausdruck *Kinder* in (235) bzw. *Lehrer* in (236) in einem anderen Sinne zu verstehen ist, etwa im Sinne von (235′) und (236′)

(235′)   'Kinder haben kindliche Eigenschaften.'
(236′)   'Manche Lehrer haben nicht die Eigenschaften, die man von einem Lehrer erwartet.'

In geeigneten Kontexten, etwa der Situation, dass ein Kind aus Ungeschicklichkeit ein Fenster mit seinem Fußball zertrümmert hat, kann (235') als Erklärung oder Begründung für die mangelnde motorische Kontrolle eingesetzt werden.

Das Modell von Grice ist ferner bei der Interpretation von Konjunktionen herangezogen worden. Ein bekanntes Beispiel ist die Diskussion der Bedeutung von *und*. Vgl. die folgenden Sätze:

(237)   *München liegt an der Isar und* $5 \times 5 = 25$
(238)   *Otto schafft auf dem Bau und Marie verkauft Jeans.*
(239)   *Otto seufzt und Marie wundert sich.*
(240)   *Marie bekam ein Kind und Otto heiratete sie.*

Vergleicht man die Sätze (237) bis (240) miteinander, so fällt auf, dass die durch *und* koordinierten Sätze in (238)–(240), die **Konjunkte**, aufeinander bezogen werden. Paraphrasen von (239) verdeutlichen die Gleichzeitigkeit der beiden Ereignisse ('Während Max auf dem Bau schafft, verkauft Marie Jeans'), bei (239) und (240) zeitliche oder kausale Folgen von Ereignissen. Derartige Bezüge stellen wir Sprachbenutzer intuitiv her: Wir interpretieren nicht einzelne Sätze, sondern Sätze oder Äußerungen eingebettet in Folgen von Sätzen oder Äußerungen, bei denen die nachfolgende etwas mit der vorangegangenen zu tun hat. Die vorangegangene wird also als relevant für die folgende Äußerung angesehen. In (238) führt der Ausdruck *auf dem Bau schaffen* als Bezeichnung für einen Job als Maurer dazu, dass im zweiten Konjunkt ebenfalls nach einer Jobbezeichnung gesucht wird (hier: *Jeans verkaufen*). In (239) scheint Ottos Seufzen die Ursache für Maries Wundern zu sein. In (240) legt die Abfolge der beiden Aussagen nahe, dass Otto Marie heiratete, weil sie ein Kind bekam. Der Sprecher und der Hörer orientieren sich also an der Maxime der Relevanz. Dieser Maxime wird jedoch in (237) nicht entsprochen, denn es lässt sich kein Zusammenhang zwischen der Multiplikation von 5 und der Lage von München finden. Auch eine Umstellung der beiden Konjunkte ändert daran nichts. Was ist das dann für ein *und* in (237)? Hat *und* verschiedene Bedeutungen oder gibt es nur eine Bedeutung von *und* und seine Bedeutungen in (238) bis (240) sind durch die Inhalte der Konjunkte bedingt?

Posner (1979) hat sich mit dieser Frage ausführlich beschäftigt. Er geht von einer minimalen semantischen Bedeutung von *und* aus, die er gleichsetzt mit der Bedeutung des logischen Junktors *et*. Aussagen, die durch diesen Junktor verknüpft werden, sind in der Junktorenlogik unter der Bedingung wahr, dass beide Konjunkte wahr sind, sonst sind sie falsch. Ein Beispiel für *et* ist (237). Diese komplexe Aussage ist wahr, wenn ihre beiden Konjunkte wahr sind. Posner nennt diese Eigenschaft von *und* seine **Konnektivität**. Sie ist bei jeder Verwendung von *und* gegeben. Alle anderen zusätzlichen Interpretationen, die an (238) bis (240) aufgezeigt wurden, sind variabel, d. h. sie hängen von der Interpretation der jeweiligen Konjunkte und u. a. vom Hintergrundswissen der Beteiligten (Wissen von der Welt, von gesellschaftlichen Normen etc.) in der spezifischen Gebrauchssituation ab. → **Übung 139**

Der Ansatz von Grice ermöglicht also durch seine Rekonstruktion von Bedeutungen über die rein semantischen Bedeutungen hinaus Zugang zu kontextspezifischen Lesarten.

Übung 137 Rekonstruieren Sie das Schlussverfahren für die partikulare konversationelle Implikatur des Maats in dem Beispiel von Posner (1979: 357 f.).

Übung 138 Gegeben sei folgendes Beispiel aus dem Alltag einer Familie:
A: *Kannst du bitte die Katze füttern?*
B: *Bin nicht da.*
(1) Bestimmen Sie den Sprechakt, den A mit seiner Äußerung vollzieht. Spezifizieren Sie dabei die sprachlichen Mittel (illokutionären Indikatoren und ihre Kombination), auf die Sie Ihre Interpretation stützen.
(2) Zeigen Sie anhand von (233) auf, welches Schlussverfahren B A unterstellt.

Übung 139 Gegeben sind die folgenden Äußerungen:
(a) *Der Tag geht und Johnny Walker kommt.* (Reklame).
(b) *Annie, sei ein gutes Mädchen und gib Oma einen Kuss.*
(1) Arbeiten Sie anhand von (a) und (b) die Grundbedeutung des Satzverknüpfers *und* heraus (z. B. durch Umstellung).
(2) Geben Sie exakt den Gebrauch von *und* in (a) und (b) an (mit Hilfe von Paraphrasen, pragmatischen Gesetzmäßigkeiten, Allgemeinwissen etc.).
Beachten Sie dabei, dass es sich in (a) um die Textsorte Reklame und in (b) um eine komplexe Aufforderung eines Erwachsenen an ein Kind handelt.

5.5.3 Konversationsanalyse

Die Konversationsanalyse von Sacks, Schegloff und anderen weist einen dritten Weg zur Analyse sprachlicher Handlungsfähigkeit – oder besser – sprachlicher Interaktion auf. Dieser Ansatz hat sich aus der Sprachsoziologie entwickelt und fußt auf umfassenden empirischen Untersuchungen wiederkehrender Muster in alltäglichen Interaktionen. Das Ziel der Konversationsanalyse ist es, die Techniken oder Methoden herauszuarbeiten, die die Beteiligten zur Strukturierung von sozialen Ereignissen, etwa einem Gespräch, einsetzen, um "Ordnung herzustellen". Aus diesem Grund heißt diese Analyse auch ethnomethodologische Konversationsanalyse (griech. *ethnos* 'Volk'). Derartige Techniken sind z. B. an der Organisation des Sprecherwechsels von Redebeitrag zu Redebeitrag oder der Organisation von Sequenzen, wie Frage – Antwort – Bestätigung, Einladung – Ablehnung oder Akzeptieren, Bewertung – Gegenbewertung zu erkennen. Zentral ist, dass Gespräche Ergebnisse der Interaktion zwischen den Beteiligten sind. Damit unterscheidet sich die Konversationsanalyse deutlich von der eher sprecherorientierten Sprechakttheorie von Austin und Searle (siehe Abschnitt 5.5.1). Wie wichtig der Hörer ist, wird bereits beim Sprecherwechsel deutlich.

Das System des **Sprecherwechsels** (engl. *turn taking*) ist fundamental für ein Gespräch, es bildet sein "Rückgrat".[10] Es ist eine Technik, die sehr früh gelernt wird; so sind bereits Babys ab dem dritten Lebensmonat in der Lage, *turn taking* anzuwenden (Sandner & Wagner 1981).[11] Sacks und Schegloff (1974) stellen ein System auf, das auf dem Aufbau eines **Redebeitrags** (engl. *turn*) und den Regeln für den Sprecherwechsel beruht. Für den Redebeitrag wird idealiter eine dreiteilige Struktur angenommen, wie in dem Beitrag von B in (241) oder von A in (242):

(241)   A: *X wird vermutlich mit einer Gefängnisstrafe davon kommen.*
         B: *(ja) aber er hat doch gar nichts getan, oder?*
(242)   A: *übrigens, hab ich Dir schon erzählt, dass ich Y getroffen habe?*

Mit dem ersten Teil *ja aber* in (241) stellt B einen Bezug zur vorangegangenen Beitrag von A her, dann folgt sein Beitrag zum Gesprächsthema und mit der Vergewisserungsfrage *oder* wendet er sich dann an den nächsten Sprecher. In (242) zeigt der Sprecher mit dem Adverb *übrigens* an, dass eine neue Sequenz eingeleitet wird, die nicht unmittelbar zum übergeordneten Thema beiträgt und eventuell ein gänzlich anderes Thema anschneidet. Die Wendung zum folgenden Sprecher ist hier syntaktisch und prosodisch durch den Satztyp gegeben.

Am linken Rand des Redebeitrags werden Ausdrücke verwendet, die den Sprecherwechsel oder den **Themenwechsel** steuern, etwa Linksversetzungen; vgl. (243).

(243)   Drei Vorschulkinder A, C, und D malen, während sie auf ihre Mütter warten. Es entspinnt sich ein Gespräch über Geschwis-

ter, in dem A im Verlauf des Gesprächs den Eindruck bekommt, man müsse eine Schwester haben (Gespräch leicht gekürzt).[12]

Ch: ⎡ zeigt mit li Zeifi auf D
       ↑du ↓hast ne Schwester
D: ⎜   ↑ja↓a – (0.5) – ↑lei↓der – (0.5) –
    ⎣   schaut auf Papier faltet Papier

A: ⎡ ↑meine Schwester die is zu Ha↑u↓sä↓ – (0.5) – ↑is Sa↑bine
   ⎜   blickt D an
D: ⎣   blickt A von

A: ⎡ ↓doch – (0.5) –
D: ⎜   ↑is die kle↑i↓ner↑ – ↓als du↑u ...
   ⎜ der Seite an   knifft Papier   blickt A an
   ⎣   schaut auf Papier

(Lindner 1983: 205)

Mit *ja leider* beendet D zunächst das Thema 'Schwester haben'. A greift es jedoch mit der Linksversetzung *meine Schwester* wieder auf. Im Anschluss wird es noch über mehrere *turns* weitergeführt. Der rechte Rand ist z. B. wichtig für die Übergabe des Rederechts durch eine Vergewisserungsfrage wie in (241) oder die Nennung des nächsten Sprechers. Die Struktur des Redebeitrags weist also Bezüge zu vorangegangenen und zu folgenden Redebeiträgen auf.

Das Rederecht kann an sogenannten **Übergabestellen** (engl. *transition relevance place)* an einen anderen Sprecher abgegeben werden. Empirische Untersuchungen zeigen, dass die Übergabe potentiell nach jedem Satz oder Phrase erfolgen kann. Die **Regeln für den Sprecherwechsel** nach Sacks und Schegloff sind die folgenden:

(a) Der derzeitige Sprecher bestimmt den nächsten Sprecher (durch Blickkontakt, Anrede etc.).

(b) Der nächste Sprecher bestimmt sich selbst, indem er an der nächsten relevanten Stelle zur Übergabe des Rederechts spricht.

(c) Sollte a. oder b. nicht eingetreten sein, ist der derzeitige Sprecher der nächste Sprecher.

Jeder Sprecher ist sich mit diesem Regelsystem bewusst, dass sein Rederecht durch die Beanspruchung des Rederechts durch den nächsten Sprecher beschränkt ist. Daher ergibt sich in diesem System eine intrinsische Motivation zuzuhören, um den Zeitpunkt der Übergabe des Rederechts wahrzunehmen. Sacks und Schegloff (1974) sprechen davon, dass Gespräche lokal, von Redebeitrag zu Redebeitrag, organisiert werden (engl. *local management*). Dem Gesprächspartner kommt dabei eine besondere Rolle zu; er ist nicht nur der potentielle nächste Sprecher, sondern er bestimmt damit auch, wie lange der derzeitige Sprecher reden darf. → **Übung 140**

Störungen des Sprecherwechsels können entstehen, wenn ein Sprecher noch redet und ein anderer Sprecher bereits eingesetzt hat. Eine weitere Störung kann entstehen, wenn die Pausen zwischen den Redebeiträgen zu lang werden; in vielen Gesellschaften gelten Pausen von 3 Minuten als sehr lange Pausen, die den Beteiligten peinlich werden.[13] → **Übung 141**

Gespräche werden jedoch nicht nur durch den Sprecherwechsel "zusammengehalten". Eine wichtige Funktion kommt dabei den kleinsten interaktiven Einheiten zu, den **Paarsequenz**en (engl. *adjacency pair*). Es sind Sequenzen mit zwei benachbarten Redebeiträgen verschiedener Sprecher, wie Frage und Antwort oder Gruß und Gegengruß etc. Der erste Teil dieser Sequenz wird überwiegend anhand konventioneller sprachlicher Mittel identifiziert, der zweite jedoch aufgrund seiner Position. Mit der Produktion des ersten Teils, etwa eines Grußes, wird im Folgenden die Produktion des zweiten Teils, des Gegengrußes, erwartet oder in Schegloffs Terminologie **bedingt relevant** (engl. *conditional relevance*, Schegloff 1972: 363ff); d.h. die folgenden Redebeiträge werden als potentielle "zweite Teile" einer Paarsequenz gehört. Beispiele für diese Paare finden sich im Telefongespräch in Beispiel (244).

Mit dem Abnehmen des Telefonhörers gibt L zu erkennen, dass sie zu einem Gespräch bereit ist; sie hat – wie man auch im Deutschen sagt – "das Telefon beantwortet". Hätte L es nicht getan, wäre dieser fehlende zweite Teil als 'B ist nicht gesprächsbereit'/'B ist nicht da' interpretiert worden. In (244) schließt sich an die erste Paarsequenz eine zweite an: Nach der Idenfizierung der Angerufenen identifiziert sich auch die Anruferin.[14] Auf Gruß und Gegengruß wird hier verzichtet, da es ja bereits ein früheres Telefongespräch gab. Nachdem L nun ihre Bereitschaft explizit erklärt und H dies mit *ja* zur Kenntnis genommen hat, nennt H in der Zeile 4 den Grund ihres Anrufes. Dieser Schritt ist wiederum zu erwarten. Denn mit dem Abschluss der Erklärung der Gesprächsbereitschaft wird in den nächsten Beiträgen[15] der Anlass für das Gespräch bedingt relevant. Der Gesprächsbeginn ist also aufgrund der jeweiligen Erwartungen, die durch die Paarsequenzen aufgebaut werden, klar strukturiert. → **Übung 142** Die Erwartbarkeit des zweiten Teils in einer Paarsequenz führt dazu, dass der nächste Redebeitrag als potentieller zweiter Teil wahrgenommen wird. Das zeigt das Beispiel (229), das hier noch einmal wiederholt wird:

(244) H hatte zuvor L angerufen, aber L musste das Gespräch abbrechen.

```
 1  H:  läßt Telefon klingeln.

 2  L: ⌈La↑tz
 3  H: ⌊ja hier is nochmal ↑Hollber↓ga   ja ja↑  hmm //lachend// jetzt bin i bereit   hmm //lachend//
                                                                              ja

 4  H:  und zwar ihr Mann hat sich bei der letzten Spartensitzung schon eigentlich alles aufgeschriebm

 5  H:  ghabt bis auf einen Namen von den Mädchen hätt no gefehlt   und weil i gsagt hab i weiß no
 6  L:                                               jaa↑a

 7  H:  net wer's is da hab i gsagt i ruf am Samstag eben nochmal an ⌈ge↑ll⌉   und zwar wär des
 8  L:                                                              ⌊ja↑ja⌋   gu↓at

 9  H:  jetz die ↑Rose ↑Breder – (2 sec) –           ja genau – und Ersatz – äh – als Er-
10  L:                         ↑Rose ↑Breder //murmelnd//

11  H:  satz eventuell noch Brigitte Schmeller – i glaub des is alles was er ⌈so no braucht⌉   ja
12  L:                                                                       ⌊is die ↑Breder⌋   beim Vere↓in

13  H:  ↑ja – (2 sec) –        jawo↑ll – (1 sec.) –                 die andern hat
14  L:            so na hamma alles              die ↑anderen weiß er alle

15  H:  er scho aufgschriebm               gu↑at
16  L:                       ja   dann ist's scho in ↓Ordnung ge↑ll Froin Hollberga

17  H: ⌈wiederhörn⌉   ⌈danke⌉
18  L: ⌊wiederhörn⌋   ⌊guat ⌋
```

(229)   C: *Do you have coffee to go?*
         S: *Cream and sugar?* (starts to pour coffee)
         C: *Cream only.*
         S: *Okay* (putting cream in)

Die Gegenfrage von B setzt seine positive Antwort auf As erste Frage voraus. Ferner kann die Antwort auf die erste Frage durch eine weitere Frage-Antwort-Sequenz aufgeschoben werden, wie in (245).

(245)   C: *May I have a bottle of Mich*[16]?
         S: *Are you twenty one?*
         C: *No.*
         S: *No.*
         (Merritt 1976: 333)

Wichtig ist, dass das Ausbleiben des zweiten Teils von den Beteiligten bemerkt wird. Bei Frage-Antwort-Sequenzen kann die Antwort eingefordert werden: z. B. *Ich hab dich was gefragt/ Das hab ich nicht gefragt/ das war keine Antwort auf meine Frage.* → **Übung 143, Übung 144, Übung 145**

Ebenso wie ein Gespräch nur dann begonnen werden kann, wenn die Gesprächspartner ihr Einverständnis erklärt haben, kann es auch – in der Regel – nur dann beendet werden, wenn wiederum alle einverstanden sind; d. h. die Beteiligten müssen sich wechselseitig aufzeigen, dass sie das Gespräch beenden möchten. Geeignet sind für die Einleitung der Beendigungssequenz gleichlautende Beiträge wie *gut – gut, ok – ok* oder auch explizite Feststellungen wie *Das war's – ok.* Allerdings bedeutet die Einleitung einer Beendigung noch nicht, dass es tatsächlich zu einer Beendigung kommt. Einen kleinen Ausschnitt aus einer solchen Folge von Beendigungssequenzen illustriert (246).

Es gibt in diesem Beispiel eine Reihe von Anzeichen, dass das Gespräch beendet werden könnte. So könnte z. B. G in Zeile 5 die Beendigung einleiten (*also – du kommst dann morgen um 10 vorbei.*) und Ks *hm* als Einverständnis interpretiert werden. An diese Sequenz hätte sich eine Verabschiedung anschließen können. Aber G eröffnet mit einer Frage wiederum eine neue Sequenz mit einem neuen Thema. Die nächste Möglichkeit bieten die fast gleichlautenden Beiträge in Zeile 8 und Zeile 7 (*wahrscheinlich – wahrscheinlich ja*) und die wechselseitigen Bestätigungen in Zeile 11 und 12. Aber auch diese Einleitungen werden durch die Einführung eines neuen Themas wieder aufgehoben; vgl. Zeile 11. Zu Beginn dieses Buches war die Frage gestellt worden, warum es so schwie-

(246)

1	K:	Ich werd' dann einen A↑pfel in der ↓Zwischenzeit ↓essen als Überbrü↑↑ckung ↑he ↑he
2	G:	ja↑a ja↑a – ja
3	G:	jetzt ist es gleich halb↓zehn einainhalb ↑Stunden ↑noch dann kommen sie sowieso scho↑n
4	K:	ja hoffen ↑wir's
5	G:	↓hm – – ↑also du kommst dann morgen um zehn vor↓bei wo ist das eigent↑lich ↓im Hörsaal 5 im Insti-
6	K:	↓hm
7	G:	↑tut wa↑rschein↓lich ↓ja
8	K:	wahrsche↑in↓lich da müßt ihr erst noch ↑nach↓schauen ich weiß das ↑auch ↓nicht
9	G:	↓hm also dann treffen wir uns beim Priß [ja un] d ich geh' dann vorher noch zum Schle↓derer – der wird
10	K:	[↓meier]
11	G:	wieder recht ↑langweilig ↓sei [↑?] ja↑ ↓ja ↓he ↓he ich sag dir
12	K:	[a] ch der ist recht ↑lu↓stig ↓eigentlich ↓ja
13	G:	da haben wir einmal in der Pädagogik ...
		... (Weitere Themen folgen)
14	G:	Also K. dann bis ↓morgen Pfia↓ti Pfia↓ti Gut' ↓Nacht
15	K:	↓ja Pfia↓ti Pfia↓ti

rig ist, ein Gespräch zu beenden. Die Antwort ist einfach: weil die Betroffenen es gemeinsam beenden müssen.

Übung 140   Wie wichtig der Zuhörer in einem Gespräch ist, zeigt Folgendes: Zuhörer zeigen an, dass sie an einer Übergabestelle das Rederecht nicht beanspruchen. Im Deutschen geschieht dies durch ein *hm* mit steigendem Tonhöhenverlauf. Dieses *hm* ist lediglich ein Signal: "Ich hör dir zu" und bedeutet keineswegs Bestätigung oder Einverständnis mit dem Inhalt des derzeitigen Sprecherbeitrags. Versuchen Sie einmal in einem Telefongespräch, diese *hms* häufiger – also nach jedem möglichen Syntagma – und dann wieder seltener einzusetzen. Wie reagiert Ihr Gesprächspartner? – Bitte klären Sie ihn am Schluss des Gesprächs darüber auf, warum Sie ihn in ein Experiment verwickelt haben.

Übung 141   Stellen Sie fest, was in einer Seminarsitzung oder im Schulunterricht passiert, wenn eine Pause nach einer Frage des Seminarleiters oder Lehrers länger als 3 Minuten dauert.

Übung 142   (244) liefert eine Möglichkeit für einen Gesprächsanfang. Die Sequenzen können aber auch stärker verschachtelt sein. Beobachten Sie selbst Gesprächsanfänge, z. B. bei Telefongesprächen.

Übung 143   Bei Patienten mit Aphasie kommt es in Abhängigkeit vom Schweregrad der Sprachstörung zu mehr oder weniger schweren Beeinträchtigungen in der Kommunikation. Beurteilen Sie die Reaktion des sprachgesunden Gesprächspartners in folgendem kurzen Gesprächsausschnitt. Wie könnte eine adäquate Strategie aussehen, um mit der Störung umzugehen?
Situation: Herr Maier (Patient) bittet am Frühstückstisch seine Frau, ihm die Butter zu reichen. Vor ihm liegt ein aufgeschnittenes Brötchen, er schaut seine Frau an, der Blick geht immer wieder zur Butterdose.
Herr Maier: *du ... bitte mir ... bitte die bitter ... die bi ... but..*
Frau Maier: *Das hab ich jetzt nicht ganz verstanden. Was meinst du denn? Meinst du die Butter?*
Herr Maier: *mhm ... (er nickt)*
Frau Maier: *Sag doch noch mal richtig "Butter"*
Herr Maier: *ja die bit ... die but ...*
Frau Maier: *Probier's noch mal: "Butter" ... "Butter"*
Herr Maier: *die but ... hm ... but ... geht nicht*

Übung 144
(1) Analysieren Sie die folgenden Sequenzen, insbesondere Paarsequenzen, aus den ersten Minuten einer Therapiesitzung.
(2) Welche Relevanz hat die Frage von T7?
    T1: *Will you sit here? What brings you here?*
    P1: *Everything's wrong. I get so irritable, tense, depressed, just everything and everybody gets on my nerves.*

T3: *Yeah.*

P3: *I don't feel like talking, right now.*

T4: *You don't? Do you sometimes?*

P4: *T's the trouble, I get too wound up. 'f I get started I'am all right.*

T5: *Yeah? Well, perhaps you will.*

P5: *May I smoke?*

T6: *Sure. What do you do?*

P6: *I'm a nurse, but my husband won't let me work.*

T7: *How old are you?*

P7: *Thirty-one this December.*

T8: *What do you mean, he won't let you work?*

P8: *Well, for instance I'm supposed to do some relief duty two weeks this month, next month, September. And he makes it so miserable for me that I'm in a constant stew. And he says that my place is home with the children.*
I agree – But I ... I need a rest. I need to get away from them, I need to be with, well with people. I can't stay closed in the house all the time.

(Turner 1976: 234. Turner zitiert hier ein Transkript aus: Robert E. Pittenger, Charles F. Hockett und John J. Danehy (1960): *The first five minutes: A sample of microscopic interview analysis*. ITHACA, N. Y.: Paul Martineau)

Übung 145 Analysieren Sie Szenen aus Ionescos *Die kahle Sängerin* mit den Methoden der Konversationsanalyse (Sprecherwechsel, Themenwechsel, Paarsequenzen etc.) Was ist in diesen Gesprächen gestört, was nicht? Vgl. dazu auch Schlieben-Lange (1980).

6 Textlinguistik

In den vorangegangenen Kapiteln haben wir wiederholt festgestellt, dass sich sehr viele Fragestellungen in der Analyse von Sprache erst im Sprachgebrauch klären lassen. Das begann bereits im zweiten Kapitel bei der Koartikulation und den Assimilationsprozessen, bei den Veränderungen in der Silbenstruktur und den umfassenderen Strukturen durch den Einfluss der Prosodie, zeigte sich weiter im dritten Kapitel bei den Wortbildungsprozessen, etwa den ad hoc Bildungen, wird besonders auffällig im vierten Kapitel bei der Informationsverteilung und deren Einfluss auf die Wortstellung und im fünften Kapitel in Bezug auf die kontextabhängigen Bedeutungen sowie in der Abhängigkeit von Länge und Funktion der Redebeiträge vom Gesprächskontext – um nur einige Beispiele zu nennen. Zentral ist also für die Beschreibung von Sprache zu beachten, dass die Sprachnutzer nicht isolierte Einheiten verwenden, wie einzelne Wörter oder Sätze, sondern dass sie sprachlich in umfassenderen interaktiven Zusammenhängen agieren, die sich wiederum in den Strukturen der Äußerungen und der Art ihrer Verknüpfungen niederschlagen. Der Ort, wo sprachliche Analysen ansetzen sollten, ist daher der **Text**. Hartmann (1968) formulierte dies folgendermaßen:

"Sämtliche Sprecher, Dichter usw., als Träger, Benutzer und *participants* von Sprachen sind Produzenten natürlicher Sprache; sie sprechen nur in Texten, nicht in Worten, auch nicht in Sätzen, sondern höchstens mit Sätzen aus Worten in Texten." (Hartmann 1968: 211. f).

Sätze und Wörter sind, wie Kapitel 3 und 4 zeigten, vom Kontext abstrahierte Einheiten. Sprachbenutzer produzieren Äußerungen in Situationen, die kommunikative Aufgaben erfüllen. Und das geschieht in Texten.

Auch in diesem Kapitel beginnen wir wieder mit der Klärung von Grundbegriffen.

6.1 Grundbegriffe der Textlinguistik

6.1.1 Was ist ein 'Text'?[1]

Im *Wörterbuch der deutschen Gegenwartssprache* (1980 Bd. 5, S. 3724) findet sich folgender Eintrag zu *Text*:

"[...] (schriftlich) fixierte, thematisch zusammenhängende Folge von Aussagen [...] Menge von (fortlaufend) Geschriebenem, Gedrucktem."

Die beiden Kriterien – schriftliches Medium und eine Folge von Aussagen – geben sicherlich das Alltagsverständnis von *Text* wieder. Sie erfassen z. B. einen Zeitungsbericht, ein Kochrezept oder einen Brief. Sie treffen aber nicht auf alle Texte zu, z. B. nicht auf diejenigen in (247) und (248).

(247)   *Morgenstund' hat Gold im Mund.*
(248)   A: *Ich will Spaghetti.*
         B: *Ich auch.*

(247) enthält keine Folge von Aussagen, sondern nur eine einzige Aussage. Trotzdem bildet diese einen Text. Das Quantitätskriterium ist also nicht ausreichend. In (248) ist ein kurzes Gespräch wiedergegeben, das die Frage, was es zum Abendbrot gibt, klärt. Es ist kein geschriebener, sondern ein mündlicher Text. Denn auch Gespräche sind Texte (vgl. z. B. Brown und Yule 1983, ferner Abschnitt 5.5.3). Sie sind dann nicht monologisch, sondern dialogisch und werden von zwei Sprachnutzern hergestellt. Texte können also aus einem oder mehreren Sätzen oder Äußerungen bestehen, sie können sowohl schriftlich als auch mündlich sein und sie können von einem Sprecher oder mehreren Sprechern produziert werden.[2] → **Übung 146** Aber auch diese Kriterien reichen noch nicht aus, um den Textbegriff zu definieren. Vgl. (249) und (250).

(249)   *"Es gibt niemanden, den ihr Gesang nicht fortreißt. Unsere Sängerin heißt Josefine. Gesang ist ein Wort mit fünf Buchstaben. Sängerinnen machen viele Worte."*
         (Bierwisch 1965 zit. nach Wawrzyniak 1980: 54, zit. nach Vater 2001: 16)

(250)   *"Er fuhr mit dem Nachtzug (S_1). Die sind bequem (S_2). Am nächsten Morgen war Peter ausgeruht an seinem Urlaubsort (S_3). Es schneite (S_4). Das Hotel lag am Rande des Dorfes (S_5).*

*Es gab eine gute Aussicht auf die Berge (S_6). Er fühlte sich von
Anfang an wohl (S_7) [...].*"

(van Dijk 1980: 32 Beispiel 27)

In (249) – einem offensichtlich oft zitierten Beispiel – werden wiederholt
miteinander verwandte Wörter verwendet, *Gesang* und *Sängerin*. Jeder
einzelne Satz ist verständlich. Aber in der gegebenen Abfolge haben sie
inhaltlich kaum oder nichts miteinander zu tun. Die Wiederholung von
Wörtern, die **Rekurrenz** (lat. *recurrere* 'zurücklaufen, wiederkehren'),
scheint also nicht auszureichen, um aus einer Menge von Aussagen einen
Text zu schaffen. Anders ist die Situation in (250). Obwohl erst in (S_3) der
Protagonist dieser Reise als *Peter* identifiziert wird, kommt der Leser allmählich zu dem Schluss, dass es sich um Peters Urlaubsreise in die Berge
handelt. (S_1) bis (S_7) werden auf verschiedene Weise miteinander verknüpft: (S_1) und (S_2) durch das Demonstrativpronomen *die* in (S_2), das
sich generalisierend auf die "Gattung" *Nachtzug* in (S_1) bezieht; (S_1) und
(S_3) durch Weltwissen bei *Nacht(zug)* – *nächster Morgen*, oder (S_1) bis (S_3)
Nachzug – *bequem* – *ausgeruht*, ferner *Urlaubsort* – *Hotel* – *gute Aussicht;* schließlich wird in (S_7) die vorhergehende Information noch einmal
zusammengefasst und gefolgert, dass sich der Protagonist an seinem Urlaubsort wohlfühle.

In (250) lässt sich ein "roter Faden" erkennen, der die einzelnen Äußerungen bzw. ihre Propositionen zusammenhält; d. h. der Text ist kohä-
rent. **Kohärenz** (lat. *cohaerere* 'zusammenhängen') ist ein wesentliches,
ein inhaltliches Kriterium für einen Text (vgl. dazu auch Vater 2001:
37 f.). Kohärenz wird auf verschiedene Weise hergestellt: zum einen durch
geteiltes Weltwissen, zum anderen durch unmittelbare Nebeneinanderstellung von Äußerungen, die mit Hilfe der Maxime der Relevanz (siehe
Abschnitt 5.5.2) interpretiert werden kann. So wird zu Beginn von (250)
dem Sprecher unterstellt, dass er aufgrund der Abfolge der Informationen schließen kann, dass die nachfolgenden Sätze für die vorangegangenen relevant sind, etwa Peter als Referent für das Pronomen im ersten
Satz. Oft wird Kohärenz auch durch **Kohäsion** (lat. *cohaesum* Partizip II
von lat. *cohaerere*) verdeutlicht. Kohäsive Mittel markieren den morphosyntaktischen Zusammenhalt eines Textes etwa durch Proformen – wie
Personalpronomina – oder Demonstrativa (*er* bzw. *die* in (250)), Proadverbien wie *dann* oder *dort* (vgl. die Geschichten in (189), Abschnitt 4.7.),
durch Junktoren (wie *und*) oder auch durch Rekurrenz. Ein weiteres Mittel sind Ellipsen (siehe Abschnitt 4.7), auf die später noch genauer eingegangen wird. Der formale Zusammenhalt, alleine aufgrund kohäsiver
Mittel, macht jedoch aus einer Abfolge von Äußerungen noch keinen

Text (vgl. (249)). Es muss einen inhaltlichen Zusammenhang, einen "roten Faden" geben.

Kohärenz kann von Äußerung zu Äußerung (Mikrostrukturen) und global über den gesamten Text (Makrostrukturen) geschaffen werden. Die **Makrostruktur** in (250) wird greifbar in Zusammenfassungen wie "Peters Urlaubsreise"; sie umreißt das globale Thema einer Geschichte oder einer Passage (vgl. van Dijk 1980: 39 ff.). Makrostrukturen liefern also übergreifende Sinnzusammenhänge und sind semantischer Art (vgl. van Dijk 1980: 41). Die Kohärenz in **Mikrostruktur**en wird von Äußerung zu Äußerung verdeutlicht: durch ein gleich bleibendes Topik oder durch kohäsive Mittel. Diese Kohärenzbeziehungen werden in Abschnitt 6.2. und 6.3 ausführlicher besprochen.

Auch die Textlinguistik hat eine pragmatische Wende erlebt. Zu den semantischen (Kohärenz) und den morphosyntaktischen (Kohäsion) Kriterien kommt eine bestimmte kommunikative Absicht, mit der ein Text geäußert wird, hinzu. Seit den 70er Jahren werden Texte im Sinne der Sprechakttheorie als komplexe Sprechakte (Schmidt 1973) gesehen. Brown und Yule (1983:6) definieren den *Text* als **Produkt von Prozessen**; d. h. ein Text ist kein statisches Gebilde, sondern er entsteht allmählich, und seine Organisation orientiert sich an den Verstehensmöglichkeiten seines Rezipienten.

"We shall consider words, phrases, and sentences which appear in the textual record of a discourse to be evidence of an attempt by a producer (speaker/writer) to communicate his message to a recipient (hearer/reader). We shall be particularly interested in discussing how a recipient might come to comprehend the producer's intended message on a particular occasion, and how the requirements of the particular recipient(s), in definable circumstances, influence the organisation of the producer's discourse." (Brown & Yule 1983: 24).

Ob ein Text sinnvoll ist, entscheidet (auch) der Rezipient.[3] Während Brown und Yule sich in ihrem Ansatz insbesondere für den Verstehensprozess des Rezipienten und dessen Einfluss auf die Textproduktion interessieren, legen andere den Schwerpunkt auf die Aktivitäten des Produzenten. Ein Ansatz mit diesem Schwerpunkt ist der Quaestio-Ansatz, der in 6.2. vorgestellt wird.

Übung 146   Bei welchen der folgenden Objekte handelt es sich um Texte?

(a) Sportreportagen im Radio oder Fernsehen
(b) Werbeplakate
(c) Comics
(d) Bilder
(e) Verkehrsschilder.

6.1.2 Textlinguistik und ihre Nachbarwissenschaften.

Die **Textlinguistik** gehört zur Textwissenschaft. Diese umfasst alle Disziplinen, die sich mit Texten beschäftigen, etwa die Geschichtswissenschaften, die Archäologie, die Jurisprudenz, die Philologien, die Literaturwissenschaft, die Poetik, die Rhetorik und eben die Textlinguistik.

Die Textlinguistik befasst sich – nach den Ausführungen im vorangegangenen Abschnitt – mit der Konstituierung von Texten, den Prozessen, die einem Text zugrunde liegen, der Gesamtvorstellung, die in einem Text entwickelt wird, und den verschiedenen Typen von Textmustern. Sie nutzt dazu linguistische Beschreibungskriterien, wie sie in diesem Buch angesprochen wurden: prosodische, morphosyntaktische, semantische, pragmatische Mittel. Eine Abgrenzung von der Pragmatik – soweit diese sich nicht auf einzelne Sätze als Sprechakte (siehe Abschnitt 5.5.1) beschränkt – fällt schwer. Sie fällt auch deshalb schwer, weil beide Disziplinen eine kognitive Wende erleben. Während die Pragmatik sich mit Scripts und Schemata für den Ablauf von Gesprächen in bestimmten Situationen beschäftigt, befasst sich die Textlinguistik ebenfalls mit *Text* als Prozess, mit geteilten Wissensstrukturen und ihrer Folge für den Detaillierungs- und Explizitheitsgrad für den Textaufbau; ferner bestimmt sie Textmuster wie Erzählungen, Objektbeschreibungen etc. anhand von Schemata, die die Sprachnutzer im Laufe ihrer Sozialisation erwerben (vgl. dazu auch das Kapitel in der Duden Grammatik 2009, Linke et al. 1996, ferner Abschnitt 6.3).[4]

Aufgabe der Textlinguistik ist es darüber hinaus, Modelle des Textverstehens und der Textproduktion zu entwickeln. Diese wiederum bauen auf Verarbeitungsmodellen aus der Psycholinguistik und aus der Kognitionswissenschaft auf. Die Textlinguistik benötigt damit für den Aufbau ihrer Modelle und die entsprechenden Textanalysen nicht nur die Linguistik mit allen ihren Teilbereichen, sondern auch Nachbarwissenschaften wie die beiden genannten. Ein Textproduktionsmodell, das bereits in 6.1.1 angesprochen wurde, soll im Folgenden vorgestellt werden.

6.2 Textproduktionsmodell: Quaestio-Ansatz

Im Quaestio-Ansatz, entwickelt von Wolfgang Klein und Christiane von Stutterheim, wird die Produktion mündlicher Texte untersucht.[5]

Eine Möglichkeit, Textproduktion zu beschreiben, ist, dort anzusetzen, wo ein Text entsteht: beim Sprecher. Dieser verfügt über verschiedene

Arten von Wissen – Sachverhaltswissen, Wissen über den Sprachgebrauch, Wissen über die Gesprächssituation Annahmen über das Wissen des Adressaten etc. Auf diese Wissenskomponente greift er im Planungsprozess und in dessen sprachlicher Umsetzung zu, wenn er eine bestimmte kommunikative Aufgabe zu lösen hat, etwa jemandem über seine Reise nach Berlin zu berichten oder jemandem sein neues Fahrrad zu beschreiben.

Zentral für diesen Ansatz ist, dass eine einleitende oder "strittige Frage", die **Quaestio**,[6] den Aufbau des Textes, die Antwort auf die einleitende Frage, steuert. Der Sprecher wird dementsprechend die relevanten Informationen auswählen und den Detaillierungsgrad festlegen. Darüber hinaus wird er die Informationen linearisieren, also in eine zeitliche Abfolge bringen. Und er wird eine bestimmte Perspektive auf den Sachverhalt festlegen, mit der er zeigt, wie er den Sachverhalt darstellen möchte (vgl. von Stutterheim & Klein 2002, ferner von Stutterheim & Klein 2008); dazu gehört z. B. die Einbindung der Sachverhaltsinformationen in einen referentiellen Rahmen – welche Entitäten, Orte, Zeitpunkte sind beteiligt (die **referentielle Besetzung**). Alle drei Prozesse – die **Selektion**, die **Linearisierung** und die **Perspektivierung** – führen zu einer **temporären konzeptuellen Struktur**, der **Diskursrepräsentation**, die der späteren sprachlichen Umsetzung zugrunde liegt.

Im Einzelnen hat man sich den Prozess folgendermaßen vorzustellen: Ausgangspunkt ist ein Sachverhalt, etwa ein Ereignis, das der Sprecher wahrgenommen und interpretiert hat. Von diesem Sachverhalt hat er eine Repräsentation gebildet und im Gedächtnis gespeichert. Da sowohl unsere Wahrnehmung als auch unsere Speicherung selektiv arbeitet, wird diese Repräsentation bereits selektiv verändert sein. Sie wird von von Stutterheim (1997: 5) als 'Sachverhaltsrepräsentation' bezeichnet, die sich im Laufe der Zeit weiter verändern kann. Wird nun dem Sprecher eine kommunikative Aufgabe gestellt, dann bildet er aufgrund dieses Redeanlasses eine temporäre Diskursrepräsentation aus, die zwischen dem gespeicherten Wissen um den Sachverhalt – mit seinen Entitäten, Ort(en) und Zeitpunkten – und den sprachlichen Strukturen vermittelt. Es handelt sich um "eine konzeptuelle Struktur, die mit dem Ziel der Versprachlichung erzeugt wird" (von Stutterheim 1997: 5 Fußnote 5). Diese Diskursrepräsentation enthält einen Ausschnitt der für die Quaestio relevanten Informationen über den Sachverhalt, eventuell auch Informationen aus anderen Wissensbereichen, die für die Darstellung des Sachverhalts wichtig sind. Sie enthält ferner bereits eine lineare Abfolge von Informationseinheiten (Propositionen). Diese werden im letzten Schritt sprachlich als Text realisiert werden. Der Ablauf ist in der folgenden Abbildung (aus von Stutterheim 1997: 7) noch einmal festgehalten:

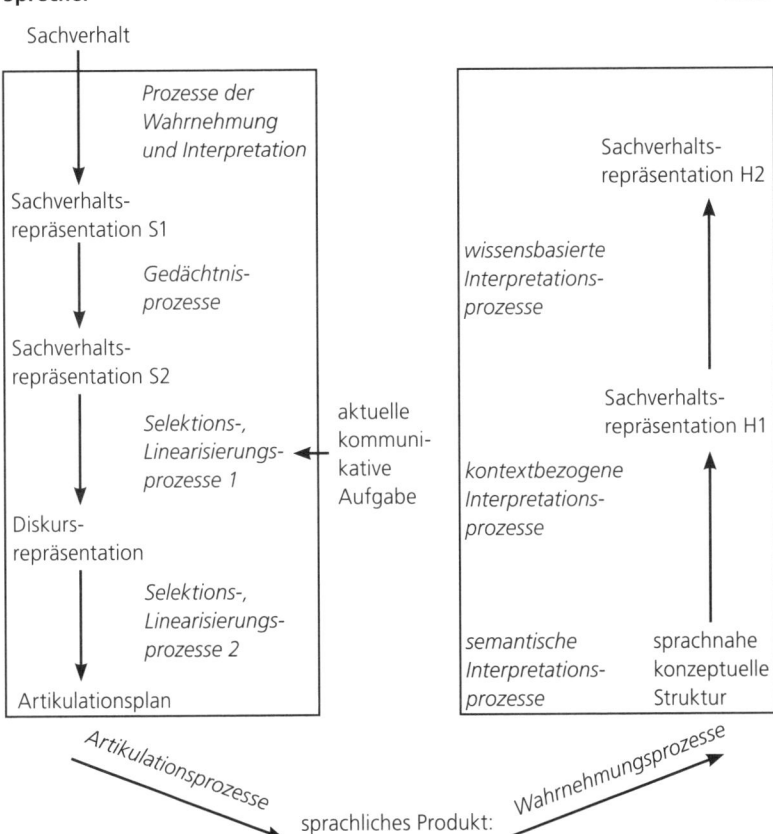

Abb. 14 Kommunikationsschema (von Stutterheim 1997: 7)

Ein Text wird also als Antwort auf eine Quaestio konzipiert und realisiert. Die Quaestio kann implizit oder explizit gestellt werden. Beispiele für beides sind die folgenden:

(251) a. *Was ist Peter damals in Berlin passiert?*
       vs. *Erzähl mir, was Peter damals in Berlin passiert ist.*
       b. *Wie sieht Dein neues Fahrrad aus?*
       vs. *Beschreib mir, wie dein neues Fahrrad aussieht.*
       c. *Wie back ich einen Mandelkuchen?*
       vs. *Weis mich an, wie ich einen Mandelkuchen backen soll.*

In (251) wird deutlich, dass im übergeordneten Prädikat der expliziten Quaestio bereits der Quaestiotyp genannt wird: eine Erzählung, eine Beschreibung, eine Anweisung oder Instruktion. Mit der jeweiligen Quaestio sind **inhaltliche** und **strukturelle Vorgaben** verbunden.

Zu den **inhaltlichen Vorgaben** zählen die Angaben zu bestimmten konzeptuellen Bereichen in der Quaestio: zu den Entitäten, zum Raum, zur Zeit, zur Modalität, zu Eigenschaften und Handlungen (Prädikatsbereich). Von diesen Referenzbereichen sind in der Quaestio bereits einige belegt. In (251) a sind es bei den Entitäten die Person Peter, der Ort Berlin, Zeitpunkte t_i ... t_n vor dem Sprechzeitpunkt (*damals*), die Modalität ist faktisch. Diese Besetzungen bleiben in der Antwort, also im Text, erhalten (siehe unten statische Kohärenz). Vorgegeben ist ferner in der Quaestio eine Lücke, die im Text gefüllt werden muss. In (251) a. handelt es sich um Ereignisse, die aufgrund von *passieren* erwartbar sind.

In (251) b. wird mit der Frage *Wie sieht Dein neues Fahrrad aus?* z. B. auf einen Zeitraum referiert, der den Sprechzeitpunkt umfasst; die räumliche Verankerung ist nicht spezifiziert, die Modalität wird als faktisch angegeben.[7] Festgelegt ist ferner das Objekt als Ganzes, das Fahrrad. Die vorgegebene Lücke in der Quaestio sind die Eigenschaften des Objekts. Diese werden in der Antwort spezifiziert und fokussiert. Welche Eigenschaften ausgewählt und in welchem Detaillierungsgrad dargestellt werden, bestimmen u. a. das Wissen des Sprechers über das Objekt und seine Annahmen über das Vorwissen des Adressaten. Durch die Nennung des Fahrrads ist jedoch die Art der Attribute bereits eingeschränkt. So wird etwa kein Lenkrad oder Kofferraum erwartet, wohl aber Lenker und Klingel. Die festgelegten Informationen schränken also auch die Auswahl der noch zu spezifizierenden Informationen ein.

(252)
	A:	*Wie sieht Dein neues Fahrrad aus?*
(001)	B:	*es ist ein 'P*-Rad.*
(002)		*das is total 'schwarz,*
(003)		*der 'Lenker*
(004)		*der 'Rahmen*
(005)		*nur die 'Klingel ist 'silbern*
(006)		*und ein 'bisschen silbern ist auch die 'Lampe.*
(007)		*die 'Reifen haben einen kleinen weißen 'Streifen.*
(008)		*der 'Sattel ist ziemlich 'schmal*
(009)		*aber 'bequem.*
(010)		*und 'leicht ist es,*
(011)		*so dass ich's gut 'tragen kann*

(012)   *weißt schon – an der S-Bahn funktioniert ja nicht immer der 'Aufzug.*

(013)   *macht 'richtig Spaß zu fahren.*

(Lindner, unveröffentlichte Daten)

Neben den inhaltlichen sind auch **strukturelle Vorgaben** mit der Quaestio gegeben (vgl. von Stutterheim 1997: 26 ff.): Sie betreffen die Differenzierung von Äußerungen im Text; es wird zwischen **Haupt- und Nebenstrukturen** unterschieden. Zu den Hauptstrukturen zählen die Äußerungen, die unmittelbar auf die Quaestio antworten. In (252) sind es die Äußerungen (001) bis (010), denn für viele Sprachnutzer des Deutschen scheinen zum Aussehen eines Fahrrads auch Eigenschaften wie die Bequemlichkeit des Sattels und das Gewicht des gesamten Fahrrads zu zählen (wie eine kleine Umfrage ergab). (010) bis (013) hingegen spezifizieren nicht das Aussehen, sondern kommentieren die Eigenschaften oder liefern Begründungen für die Auswahl des Objekts und bewerten es. Diese Äußerungen weichen von den Vorgaben ab; sie gehören daher zu den Nebenstrukturen. Die Unterscheidung zwischen Haupt- und Nebenstrukturen sollte nicht verwechselt werden mit relevanter und irrelevanter oder wichtiger und unwichtiger Information. Nebenstrukturen zeigen an, dass ein Textproduzent jederzeit auch aus dem mit den Vorgaben verbundenen Muster aussteigen und z. B. die Informationen kommentieren kann. Betrachtet man die Nebenstrukturen im Detail, so lassen sie sich noch einmal unterscheiden, etwa in solche, die die Interaktion mit dem Rezipienten organisieren, z. B. Appelle an den Adressaten wie *weißt schon* in (012) oder die Steigerungspartikel *richtig* (vgl. (013), oder Begründungen für Zusammenhänge (vgl. (011 f.) (vgl. zu Nebenstrukturen auch **Übung 150**).

Die Äußerungen der Hauptstrukturen folgen Mustern von Kohärenz. Dabei werden zwei Typen von Kohärenz unterschieden: **globale vs. lokale Kohärenz** und **statische vs. dynamische Kohärenz**. Die Unterscheidung von globaler und lokaler Kohärenz nimmt die Unterscheidung von Makro- und Mikrostrukturen aus Abschnitt 6.1.1 wieder auf; erstere betrifft die Kohärenz des gesamten Textes, letztere die Kohärenz zwischen aufeinander folgenden Äußerungen. Die Unterscheidung von statischer und dynamischer Kohärenz greift die vorgegebene oder noch offene Belegung der Referenzbereiche auf: Die statische Kohärenz bezieht sich auf die bereits in der Quaestio belegten konzeptuellen Bereiche, deren Belegungen durch den gesamten Text beibehalten werden und die auf diese Weise für Zusammenhalt sorgen. So bleiben in (252) die Bereiche Zeit, Raum und Modalität erhalten. Die dynamische Kohärenz

bezieht sich auf das **Linearisierungsprinzip** (Levelt 1981). Eines der be-
kanntesten Linearisierungsprinzipien (von Stutterheim 1997: 31) ist die
Linearisierung in der Zeit, nach dem chronologischen Prinzip: "Und
was geschah dann?". Diese Anordnung ist charakteristisch für Geschichten, in denen es Verschiebungen im Bereich der Zeit entlang der
Zeitachse gibt. Sie findet sich jedoch auch in Instruktionen. Gelegentlich ist sie auch in Beschreibungen zu beobachten, in denen z. B. ein
imaginärer Wanderer einen Raum durchläuft (vgl. Raumbeschreibun-
gen – *und dann kommt rechts der Tisch und dahinter der Schrank;* vgl.
dazu Ullmer-Ehrich 1979). Ein weiteres Linearisierungsprinzip kann
räumlicher Art sein, "x befindet sich an Ort y, über/neben/links von y
ist z" etc. (vgl. Objektbeschreibungen in 6.3.2). Das jeweils gewählte
Linearisierungsprinzip zeigt also an,[8] wie der Sprecher die kommunikative Aufgabe löst. Die Art der Linearisierung beeinflusst ebenfalls die
Verknüpfung von Äußerung zu Äußerung, genauer die informationsstrukturelle Gliederung der einzelnen Äußerungen. Diese Entfaltung
der Information in den Referenzbereichen von Äußerung zu Äußerung
nennen Klein und von Stutterheim **referentielle Bewegung.**

In (253) wird die referentielle Bewegung, also die Verteilung von
neuer, erhaltener, wieder aufgenommener Information in den ersten drei
Äußerungen von (252) dargestellt. Erhalten bleibt die Information in den
belegten konzeptuellen Bereichen; neu im Text ist hingegen die Information über die Teilobjekte des Fahrrads – der *Lenker, Rahmen* etc. – und
ihre Eigenschaften.[9]

(253)   Referentielle Bewegung in Beispiel (252), Äußerungen (001)–(003)

Äußerung	Ref.bereich Objekt / Teilobjekt	Ref.bereich Prädikation Eigenschaft	Ref.bereich Raum	Ref.bereich Zeit	Ref.bereich Modalität
(001)	erhalten	neu	erhalten	erhalten	erhalten
(002)	erhalten	neu	erhalten	erhalten	erhalten
(003)[10]	erhalt/neu[11]	erhalten	erhalten	erhalten	erhalten

Mit der referentiellen Bewegung ist zugleich auch die informationsstrukturelle Gliederung von Topik- und Fokuselementen[12] auf der Ebene der
einzelnen Äußerungen gegeben; sie werden jetzt umgesetzt als Topik mit
dem entsprechenden Topikausdruck bzw. Fokus und dem entsprechenden Fokusausdruck (z. B. mit den relevanten prosodischen Eigenschaften).[13] Diese informationsstrukturelle Gliederung hat Auswirkungen auf

der sprachlichen Ebene etwa auf die Wortstellung (mit der Abfolge von bekannter – neuer Information) oder auf die Wahl der NPs (mit unbestimmtem oder bestimmtem Artikel).

Das Quaestio-Modell ist in einer Reihe von empirischen Untersuchungen sowohl mit Erwachsenen als auch mit Kindern überprüft worden (vgl. etwa von Stutterheim 1997, Kohlmann 1997, Halm 2010, Bremer 2013, Heilig in Vorb.). Einige dieser Studien sollen im Folgenden genannt werden. Es geht dabei um Quaestiotypen, die strukturelle Textmuster teilen.

6.2 Quaestiotypen

In den Quaestiones wird explizit oder implizit die jeweilige kommunikative Aufgabe angegeben. Im Folgenden sollen grundlegende Muster von Erzählungen, Beschreibungen und Instruktionen besprochen werden.[14] Die Beispieltexte können hier allerdings nur in Ansätzen ausgewertet werden, sie sollten aber den Leser dazu anregen, die Analyse zu vervollständigen

6.2.1 Erzählungen

Typische Quaestiones für Erzählungen sind: *Was passierte der Person P (in dem Ort L) zum Zeitpunkt t_1 (... t_n)?*[15] In den inhaltlichen Vorgaben der Quaestio wird der Protagonist (P) erwähnt; der Bereich Person/Objekt ist also bereits belegt. Die Modalität wird als faktisch oder hypothetisch festgelegt; der Raum kann unspezifiziert oder spezifiziert (in L) sein. In Bezug auf die Zeit kann der Zeitraum oder der Beginn der Ereignisse bereits bestimmt sein. Erwartet wird bei den strukturellen Vorgaben als Linearisierungskriterium die chronologische Abfolge von Ereignissen (z. B. ... *und dann* ... *und danach* ...) Ein Kind, das in seiner Geschichte auf diese Weise Ereignisse miteinander verbindet, hat also bereits sehr viel von der grundlegenden Struktur von Erzählungen verstanden. → **Übung 147** Ein Beispiel für eine Erzählung ist (254):[16]

(254)   Situation: B, 5 Jahre alt, hat einen Cartoon mit Sylvester und Tweetie gesehen und wird von A, der Versuchsleiterin, aufgefordert, die Geschichte C, einer weiteren Person, die die Geschichte nicht kennt, zu erzählen:

(001)   C: *Erzähl mir, was in der Geschichte passiert ist.*
(002)   B: *ja da [/](o.5) da is(t) ein [/] (o.8) ein wolf oder so.*
(003)   *hat sich aus den mülltonnen essen [emotional betont] ge-holt.*
(004)   *und ei(n)mal hat der eine fischgräte geholt.*
(005)   *hat ge- daran gerochen.*
(006)   *weggeworfen!*
(007)   *dann issa [: ist er] [//] er is(t) zu ein [: einem] [* m:c] schiff gegang(en).*
(008)   *ähm (o.9) und dann war da ein vogel drin in diesen [* die-sem] schiff.*
(009)   *und da hatta [: hat er] seine hände grieb(e)n.*
(010)   *und dann hatta [: hat er] e(i)n klasfenster [: glasfenster] aufgemacht.*
(011)   *und is(t) reingegangen.*
(012)   *aber der vogel is(t) hingeflogen.*
(013)   *hat die ähm <die & klas> [//] des [: das] klasfenster [: glasfenster] <vor den [:dem] wolf & zu> [//] vor der nase zugeschlagen.*
(014)   *dann issa [: ist er] ins wasser geflogen [=! lacht].*
(015)   *bei der röhre wieder raufgeklettert.*
(016)   *<und & je> [//] und dann war aus.*
(017)   *und dann hatta [: hat er] (et)was runtergeworfen.*
(018)   *<und jetzt & wa> [//] und dann wei(ss) ich nich(t) mehr.*
(019)   *weil dann & ha hasch [: hast] du aufge^hört.*

Legende: Die Daten wurden nach der Notation von Childes (Abschnitt 1.2.1) transli-teriert. [...] oder (...) enthalten die standardsprachlichen Wortformen, Kommentare oder Pausen. '/': Wiederholung. '//': Selbstunterbrechung mit einer Wiederholung der gleichen Idee, aber in anderer (meist syntaktischer) Verpackung. '<>' unterbrochene Äußerung. [:]:Längung des Vokals oder Konsonanten. '*': Fehler mit nachfolgender Spezifizierung, z. B.* m:c = Kasusfehler. '&': Stottern. '^': Pause.

In Bezug auf die inhaltlichen Vorgaben der Quaestio in (254), die referen-tielle Besetzung der entsprechenden konzeptuellen Bereiche, wird weder Person/Objekt noch Raum und Zeit belegt. Aufgrund der Verbform *pas-siert* lässt sich schließen, dass die Modalität als faktisch festgelegt ist. Die vorgegebene Lücke in der Quaestio soll durch eine Reihe von Ereignis-sen, an denen Protagonisten beteiligt sind, gefüllt werden. Die struktu-relle Vorgabe für Geschichten, die chronologische Abfolge in der Zeit, ist charakteristisch für Erzählungen. → **Übung 148** Erwarten lässt sich darüber hinaus, dass sich mit den Verschiebungen auf der Zeitachse auch Verschiebungen in den Räumen oder Teilräumen ergeben.

Ehe jedoch die referentielle Bewegung mit neuer und erhaltener Information detaillierter angesprochen wird, soll von den strukturellen Vorgaben weiterhin die Verteilung von Haupt- und Nebenstrukturen geklärt werden: In (254) überwiegen die Hauptstrukturen. Zu den Nebenstrukturen zählt die Einführung des Wolfes in (002). Schwieriger fällt die Einordnung der Äußerung (012), die Einführung des Vogels, und die Klassifizierung des metakommunikativen Kommentars in (016) und (018) mit der Begründung in (019). → **Übung 149** Die Verteilung von Haupt- und Nebenstrukturen ebenso wie die Arten von Subtypen von Nebenstrukturen ändern sich bei älteren Sprechern. → **Übung 150**

In Bezug auf die referentielle Bewegung und die informationsstrukturelle Gliederung von Äußerung zu Äußerung ist Folgendes festzustellen: Im Bereich der Zeit kommt es zu Verschiebungen auf der Zeitachse. Die Protagonisten werden in (002) und in (008) – jeweils mit einem unbestimmten Artikel – als neu eingeführt. Der *Wolf* (Sylvester) und später der *Vogel* (Tweetie) bleiben durch den gesamten Text erhalten; damit sind sie als Topikelemente etabliert. Beide werden jedoch nur selten explizit erwähnt – der Wolf in (002), (004) und (013), der Vogel in (008) und (012). Nur der Wolf wird mit einer Proform (Personalpronomen oder Demonstrativpronomen) im Text wieder aufgenommen; in den meisten Fällen wird jedoch das Pronomen mit dem finiten Verb assimiliert (in (007), (009), (010), (014) und (017)).[17] Häufig werden die Protagonisten nicht erwähnt (sogenannter **topic drop**), eine im Deutschen beliebte Art der lokalen Verknüpfung von Äußerung zu Äußerung (siehe unten Abschnitt 6.3.4). Topikelemente sind darüber hinaus auch die jeweiligen Zeitpunkte (*dann*), denen jeweils ein Ereignis zugeordnet wird, über das etwas ausgesagt wird. Diese Zeitpunkte werden im Deutschen häufig in der Vorfeldposition (siehe Abschnitt 4.6.2), genannt; sie bilden gewissermaßen das "Rückgrat" der Geschichte.

Das Muster der referentiellen Bewegung mit seiner Verteilung von erhaltener (Topikelement) und neuer Information (Fokussierung) schlägt sich in der informationsstrukturellen Gliederung der einzelnen Äußerungen nieder. Sie zeigt sich in deren sprachlicher Form, etwa im Wortstellungsmuster der Hauptstruktur. Für (254) sieht dieses Grundmuster für den Quaestiotyp Erzählung (vgl. von Stutterheim 1997: 99) wie folgt aus:

Zeit Prädikat$_{fin}$ Person (Raum) Prädikat$_{infin}$
(Person) Prädikat$_{fin}$ (Zeit) (Raum).

Übung 147 In der Schule lässt sich öfter beobachten, dass die Verwendung der Verknüpfung von Äußerungen durch *und dann* … *und dann* in den Geschichten der Schüler negativ bewertet wird. Unter welchen Bedingungen ist diese Einstellung berechtigt, unter welchen Bedingungen nicht? Berücksichtigen Sie bei Ihren Überlegungen auch die Erzählungen in (189) in Abschnitt 4.7.

Übung 148
(1) Welche Funktion hat die Konjunktion *aber* in (012) in der Strukturierung der Geschichte?
(2) Untersuchen Sie, ob die Verknüpfung der Äußerungen durch Ellipsen und die Verwendung von *und dann* … eine gliedernde Funktion hat.
(3) In der Schule wird den Kindern oft beigebracht, dass sie die Protagonisten mit Namen auszeichnen mögen. Welche Vor- und Nachteile hat ein solches Vorgehen?

Übung 149 Wie beurteilen Sie in Bezug auf Haupt- und Nebenstruktur die Äußerungen mit *und dann* in (008), (016) und (018)?

Übung 150
(1) Vergleichen Sie die Geschichte des Fünfjährigen in (254) mit den folgenden Texten, die in der gleichen Situation mit der gleichen Quaestio aufgenommen wurden. Achten Sie dabei nur auf die Gliederung in Haupt- und Nebenstrukturen und bestimmen Sie die Arten der Nebenstrukturen. Welche Entwicklung zeichnet sich ab bzw. welche Unterschiede finden Sie in der Verteilung der Haupt- und Nebenstrukturen bei den verschiedenen Probanden (vgl. dazu auch Halm 2010)?

Neunjähriges Kind:

(002) *also da war ein kater.*
(003) *das war wahrscheinlich (ei)n streunender.*
(004) *der hatte einen (1.5) mülltonnendeckel auf der hand.*
(005) *und hat in den mülltonnen gesucht.*
(006) *in einer hat er so (eine)n knödel gefunden.*
(007) *den hat er sich dann (0.6) auf den mülltonnendeckel gehauen.*
(008) *dann hat er in noch einer mülltonne noch (ei)nen [///] so (ei)nen klumpen, nur viel kleiner, gefunden.*
(009) *und ihn auch auf den mülltonnendeckel gehauen.*
(010) *und dann hat er <in einer> [///] nochmal in einer anderen mülltonne (ei)n fischskelett gefunden.*
(011) *und auch auf den mülltonnendeckel getan.*
(012) *dann hat er dran gerochen.*
(013) *und weil (e)s so ekelhaft gerochen hat,*
(014) *schnell wieder weggeschmissen.*
(015) *(1.3) dann is(t) er einfach so am hafen hin und her gegangen.*
(016) *und & h hat sich auf einen (2.9) & ähm@fp ankerpfosten sozusagen (0.8) gesetzt.*

(017) *das hat dann hin und her geschaukelt, also nach oben und nach*
unten.
(018) *dann hat er so (ei)ne luke in (ei)nem schiff gesehen.*
(019) *das neben ihm war.*
(020) *(1.2) und da hat er so (ein)en käfig mit (ei)nem (0.7) huhn drin*
gesehen.
(021) *da hat er sich dann die pfoten gerieben.*
(022) *(1.3) dann is(t) er da rein in die lupe [///] luke gesprungen.*
(023) *(1.4) und wollte reinkriechen.*
(024) *aber der vogel der war gar nich(t) gefangen.*
(025) *und hat dann schnell die luke zu^gehauen (0.6) sozusagen.*
(026) *(1.4) und dann ist der kater runtergefallen.*
(027) *und ins wasser.*
(028) *(1.0) und musste dann wieder hochklettern.*
(029) *(1.9) ende.*

(2) Vergleichen Sie nun Ihre Ergebnisse zu Haupt- und Nebenstrukturen bei den Fünf-
und Neunjährigen mit der Verteilung von Haupt- und Nebenstrukturen in den Geschichten zum gleichen Videoclip mit der gleichen Quaestio.
VP 109 ist eine gesunde Kontrollperson, VP 335 ist eine Person mit einer Broca-
Aphasie, und VP 207 ist eine Person mit einer rechtshirnigen Läsion.

VP 109:

(001) *also der kater silvester hat hunger*
(002) *und sucht sich äh delikatessen aus verschiedenen mülltonnen*
(003) *serviert sie so auf einem tablett*
(004) *und holt schließlich ne zunächst vermeintlich leckere fischgräte*
raus
(005) *und dann schnuppert er dran.*
(006) *und die riecht aber ganz furchtbar*
(007) *und er schmeißt dann alles weg*
(008) *und geht ganz frustriert zu seinem hafen*
(009) *und setzt sich an den kai.*
(010) *und ähm ähm neben ihm ist ein schiff*
(011) *und das schiff bewegt sich hoch und runter*
(012) *und immer wenn das schiff sich runter bewegt ähm.*
(013) *erscheint im bullauge*
(014) *sieht man durch ein bullauge ein vogel tweety im käfig*
(015) *und ja und dann denkt er sich uh der vogel*
(016) *und will grad durch das bullauge*
(017) *in dem moment*
(018) *in dem das schiff wieder herunter kommt*

(019)   *durch das bullauge zu dem vogel in in in das schiff*
(020)   *und dann knallt der vogel schnell des bullauge zu*
(021)   *und. der kater fällt in das wasser.*
(022)   *klettert aber wieder die eine eine mole eine bowle eine mole*
        eine bowle xxx pfahl hoch
(023)   *muss noch n krebs abschütteln*
(024)   *und dann ja*

VP 335: Anmerkung: Die Segmentierung erfolgte aufgrund der prosodischen Eigenschaften (insbesondere des Tonhöhenverlaufs) und aufgrund der Zuhörsignale des Adressaten (VL, gekennzeichnet durch *).

(001)   *ja äh kater [/]**
(002)   *ich weiß ich nich*
(003)   *interessiert mich nicht*
(004)   *aber ich muss nä* (lacht)
(005)   *und ähm…[/] fisch*
(006)   *aber, sch-sch-stinken [\]*
(007)   *boa nein*
(008)   *ähm aber vogl [/]*
(009)   *und zwar ähm.. ähm. und zwar ähm*
(010)   *vogel ähm und zwar käfig [\]**
(011)   *und zwar schaukeln [/]**
(012)   *und hm ähm.. halloo*[18] (lacht)
(013)   *aber. ähm. klappen [\]**
(014)   *also ähm.. fitsch[/]kutter [\]*
(015)   *nein ähm äh klappe [\]**
(016)   *und dann rumps [\]**
(017)   *ja und dann krebs [\]*
(018)   *ähm.**
(019)   *ja. also … ähm kschater[/]*
(020)   *äh und zwar äh ähm… krebs [\]*
VL   *genau.*

VP 207:

(001)   *so in diesem film geht es also um silvester und tweety*
(002)   *silvester ist also ein zeichentrickkater*
(003)   *der im prinzip immer unterliegt.*
(004)   *tweety ist so ein kleiner kanarienvogel*
(005)   *ein ganz lieb lieber kleiner gelber kanarienvogel*
(006)   *meistens hängt er in irgendeinem käfig*
(007)   *und wird natürlich von silvester immer wieder geärgert.*
(008)   *der ihm angst machen möchte.*

(009) *ich weiß nicht*
(010) *ob es bei der angst normal bleiben würde.*
(011) *in diesem teil gleich am anfang sieht man also*
(012) *wie der kater*
(013) *anscheinend hat er recht hunger*
(014) *hat nichts gekriegt*
(015) *er ist in irgendeinem hinterhof*
(016) *und dort durchsucht er gerade mülltonnen nach irgendetwas
        essbarem*
(017) *man sieht dann auch dass er bloß so einen abgekaberten fisch-
        gräten herausholt*
(018) *findet halt nichts richtiges*
(019) *und der tweety hängt in einem schiff in einer kajüte.*
(020) *wieder mal in seinem käfig*
(021) *ist halt dem kater mehr oder weniger hilflos ausgeliefert.*
(022) *ich weiß nicht*
(023) *der kater hat das also irgendwie mitgekriegt*
(024) *oder irgendwoher weiß er*
(025) *dass da der tweety im käfig ist.*
(026) *und er schaut natürlich dann durch dieses runde fenster hinein.*
(027) *und begrüßt ihn hallo*
(028) *macht ihm eigentlich damit schon angst.*
(029) *oder so will er wahrscheinlich eher*
(030) *ob er ihm wirklich angst macht*
(031) *da habe ich eher den eindruck nein*
(032) *. denn der tweety ist ja. ist ein schlauer vogel*
(033) *der haut ihm vor der nase natürlich das fenster noch dann. zu*
(034) *und damit fliegt dann der silvester von der leiter herunter.*
(035) *wie man sich wie das halt in solchen cartoons einfach ist*
(036) *kriegt die das fenster voll an den in das gesicht.*
(037) *und danach kann er sich nicht mehr halten*
(038) *auch er hat also sein ziel nicht erreicht*
(039) *denn ich bin mir sicher*
(040) *sein ziel war eigentlich den tweety herauszuholen für*
(041) *und nachdem er eh hunger hat*
(042) *weiß man ja*
(043) *was er machen wollte.*
(044) *und das war es.*
(045) *er fiel also herunter*
(046) *mehr kann ich jetzt dazu leider nicht sagen.*
(047) *damit hat eher tweety sein ziel erreicht.*
(048) *der hat sich wieder einmal geschützt*

6.3.2 Beschreibung

Mit *Beschreibung* werden sehr unterschiedliche kommunikative Aufgaben bezeichnet. Sie reichen von Objekt-, Bild- oder Raumbeschreibung bis hin zur Vorgangs- und zur Wegbeschreibung. Nicht alle diese Beschreibungen sind jedoch tatsächlich Beschreibungen. Sehr problematisch ist dies bei der *Wegbeschreibung.* →**Übung 152** Umstritten ist der Quaestiotyp auch bei *Vorgangsbeschreibungen* mit einleitenden Fragen wie *Wie topfe ich Blumen um?* oder *Wie bereite ich meine Tasse Kaffe mit einer Kaffeemaschine zu?* Bei beiden Quaestiones handelt es sich um Instruktionen. Anders scheint es bei habituellen Vorgängen zu sein, bei einleitenden Fragen wie *Wie verbringst Du typischerweise Deinen Sonntagmorgen?*

Bei der Objekt-, Bild- und Raumbeschreibung wird ein statischer Sachverhalt aufgerufen. Eine typische Quaestio nennt das gesamte Objekt und fragt: *Wie sieht X aus?* Bei dem Referenzrahmen ist die Modalität belegt, die Zeit umfasst den Sprechzeitpunkt; auch das Objekt ist häufig als Ganzes belegt.

Eine typische Quaestio für eine Objektbeschreibung ist: *Beschreibe mir das Objekt O/Beschreibe mir, wie O aussieht.* Wird bei der referentiellen Besetzung das Objekt nicht identifiziert, dann erfordert es eine genauere Bezeichnung im Text. Die Zeit ist nicht spezifiziert, wird aber den Sprechzeitpunkt umfassen. Die Modalität ist in der Quaestio als faktisch festgelegt. Erfragt werden die Bestandteile und Eigenschaften des Objekts, die es zu spezifizieren und zu fokussieren gilt. Als Beispiel dient (255), die Beschreibung einer Puppe aus Kohlmann et al. (1989: 147). Die Quaestio lautet: *Bitte beschreib mir diesen Gegenstand* (von Stutterheim 1997: 315).

(255)
         A und J sitzen an einem Tisch. Auf diesem steht eine russische Matrioschkapuppe.
(006)   J: *mhm (...) also das ist eine Puppe*
(007)   *offensichtlich aus Holz*
(008)   *und lackiert.*
(009)   *ziemlich folkloristische Sache*
(010)   *so wie ich das sehe*
(011)   *ist die (.) eine russische Kreation*
(012)   *hat wohl viel mit diesen russischen Püppchen zu tun*
(013)   *in denen dann gewöhnlich (...) als Überraschung noch mal eine ganze Reihe von gleichen Püppchen drinsteckt.*

(014)   *soll ich da noch mehr dazu erzählen*
(015)   A: *ja was du SIEHST*
(016)   J: *ja ich sehe (.) eine die eine (.) bemalte PUPPE*
(017)   *(im?) schönen KOPFtuch*
(018)   *bunt gemacht*
(019)   *buntes Kleid mit ROSEN*
(020)   *ein roter Sockel*
(021)   *die Puppe hat KEINE Arme*
(022)   *aber ein lustiges Gesicht. ((schneller))*

Legende: Betonte Einheiten in Großbuchstaben. Angabe von Pausen in Sek. ebenso wie Kommentare zur Sprechart in Klammern (vgl. das Original).

Bei den strukturellen Vorgaben der Quaestio ist zunächst die Unterscheidung in Haupt- und Nebenstrukturen zu nennen. In Beispiel (255) lassen sich die Kommentare in (009) bis (013), die gesprächsorganisierende Äußerung in (014) (*soll ich da noch mehr erzählen?*) als Nebenstrukturen einordnen. Die Abweichung vom Puppenschema (in 021) und die Bewertung des Puppengesichts (*hat ein lustiges Gesicht* vgl. X *sieht lustig aus*) lässt sich wohl noch zur Antwort auf die Quaestio, also zu den Hauptstrukturen, rechnen.

Bei der referentiellen Bewegung bleiben Modalität und Zeit durch den Text erhalten. Der Raum wird unspezifisch über das Objekt eingeführt. In (255) wird ab (017) bis (020) die Puppe in einem Schema von oben nach unten gegliedert, um die einzelnen Attribute zu lokalisieren. Mit der referentiellen Bewegung eng verbunden ist die informationsstrukturelle Gliederung in den Äußerungen.

In der Quaestio fehlt die Bezeichnung des Objekts. Also spezifiziert es J zu Beginn seiner Beschreibung in (006). Ein solcher Anfang scheint für erwachsene Sprecher bei Objektbeschreibungen üblich zu sein (Kohlmann et al. 1989: 155). Mit der Einordnung des Objekts ist das von Sprecher und Adressat geteilte Schema für Puppen mit ihren Eigenschaften aufgerufen; auf diese Weise sind die Bestandteile der Puppe zwar konzeptuell nicht neu, müssen jedoch als neue Information (im Gegensatz zu erhaltener oder wiederaufgenommener Information) im Text eingeführt werden. Der Sprecher bleibt in (007) und (008) zunächst bei seinem Gesamteindruck, indem er das Material, aus dem die Puppe hergestellt wurde, und ihre Machart beschreibt. Ab (016) beschreibt er dann das Objekt detaillierter. Dabei geht er schrittweise von oben (vom Kopftuch) nach unten (zum Sockel) vor.[19] Das Topikelement, die Puppe, wird in (017) – (020) nicht erwähnt (Ellipse). Erst in (021) nennt der Sprecher sie wieder, als er eine Auffälligkeit, eine Abweichung vom Puppenschema, beschreibt: *die Puppe hat keine Arme.* Abschließend – quasi als positive Eigenschaft gegenüber dem zuvor genannten Manko – bewertet er ihr Gesicht als *lustig.* Kohlmann et al. (1989: 148) nennen Texte mit dieser Linearisierung, bei der die Teilinformationen in ihrer Stellung relativ ungebunden sind und die erst zum Schluss ein vollständigeres Bild des Sachverhalts ergeben, einen **additiv organisierten Text.** Dem steht ein **hierarchisch organisierter Text** gegenüber, bei dem die Teilinformationen sehr viel detaillierter und ineinander eingebettet sind; vgl. dazu die eingebetteten Relativsätze in (256).

(256)
　　　Beschreibung einer Matrioschkapuppe
(025)　M:　*Die Frau hat ein (...) GELbes KopfTUCH*
(026)　　　*das den ganzen Holzkopf umspannt (...)*
(027)　　　*das Kopftuch ist mit schwarzen (...) Spiralen bemalt*
(028)　　　*die (...) nicht in einer Linie gezogen sind*
(029)　　　*sondern (...) aus (...) lauter kleinen Strichen bestehen. [...]*
(Kohlmann et al. 1989:149)

Die informationsstrukturelle Gliederung schlägt sich in der sprachlichen Form, etwa in der Wortstellung, nieder, wie das folgende Muster zeigt.[20] Die Information in Klammern ist wieder fakultativ.

　　　(ich sehe/da(s) ist) Gesamtobjekt
　　　(Gesamtobjekt + dummy *haben*) Bestandteile mit Attributen

→ **Übung 151**

Übung 151　Eine vergleichbare Puppe wurde auch von Grundschulkindern beschrieben (Bremer 2013: 152 ff.). Wie geht, im Vergleich zum Erwachsenen, das siebenjährige Kind vor?
Die Versuchsleiterin hat Dipsy mitgebracht, eine Puppe der Teletubbies. Das Kind unterhält sich mit der Versuchsleiterin über die Welt der Teletubbies. Es verbindet dann der Dipsy-Stoffpuppe die Augen. Aus einer Schatzkiste wird dem Kind u. a. eine Puppe vorgelegt, und es wird gebeten, sie dem Dipsy so gut zu beschreiben, dass Dipsy sie sich gut vorstellen kann (Bremer 2013: 101, 104).

Siebenjähriges Kind (Bremer 2013: 156; I: Versuchsleiter, L: Kind)
(001)　L:　*mm.. eine frau/* mit ^m kleid/*
(002)　　　*und mit vielen Blumen drauf**
(003)　　　*und mit ner Kapuze*

I   *ja du darfsts ruhig n bissl umdrehn*
    wenn du wenn du^s hinten auch sehn willst
(004) L: *und hinten ne blume/ne schöne/*
I   *mhm*
(005) L   *Und * ganz dicke arme*
I   *<lacht> mhm*
(006) L: *und die hält so^n blumenstrauss^glaub ich^in der hand/*
I: *s könnte man so sehen ja mhm*
(007) L: *Und in der anderen hand hält se *gar nix*
(008) L: *und*** ich seh nix mehr*

Legende: '*', '**(*)', kürzere, längere Pause; '/' '\' Intonationsverlauf; ^ prosodisch eng verbunden; < > Kommentar.

6.3.3 Instruktionen

Der dritte Quaestiotyp ist die Instruktion. Dieser Typ findet sich in verschiedenen Arten von Anweisungen wieder, etwa bei Kochrezepten oder auch bei Bauanweisungen. Eine typische Quaestio lautet: *Wie backt eine Person P einen Mandelkuchen?* Oder *Wie baut eine Person P ein Objekt y zusammen?*

Bei der referentiellen Besetzung in der Quaestio wird häufig ein Agens genannt, aber es wird nicht immer individualisiert (vgl. *man*). Das Endprodukt wird ebenfalls festgelegt. Der Bereich Zeit umfasst einen Zeitraum, in den der Sprechzeitpunkt eingeschlossen ist. Der Bereich Raum ist in der Quaestio nicht spezifiziert, wird aber dann im Text gegebenenfalls in Teilräumen ausdifferenziert. Die Modalität ist durch die Quaestio meistens als faktisch festgelegt; sie kann aber auch hypothetisch sein, etwa im Fall von *Wenn ich einen Apfelkuchen backen möchte, was müsste ich dann tun?*

Die in der Quaestio vorgegebene Lücke lässt für den Text erwarten, dass eine Reihe von Handlungsschritten genannt wird, es also bei den strukturellen Vorgaben ein chronologisches Linearisierungskriterium gibt (*und dann… und dann* in Topikposition). In Bezug auf den Bereich Raum ist zu erwarten, dass es entweder Verschiebungen im Einklang mit den Verschiebungen auf der Zeitachse gibt oder dass Teile des Objekts spezifiziert werden, in denen die Einzelteile in das Ganze eingefügt werden Die Modalität bleibt erhalten. Die neue Information wird vor allem also wieder im Referenzbereich des Objekts oder seiner Teile und des Prädikats liegen. In (257) und (258) sind zwei Bauanweisungen für das gleiche Objekt, einen Roboter, enthalten (vgl. die Abbildung in von Stutterheim 1997: 363).

(257)   Vor dem Probanden liegen 10 Bauteile, die zu einer Holzkonstruktion, dem Roboter, zusammengebaut werden sollen. Die Aufgabe wurde unter verschiedenen Bedingungen gestellt (vgl. von Stutterheim 1997: 316 ff.). In dieser Bedingung hat der Proband (VP 32) zuerst einen Videofilm gesehen, der den Zusammenbau der Konstruktion vorführt; ferner wurde ihm das Objekt als Spielroboter vorgestellt.

A: *Kannst du jetzt bitte eine erwachsene Person anweisen, wie man diesen Roboter zusammenbaut?*

(001)   B: *hm* 1* man nimmt zuerst den grünen äh bauklotz** einen grünen bauklotz**

(002)   *äh tut die grüne * schraube * durch n loch*

(003)   *und diese * dieses mutterstück * hintendran *5**

(004)   *und äh: diese schraube wird dann in der /mit dem gelben bauklotz verbunden *2**

(005)   *dann nimmt man den anderen grünen bauklotz*

(006)   *der übrig bleibt***

(007)   *und die andere grüne schraube***

(008)   *tut zuerst die mutter***

(009)   *weiß nicht*

(010)   *ob des ne mutter is**

(011)   *die mutter über die schraube stülpen**

(012)   *dann dieses * ehm **rechteckige * teil *1* durch die schraube*

(013)   *und dann in den grünen bauklotz***

(014)   *und dann* in den gelben (LACHT)*

(015)   *und dann noch die roten schrauben in den ersten grünen **an die Seite in den ersten grünen bauklotz reinschrauben.*

(von Stutterheim 1997: 321, zur Quaestio siehe S. 318 Bedingung 5)

Differenziert man die Äußerungen nach Haupt- und Nebenstrukturen, so findet man Nebenstrukturen in (257) in (006) sowie in (009)f. Im ersten Fall wird der Bauklotz näher beschrieben, im zweiten Fall handelt es sich um einen metasprachlichen Kommentar.

In Bezug auf die referentielle Bewegung bleibt das Agens *man* ab (002) für den gesamten Text erhalten, allerdings ist es oft elliptisch – eine Folge des globalen Erhalts von Information. Wie erwartet gibt es eine

Verschiebung auf der Zeitachse. Neue Information findet sich sowohl im Prädikat als auch bei den einzelnen Bauteilen und deren Lokalisierung in den Teilräumen. [21] Der Proband in (257) löst die Aufgabe auf der Äußerungsebene, indem er auf eine Darstellung zurückgreift, die in Rezepten häufig zu beobachten ist: Er teilt die neuen Informationen auf zwei Äußerungen auf: *man nehme das neue Bauteil und stecke/schraube* (neu) *es an/in den neuen Teilraum.* Die verwendeten Verben sind unspezifisch: *nehmen, tun* oder *wird verbunden.* Präzisiert werden die Handlungen – wenn sie nicht elliptisch sind – in den Infinitiven am Ende der Äußerung. Die Struktur wird jedoch nur in den ersten beiden Äußerungen konsequent umgesetzt, danach folgt die Nebeneinanderstellung von neuem Bauteil und seiner Lokalisation. [22] Nur einmal wird in diesem Text eine Passivkonstruktion verwendet, um *diese schraube* aus (002) wieder aufzunehmen.

Einen anderen Weg wählt der Proband von (258). Die Bauteile sind bekannt; sie befinden sich, wie in (257), vor dem Probanden. Dennoch sind sie neu im Text. Durchgängig realisiert dieser Proband Passivkonstruktionen mit dem Bauteil als Subjekt. Damit behandelt er die Bauteile als Topikelemente auf der Äußerungsebene.

(258) Die gleiche Situation wie (257), VP 41.

    A: *Kannst du bitte jemanden genau anweisen, wie man dieses Teil (ein kleines Holzobjekt aus Bauklötzen) zusammenbauen muss?*

(001) B: *gut*
      also *1* die: *2*grüne/*1* äh *1* schraube mit dem: sechskantigen kopf wird durch EINen grünen würfel geschoben durch das loch OHNE gewinde.

(002) *ne lil/die ʺ dicke ʺlila unterlegscheibe wird ʺdaraufʺ plaziert /*1**

(003) *also auch durch hm hm draufgeschoben *2**

(004) *und *1* die: schraube wird anschließend IN *1* den gelben würfel **eingedreht *2**

(005) *die:grüne schraube mit dem schlitz *1* wird *2* auf die kommt *die * die dünne holz*1* unterlagschreibe*1* das brett *1* mit den drei löchern *1**

(006) *und wird au:ch *1* durch ** denn a/wird durch den **Andern grünen würfel geschoben äh durch das LOCH *ohne gewinde *1**

(007) *und wird ***im rechten winkel dazu *1* äh: *im *2* gelben würfel ** festgedreht *2**

(008)   *die: beiden kurzen *roten schrauben werden beim *ersten*
grünen würfel *1* an dem **acht/*äh mit dem sechs-
eckigen *1* mit der sechseckigen Schraube ** festge-
dreht.*4*
(009)   *so wenn des jemand kapiert hat von (mir).*
(von Stutterheim, Materialband zur Habilitationsschrift; vgl. von Stutterheim 1997: 307)

Legende zu (257) und (258): * = Pause von einer Sekunde; * Zahl * = Pausenlänge in Sekunden

Die Abfolge von Informationen aus den Bereichen in den Hauptstrukturen ergibt folgendes Grundmuster in der Wortstellung auf der Äußerungsebene (vgl. auch Stutterheim 1997: 99):

Zeit Prädikat$_{fin}$ Person Objekt$_{affiziert}$ Raum Prädikat$_{inf}$.
Objekt$_{affiziert}$ Prädikat$_{fin}$, (Zeit) Raum Prädikat$_{inf}$.

→ **Übung 152, Übung 153**

Übung 152 Auch Wegbeschreibungen gelten als Beschreibungen. Sind sie es? Finden Sie Argumente für eine Zuordnung zum Quaestiotyp Instruktion.

A: *Wie komme ich von hier zum Opernhaus?*
(001) B: *also – da gehen Sie hier links runter*
(002)   *hier bis zum Kaufhof.*
(003)   *rechts ist der Kaufhof, ja?*
(004)   *und da halten Sie sich rechts, geradeaus durch die Fressgass*
(005)   *die wird neu, also is ganz neu gestaltet, die Fressgass*
(006)   *da kommen Sie direkt auf den Opernplatz ...*
(Klein 1979: 10)

Übung 153 Instruktionen müssen gelernt werden. Das folgende Beispiel ist eine Anweisung zum Zähneputzen von einem siebenjährigen Kind N (aus: Bremer 2013:109 ff., 213).
Versuchsleiter und Proband unterhalten sich darüber, was Teletubbies – und damit der anwesende Dipsy – essen und dass sie am liebsten Süßes essen. Daher ist es von Nutzen, wenn Dipsy lernt, sich die Zähne zu putzen. Das Kind N wird aufgefordert, Dipsy zu sagen, wie man Zähne putzt.

(001) N: *o-kay*
(002)   *dann braucht man so^ne zahnbürste*
(003)   *dann steckt man die in den mund*

(004)   *und dann tut man so * mit der zahnbürste so wackel an*
               (jedem) zähnen
      I: *mhm*
(005) N: *und dann macht man irgendwo n wechsel. oben /**
(006)   *Und da man * vorne so zähne putzen ***
(007)   *aber bevor man des ganze macht*
(008)   *muss man noch zahncreme draufmachen*
      I: *genau ja zahncreme is ganz wichtig*
(009) N: *und danach tut man des dann meistens ausspülen.*
      I: *richtig*
(010) N: *mit m zahnputzbecher.*

Zur Legende siehe Übung 151.

(1) Was beherrscht dieses Kind bereits? Wo fehlt es noch?
(2) Bitten Sie einen Erwachsenen, eine Anweisung zum Zähneputzen zu
geben. Vergleichen Sie die beiden Texte.

6.3.4 Sprachvergleichende Untersuchungen

In den letzten Abschnitten wurde gezeigt, wie die Quaestio durch inhaltliche und strukturelle Vorgaben den Textaufbau steuert. In den letzten 20 Jahren wurde der Analysebereich erweitert: So wurden in einer
Reihe von Studien die Bedingungen, die der Quaestio vorausgehen, systematisch variiert. Zu diesen Bedingungen zählt z. B. das Vorwissen der
Probanden, etwa ihre Vertrautheit mit der Abfolge der Handlungsschritte bei Instruktionen. Größere Vertrautheit mit der Instruktion
zeigte sich nicht nur in der geringeren Variabilität in der Abfolge der
Handlungsschritte, sondern führte auch zu einer geringeren Anzahl an
Nebenstrukturen, die zur Identifizierung der Bauteile genutzt wurden
(vgl. Kohlmann 1997, von Stutterheim 1997). Darüber hinaus wird in
den letzten Jahren verstärkt untersucht, ob sich neben den Vorgaben
durch lexikalische und morphosyntaktische Mittel auch die Selektion,
die Perspektivenwahl und das Linearisierungskriterium in Abhängigkeit
von der jeweiligen Einzelsprache ändert; d. h. unterscheidet sich bei derselben kommunikativen Aufgabe der Textaufbau im Deutschen von
demjenigen in anderen Sprachen?
    In Kapitel 2, 3 und 4 dieses Buches wurde auf typologische bzw.
sprachspezifische Eigenheiten des Deutschen hingewiesen. Dass das

Deutsche im Vergleich zu anderen Sprachen auch Besonderheiten im Textaufbau aufweist, soll in diesem Abschnitt an einem Beispiel aufgezeigt werden.[23] Es geht um das Verhältnis von Subjekt und Topik im Deutschen und Englischen. In deutschen Erzählungen ist für Topikelemente die Vorfeldposition die präferierte Position. Topikelement kann dabei die Zeitangabe sein – aufgrund des chronologischen Linearisierungsprinzips (siehe Abschnitt 6.3.1) – oder der Protagonist, verpackt im Subjekt, wie in (259).

(259)   Ausschnitt aus einer Filmnacherzählung
(10)   *und dann geht er eben seinen weg*
(11)   *und Ø stößt plötzlich auf eine Fläche*
(12)   *die ein bisschen mit wasser bedeckt ist*
(13)   *die da rumliegen*
(14)   *und Ø geht da hin*
(15)   *und Ø nimmt so wasser in die hand*
(16)   *Ø hält es in die höhe*
(17)   *und Ø freut sich schon*
(18)   *dass er Wasser gefunden hat [...]*
(von Stutterheim & Carroll 2005:14)

Begonnen wird die Sequenz in (259) mit einer temporalen Angabe im Vorfeld (*und dann*). In den folgenden Äußerungen (11), (14) – (17) ist es jedoch das Subjekt, das global kohärenzstiftend ist. In (10) und (18) wird es als Personalpronomen realisiert, in allen anderen Äußerungen ist es elliptisch – ein Zeichen für den globalen Erhalt dieser Information.
    Anders ist die Situation im Englischen. Im Englischen ist mit dem Subjekt keine globale Topikvorgabe verbunden. (260) belegt, dass sehr verschiedene Entitäten Subjekt sein können, die lokal als Topikelement erhalten bleiben (vgl. Äußerung (11), ferner (12)–(16) mit einer Ellipse in (13)):

(260)   Ausschnitt aus einer Filmerzählung
(10)   *so he takes a very sharp rock this time*
(11)   *and Ø starts to hit the ground with the sharp end of this rock*
(12)   *and the rocks on the ground splinter*
(13)   *and Ø begin to fall through*
(14)   *like the sand did*
(15)   *through a/ almost through a hole*
(16)   *and they're just kind of sucked down*
(17)   *and he is again sucked down with them.*
(von Stutterheim & Carroll 2005: 17)

Im Englischen ist das Subjekt aufgrund einer syntaktischen Beschränkung auf die präverbale Position festgelegt. Kohärenz wird in den englischen Erzählungen, so von Stutterheim & Carroll (2005: 16 f.), durch einen externen Erzähler gestiftet. Die Geschichte wird aus seinem Blickwinkel erzählt.

(261) Ausschnitt aus einer Filmerzählung
(10) **and you see** *(Referenz auf den Erzähler)*
(11) *he is eh like a clay man*
(12) *he's made out of brown clay*
(13) *and he's just got eyes*
(14) *and that's all really*
(15) **you can see** *like big hands*
(16) *like a sort of plasticene man*
(17) *or something.*
(18) *and he wakes up*
(19) *and he reaches out*
(20) *and he can feel a bottle*
(21) *and he picks it up [...].*
(von Stutterheim & Carroll 2005: 17, Hervorhebung KL)

Eine entsprechende Quaestio lautete damit für die englischen Erzählungen: *What did you see in the film?*, während sie für die deutschen nach wie vor lautet: *Was passierte x?* Die englische Quaestio enthält also keine Vorgaben für den Protagonisten. Ein Vergleich der Kodierungen des Subjekts in den deutschen und englischen Texten zeigt, dass im Deutschen der Protagonist zu 75,5 %, andere Charaktere zu 24,5 % als Subjekt genannt werden; im Englischen ist das Verhältnis 65,5 % zu 34,5 Im Deutschen ist das Subjekt zu 54,2 %, im Englischen aber nur in 16,4 % der Fälle elliptisch (von Stutterheim & Carroll 2005: 19).[24] Das Beispiel (261) würde sicherlich Ellipsen aufweisen, wenn es auf Deutsch verfasst worden wäre. Die gleiche Aufgabe, einen Ausschnitt aus einem Film nachzuerzählen, wird also in beiden Sprachen unterschiedlich konzeptualisiert. Bedingt ist diese Konzeptualisierung (auch) durch das jeweilige grammatische System.

Interessant ist nun, wie Lerner mit Deutsch oder Englisch als Erstsprache und der jeweils anderen Sprache als Zweitsprache die gleichen Filmausschnitte nacherzählen. Bei den englischen Sprechern mit Deutsch als Zweitsprache zeigt sich, dass sie den globalen Topikstatus des Protagonisten noch nicht erfasst haben (elliptischer Erhalt der Referenz auf den Protagonisten zu 35,9 % im Vergleich zu 54,2 % bei den Lernern mit

Deutsch als Erstsprache bzw. 16,4 % zu den Lernern mit Englisch als Erstsprache).

(262)   Ausschnitt aus einer Filmerzählung (L1 Englisch, L2 Deutsch)
(45)   *der ist dann oben/äh ganz oben von diesen drei Steinen*
(46)   *dann hört er/*
(47)   *der hört dann diese/*
(48)   *der hört das Tropfen wieder*
(49)   *und der lächelt sogar [...]*
(aus: von Stutterheim & Carroll 2005:21)

Auch die temporale Referenz als kohärenzstiftend im Vorfeld wird seltener eingesetzt (vgl. in (262) Äußerung 46)); diese Angabe (z. B. *dann*) befindet sich eher im Mittelfeld (*... und er kommt dann auf eine Anhöhe*; von Stutterheim & Carroll 2005: 21 f.). Bei den deutschen Lernern mit Englisch als Zweitsprache ist mit 67,7 % immer noch der Protagonist eher als andere Charaktere in der Subjektrolle (24,3 %), aber die Ellipse dieses Subjekts ist seltener geworden als im Deutschen (30,7 %), d. h. hier scheinen sich die Lerner dem englischen Muster anzunähern.[25] Dennoch greifen beide Gruppen von Lernen, trotz erheblicher grammatischer Kenntnisse in der Zweitsprache, noch auf Verfahrensweisen in ihrer Erstsprache zurück.

"Die Inkonsistenzen, die sich daraus in den fremdsprachlichen Äußerungen ergeben, könnten wir als einen *kognitiven Akzent* beschreiben, der ebenso wie der phonetische in der gesprochenen Sprache, in der Regel die Verständigung nicht wesentlich beeinträchtigt, den sprachlichen Ausdruck lediglich eigenartig macht und dem Kenner die Herkunft verrät." (von Stutterheim & Carroll 2005: 25)

In diesem letzten Kapitel, besonders deutlich aber in diesem letzten Abschnitt, zeigte sich, dass Sprache und Kognition offensichtlich nicht zwei getrennte Bereiche sind. Vielmehr werden Konzeptualisierungsprozesse sprachbezogen geplant und umgesetzt. Diese Forschungstradition ist nicht neu. So vertrat z. B. Humboldt die Auffassung, dass mit den jeweiligen Sprachen unterschiedliche Perspektiven auf die Welt verbunden sind (vgl. auch die Sapir-Whorf-Hypothese, Whorf 1991). Auf eine neue Grundlage wurde diese Forschung 1996 durch die Orientierung an Slobins "thinking for speaking" gestellt. Eine Möglichkeit, diese Hypothese zu überprüfen, bieten sprachvergleichende Untersuchungen zum Aufbau von Texten.

Anmerkungen

1 Grundlagen

1 Dabei wird unterstellt, wir wüssten, was ein Wort ist. Siehe dazu Abschnitt 3.2.

2 In der 10. überarbeiteten und erweiterten Ausgabe von 2002 findet sich eine kürzere Angabe: "häßlich (ahd.) 1.1. 'feindselig, gehässig' (veralt.), über passivisch 1.2. 'verhaßt, hassenswert' (veralt.) seit 16. Jh. 2.1. Ggs. zu ↑*schön* (Ästhetik) bzw. näher an (1.2). 2.2. Ggs. zu ↑↑*gut, freundlich: sich h. benehmen* [...]" (Paul 2002: 454).

3 Zu Details vgl. Nöth (2000).

4 Zu einer ausführlicheren Darstellung siehe von Savigny (1974: 258–262)

5 Zu den Abkürzungen für die einzelnen Sprachen siehe das Abkürzungsverzeichnis S. 11.

6 Ferdinand de Saussure (1857–1913) gilt als der Begründer des Strukturalismus. Seine Schriften sind in der Linguistik des 20. Jahrhunderts wegweisend gewesen.

7 Vgl. die Definition von Ikon nach Peirce (1965: 157).

8 Bis Mitte des 20. Jahrhunderts wurde auf diesen Schildern ein Mann mit einem kleinen Mädchen abgebildet. Das Schild wurde geändert; nun führt eine Frau ein kleines Mädchen an der Hand. Die Änderung zeigt, dass ein Ikon keine reine Abbildung ist, sondern dass es auch politische Entscheidungen widerspiegelt.

9 Onomatopoesie (altgriech. *onoma* 'Name', *poesis* 'Herstellung'; *onomatopoein* 'einen Namen prägen, herstellen'.

10 Der hochgestellte Strich gibt an, dass die folgende Silbe betont ist. Einige Konsonanten wurden verdoppelt, um darauf hinzuweisen, dass der vorangehende Vokal kurz ist; bei dem frz., engl. und russ. Beispiel wurde die offizielle Schreibweise beibehalten. – Die Informationen in (11) und (12) verdanke ich Guadelupe Bedregal de Zaefferer (Spanisch), V. Ozan Guelle (Türkisch), Ulrich Pamann (Griechisch), Antonina Werthmann (Russisch), Xiaodon Wang (Chinesisch) und Zhiguang Wang (Chinesisch und Japanisch).

11 Persönliche Mitteilung von Xiaodan Wang.

12 Der zeichentheoretische und der linguistische Terminus Pragmatik oder auch pragmatisch ist nicht gleichzusetzen mit dem Wort *pragmatisch* im Sinne von 'praktisch', 'ohne Umstände', oft auch 'kompromissbereit'. Zu Details siehe Abschnitt 5.5.

13 Neben dem Ausdruck *grammatisch* gibt es auch den Ausdruck *grammatikalisch* (aus lat. *grammaticalis*). Eine Bedeutungsdifferenzierung wird von deutschen Sprechern häufig nicht vorgenommen; beide bedeuten 'die Grammatik betreffend'. Duden Deutsches Universalwörterbuch (2011: 745) weist darauf

hin, dass nur *grammatisch* die Bedeutung hat 'den Regeln der Grammatik entsprechend'. Daher ist auch *ungrammatisch* geläufiger als *ungrammatikalisch*.

14 Die Idee zu dieser Anwendung sowie die Beispiele (25) und (26) wurden dem Handout zum Grundkurs von Hans Altmann, Hadumod Bußmann und Hartmut Lauffer aus den Jahren 1975–1980 entnommen; (16)–(19) orientieren sich an ihren Beispielen.

15 Das Beispiel stammt aus Reis (1979: 11)

16 Berühmt geworden ist der von Chomskys als grammatisch eingestufte Satz *Colourless green ideas sleep furiously* (Chomsky 1973c: 17), der als Argument dafür galt, dass Grammatikalität ohne Semantik beschrieben werden könne.

17 Vgl. auch "Die Sprache ist für uns die menschliche Rede abzüglich des Sprechens. Es ist die Gesamtheit der sprachlichen Gewohnheiten, welche es dem Individuum gestatten, zu verstehen und sich verständlich zu machen." (de Saussure 1967: 91)

18 Vgl. dazu auch Tomasello (2000: 61 f.): "In usage based models of language [...] all things flow from the actual usage events in which people communicate linguistically with one another. The linguistic skills that a person possesses at any given moment in time – in the form of a "structured inventory of symbolic units"– result from her accumulated experience with language across the totality of usage events in her life."

19 Elizitierte Daten werden in semistrukturierten Situationen erhoben. In einer Untersuchung zu Fragen bei Zwei- bis Vierjährigen wurden z. B. die Probanden gebeten, eine kleine Hexe zu fragen, welche Tiere aus dem Zoo sie in ihre Tasche gezaubert hat, etwa *Hexe, hast du einen Tiger?* Wenn die Hexe das fragliche Tier hatte, dann erhielt es das Kind.

20 Hinst (1974: 12) macht auf eine Möglichkeit aufmerksam, die die Bestimmung von erwähnten Ausdrücken erleichtert. Bei Übersetzungen von Untersuchungen werden objektsprachliche Ausdrücke nicht übersetzt: Vgl. Das deutsche Wort *Esel* hat vier Buchstaben. The German word *Esel* has four letters.

21 Zu einer traditionellen Darstellung siehe Paul (2007: 117 ff.), zu einer auch archäologisch und soziolinguistisch argumentierenden Position siehe Vennemann (1994).

22 Allerdings wird oft auch von einem Bündel von Isoglossen gesprochen, da nicht nur die *k-ch* Unterscheidung, sondern auch andere Veränderungen – wie die *pf-f* Linie (*Apfel* vs. *Appel*) – einbezogen werden.

23 '+' bedeutet in diesem Zusammenhang, dass das Wort erschlossen ist.

24 Zu einer syntaktischen Analyse siehe Ebert (1998). Sehr interessant sind die Anweisungen von Franck (1531), wie man Briefe adressatenorientiert schreibt. Dazu bietet er auch eine "Orthographia Deutsch/Lernt/ recht buchstabig deutsch schreiben" an.

25 Im dreibändigen Werk von Stieler (1691) umfasst der Wortschatz allein 1336 Seiten.

26 Als ein Grund für die Wahl der norddeutschen Aussprache wird in der Forschung angegeben, dass die Sprecher des Niederdeutschen das Hochdeutsche als Zweitsprache lernen und sich dabei der Aussprachedifferenzierungen bewusster sind als Sprecher hochdeutscher Dialekte, die ja dem Hochdeutschen näher sein sollten (vgl. König 2007: 109, 135).

27 Von einer solchen Differenzierung zwischen Hoch- und Umgangssprache ist bereits im 17./18. Jahrhundert in Bezug auf den Wortschatz die Rede, siehe von Polenz (1994: 185 f.).

28 *Kies* und *Moos* stammen ursprünglich aus dem Hebräischen, vgl, hebr. *kessef* und *ma'os*.

29 Empfehlenswert sind die Einführungen in die Psycholinguistik von Dietrich (^{2}2008), Höhle (2010), ferner Berko Gleason & Ratner (^{2}1998).

30 'Stranden' ist ein Vorgang, der anzeigt, dass Einheiten aktiviert, aber an der "falschen Stelle" eingesetzt werden.

31 Reaktionszeitexperimente messen die Zeit, die ein Proband benötigt, bis er auf einen Reiz reagiert. Experimente, die sich z. B. mit Grammatikalitätsurteilen beschäftigen, sind *off-line* Experimente (der Proband reagiert, nachdem er den gesamten Satz gehört hat); in *on-line* Experimenten hingegen werden die Reaktionen des Probanden gemessen, während er z. B. einen Satz hört (vgl. dazu die Verstehensexperimente von Friederici 2002).

2 Phonetik – Phonologie – Orthographie

1 Affrikaten, wie /pf/ oder /ts/ in *Pfeil* oder *Zahn*, werden als Verbindungen von Plosiven mit Frikativen hier nicht eigens genannt.

2 Der Knacklaut entsteht, wenn die Glottis geschlossen und dann plötzlich geöffnet wird. Im Deutschen wird er z. B. beim langsamen Sprechen von Wörtern mit einem initialen Vokal realisiert, etwa in *um die Ecke* [ʔʊm di ʔɛkə].

3 Diakritika (griech. *diakritikós* 'unterscheidend') sind in diesem Kontext Zeichen wie Punkte, Striche oder Kreise zur Kennzeichnung von Aussprachevarianten. Z. B. bedeutet ein kleiner Kreis unter einem stimmhaften Plosiv, dass dieser keinen Stimmton hat, wie im Schweizerdeutschen [hu.b̥ə].

4 Diese Interpretation wurde von Annette Fox-Boyer (persönliche Mitteilung) bestätigt.

5 Die Zungenhöhe korreliert mit der Kieferöffnung; sie wird in der Duden Grammatik (2009: 11 ff.) an Stelle der Zungenhöhe angegeben.

6 Die Herangehensweise an die Beschreibung der artikulatorischen Vorgänge unterscheidet sich deutlich, je nach dem, ob man Vokale oder Konsonaten beschreibt. Die Position der Artikulatoren bei Vokalen und manchen Konsonanten kann jedoch erstaunlich ähnlich sein: Dem höchsten Punkt der Zunge bei Vokalen entspricht ja durchaus ein Artikulationsort auf dem Gaumen bzw. der Rachenwand, nur dass die Enge zwischen dem höchsten Punkt der Zunge und dem "Artikulationsort" bei Vokalen nicht eng genug ist, um durch Hindernisbildung ein Geräusch zu erzeugen. So unterscheiden sich der vordere, hohe Vokal /i/ und der stimmhafte palatale Frikativ /j/ letztlich nur dadurch, dass beim Konsonanten die Enge zwischen dem höchsten Punkt der Zunge und dem harten Gaumen (Palatum) etwas enger ist als beim Vokal. Diese Ähnlichkeit spiegelt sich in der Ähnlichkeit der für beide Laute benutzten Buchstaben bzw. der aus den Buchstaben abgeleiteten IPA-Symbole wider. Das lateinische Alphabet kannte sogar nur ein Symbol.

7 Dieser Unterschied ist leicht zu überprüfen. Wenn man z. B. die Wörter *Beet* vs.

Bett ausspricht, kann man das /e/ im ersten Wort länger halten als das /ɛ/ im zweiten Wort. Mit dem /e/ wird eine gewisse Zungenspannung assoziiert. Daher wird ihm oft das Merkmal 'gespannt', dem /ɛ/ das Merkmal 'ungespannt' zugeordnet. Eine phonetische Messung dieser Gespanntheit gibt es bislang nicht.

8 Quantitätssprachen sind z. B. das Tschechische oder das Lettische. in denen der Quantitätsunterschied sowohl in betonten als auch unbetonten Silben erhalten bleiben. Das galt auch für das Althochdeutsche.

9 Auch der Silbenschnitt ist nicht einfach durch Messungen zu beweisen; vgl. dazu Hoole & Mooshammer (2002). Die Silbenschnittopposition ist bereits eine phonologische Opposition. Sie wird in diesem Abschnitt erwähnt, da hier die später für die Phonologie relevanten Beschreibungsmerkmale der Laute erläutert werden.

10 Der native Wortschatz enthält die Wörter, die nicht aus anderen Sprachen übernommen wurden.

11 Wichtiger hierfür ist eigentlich der sogenannte **Schalldruck**, die Kraft, mit der eine Schallwelle auf eine Fläche trifft. Sie wird in der Einheit Pa (Pascal) bzw. in der die Größe Pa in Relation zum umgebenden Luftdruck setzenden, leichter zu handhabenden Größe Schalldruckpegel (angegeben in der Einheit dB SPL, *deziBel sound pressure level*) gemessen und oft als Lautstärke bezeichnet. Die Amplitude eines Signals steht mit diesen Größen jedoch in engem Zusammenhang und ist – im Gegensatz zum Schalldruck – auf Abbildungen von Schwingungen zu sehen.

12 Die Abbildungen 4, 5, 7 und 8 verdanke ich Ulrich Reubold.

13 Eine gute Darstellung der Ziele und Vorgehensweisen der strukturalistischen Schulen findet sich in Helbig (1989).

14 Lat. *redundare* 'überlaufen', 'im Überfluss vorhanden sein', hier also: 'nicht unterscheidend', 'von keinem über das bereits Übertragene hinausgehenden Informationswert'; vgl. auch Ternes (1999: 73).
Die redundanten Merkmale sind keineswegs überflüssig; sie bilden gewissermaßen den Hintergrund, auf dem die distinktiven Merkmale besser erkannt werden (relevant für die Fehlererkennung und -korrektur). Ferner können sie in anderen Minimalpaaren distinktiv sein.

15 Distinktive Merkmale werden mit zwei Werten angegeben, mit Plus oder Minus (sogenannte binäre Merkmale). Wenn es aber nun vier Ausprägungen gibt, wie bei der Zungenhöhe (siehe 2.2.1), wird die Notierung schwierig. In Tabelle 2 werden aus Gründen der Einfachheit die Vokale mit ober- und untermittelhoher Zungenlage als ± angegeben.

16 Unberücksichtigt bleibt das vokalisierte *r*.

17 Genauer müsste es wohl heißen, sie treten nie an der gleichen Morphemgrenze auf, vgl. *Kuhchen – Kuchen*. ([ku.çən] – [ku.xən]). *Kuh – chen* sind zwei Morpheme (siehe 3.2), während in dem unzusammengesetzten Wort *Kuchen* es sich nur um zwei Silben handelt. Zu Morphemen siehe Abschnitt 3.2.

18 Zu einer Erklärung des Umlauts als Sprachkontaktphänomen siehe Schrijver (1999).

19 Der Umlaut *ä* wird noch heute oft als *e* geschrieben; vgl. *Eltern, eng, rennen*.

20 Im Neuhochdeutschen ändert sich die Schreibung zu *Gäste* in Übereinstim-

mung mit dem Wortstamm im Singular *Gast* (nach dem orthographischen Prinzip der Morphemkonstanz, vgl. Abschnitt 2.3.3).

21 *î* ist die Schreibweise für das ahd. und mhd. lange *i*.

22 Zur Morphologisierung des Umlauts siehe Abschnitt 3.3.2.

23 Dass das ⁺*e* in diesen Formen älter ist, belegen lateinische Formen: vgl. lat. *medius* – ahd. *mitti* 'Mitte', lat. *ventus* – ahd. wind; lat. *securus* – ahd. *sihhur* 'sicher'. Siehe dazu (Paul 2007 § L 7).

24 Der kombinatorische Lautwandel steht im Gegensatz zum spontanen Lautwandel. Ein Beispiel für letzteren ist die Veränderung von Langvokalen zu Diphthongen, z. B. in mhd. *hûs* zu nhd. *Haus*.

25 Diphthonge bestehen aus zwei Vokalen, von denen nur der erste ein Nukleus/Silbenkern ist, der zweite aber kein Silbenkern, also nicht-nuklear ist. In einigen Arbeiten wird er Halbvokal genannt. Ein Beispiel ist der Diphthong in *heute* mit der Notation eines Halbbogens unterhalb des zweiten Vokals:. ['hɔ̯.tə].

26 Das Sternchen gibt an, dass es keine wohlgeformte Abfolge ist. Diese Notation für nicht wohlgeformte Ausdrücke wird auch in der Morphologie und Syntax verwendet.

27 Die Duden Grammatik (2009) orientiert sich an der Sonoritätsskala. Daher ähneln die Verläufe eher einem Berg als einem Trog.

28 ⁺ zeigt eine rekonstruierte Form an.

29 Eine Ausnahme dazu bildet die Überlautung, etwa in Vorsilben, in denen der Vokal trotz unbetonter Silbe nicht reduziert wird. Eine solche Überlautung ist häufig beim Diktat oder beim lautierenden Lesen zu beobachten (vgl. Duden Grammatik 2009 § 45).

30 Unzusammengesetzte Wörter sind Wörter, die nicht mehr weiter in bedeutungtragende Einheiten zerlegt werden können, z. B. *Angst, Fisch*. Siehe Simplizia in Abschnitt 3.2.

31 Zu Details über den Nebenakzent im Deutschen siehe Noel Aziz Hanna (2003).

32 Sowohl in (55) als auch in (56) ist das erste Wort, das Personalpronomen der Auftakt, ein Versbeginn mit einer Senkung. Vgl. dazu z. B. Wagenknecht (2007).

33 Beim Tiefpassfilter werden die hohen Frequenzen eines Signals herausgefiltert. Dadurch entsteht ein Signal, bei dem nur der Rhythmus, aber nicht die einzelnen Segmente erkannt werden können.

34 Zu einer genaueren Glossierung siehe (66) in Abschnitt 3.1. S. 107.

35 Dieser Prozess wird von Noel Aziz Hanna (2008) beschrieben. (62) wurde dieser Untersuchung entnommen. Zu einer weiteren Arbeit, die sich sprachvergleichend mit Vennemanns Maxime der natürlichen Versifikation bei Kinderreimen beschäftigt, siehe Noel Aziz Hanna et al. (2002).

36 Zu einer kurzen Geschichte der Orthographie vgl. die Duden Grammatik (2009 § 73), ferner Nübling (2008).

37 Zur Geschichte der Schrift siehe Jensen (1969)

38 Andere Doppelschreibungen können durch Wortbildung entstehen, vgl. *wahllos*.

3 Morphologie

1 In diesem Sinne verwendet ihn auch Goethe, etwa in seinem Briefwechsel mit Schiller 1796; vgl. Matthei et al. (1964: 128). Goethe stand mit Burdach in Kontakt. Zu weiteren Details des Begriffs siehe Salmon (2000).

2 Einer der ersten Typologen, August Wilhelm von Schlegel, unterschied zunächst nur drei Sprachtypen; bei ihm fehlten die polysynthetischen Sprachen, die Humboldt als vierte Gruppe erwähnt (Bossong 2002).

3 In den Beispielen werden die Ausdrücke nach den Leipziger Glossierungsregeln beschrieben. D. h. unter das jeweilige Beispiel werden zunächst die Segmente, aus denen die Ausdrücke bestehen, geschrieben, dann ihre morphologischen Eigenschaften bestimmt und die Ausdrücke ins Deutsche übersetzt. Zu den Leipziger Glossierungsregeln vgl. http://www.eva.mpg.de/lingua/recources/glossing-rules. php. Zu den Abkürzungen vgl. die Liste der allgemeinen Abkürzungen S. 13.

4 Für die türkischen Beispiele und ihre Glossierung danke ich Seda Yilmaz Woerfel und Till Woerfel, für die arabischen Ouafaa Qaddioui.

5 Der Aorist im Türkischen dient u. a. dazu, einen länger andauernden Zustand (wie in d.) anzuzeigen. Zu Details siehe Ersen-Rasch (2001: 140 f.)

6 TOP kürzt den Terminus Topik ab. Topik ist das, worüber in einer Äußerung oder in einem Text gesprochen wird. Siehe dazu Abschnitt 4.6.2.

7 Humboldt verwendet den Begriff 'Flexion'/'flektierend' als Oberbegriff für Affigierung, Fusion und Mutierung (siehe Binnenflexion). Unter Fusion wird verstanden, dass eine Form mehrere Bedeutungen kodiert, wie z. B. -st oder -es (etwa in *Tages*, die Endung für GEN SG).

8 IMPF bedeutet hier imperfektiver Aspekt, d. h. die Handlung dauert an und ist noch nicht, wie beim perfektiven Aspekt, abgeschlossen.

9 *Geben* verlangt im Arabischen – neben dem Nominativ – zwei Akkusative; im Deutschen fordert *geben* einen Dativ und einen Akkusativ (siehe Valenz in Abschnitt 4.1.3).

10 Mit einer solchen Festlegung lässt sich ein Wort einer natürlichen Sprache von Pseudowörtern oder nonce words abgrenzen, wie sie oft in psycholinguistischen Experimenten verwendet werden, um herauszufinden, ob die Probanden ein bestimmtes Flexionsschema kennen. Diese Pseudowörter sind meist phonologisch wohlgeformt, sie könnten damit Wörter der entsprechenden Sprache sein. Berühmt sind die Lautfolgen *wug* – *wugs* von Jean Berko Gleason (1958) (präsentiert zusammen mit Bildern z. B. von einem bzw. zwei Küken), mit der sie herausfinden wollte, wie englische Kinder den Plural bilden.

11 Bei den Formen *Buch* vs. *Bücher* sind die Wortstämme einander unähnlich; daher kann man sie nur dann als Teile eines Paradigmas zählen, wenn sie als eben diese bereits bekannt sind. D. h. die Verfahren Segmentierung und Klassifizierung ohne das Wissen über die Bedeutung oder den paradigmatischen Zusammenhang helfen hier nicht weiter. Aus diesem Grund gab und gibt es in der strukturalistischen Morphologieforschung eine Tendenz, von einer strikten Anwendung von Segmentierung und Klassifizierung Abstand zu nehmen und zu Paradigmen von Wortformen und damit zu Worten statt Morphemen zurückzukehren, wie sie traditionellere Grammatiken vorschlagen. Vgl. zu dieser Diskussion u. a. Matthews (1974).

12 Die ablautenden Verben der Klasse VII (vgl. eine got. oder ahd. Grammatik), zu der die Verben *heißen*, *rufen*, *laufen* gehörten, bestand aus ehemals reduplizierenden Verben (got. *haitan* 'heißen' – Prät. *haihait*). Die Reduplikation bei der Präteritumsbildung wurde bereits im Germanischen ersetzt durch morphologische Mittel, die noch heute zur Bildung dieser Tempusformen verwendet werden: Ablaut und Suffigierung.

13 Vgl. dazu auch Klein (2003).

14 Die Etymologie dieses Wortes ist komplex: griech. *syn* 'zusammen', *kret-* Kret-/ Kreter. Die zerstrittenen Kreter schlossen sich bei einer Bedrohung von außen zusammen, um diesen Dritten zu schlagen.

15 Die Bezeichnung geht auf Jakob Grimm zurück. Grimm ging davon aus, dass das *i* nach der Umlautung ausfiel und daher der "anfänglich reine vocal" zurückkehrte (Grimm 1822: 9). Diese Erklärung wird heute nicht mehr aufrechterhalten. Dennoch ist die Bezeichnung für diese Verben geblieben.

16 Die Unterscheidung von schwachen und starken Verben geht auf Jakob Grimm (1880 § 877) zurück

17 '*': eine von mehreren belegten Formen; vgl. entsprechende althochdeutsche und mittelhochdeutsche Grammatiken.

18 Gottlob Frege (1848–1925) war Logiker, Mathematiker und Philosoph. Neben dem Kompositionalitätsprinzip ist in der Semantik seine Unterscheidung von Sinn und Bedeutung wichtig geworden (siehe Abschnitt 5.4.1)

19 "[...] nicht mehr 'Aufschlagen der Augen', sondern meton.[ymisch] 'ganz kurzer Zeitraum, Moment' [...]" (Paul 2002: 112).

20 Zu einer anderen Beschreibung siehe Kluge & Seebold (2002: 413).

4 Syntax

1 Da das Reflexivpronomen bereits im Lexikoneintrag des Verbs enthalten ist – *sich erheben* – und nicht erfragbar ist (siehe unten Abschnitt 4.1.2), wird das Verb als reflexives Verb kategorisiert. Bei anderen Verben gehört das Reflexivpronomen nicht zum Verbeintrag, z. B. bei *waschen*: *Er wäscht ihn/sie* vs. *er wäscht sich*. Siehe dazu auch Abschnitt 4.1.2.

2 Dies ist nicht in allen Grammatiken des Deutschen der Fall, z. B. nicht bei Helbig &. Buscha (2005: 305 f.), vgl. dort z. B. den Terminus Adjektivadverb. Bezeichnet wird damit ein Adjektiv, das in adverbialer Funktion verwendet wird. Siehe dazu Abschnitt 4.2.2.

3 Dabei ändert sich jedoch auch die Informationsverteilung im Satz. Vgl. dazu Abschnitt 4.6.2.

4 Zur Valenz der Kopulaverben siehe unten (119).

5 Ein oft verwendeter Test ist der Zusatz von *und zwar*. *Nina traf Franz, und zwar am Montag an der Würstchenbude.* Dieser Test unterscheidet obligatorische Ergänzungen von fakultativen Ergänzungen und Angaben, aber nicht zwischen fakultativen Ergänzungen und Angaben vgl. *Nina isst, und zwar einen Apfelkuchen/immer um 12h* (vgl. auch Pittner & Berman 2013: 48).

6 Allerdings können Angaben nicht immer gleich gut vom *und-es-geschah-Test* erfasst werden, siehe Pittner & Berman (2013: 48).

7 In der traditionellen Grammatik wird dieses Subjekt "psychologisches Subjekt" genannt. Siehe dazu auch Fußnote 12 in diesem Kapitel.

8 Die gleiche Tendenz lässt sich im Englischen beobachten: Ae. *Me dreamet*, ne. *I dreamt*. Vgl. *Mir träumte; ich träumte*.

9 Der Pfeil in diesen Regeln lässt sich interpretieren als "wird zerlegt in" oder "besteht aus". Auf diese Weise lassen sich mit Hilfe dieser drei Regeln sehr viele Sätze erzeugen. Versuchen Sie es selbst.

10 Eine Ausnahme ist die Attributs-NP, vgl. *das Haus der Mutter*.

11 Die Paraphrase mit dem entsprechenden VV grenzt ein Funktionsverbgefüge von einem Idiom ab. Vgl. *Er brachte das Stück zur Aufführung – er führte das Stück auf* vs. *er biss ins Grass –* ?

12 Traditionelle Grammatiken unterscheiden: psychologisches: Subjekt: *Mir graut;* logisches Subjekt: *Fritz füttert das Baby;* grammatisches Subjekt: *Das Baby wird von Fritz gefüttert.* Es gibt "subjektlose" Konstruktionen: *Mir graut vor dir. Trinkt aus! Morgen wird gefeiert.*

13 Relativpronomen oder auch PPs mit Relativpronomen sowie Interrogativpronomen in eingebetteten Sätzen werden neuerdings nicht mehr als klammeröffnende Einheiten der Gliedsatzklammer behandelt. Da sie Satzglieder sind, werden sie dem Vorfeld zugeordnet, so dass die Position der klammeröffnenden Einheiten leer bleibt (vgl. dazu Duden Grammatik 2009 § 1648, Dürscheid 2010: 93; Pittner & Berman 2013: 83 f.).

14 Es gibt sehr viele Subtypen von Fragesätzen, die hier jedoch nicht besprochen werden können, etwa Echo-Fragen, Vergewisserungsfragen, nicht zuletzt rhetorische Fragen. Vgl. z. B. Zaefferer (1984).

15 Ein fallender Tonhöhenverlauf bei Fragesätzen kann eine Reihe von Sprecherannahmen transportieren, z. B. die Annahme, dass es zweifelhaft sei, ob das Ereignis eintritt ((149) c.). Allerdings sind derartige Interpretationen an einem größeren Korpus zu überprüfen.

16 Aber auch dieses Kriterium greift nicht bei weiterführenden Relativsätzen, siehe unten (163).

17 Ausdrücke wie *daher, deshalb* in der Vorfeldposition werden in einigen Grammatiken daher auch Konjunktionadverbien genannt.

18 Daher wird in der Forschung im Fall von (165) a. von einem epistemischen *weil*, in (165) b. von einem faktischen *weil* gesprochen. Nach der Duden Grammatik (2009 § 2022) steht das epistemische *weil* in Antworten auf die Frage: *woher weißt du das?*, das faktische in Antworten wie *Warum ist das so?* Zur Differenzierung dieser beiden Arten von *weil* siehe u. a. Scheutz (1998). Diskutiert wird in der Forschung die Frage, ob es sich hier um einen lexikalischen, einen syntaktisch-semantisch-pragmatischen Wandel oder um Kontinuität aus dem Mittelhochdeutschen (Selting 1999) handelt und/oder um eine Unterscheidung von stärkerer Integration oder Desintegration von begründenden Informationen in den vorausgegangenen Gesprächszusammenhang. Der Grad der Integartion ist u. a. messbar mit Hilfe der Verwendung von *deshalb* in (165). In (165) b. ist die Information stärker integriert als in (165) a.; vgl. dazu auch *weil* als Diskursmarker, der Zusatzinformationen im Gespräch einleitet (siehe Gohl & Günthner 1999 und Scheutz 1998).

19 Es werden hier nur lexikalische Einheiten berücksichtigt wie das lexikalische

Verb oder das lexikalische Objekt, aber keine Auxiliare oder Pronomen. Dass etwa bei Objekten die Pronomen auch andere Positionen als die vollen NPs einnehmen können, zeigt z. B. das Französische: *J'ai vue la fille* vs. *Je l'ai vue*. (vgl. dazu auch Dryer 2011). Die Berücksichtigung von Auxiliaren führt ebenfalls zu anderen Regularitäten, vgl. dazu das Deutsche. Zu einem Überblick über die derzeitige Wortstellungsforschung siehe Dryer (2007, 2011); zu einer Rezension von Dryer (2007) siehe Kopjevskaja-Tamm & Liljegren (2013: 110–114).

20 Greenberg (1963/66) schließt in seine Betrachtung auch die Morphologie ein. Auf diesen Aspekt wird hier jedoch verzichtet.

21 Das Subjekt ist hier eingeklammert, da die Stellung des Subjekts nicht immer konsistent ist. So wird etwa das klassische Arabisch als VSO klassifiziert, das moderne Arabisch hingegen als VO-Sprache (Kaltenbacher, persönliche Mitteilung).

22 Vgl. Abschnitt 3.1.2; auch die Beispiele (167) und (168) c.–e. verdanke ich Seda Yilmaz Woerfel und Ouafaa Qaddioui.

23 Diese Wahl ist auch durch die Annahme der generativen Grammatik beeinflusst, die von einer OV-Stellung in einer zugrunde liegenden Struktur ausgeht; dabei wird dann z. B. in Deklarativsätzen das finite Verb an die zweite Stelle bewegt (siehe dazu z. B. Dürscheid 2010 Kapitel 8).

24 Die folgenden Kriterien spielen auch eine Rolle in der Diskussion um unmarkierte und markierte Abfolgen. Vgl. dazu insbesondere Altmann & Hofmann (2008), Eisenberg (2013b: 383 ff.), IDS Grammatik (1997 Bd. 2 S. 1504 ff.), ferner Lenerz (1977).

25 Dieser Zusammenhang zwischen Länge der Satzglieder und ihrer Position im Satz ist u. a. in Behaghels Gesetz der wachsenden Glieder formuliert "Was ist nun der letzte Grund dieser Neigung, das Bedeutsamere und das Umfangreichere gegen das Ende des Satzes zu rücken? Es scheint das Verfahren auf der einen Seite dem Hörenden Vorteile zu bieten. Je näher ein Satzglied dem Ende des Satzes steht, zumal wenn dieses zugleich Ende der Rede ist, desto leichter wird es behalten werden. Man wird also gerne das ans Ende rücken, was man wegen seiner Wichtigkeit dem Gedächtnis des Hörers besonders einprägen möchte, oder dasjenige, was wegen seines größeren Umfangs an sich nicht so leicht vom Gedächtnis aufgenommen wird." (Behaghel 1909: 138, zitiert nach Lenerz 1977: 9 f.).

26 Es wurden nur die in dem genannten Zusammenhang relevanten Einheiten akzentuiert.

27 Zu Details siehe Musan (2002, 2010), Pittner & Berman (2010); zur Begründung der drei Dimensionen Molnar (1991, 1993).

28 Zu weiteren sprachlichen Merkmalen und ihrer Diskussion siehe z. B. Altmann (1981:47 ff.), Altmann und Hofmann (2008: 148 ff.) und Scheutz (1997). Es ist in der Literatur nicht eindeutig geklärt, ob sich die "linksversetzte" Konstituente im Vor-Vorfeld oder in einem expandierten Vorfeld befindet. Hier wird von dem Vor-Vorfeld ausgegangen, da diese Konstituenten vor einem besetzten Vorfeld stehen. Ausdrücke, die im Vor-Vorfeld stehen können, sind auch Konjunktionen wie *und*, vgl. Abschnitt 4.4.2.

29 Der Terminus Herausstellungsstrukturen wurde von Altmann (1981: 46) geprägt. In der Forschung ist dazu kritisch angemerkt worden, dass der Terminus

die Bewegung einer Einheit aus dem Satz hinaus suggeriert, ein Prozess, der an die Transformationen in der generativen Schule erinnert. Altmann (1981) möchte allerdings den Begriff rein deskriptiv verstanden wissen (Altmann 1981:17, 47 im Zusammenhang mit Linksversetzungen). – Angemessener ist es wohl, hier nicht mehr die Einheit Satz anzusetzen (aus dem etwas nach links oder rechts herausbewegt wird), sondern die Einheit 'Redebeitrag' mit den entsprechenden Teilen, die sich an den Vorredner und den nachfolgenden Sprecher wenden. Vgl. zur Struktur von Redebeiträgen Abschnitt 5.5.3. Auf Altmann (1981: 17) geht die Lehnübersetzung der Termini Links- und Rechtsversetzung, aus dem engl. *left/right dislocation* zurück. Inzwischen werden z. B. für die Linksversetzung andere Begriffe diskutiert (vgl. z. B. Hennig 2006). In diesem Buch wird an den alten Termini festgehalten.

30 Auch hier ist umstritten (vgl. Fußnote 28), ob diese Konstituente nun im Nachfeld oder nach dem Nachfeld steht. Siehe dazu z. B. Altmann (1981: 54) und Altmann und Hofmann (2008: 158 f.)

31 Ein weiterer Konstruktionstyp ist die sogenannte Ausklammerung. Bei einer Ausklammerung wird ein (komplexes) Satzglied aus dem Mittelfeld ins Nachfeld "verschoben". Z. B. *ich hab einen Lutscher gekauft für meine Schwester* (zu Details s. z. B. Altmann und Hofmann 2008: 100 ff.). Die Ausklammerung dient u. a. dazu, das Mittelfeld nicht durch allzu lange Satzglieder zu belasten bzw. die Satzklammer (vgl. Abschnitt 4.3) zu verkürzen. Beides entlastet das Gedächtnis der Sprachnutzer.

32 Von Altmann (1981: 67) und Altmann und Hofmann (2008: 105 ff.) werden die Extrapositonen nicht zu den Herausstellungsstrukturen gerechnet.

33 Demonstrativpronomen finden sich häufiger bei jüngeren Kindern. Diese Pronomen könnten jedoch auch darauf verweisen, dass der Schüler nicht eine Geschichte erzählt, sondern ein Bild beschreibt.

34 Sowohl Anakoluth als auch Apkoinous gelten jedoch schon in der Antike als rhetorische Figuren und sind daher auch in schriftlichen Texten anzutreffen. So sind z. B. Apkoinous seit dem Althochdeutschen belegt (vgl. Scheutz 1992). Ein literarisches Beispiel ist das folgende von von Kleist: *Sie schlägt, die Rüstung ihm vom Leibe reißend, den Zahn schlägt sie in seine weiße Brust.* (Heinrich von Kleist, Penthesilea, 23. Auftritt)

35 Vgl. dazu auch Hoffmann (1991), der das Verhältnis von geplanter Äußerung und ihrer Realisierung anhand von mehreren Subtypen untersucht. Das Beispiel (191) wäre nach seiner Beschreibung ein Umstieg von einer in eine andere Konstruktion.

5 Semantik und Pragmatik

1 Zu weiteren Abgrenzungsmöglichkeiten siehe Linke et al. (1996: 165 f.)

2 Man kann hier sehr gut davon sprechen, dass Bedeutungen vage sind; siehe dazu Abschnitt 5.4.3. Ferner muss bei (196) b. beachtet werden, dass Franz kooperativ ist (vgl. dazu Abschnitt 5.5.2), er also nur deshalb den Gymnastikball wählt, weil er keinen anderen freien Stuhl sieht und nicht aus irgendeiner Laune oder Unvermögen handelt.

3 "[…] by the extension of a term is meant the class of the things to which it is correctly applied. [...] the intension of a term is the set of essential properties which determines the applicability of the term." (Lyons 1977: 158 f.)

4 Vgl. dazu auch die Unterscheidung von Kontradiktion und Kontrarität bei Schwarz & Chur (1996: 122 f.), oder Löbner (2003: 94–96).

5 Wahrheitswerte sind bei einer Reihe von Sprechakten nicht mehr relevant: etwa bei expressiven Sprechakten wie *danken* oder *entschuldigen*, bei deklarativen Akten wie *taufen* oder *kündigen*, bei kommissiven wie *versprechen* oder direktiven wie *bitten* oder *raten*. Vgl. auch Übung 130.

6 Lokutionär: lat. *locūtiō* 'des Reden', *loqui* 'sprechen', 'reden'; *illoqui* mit assimiliertem Liquid aus *inloqui*.
Zum lokutionären und illokutionären Akt kommt noch der perlokutionäre Akt hinzu, der aber kaum genauer untersucht wurde. In Beispiel (195) in diesem Kapitel könnte die Äußerung von A (= lokutionärer Akt) als Behauptung (illokutionärer Akt) von A intendiert sein. Die Wirkung dieser Illokution auf B, der perlokutionäre Akt, könnte aber z. B. eine Empfehlung von Hasso als Wachhund sein. Zu einer sehr übersichtlichen Darstellung dieser Teilakte anhand einer (195) ähnlichen Äußerung, nämlich *Der Hund ist bissig.* siehe Linke et al. (1996: 189).

7 Searle hat seinen Ansatz weiterentwickelt. Auf diese Arbeiten kann hier jedoch nicht eingegangen werden. Zur Kritik an den Ansätzen von Austin und Searle vgl. z. B. Allwood (1977), Levinson (2000), Streeck (1980).

8 Abgeleitet vom engl. *to implicate* zur Unterscheidung von anderen Schlussverfahren wie *to imply* 'implizieren'. In einigen Arbeiten wird statt *implikatieren* auch *implieren* verwendet.

9 Grice (1975: 49) nennt mehrere Arten des Umgangs mit den Maximen und unterscheidet darüber hinaus von den partikularen konversationellen Implikaturen auch andere Arten von Implikaturen. Auf beides kann hier nicht eingegangen werden.

10 Es gibt eine Reihe anderer Beschreibungen des Sprecherwechsels; zu einem kurzen Überblick vgl. Levinson (2000: 328 f.). Das hier vorstellte System ist kulturspezifisch; vgl. Levinson ibd.

11 Sandner & Wagner (1981) stellen bei Wickeltischdialogen von Babys im Alter von drei Monaten mit ihren Muttern fest, dass sie wechselseitig Intonationskonturen produzieren und imitieren und damit eine Art "Gespräch" führen. Zur Entwicklung der gesprächsorganisierenden Fähigkeiten bei Kindern siehe Lindner (1983: 22–31), ferner Auwärter & Kirsch (1982).

12 Beispiel (243) ist wie (244) in einer Partiturschrift wiedergegeben. Diese Art der Darstellung erleichtert es, die Abfolge von Redebeiträgen ebenso wie überlappende Beiträge (durch große Klammern, siehe (244), Pausen etc.) genauer darzustellen. Zu lesen sind sie wie eine Partitur mit mehreren Stimmen (= Gesprächspartnern).

13 Zu Störungen des Sprecherwechsels vgl. Levinson (2000 Abschnitt 6.2.1.1, 6.2.1.2 sowie 6.3).

14 Die erste Paarsequenz ist durch den zweiten Teil – mit Latz – mit der zweiten Sequenz verknüpft; die Beantwortung des Telefons hat zugleich die Funktion, den Angerufenen zu identifizieren.
Zu beobachten ist häufig bei Gesprächen mit dem Handy, dass die Anrufer sich

mit "Ich bin's" melden. Diese Möglichkeit, dass der Anrufer darauf baut, dass er oder sie an der Stimme erkannt werden, gibt es nicht nur im deutschsprachigen Raum. Stellen Sie fest, wie der Beginn von Telefongesprächen in anderen Kulturen verläuft.

15 Nicht immer wird der Grund des Anrufs unmittelbar nach der Beendigung der Begrüßung und Identifizierung genannt. Vgl. dazu Gespräche unter Freunden.

16 Michelob = eine Biersorte.

6 Textlinguistik

1 Zu einer ausführlicheren Darstellung siehe z. B. Vater (2001), Adamzik (2004), Brinker (2000/2001). Eine gute Einführung in die Textlinguistik findet sich auch in der Duden Grammatik (2009).

2 Da in diesem Kapitel vornehmlich mündliche Texte besprochen werden, wird im Folgenden weniger von Sätzen als von Äußerungen die Rede sein.

3 Der Rezipient baut von Äußerung zu Äußerung Erwartungen (prospektiv) auf, überprüft sie (auch retrospektiv) und korrigiert sie gegebenenfalls. Dieser Prozess lässt sich an (250) gut nachvollziehen. Vgl. dazu auch Cicourel (1975: 28–42).

4 Vgl. zu der Abgrenzung der Textlinguistik von anderen Disziplinen auch van Dijk (1980), Feilke (2000), Figge (2000), Janich (2008).

5 Eine sehr gute kurze Einführung findet sich in von Stutterheim & Klein (2008), eine umfassendere Darstellung bietet von Stutterheim (1997).

6 *Quaestio* wird von Stutterheim (1997: 18) als "strittige Frage, die es durch argumentative Rede zu klären gilt" wiedergegeben.

7 Eine alternative Festlegung der Modalität zu faktisch ist hypothetisch, vgl. *Was würdest Du auf dem Mond tun?*

8 Andere Möglichkeiten sind Schemata wie eine Beschreibung eines Objekts von oben nach unten (siehe 6.3.2)

9 *Neu* heißt hier: 'im Text nicht zuvor erwähnt'. Es geht also rein um die Textebene. Diese neue Information kann konzeptuell bereits vorhanden sein. Die hier vorgestellte Verwendung von neuer Information ist nicht gleichzusetzen mit den Graden von Neuheit von Prince in Abschnitt 4.6.2.

10 In (253) (003) ist *is total schwarz* elliptisch (ebenfalls in (004)); die Information ist aus (002) zu ergänzen.

11 Im Referenzbereich Objekt/Teilobjekt ist bei (003) eingetragen: erhalten/neu (Ganzes – Teil); das gesamte Objekt bleibt erhalten, neu im Text ist das Teilobjekt, *der Lenker*. Vgl. dazu auch die Beschreibung von (10) in 6.3.2.

12 Topik und Fokus sind bei Klein und von Stutterheim konzeptuelle Einheiten. Sie werden in entsprechenden Topikausdrücke und Fokusausdrücken realisiert. Vgl. von Stutterheim (1997: 36 ff.)

13 Klein und von Stutterheim verwenden ein anderes Konzept von Fokus; sie sprechen von Fokus (konzeptuell) und Fokusausdruck (sprachlich). Unter Fokussierung wird hier die Wahl einer Alternative aus einer möglichen Menge von Alternativen verstanden. Vgl. *Wohin fuhr Franz zur Kur? Er fuhr nach 'Abano.* als Alternativen zu Abano hätten andere Kurorte wie Bad Wörishofen oder Bad

Füssing gewählt werden können. Die Topikelemente grenzen die Wahl der Alternativen bei der Fokussierung ein. Auf dieses Konzept von Fokus kann hier nicht weiter eingegangen werden.

14 Zu detaillierteren Analysen, insbesondere zu Analysen der referentiellen Bewegung siehe von Stutterheim (1997)

15 Ausdrücke in runden Klammern zeigen fakultative Informationen an.

16 Beispiel (254) ebenso wie die Beispiele in Übung 150 verdanke ich Nicole Weidinger und Katharina Hogrefe.

17 Bei kleineren Kindern wird öfter beobachtet, dass sie Pronomina nicht bei allen Protagonisten einsetzen. So wählen z. B. Vorschul- und Grundschulkinder für die Pronominalisierung nur den Hauptprotagonisten aus (siehe Karmiloff-Smith 1985). – Zu den Anforderungen, die das Geschichtenerzählen bei Grundschulkindern mit einer Sprachentwicklungsstörung stellt, siehe Pfeffer (in Vorb.).

18 Der Proband äußert zunächst das *hm* mit sanft steigend-fallendem Tohöhenverlauf und imitiert dann Sylvesters [he'lou].

19 Vgl. dazu auch Friederici (1989) mit Experimenten in der Schwerelosigkeit.

20 Dieses Muster ist nur eines von möglichen Mustern. Vgl. dazu die Texte in von Stutterheim (1997).

21 Zu Details siehe von Stutterheim (1997: 95–98).

22 Ein Grund dafür kann sein, dass die Anzahl der zu identifizierenden Bauteile abnimmt, so dass der Aufwand, sie einzuführen, abnimmt.

23 Zu sprachvergleichenden Studien siehe z. B. die Literatur in von Stutterheim (1997), von Stutterheim & Carroll (2005, 2007) oder in Carroll et al. (2008).

24 Ausgewertet wurden Texte von 20 Sprechern mit 65 Äußerungen im Durchschnitt.

25 Ausgewertet wurden hier Texte von jeweils 12 Sprechern mit 65 Äußerungen im Durchschnitt.

Literaturverzeichnis

Adamzik, Kirsten (2004). *Textlinguistik. Eine einführende Darstellung.* Tübingen: Niemeyer (Germanistische Arbeitshefte 40)

Albert, Ruth und Cor J. Koster (2002). *Empirie in Linguistik und Sprachlehrforschung. Ein methodologisches Arbeitsbuch.* Tübingen: Narr (narr studienbücher).

Allwood, Jens (1977). A critical look at speech act theory. In: Östen Dahl (Hg.) *Logic, Pragmatics and Grammar.* 53–99. Lund. Studentlitteratur

Altmann, Hans (1976). *Die Gradpartikeln im Deutschen. Untersuchungen zu ihrer Syntax, Semantik und Pragmatik.* Tübingen: Niemeyer.

Altmann, Hans (1981). *Formen der "Herausstellung" im Deutschen.* Tübingen: Niemeyer.

Altmann, Hans und Susan Hahnemann (2007). *Syntax fürs Examen.* 3. Auflage. Göttingen: Vandenhoek & Ruprecht.

Altmann, Hans und Ute Hofmann (2008). *Topologie fürs Examen.* 2. Auflage. Göttingen: Vandenhoek & Ruprecht.

Auer, Peter (2003). 'Türkenslang': Ein jugendlicher Ethnolekt des deutschen und seine Transformationen. In: Annelies Häcki-Buhofer (Hg), *Spracherwerb und Lebensalter.* 255–264. Tübingen: Francke.

Auer, Peter und Susanne Uhmann (1988). Silben- und akzentzählende Sprachen: Literaturüberblick und Diskussion. *Zeitschrift für Sprachwissenschaft 7,* 214–259.

Austin, John L. (1986). *Zur Theorie der Sprechakte.* Stuttgart: Philipp Reclam jun. (Original: *How to do things with words* 1962).

Auwärter, Manfred und Edit Kirsch (1982). Zur Entwicklung interaktiver Fähigkeiten. Begegnungskonstitution und Verhaltenssynchronie in der frühen Kindheit. *Zeitschrift für Pädagogik 28,* 273–298.

Bartsch, Renate und Theo Vennemann (1983). *Grundzüge der Sprachtheorie: Eine linguistische Einführung.* Tübingen: Niemeyer.

Behaghel, Otto (1909). Beziehungen zwischen Umfang und Reihenfolge von Satzgliedern. *Indogermanische Forschungen 25,* 110–142.

Behaghel, Otto (1923–1932). *Deutsche Syntax. Eine geschichtliche Darstellung.* 4 Bände. Band 1 Die Wortklassen und Wortformen. 1923. Heidelberg: Carl Winter's Universitätsbuchhandlung.

Behrens, Heike (Hg.) (2008). *Corpora in language acquisition research. History, Methods Perspectives.* Amsterdam: J. Benjamins.

Berg, Thomas (1990). Unreine Reime als Evidenz für die Organisation phonologischer Merkmale. *Zeitschrift für Sprachwissenschaft 9,* 3–27.

Bergenholtz, Henning und Joachim Mugdan (1979). *Einführung in die Morphologie.* Stuttgart: Kohlhammer.

Berko Gleason, Jean und Nan Berner Ratner (Hgg.) (1998). *Psycholinguistics.* 2. Auflage. Belmont: Wardsworth/Thompson Learning.

Berko Gleason, Jean (1958). The child's learning of English morphology. *Word 14*, 47–56.

Bittner, Andreas (1985). Wie schwach sind die starken Verben? In: Wolfgang Wurzel (Hg.), *Studien zur Morphologie und Phonologie*. Band 1, 51–74. Berlin: Zentralinstitut für Sprachwissenschaft.

Bloomfield, Leonard (1933). *Language*. New York: Holt, Rinehart and Winston.

Bossong, Georg (2001). Die Anfänge typologischen Denkens im europäischen Rationalismus. In: Martin Haspelmath, Ekkehard König, Wulf Österreicher und Wolfgang Raible (Hg.), *Sprachtypologie und sprachliche Universalienforschung. Ein internationales Handbuch*, 1. Halbband, 249–264. Berlin: de Gruyter. (HSK 20. 1 und 20.1).

Bossong, Georg (2002). Analytizität und Synthetizität. Kasus und Adpositionen im typologischen Vergleich. In: Uwe Hinrichs (Hg.), *Die europäischen Sprachen auf dem Wege zum analytischen Sprachtyp*, 431–452. Wiesbaden: Otto Harrassowitz.

Breindl, Eva und Maria Thurmair (1992). Der Fürstbischof im Hosenrock. Eine Studie zu den nominalen Kopulativkomposita des Deutschen. *Deutsche Sprache* 20, 32–61.

Bremer, Katharina (2013). *Relationale Konzepte und sprachliche Muster. Beschreiben und Instruieren als Aufgabe der Diskursentwicklung für Grundschulkinder*. Habilitationsschrift. Ruprecht-Karls-Universität Heidelberg.

Brinker, Klaus, Gerd Antos, Wolfgang Heinemann und Sven Sager (Hgg.) (2000/2001). *Text- und Gesprächslinguistik. Ein internationales Handbuch zeitgenössischer Forschung*. 1. Halbband: *Textlinguistik*. 2. Halbband: *Gesprächslinguistik*. Berlin/New York: de Gruyter (HSK 16.1 und 16.2).

Brown, Gillian und George Yule (1983). *Discourse analysis*. Cambridge: Cambridge University Press.

Brüder Grimm (1977). Der Krautesel. In: *Kinder und Hausmärchen gesammelt durch die Brüder Grimm*. Erste Gesamtausgabe 1819. 580–586. München: Winkler Verlag.

Bußmann, Hadumod (Hg.) (2008). *Lexikon der Sprachwissenschaft*. 4. Durchgesehene und bibliographisch ergänzte Ausgabe. Stuttgart: Kröner.

Bybee, Joan (2006). From usage to grammar: the mind's response to repetition. *Language* 82, 711–733.

Carroll, Mary, Antje Rossdeutscher, Monique Lambert und Christiane von Stutterheim (2008). Subordination in narratives and macro-structural planning. A comparative point of view. In: Wiebke Ramm und Catherine Fabricius-Hansen (Hgg.), *Subordination*. 161–186. Amsterdam: John Benjamins.

Chomsky, Noam A. (1973a). *Aspekte der Syntax-Theorie*. Frankfurt a. M.: Suhrkamp. (Suhrkamp-Taschenbuch Wissenschaft; 42) (Original: *Aspects of a theory of syntax*. Cambridge, MASS: M. I. T. Press 1965)

Chomsky, Noam A. (1973b). *Sprache und Geist* mit e. Anhang: Linguistik und Politik [Interview mit Noam Chomsky]. Frankfurt a. M.: Suhrkamp, 1973. (Suhrkamp-Taschenbuch Wissenschaft 19) (Original: *Language and mind*. New York: Harcourt, Brace & World.)

Chomsky, Noam A. (1973c). *Strukturen der Syntax*. Walter de Gruyter (Original: *Syntactic Structures*. 's-Gravenhage: Mouton & Co. 1957).

Cicourel, Aaron V. (1975). *Sprache in der sozialen Interaktion.* München. List Verlag (Original: *Cognitive sociology. Language and meaning in social interaction.* Harmondsworth: Penguin. 1973).

Clahsen, Harald, Monika Rothweiler und Andreas Woest (1990). Lexikalische Ebenen und morphologische Entwicklung. Eine Untersuchung zum Erwerb des deutschen Pluralsystems im Rahmen der Lexikalischen Morphologie. In: Monika Rothweiler (Hg.), *Spracherwerb und Grammatik.: Linguistische Untersuchungen zum Erwerb von Syntax und Morphologie.* 105–126. Opladen: Westdeutscher Verlag.

Comrie, Bernard (2001). Different views of language typology. In: Martin Haspelmath, Ekkehard König, Wulf Oesterreicher und Wolfgang Raible (Hgg.), *Sprachtypologie und sprachliche Universalien. Ein internationales Handbuch.* 1. Halbband, 25–39. Berlin: Walter de Gruyter. (HSK 20.1 und 20.2)

Comrie, Bernhard (1981). *Language Universals and Linguistic Typology. Syntax and Morphology.* Cambridge. Cambridge University Press.

Comrie, Bernhard (1988). Linguistic typology. In: Frederick J. Newmeyer (Hg.), *Linguistics. The Cambridge Survey. Vol. 1 Linguistic Theory: Foundations.* 447–461. Cambridge: Cambridge University Press.

De Casper, Anthony J., Jean-Pierre Lecanuet, Marie-Claire Busnel, Carolyn Granier-Deferre und Roselyne Maugeais (1994). Fetal Reactions to Recurrent Maternal Speech. *Infant Behavior and Development 17,* 159–164.

Dietrich, Rainer (2008). *Psycholinguistik.* 2. Auflage. Stuttgart: Metzler.

Dijk van, Teun A. (1980). *Textwissenschaft. Eine interdisziplinäre Einführung.* Tübingen: Niemeyer.

Dimroth, Christine (2009). Lernervarietäten im Sprachunterricht. *Zeitschrift für Linguistik und Literaturwissenschaft 153,* 60–80.

Dryer, Matthews (2007). Word Order. In: Timothy Shopen (Hg.), *Language typology and syntactic description.* Band 1: *Clause structure.* 61–131. Cambridge: Cambridge University Press.

Dryer, Matthews und Martin Haspelmath (Hgg.) (2011). *The world atlas of language structures online.* Max Planck Digital Library.

Duden Aussprachewörterbuch (2005). Bearbeitet von Max Mangold. 6. überarbeitete und aktualisierte Auflage. Mannheim/Leipzig/Wien/Zürich: Dudenverlag.

Duden. Deutsches Universalwörterbuch (2011), herausgegeben unter redaktioneller Leitung von Werner Scholze-Stubenrecht. 7. überarbeitete und erweiterte Auflage. Mannheim/ Zürich: Dudenverlag.

Duden. Grammatik (2009), herausgegeben von der Dudenredaktion. Autoren: Catherine Fabricius-Hansen, Peter Gallmann, Peter Eisenberg, Reinhard Fiehler, Jörg Peters, Damaris Nübling, Irmhild Barz und Thomas A. Fritz. 8. überarbeitete Auflage. Mannheim/Leipzig/Wien/Zürich: Dudenverlag.

Dufter, Andreas (2003). *Typen sprachrhythmischer Konturbildung.* Berlin/München: Gruyter. (Linguistische Arbeiten 475).

Dürscheid, Christa (2010). *Syntax. Grundlagen und Theorie.* Mit einem Beitrag von Martin Businger. 5. durchgesehene Auflage. Göttingen: Vandenhoek & Ruprecht.

Ebert, Robert, P. (1998). *Verbstellungswandel bei Jugendlichen, Frauen und Männern im 16. Jahrhundert.* Tübingen: Niemeyer. (Reihe Germanistische Linguistik 190).

Eisenberg, Peter (1996). Das deutsche Schriftsystem. In: Hartmut Günther und Otto Ludwig (Hgg.), *Schrift und Schriftlichkeit. Ein interdisziplinäres Handbuch internationaler Forschung*. 2. Halbband, 1451–1455. Berlin: de Gruyter. (HSK 10.1 und 10.2)

Eisenberg, Peter (2013a). *Grundriss der deutschen Grammatik: Band 1 Das Wort*. 4. aktualisierte und durchgesehene Auflage. Stuttgart: Metzler.

Eisenberg, Peter (2013b). *Grundriss der deutschen Grammatik: Band 2 Der Satz*. Unter Mitarbeit von Rolf Thieroff. 4. aktualisierte und durchgesehene Auflage. Stuttgart: Metzler

Engel, Ulrich (2009). *Deutsche Grammatik*. Neubearbeitung. München: iudicium.

Erben, Johannes (1968). *Deutsche Grammatik*. Frankfurt/ Main: Fischer

Ersen-Rasch, Margarete (2001). *Türkische Grammatik für Anfänger und Fortgeschrittene*. Ismaning: Max Hueber.

Feilke, Helmuth (2000). Die pragmatische Wende in der Textlinguistik. In: Klaus Brinker, Gerd Antos, Wolfgang Heinemann und Sven Sager (Hgg.): *Text- und Gesprächslinguistik*. 1. Halbband, 64–82. Berlin/New York: de Gruyter (HSK 16.1. und 16.2).

Figge, Udo L. (2000). Die kognitive Wende in der Textlinguistik. In: Klaus Brinker, Gerd Antos, Wolfgang Heinemann und Sven Sager (Hgg.): *Text- und Gesprächslinguistik*. 1. Halbband, 96–104. Berlin/New York: de Gruyter (HSK 16. 1 und 16.2).

Flämig, Walter (1991). *Grammatik des Deutschen*. Berlin: Akademie Verlag.

Fleischer, Jürg und Oliver Schallert (2011). *Historische Syntax des Deutschen*. Tübingen: Narr.

Fleischer, Wolfgang (1995). *Wortbildung der deutschen Gegenwartssprache*. Tübingen: Niemeyer.

Fleischer, Wolfgang und Irmhild Barz (2012). *Wortbildung der deutschen Gegenwartssprache*. 4. Auflage. Tübingen: de Gruyter.

Fortesque, Michael (2007). The typological position and theoretical status of polysynthesis. In: Jan Rijkoff (Hg.) *Linguistic Typology. Tydsskrift for Sprogforskning 5*, 1–27. Århus. Statsbiblioteket.

Fox, Annette V. (2011). *Kindliche Aussprachestörungen. Phonologischer Erwerb – Differentialdiagnostik – Therapie*. 6. Auflage. Idstein: Schulz-Kirchner.

Franck, Fabian (1531). *Teutscher Sprach Art und Eygenschafft: Orthographia, gerecht buchstäbig Teutsch zuschreiben; new Cantzlei ietz brauchiger gerechter Practick formliche Missiuen und Schrifften an iede Personen rechtmessig zu stellen auffs kürtzst begriffen*. Frankfurt: Egenolph.

Freywald, Ulrike (2009). Kontexte für nicht-kanonische Verbzweitstellung V2 nach *dass* und Verwandtes. In: Veronika Ehrich, Christian Fortmann, Ingo Reich und Marga Reis (Hgg.), *Koordination und Subordination im Deutschen*. 113–134. Hamburg: Buske.

Friederici, Angela (1989). Raumreferenz unter extremen perzeptuellen Bedingungen: Perzeption, Repräsentation und sprachliche Abbildung. In: Christopher Habel, Michael Herweg und Klaus Rehkämper (Hgg.), *Raumkonzepte in Verstehensprozessen. Interdisziplinäre Beiträge zu Sprache und Raum*. 17–36. Tübingen: Niemeyer (Linguistische Arbeiten 233).

Friedrici, Angela (2002). Towards a neural basis of auditory sentence processing. *Trends in Cognitive Sciences 6*, 78–84.

Fuhrhop, Nanna (1996). Fugenelemente. In: Ewald Lang und Gisela Zifonun (Hgg.). *Deutsch – typologisch.* 525–550. Berlin: de Gruyter.

Goethe Wörterbuch (2004). Herausgegeben von der Berlin-Brandenburgischen Akademie der Wissenschaften, der Akademie der Wissenschaften in Göttingen und der Heidelberger Akademie der Wissenschaften. Bd. 4 Stuttgart: Kohlhammer.

Goethe, Johann Wolfgang von (1976). Faust Zweiter Teil. Hamburger Ausgabe in 14 Bänden. Band 3. Textkritisch durchgesehen von Erich Trunz. 10. überarbeitete Auflage. München: C. H. Beck Verlag.

Gohl, Christine und Susanne Günthner (1999). Grammatikalisierung von *weil* als Diskursmarker in er gesprochenen Sprache. *Zeitschrift für Sprachwissenschaft 18*, 39–75.

Greenberg, Joseph H. (1966). Some universals of grammar with particular reference to the order of meaningful elements. In: Joseph H. Greenberg (Hg.), *Universals of language.* Report of a conference held at Dobbs Ferry, New York April 13–15, 1961. 73–113. 2. Auflage. Cambridge: the M. I. T Press.

Grice, Herbert P. (1975). Logic and conversation. In: Peter Cole und Jerry Morgan (Hgg.), *Syntax and Semantics 3: Speech acts.* 41–58. New York: Academic Press.

Grimm, Jacob (1822), *Deutsche Grammatik.* Band 1. 2. Auflage. Göttingen: Dieterichsche Buchhandlung.

Grimm, Jacob (1880), *Geschichte der deutschen Sprache.* Bd. 2. 4. Auflage. Leipzig: Hirzel.

Günthner, Susanne (1999). Entwickelt sich der Konzessikonnektor *obwohl* zum Diskursmarker? Grammatikalisierungstendenzen im gesprochenen Deutsch. *Linguistische Berichte 180*, 409–446.

Günthner, Susanne (2001). *obwohl (.) es hat alles immer wieder zwei Seiten.* Zur Verwendung von *wobei* im gesprochenen Deutsch. *Deutsche Sprache 4*, 313–341.

Hall, T. Allen (2011). *Phonologie: Eine Einführung.* 2., überarbeitete Auflage. Berlin: de Gruyter.

Halm, Ute (2010). *Die Entwicklung narrativer Kompetenz bei Kindern zwischen 7 und 14 Jahren.* Marburg: Tectum.

Hanuschek, Sven (2007). *Heinrich Heine. 10 Gedichte.* Stuttgart: Philipp Reclam jun. (Erläuterungen und Dokumente).

Harrington, Jonathan, Felicitas Kleber und Ulrich Reubold (2012). The production and perception of coarticulation in two types of sound changes in progress. In: Susanne Fuchs, Melanie Weirich, Daniel Pape und Pascal Perrier (Hgg.), *Speech planning and dynamics* (Speech production and perception). 33–55. Frankfurt/M: P. Lang.

Hartmann, Peter (1968). Zum Begriff des sprachlichen Zeichens. *Zeitschrift für Phonetik, Sprachwissenschaft und Kommunikationsforschung 21*, 205–222.

Haspelmath, Martin (2001). The European linguistic area: Standard Average European. In: Martin Haspelmath, Ekkehard König, Wulf Oesterreicher und Wolfgang Raible (Hgg.), *Sprachtypologie und sprachliche Universalien. Ein internationales Handbuch, 2.* Halbband, 1492–1510. Berlin: de Gruyter. (HSK 20.1. und 20.2).

Heidolph, Karl Erich, Walter Flämig, Brigitta Haftka, Horst Isenberg, Fritz Jütt-
ner, John Pheby, Renate Steinitz und Wolfgang Ullrich Wurzel (1981): *Grundzüge einer deutschen Grammatik*. Berlin: Akademieverlag.

Heilig, Patricia (in Vorb.). *"My room is a right angle." Strategies in written and
spoken room descriptions in third, fifth and nine graders*. Dissertation Ludwig-Maximilians-Universität München.

Heine, Heinrich (1844). *Buch der Lieder*. Ausgabe letzter Hand. 5. Auflage. Hamburg: Hoffmann und Campe.

Helbig, Gerhard (1989). *Geschichte der neueren Sprachwissenschaft: Unter dem
besonderen Aspekt der Grammatiktheorie*. Opladen: Westdeutscher Verlag.

Helbig, Gerhard und Joachim Buscha (2005): *Deutsche Grammatik. Ein Handbuch für den Ausländerunterricht*. Berlin/München: Langenscheidt.

Hennig, Mathilde (2006). *Grammatik der gesprochenen Sprache in Theorie und
Praxis*. Kassel: University Press. https://kobra.bibliothek.uni-kassel.de/handle/
urn:nbn:de:hebis:34-2006091914576

Hinst, Peter (1974). *Logische Propädeutik. Kritische Information*. München: Wilhelm Fink.

Hoffmann, Ludger (1991). Anakoluth und sprachliches Wissen. *Deutsche Sprache
19*, 97–119.

Hoffmann, Ludger (2008). Über JA. *Deutsche Sprache 36*, 193–219.

Höhle, Barbara (2010). *Psycholinguistik*. Berlin: Akademie Verlag.

Hoole, Phil und Claudia Mooshammer (2002). Articulatory analysis of the German
vowel system. In: Peter Auer, Peter Gilles und Helmut Spiekermann (Hgg.),
Silbenschnitt und Tonakzente. 129–152. Niemeyer: Tübingen.

Humboldt, Wilhelm von (1836). *Über die Verschiedenheit des menschlichen
Sprachbaues und ihren Einfluß auf die geistige Entwicklung des Menschenge-
schlechts*. Berlin: Dümmler.

Jacobs, Joachim (1982). *Syntax und Semantik der Negation im Deutschen*. München: Wilhelm Fink Verlag. (Studien zur Theoretischen Linguistik 1).

Jacobs, Joachim (1983). *Fokus und Skalen. Zur Syntax und Semantik der Gradpartikeln im Deutschen*. Tübingen: Niemeyer. (Linguistische Arbeiten 138).

Jacobs, Joachim (1991). On the semantics of modal particles. In: Werner Abraham
(Hg.), *Discourse Particles*. 203–252. Amsterdam: Benjamins.

Jacobs, Joachim (1994) Das lexikalische Fundament der Unterscheidung von obligatorischen und fakultativen Ergänzungen. *Zeitschrift für Germanistische
Linguistik 22*, 284–319.

Janich, Nina (Hg.) (2008). *Textlinguistik. 15. Einführungen*. Tübingen: Narr (narr
Studienbücher).

Jensen, Hans (1969). *Die Schrift in Vergangenheit und Gegenwart*. 3. Auflage. Berlin VEB.

Jusczyk, Peter, Angela Friederici, Jeanine Wessels, Vigdis Svenkerud und Ann
Marie Jusczyk (1993). Infants' sensitivity to the sound patterns of narrative
language words. *Journal of Memory and Language 32*, 402–420.

Kaltenbacher, Erika (1995). Syntaktische Aspekte der Wortstellung im Sprachvergleich. In: Brigitte Handwerker (Hg.), *Fremde Sprache Deutsch. Grammatische Beschreibung – Erwerbsverläufe – Lehrmethodik*. 177–202. Tübingen:
Narr.

Kaltenbacher. Erika (1998). Zum Sprachrhythmus des Deutschen und seinem Erwerb. In: Heide Wegener (Hg.), *Eine zweite Sprache lernen. Empirische Untersuchungen zum Zweitspracherwerb.* 21–38. Tübingen: Narr.

Karmiloff-Smith, Annette (1985). Language and cognitive processes from a developmental perspective. *Language and cognitive processes 1,* 61–85.

Kayser, Wolfgang (1962). *Kleine deutsche Versschule.* 9. Auflage. Bern/München: Francke

Klappenbach, Ruth und Wolfgang Steinitz (1980–1984). *Wörterbuch der deutschen Gegenwartssprache in 6 Bänden.* Berlin: Akademie Verlag.

Klein, Wolfgang (1976). Einige wesentliche Eigenschaften natürlicher Sprachen und ihre Bedeutung für die linguistische Theorie. *Zeitschrift für Literaturwissenschaft und Linguistik 6,* 11–31.

Klein, Wolfgang (1979). Wegauskünfte. *Zeitschrift für Literaturwissenschaft und Linguistik 33,* 9–57.

Klein, Wolfgang (1985). Gesprochene Sprache – geschriebene Sprache. *Zeitschrift für Literaturwissenschaft und Linguistik 15,* 9–35.

Klein, Wolfgang (1993). Ellipse. In: Joachim Jacobs, Arnim von Stechow, Wolfgang Sternefeld und Theo Vennemann (Hgg.), *Syntax. Ein internationales Handbuch zeitgenössischer Forschung.* 1. Halbband, 763–799. Berlin: de Gruyer (HSK 9.1 und 9.2).

Klein, Wolfgang (2003). Wozu braucht man eigentlich Flexionsmorphologie? *Zeitschrift für Literaturwissenschaft und Linguistik 131,* 23–51.

Kleist, Heinrich von (1951). Penthesilea. In: Heinrich von Kleist, *Sämtliche Werke in einem Band.* München/Zürich: Droemersche Verlagsanstalt.

Klopstock, Friedrich Gottlieb (1748). *Der Messias.* In: *Friedrich Gottlieb Klopstock: Werke und Briefe: Historisch-kritische Ausgabe.* Hrsg. von Horst Gronemeyer u. a. Band. IV.3: Der Messias: Text/Apparat hrsg. von Elisabeth Höpker-Herberg 1996. Berlin: de Gruyter.

Klopstock, Friedrich Gottlieb (1755). Von der Nachahmung des griechischen Silbenmaßes im Deutschen. In: *Friedrich Gottlieb Klopstock: Ausgewählte Werke* 1038–1058. hrsg. von Karl August Schleiden. München: 1981.

Kluge, Friedrich und Elmar Seebold (2002). *Etymologisches Wörterbuch der deutschen Sprache.* 24. Auflage. Berlin: de Gruyter.

Kohlmann, Ute (1992). Textstruktur und sprachliche Form in Instruktionstexten. In: Gerd Antos und H. P. Krings (Hgg.), *Textproduktion. Neue Wege der Forschung.* 173–192. Trier: Wissenschaftlicher Verlag.

Kohlmann, Ute (1997). *Objektreferenzen in Beschreibungen und Instruktionen.* Frankfurt/Main: Peter Lang.

Kohlmann, Ute, Agnes Speck, Ulrich Scharnhorst und Christiane von Stutterheim (1989): Textstruktur und sprachliche Form in Objektbeschreibungen. *Deutsche Sprache 17,* 137–169.

König, Ekkehart und Martin Haspelmath (1999). Der europäische Sprachbund. In: Norbert Reiter (Hg.), *Eurolinguistik. Ein Schritt in die Zukunft.* Beiträge zum Symposium vom 24. bis 27. März 1997 im Jagdschloß Glienicke (bei Berlin). 111–127. Wiesbaden: Harrassowitz.

König, Werner (2007). *dtv-Atlas Deutsche Sprache.* München: deutscher Taschenbuch Verlag

Koptjevskaja-Tamm, Maria und Henrik Liljegren (2013). Language typology and syntactic description. In: Frans Plank (Hg.), *Linguistic typology*. Band 17, 107–158. Berlin: de Gruyter.

Krahe, Hans (1969). *Germanische Sprachwissenschaft*. Band I. Einleitung und Lautlehre. Berlin: de Gruyter (Sammlung Göschen).

Lasch, Agathe (1928). *Berlinerisch. Eine berlinische Sprachgeschichte*. Berlin: Reimar Hobbing.

Legros, Waltraut. (1998). *Was die Wörter erzählen. Eine kleine etymologische Fundgrube*. 4. Auflage München: deutscher Taschenbuch Verlag.

Lenerz, Juergen (1977). *Zur Abfolge nominaler Satzglieder im Deutschen*. Tübingen:Narr.

Lenz, Alexandra N. und Klaus J.Mattheier (2005). *Varietäten – Theorie und Empirie*. Bern: Peter Lang.

Lessing, Gotthold E. (2003). *Minna von Barnhelm. Ein Lustspiel in fünf Aufzügen verfertiget im Jahre 1763*. Stuttgart: Philipp Reclam jun.

Leuninger, Helen (1993). *Reden ist Schweigen. Silber ist Gold. Gesammelte Versprecher*. 4. Auflage. Zürich: Ammann Verlag

Levelt, William J.M. (1981). The speaker's linearization problem. *Philosophical Transaction of the Royal Society London, Series B*, 295, 305–315.

Levinson, Stephen C. (2000) *Pragmatik*. 4. Auflage. Tübingen: Niemeyer. (Original: *Pragmatics* 1983)

Lindner, Katrin (1983). *Sprachliches Handeln bei Vorschulkindern. Linguistische Studien zu Organisation von Interaktion*. Tübingen: Niemeyer (Linguistische Arbeiten 116).

Lindner, Katrin (1991). "Wir sind ja doch alte Bekannte". The use of German *ja* and *doch* as modal particles. In: Werner Abraham (Hg.), *Discourse Particles*. 163–201. Amsterdam: John Benjamins.

Lindner, Katrin (2002). Finiteness and children with specific language impairment: an exploratory study. *Linguistics* 40, 79–847.

Lindner, Katrin. (in Vorb.) *Regularization in verb inflection. A comparison of data from typically developing and language-impaired children learning German as their first language*. München.

Link, Godehard (1976). *Intensionale Semantik*. Münchner Universitätsschriften. München: Fink Verlag.

Linke, Angelika, Markus Nussbaumer und Paul R.Portmann (1996). *Studienbuch Linguistik*. 3. unveränderte Auflage. Tübingen: Niemeyer (Reihe Germanistische Linguistik 121)

Löbner, Sebastian (2003). *Semantik. Eine Einführung*. Berlin/New York: de Gruyter.

Loriot: Das Frühstücksei (2010). Video, veröff. bei YouTube am 24.06.2010, URL: http://www.youtube.com/watch?v=bBQTBDQcfik [Stand: 25.02.2014]

Lyons, John (1977). *Semantics*. 2. Bände. Cambridge: Cambridge University Press.

Maas, Utz (1992). *Grundzüge der deutschen Orthographie*. Tübingen: Niemeyer.

Maienborn, Claudia (2007). Das Zustandspassiv: Grammatisch Einordnung – Bildungsbeschränkung – Interpretationsspielraum. *Zeitschrift für Germanistische Linguistik* 35, 84–116.

Mann, Heinrich (1973). Rede vor dem Völkerbund. In: Heinrich Mann, *Verteidi-*

gung der Kultur. Antifaschistische Streitschriften und Essays. 2. Auflage. 63–66. Berlin: Aufbau-Verlag.

Mann, Heinrich (1983). *Der Untertan.* 25. Auflage. München: Deutscher Taschenbuchverlag.

Mann, Thomas (1963). *Der Tod in Venedig.* In: Thomas Mann. *Sämtliche Erzählungen.* 353–417. Frankfurt: Fischer Verlag.

Mann, Thomas (2004). *Death in Venice.* A new translation by Michael Henry Heim. Introduced by Michael Cunningham. New York: Harpers Collins Publisher. (http://www.harpercollins.com/browseinside/index.aspx?isbn13= 9780060576172, aufgerufen am 1.2.2013)

Mathesius, Vilém (1929). Zur Satzperspektive im modernen Englisch. *Archiv für das Studium der neueren Sprachen und Literaturen 84,* 202–210.

Matthei, Rupprecht, Wilhelm Troll und Lothar Wolf (Hgg.) (1964). *Goethe: Die Schriften zur Naturwissenschaft. Erste Abteilung. Band 10: Aufsätze, Fragmente, Studien zur Morphologie.* Weimar: Böhlau.

Matthews, P. H. (1974). *An introduction to the theory of word structure.* Cambridge: Cambridge University Press.

Meier, Sonja (in Vorb.). "Ich dachte schon, wir sind verluren." *Untersuchungen zu den Vergangenheitsformern starker Verben bei Schulkindern der dritten, fünften und siebten Jahrgangsstufe.* Dissertation Ludwig-Maximilians-Universität München.

Meinhof, Carl (1915). *An introduction to the study of African languages.* London: Dent. [Original: *Die moderne Sprachforschung in Afrika,* 1910].

Merkle, Ludwig (1975): *Bairische Grammatik.* München: Heimeran Verlag.

Merritt, Marylin (1976). On questions following questions (in service encounters). *Language in Society 5,* 315–357.

Meyer-Ingwersen, Johannes (1976). Türkisch. *Studium Linguistik 2,* 46–53.

Molnar, Valéria (1991). *Das TOPIK im Deutschen und Ungarischen.* Stockholm: Almquist und Wiksell. (Lunder germanistische Forschungen 58).

Molnar, Valéria (1993). Zur Pragmatik und Grammatik des TOPIK-Begriffs. In: Marga Reis (Hg.), *Wortstellung und Informationsstruktur.* 155–202. Tübingen: Niemeyer.

Morris, Charles (1938). *Foundations of the theory of signs.* Chicago, Ill.

Musan, Renate (2002). Informationsstrukturelle Dimensionen im Deutschen. *Zeitschrift für Germanistische Linguistik 30,* 198–221.

Musan, Renate (2010). *Informationsstruktur.* Heidelberg: Winter.

Narasimhan, Bhuvana und Christine Dimroth (2008). Word order and information status in child language. *Cognition 107,* 317–329.

Nazzi, Thierry, Josiane Bertoncini und Jacques Mehler (1998). Language discrimination by newborns: Toward an understanding of the role of rhythm. *Journal of Experimental Psychology. Human perception and performance 24,* 756–766.

Nerius, Dieter (1967). *Untersuchungen zur Herausbildung einer nationalen Norm der deutschen Literatursprache im 18. Jahrhundert.* Halle/ Saale: Niemeyer.

Noel Aziz Hanna, Patrizia (2003). *Sprachrhythmus in Metrik und Alltagssprache. Untersuchungen zur Funktion des neuhochdeutschen Nebenakzents.* München: Wilhelm Fink Verlag. (Studien zur Theoretischen Linguistik 15).

Noel Aziz Hanna, Patrizia (2008). Integrating quantitative meter in non-quantitative metrical systems: the rise and fall of the German hexameter. *Sprachwissenschaft* 33, 435–453.

Noel Aziz Hanna, Patrizia, Katrin Lindner und Andreas Dufter (2002). The meter of nursery rhymes: universal versus language-specific patterns. In: David Restle und Dietmar Zaefferer (Hgg.), *Sounds and systems. Studies in structure and change*. A Festschrift für Theo Vennemann. 241–268. Berlin: de Gruyter (Trends in Linguistics. Studies and Monographs 141).

Nöth, Winfried (2000). *Handbuch der Semiotik*. 2. vollständige neu bearbeitete und erweiterte und überarbeitete Auflage. Stuttgart: Metzler.

Ogden, Charles K. und Ivor A. Richards (1923). *The meaning of meaning*. New York: Harcourt, Brace & World, Inc.

Olschansky, Heike (1998). *Täuschende Wörter. Kleines Lexikon der Volksetymologie*. Stuttgart: Reclam.

Panfilov, Valerij S. (2004). Vietnamesisch (Viet-Muong). In: Geert Booij, Christian Lehmann und Joachim Mugdan (Hgg.), *Morphologie. Morphology. An international handbook on Inflection and word-formation*, 2. Halbband, 1545–1554. 2. Berlin: de Gruyter. (HSK Band 17.1, 17.2 und 17.3).

Pasierbsky, Fritz & Ingeborg Singendonk-Heublein (1979). Vietnamesisch. *Studium Linguistik* 7, 46–67.

Paul, Hermann (1981). *Deutsches Wörterbuch: Bedeutungsgeschichte und Aufbau unseres Wortschatzes*. 8. Auflage, unveränderte Studienausgabe nach der 5., völlig überarbeitete und erweiterte Auflage von Werner Betz. Tübingen: Max Niemeyer.

Paul, Hermann (2002). *Deutsches Wörterbuch: Bedeutungsgeschichte und Aufbau unseres Wortschatzes*. 10., überarbeitete und erweiterte Auflage von Helmut Henne, Heidrun Kämper, Georg Objartel. Tübingen: Max Niemeyer.

Paul, Hermann (2007). *Mittelhochdeutsche Grammatik*. Neu bearbeitet von Thomas Klein, Hans-Joachim Solms und Klaus-Peter Wegera. 25. Auflage. Tübingen: Max Niemeyer.

Peirce, Charles S. (1965): *Collected papers of Charles Sanders Peirce*, herausgegeben von Charles Hartshorne und Paul Weiss. Cambridge, Mass.: Belknap Press Vol. 7 u. 8 ed. by Arthur W. Burks, eisch. bei Harvard Univ. Pr.

Pfeffer, Kathrin (in Vorb.). *Selektieren, verknüpfen, sprachlich umsetzen – zu viel für Kinder mit einer spezifischen Sprachentwicklungsstörung? Narrative Fähigkeiten bei Kindern mit und ohne Sprachentwicklungsstörung im Grundschulalter*. Dissertation. Ludwig- Maximilians-Universität München.

Pike, Kenneth (1945). *The intonation of American English*. Ann Arbor: Univ. of Mich. Press.

Pittner, Karin und Judith Berman (2013). *Deutsche Syntax. Ein Arbeitsbuch*. 5. Auflage. Tübingen: Narr (narr Studienbücher).

Pittner, Robert (1991). Der Wortbildungstyp Kopulativkompositum im heutigen Deutsch. In: E. Feldbusch, R. Pogarell und C. Weiß (Hgg), *Neue Fragen der Linguistik. Akten des 25. Linguistischen Kolloquiums. Paderborn 1990. Bd. 1 Bestand und Entwicklung*. 267–272. Tübingen: Niemeyer.

Polenz, Peter von (1994). *Deutsche Sprachgeschichte vom Spätmittelalter bis zur Gegenwart*. Bd. II 17 und 18. Jahrhundert. Berlin/ New York: de Gruyter.

Polenz, Peter von (2000). *Deutsche Sprachgeschichte vom Spätmittelalter bis zur Gegenwart.* Bd. I *Einführung. Grundbegriffe 14–16. Jahrhundert.* Berlin/New York: de Gruyter Studienbuch.

Pompino-Marschall, Bernd (2009). *Einführung in die Phonetik.* 3. Auflage Berlin: de Gruyter.

Posner, Roland (1979). Bedeutung und Gebrauch der Satzverknüpfer in den natürlichen Sprachen. In: Günther Grewendorf (Hg.), *Sprechakttheorie und Semantik.* 345-385. Frankfurt/Main: Suhrkamp (suhrkamp taschenbuch wissenschaft 276).

Primus, Beatrice (1987). *Grammatische Hierarchien. Eine Beschreibung und Erklärung von Regularitäten des Deutschen ohne grammatische Relationen.* München: Wilhelm Fink Verlag. (Studien zur Theoretischen Linguistik 7).

Primus, Beatrice (2002). Unreine Reime und phonologische Theorie. In: David Restle und Dietmar Zaefferer (Hgg.), *Sounds and systems. Studies in structure and change.* A Festschrift für Theo Vennemann. 269–298. Berlin: de Gruyter (Trends in Linguistics. Studies and Monographs 141).

Primus, Beatrice (2003). Zum Silbenbegriff in der Schrift-, Laut- und Gebärdensprache. Versuch einer medienübergreifenden Fundierung. *Zeitschrift für Sprachwissenschaft 23* (1), 3–55.

Prince, Ellen (1981). Toward a taxonomy of the given-new-information. In: Peter Cole (Hg.) *Radical Pragmatics.* 223–255. New York: Academic Press.

Rapp, Irene (1996). Zustand? Passiv? Überlegungen zum sogenannten "Zustandspassiv". *Zeitschrift für Sprachwissenschaft 15,* 231–265.

Reis, Marga (1979). Ansätze zu einer realistischen Grammatik. In: Klaus Grubmüller, Ernst Hellgardt, Heinrich Jellissen und Marga Reis. *Befund und Bedeutung. Zum Verhältnis von Empirie und Interpretation in Sprach- und Literaturwissenschaft.* Festschrift für Hans Fromm von seinen Schülern. Tübingen: Niemeyer.

Reuter, Fritz (1902). *Sämmtliche Werke.* Neue Volksausgabe in 8 Bänden. 2. Auflage. Wismar: Hinstorff'sche Hochbuchhandlung Verlagsconto.

Rinas, Karsten (2007). Abtönungspartikel-Kombinationen und Skopus. *Sprachwissenschaft 32,* 407–452.

Robins, Robert H. (1997). *A short history of linguistics.* 4. Auflage. London/New York: Longman.

Rowley, Anthony (2004). Das Leben ohne Genitiv und Präteritum. Oberdeutsche Morphologien im Vergleich. In: Elvira Glaser, Peter Ott und Rudolf Schwarzenbach (Hgg.), *Alemannisch im Sprachvergleich. Beiträge zur 14. Arbeitstagung für alemmannische Dialektologie in Männedorf (Zürich vom 16.–18.9.2002). Zeitschrift für Dialektologie und Linguistik 129,* 343–362.

Rowley, Anthony: (1997). Morphologische Systeme der nordostbayerischen Mundarten in ihrer sprachgeographischen Verflechtung. *Zeitschrift für Dialektologie und Linguistik,* Beiheft 93.

Sacks, Harvey, Emmanuel Schegloff und Gail Jefferson(1974). A simplest systematics for the organization of turn-taking in conversation. *Language 50,* 696–735.

Salmon, Paul (2000). The term *morphology.* In: Geert Booij, Christian Lehmann und Joachim Mugdan (Hgg.), *Morphologie. Ein internationales Handbuch zur*

Flexion und Wortbildung, 1. Halbband. 15–22. Berlin: de Gruyter. (HSK 17.1, 17.2 und 17.3).

Sandner, Gerhard W. und Edith Wagner (1981). Vocal communication with a three month old baby. *Papers and Report on Child Language Development* 20, 116–132.

Saussure, Ferdinand de (1967). *Grundfragen der allgemeinen Sprachwissenschaft*, herausgegeben von Charles Bally & Albert Sechehaye. 2. Auflage. Auflage mit neuem Register und einem Nachwort von Peter von Polenz. Berlin: Walter De Gruyter & Co (Original: *Cours de linguistique générale*. 1916).

Savigny, Eike von (1974). *Die Philosophie der normalen Sprache. Eine kritische Einführung in die "ordinary language philosophy".* Frankfurt am Main: Suhrkamp (Suhrkamp-Taschenbuch Wissenschaft 29).

Schegloff, Emmanuel (1972). Sequencing in conversational openings. In: John Gumperz und Dell Hymes (Hgg), *Directions in Sociolinguistics*. 346–380. New York: Holt, Rinehart & Winston.

Scheutz, Hannes (1992). Apokoinoukonstruktionen. Gegenwartssprachliche Erscheinungsformen und Aspekte ihrer historischen Entwicklung. In: Andreas Weiss (Hg.), *Dialekte im Wandel*. 243–264. Göppingen: Kümmerle Verlag.

Scheutz, Hannes (1997). Satzinitiale Voranstellungen im gesprochenen Deutsch als Mittel der Themensteuerung und Referenzkonstitution. In: Peter Schlobinski (Hg.), *Syntax des gesprochenen Deutsch*. 27–54. Opladen: Westdeutscher Verlag.

Scheutz, Hannes (1998). *weil*-Sätze im gesprochenen Deutsch. In: Claus-Jürgen Hutterer & Gertrude Pauritsch (Hgg.), *Beiträge zur Dialektologie im oberdeutschen Raum*. 85–111. Göppingen: Kümmerle Verlag.

Scheutz, Hannes (2005). Pivot constructions in spoken German. In: Auli Hakulinen und Margret Selting (Hgg.), *Syntax und lexis in conversation*. 101–129. Amsterdam: John Benjamins.

Schlegel, August Wilhelm von (1818). *Observations sur la langue et la littérature provençales*. Paris: Smith.

Schlieben-Lange, Brigitte (1980). La Cantatrice Chauve – ein Lehrstück über gelungene Kommunikation. In: Ernest W. B. Hess-Lüttich (Hg.), *Literatur und Konversation. Sprachsoziologie und Pragmatik in der Literaturwissenschaft*. 239–257. Wiesbaden: Akademische Verlagsgesellschaft Athenaion.

Schmid, Günter (1935). *Über die Herkunft der Ausdrücke Morphologie und Biologie: Geschichtliche Zusammenhänge*. Halle/Saale: Kaiserl. Leopoldinisch-Carolinische Deutsche Akademie der Naturforscher (Nova Acta Leopoldina, Neue Folge, Bd. 2, 3/4, Nr. 8).

Schmidt, Siegfried J. (1973). Texttheorie. Probleme einer Linguistik der sprachlichen Kommunikation. München: Wilhelm Fink.

Schottelius, Justus, G. (1663). *Ausführliche Arbeit von der deutschen Haubtsprache*. Teil 1. 2. Nachdruck 1995. Tübingen: Max Niemeyer.

Schrijver, Peter (1999). The Celtic contribution to the development of the North Sea Germanic vowel system, with special reference to Costal Dutch. *NOWELE* 35, 3–47.

Schubiger, Maria (1977). *Einführung in die Phonetik* Berlin: de Gruyter. (Sammlung Göschen 2203).

Schulte, Michael (Hrsg.) (1978). *Alles von Karl Valentin – Monologe und Geschichten, Jugendstreiche, Couplets, Dialoge, Szenen und Stücke, Lichtbildreklamen.* München: R. Piper & Co. Verlag.

Schwarz, Monika und Jeanette Chur (1996) *Semantik. Ein Arbeitsbuch.* 2. Auflage. Tübingen; Narr.

Searle, John R. (1971). *Sprechakte.* Frankfurt a. Main: Suhrkamp (Original: *Speech Acts.* 1969).

Selting, Margret (1999). Kontinuität und Wandel der Verbstellung von ahd. *wanta* bis gwd. *weil.* Zur historischen und vergleichenden Syntax der *weil*-Konstruktionen. *Zeitschrift für germanistische Linguistik.* 27, 167–204.

Slobin, Dan I. (1996). From "thought and language" to "thinking for speaking". In John J. Gumperz und S. C. Levinsin (Hgg.), *Rethinking linguistic relativity.* 70–96. Cambridge: Cambridge University Press.

Stevens, Kenneth N. & Samuel J. Kayser (1989). Primary features and their enhancement in consonants. *Language* 65, 81–106.

Stieler, Kaspar (1691). Der teutschen Sprache Stammbaum und Fortwachs oder teutscher Sprachschatz. 3 Bände. Nürnberg. Nachdruck 1968. München: Kösel.

Strange, Winifred & Ocke-Schwen Bohn (1998). Dynamic specification of coarticulated German vowels: Perceptual and acoustical studies. *The Journal of the Acoustical Society of America 104,* 488–504.

Streeck, Jürgen (1980). Speech acts as interactions: A critique of Searle. *Discourse Processes 3,* 133–154.

Strömsdörfer, Christian und Theo Vennemann (1995). Ziele der syntaktischen Typologie. In: Joachim Jacobs, Arnim von Stechow, Wolfgang Sternefeld und Theo Vennemann (Hgg.), *Syntax. Ein internationales Handbuch zeitgenössischer Forschung.* 2. Halbband, 1031–1043. Berlin/de Gruyter (HSK 9.1 und 9.2).

Stutterheim, Christiane von (1997). *Einige Prinzipien des Textaufbaus. Empirische Untersuchungen zur Produktion mündlicher Texte.* Tübingen: Niemeyer (Reihe Germanistische Linguistik 184).

Stutterheim, Christiane von und Mary Carroll (2005). Subjektwahl und Topikkontinuität im Deutschen und Englischen. *Zeitschrift für Literaturwissenschaft und Linguistik 139,* 7–27.

Stutterheim, Christiane von und Mary Carroll (2007). Durch die Grammatik fokussiert. *Zeitschrift für Literaturwissenschaft und Linguistik 145,* 35–60.

Stutterheim, Christiane von und Wolfgang Klein (2002). Quaestio and L-perspectivization. In: Carl Graumann, und Werner Kallmeyer (Hgg.), *Perspective and perspectivization in discourse.* 59–88. Amsterdam/Philadelphia: John Benjamins.

Stutterheim, Christiane von und Wolfgang Klein (2008). Mündliche Textproduktion: Informationsorganisation in Texten. In: Nina Janich (Hg.), *Textlinguistik.* (Hg.), *15 Einführungen.* 217–236. Tübingen: Narr (narr studienbücher).

Ternes, Elmar (1999). *Einführung in die Phonologie.* 2., verbesserte und erweiterte Auflage. Darmstadt: Wissenschaftliche Buchgesellschaft.

Tesnière, Lucien (1959). *Eléments de syntaxe structurale.* Paris: Klincksieck.

Thurmair, Maria (1989). *Modalpartikeln und ihre Kombinationen.* Tübingen: Niemeyer.

Tomasello. Michael (2000). First steps toward a usage-based theory of language acquisition. *Cognitive Linguistics 11*, 61–82.

Turner R. (1976). Utterance positioning as an interactional resource. *Semiotica 17*, 233–254.

Twain, Mark (2000). *The awful German language. Die schreckliche deutsche Sprache.* Übersetzung von Anna Maria Brock. 5. erweiterte Auflage. Leipzig: Manuskriptum Verlagsbuchhandlung.

Ullmer-Ehrich, Veronika (1979). Wohnraumbeschreibungen. *Zeitschrift für Literaturwissenschaft und Linguistik 33*, 59–83.

Vater, Heinz (2001). *Einführung in die Textlinguistik.* 3. Auflage. München: Fink. (UTB)

Vennemann, Theo (1977). Konstituenz und Dependenz in einigen neueren Grammatiktheorien. *Sprachwissenschaft 2*, 259–301.

Vennemann, Theo (1988). *Preference laws for syllable structure and the explanation of sound change: With special reference to German, Germanic, Italian, and Latin.* Berlin: de Gruyter.

Vennemann, Theo (1990). Syllable structure and simplex accent in Modern Standard German. In: Michael Ziolkowski, Manuela Noske und Karen Deaton (Hgg.), *Papers from the Regional Meeting of the Chicago Linguistic Society 26.* Bd. II: *The Parasession*, 399–412. Chicago: Chicago Linguistic Society.

Vennemann, Theo (1991). Skizze der deutschen Wortprosodie. *Zeitschrift für Sprachwissenschaft 10*, 86–111.

Vennemann, Theo (1994). Dating the division between High and Low Germanic: A summary of arguments. In: Toril Swan, Endre Mørik und Olfa J. Westvik (Hgg.), *Language change and language structure: Older Germanic language in a comparative perspective.* 271–303. Berlin: Mouton de Gruyter.

Vennemann, Theo (1995). Der Zusammenbruch der Quantität im Spätmittelalter und sein Einfluß auf die Metrik. In: Hans Fix (Hg.), *Quantitätsproblematik und Metrik. Greifswalder Symposion zur germanischen Grammatik*, 185–233. Amsterdam: Rodopi.

Vennemann, Theo (2010). Die Silbe in Akzent und Rhythmus. In: *Die Silbe im Anfangsunterricht. Festschrift zum zehnjährigen Jubiläum des Lehrgangs ABC der Tiere – Silbenmethode mit Silbentrenner.* 85–106. Offenburg: Mildenberger.

Vennemann, Theo und Joachim Jacobs (1982). *Sprache und Grammatik.* Darmstadt: Wissenschaftliche Buchgesellschaft (Erträge der Forschung Band 176).

Wagenknecht, Christian (2007). *Deutsche Metrik.* 5. Auflage. München: Verlag C. H. Beck.

Wendt, Heinz (1977). *Fischer Lexikon Sprachen.* Frankfurt: Fischer.

Werker, Janet F. & Richard. C. Tees (1984). Cross-Language speech perception: Evidence for perceptual reorganisation during the first year of life. *Infant Behavior and Development 7*, 49–63.

Werner, Heinz und Bernard Kaplan (1963). *Symbol formation: An organismic developmental approach to language and the expression of thought.* New York, NY: John Wiley & Sons.

Whorf, Benjamins (1991). *Sprache, Denken, Wirklichkeit.* Reinbek: Rowohlt (Original: *Language, thought and reality.* 1936).

Wiemer, Rudolf Otto (Hg.) (1974). *bundesdeusch. lyrik zur sache grammatik.* Wuppertal: Peter Hammer.

Wiese, Heike (2012). *Kiezdeutsch. Ein neuer Dialekt entsteht.* 2. durchgesehene Ausgabe. München: Verlag C. H. Beck.

Wittgenstein, Ludwig (2001). *Philosophische Untersuchungen. Kritisch-genetische Edition.* Herausgegeben von Joachim Schulte. Darmstadt: Wissenschaftliche Buchgesellschaft. (Original: *Philosophical investigations.* Oxford: Blackwell. *1958).*

Wurzel, Wolfgang U. (1996). Morphologischer Strukturwandel: Typologische Entwicklungen im Deutschen. In: Ewald Lang und Gisela Zifonun (Hg.), *Deutsch – typologisch,* 492–523. Berlin: de Gruyter.

Wurzel, Wolfgang U. (1998). On the development of incorporating structures in German. In: Richard M. Hogg und Linda van Bergen (Hg.), *Historical Linguistics.* Bd. 2, 331–344. Amsterdam: John Benjamins.

Zaefferer, Dietmar (1979). Sprechakttypen in einer Montague-Grammatik. Ein modelltheoretischer Ansatz zur Behandlung illokutionärer Rollen. In: Günther Grewendorf (Hg.), *Sprechakttheorie und Semantik.* 386–417. Frankfurt a. Main: Suhrkamp. (suhrkamp taschenbuch wissenschaft 276).

Zaefferer, Dietmar (1984). *Frageausdrücke und Fragen im Deutschen. Zu ihrer Syntax, Semantik und Pragmatik.* München: Wilhelm Fink Verlag. (Studien zur Theoretischen Linguistik 2).

Zehetner, Ludwig (1985). *Das bairische Dialektbuch.* München: Verlag C. H. Beck.

Zifonun, Gisela, Ludger Hoffmann & Bruno Strecker (1997). *Grammatik der deutschen Sprache.* 3 Bände. Berlin: de Gruyter. (auch IDS Grammatik).

Abbildungsverzeichnis

Tabellenverzeichnis

Sachregister

320　　　　　　　　　　　*Sachregister*